배짱 좋은
여성들

배짱 좋은 여성들

용기와 극복에 관한
가슴 떨리는 이야기들

힐러리 로댐 클린턴, 첼시 클린턴 지음
최인하 옮김

교유서가

자신만의 배짱 있는 삶을 살기 위해
영감을 찾고 있는 모든 이들에게 바칩니다.

'중세 여성의 치아에서 희귀 푸른 색소 발견…… 역사 새로 쓰나' CNN에서 눈길을 사로잡는 기사가 나왔다. 우리 모녀는 둘 다 이 기사를 읽고 곧바로 서로에게 보냈다. 기사에 따르면 독일의 한 여성 수도원에 매장된 유해를 조사하던 연구진이 997년에 사망한 여성의 두개골에서 특이한 점을 발견했다. 치아에 드문드문 푸른 얼룩이 있었던 것이다. 이 푸른 얼룩은 한때 금만큼이나 비쌌던 청금석을 으깨서 만든 색소로 밝혀졌다. 워낙 희귀하고 비싸서 당대에 가장 유능한 예술가들만이 이 색소를 사용할 수 있었다. 그렇다면 예술가는 당연히 남자라고 여겨지던 당시에 어떻게 여성의 치아에 이 색소가 묻어 있었던 것일까? 과학자들은 이 여성이 화가였을 가능성이 크고 붓을 사용할 때 입에 물었을 것이라고 추정했다.

"유해를 발견한 장소가 독일의 시골 수도원이라는 사실은 어쩌면 당연하다. 그 당시에는 책이 전국의 수도원에서 제작됐다. 하지만 그처럼 귀한 창작품들을 그린 사람이 여자일 거라고는 여겨지지 않았다…… 작가나 삽화가들은 겸손의 표현으로 자신의 작품에 서명을 하지 않았다. 그런 관행 때문에 만약 작가나 삽화가가 여성인 경우 역사에서 사라져버리는 경우가 더욱 많았다." 이 기사를 읽으면서 나는 버지니아 울프의 명작 『자기만의 방A Room of One's Own』이 떠올랐다. "나는 서명을 하지 않고 그렇게 많은 시를 지은 그 무명씨가 대개 여성이었을 것이라고 과감하게 추측한다."

태초부터 힘은 대개 남자와 연관되었고 남자에 의해 정의되었다. 하지만 여성들 역시 태초부터 그림을 그리고, 글을 쓰고, 무언가를 만들고, 발견하고, 발명하고 사람들을 이끌어왔다. 여성들의 업적이 심지어는 수세기에 걸쳐 잘 알려지지 않은 경우가 상대적으로 더 많았을 뿐이다. 우리는 이 관행들을 진작부터 바로잡았어야 했다고 믿는다.

이 책(원서)의 표지를 장식한 여성들은 약 1941년 경 진주만 해군 조선소에서 훈련을 하던 민간 소방관들이다. 여기저기서 수없이 사용되던 이 사진을 사서이자 작가인 도로테아 버킹엄이 한 웹사이트에서 우연히 본 뒤 하와이전쟁 기록보관소를 뒤져 관련 자료를 찾아냈다. 사진이 찍힌 뒤 70년이 흘러서야 사진 속 여성들이 누구인지 세상에 알려졌다. 엘리자베스 모쿠, 앨리스 초, 캐서린 로위 그리고 힐다 반 기손이다. "우리는 씩씩했지." 인터뷰 당시 96세였던 캐서린은 애틋하게 기억을 더듬었다. "무거운 것도 척척 옮겼어. 기름통이나 자루처럼 쌓아둬야 하는 것들은 뭐든 말이야."

'한 번도 보지 못한 것이 될 수는 없다.' 샐리 라이드 역시 크게 공감한 이 개념은 이제 사뭇 익숙해졌다. 하지만 이 책에 등장하는 많은 여성들은 한 번도 보지 못한 '바로 그 인물'이 되고자 했다. 어떤 길을 따라야 할지, 과연 목표를 이룰 수 있을지 조금도 알 수 없었다. 그 목표가 자유, 투표할 권리, 의사가 될 기회 혹은 스포츠나 다른 어떠한 종류의 대회에 출전할 기회 등 무엇이 되었든 말이다. 하지만 매번 누군가가 용기를 내 시도했고 가야 할 길을 보여주었다. 그리고 그 모습을 본 어린 소녀, 소년들은 소녀들의 꿈이 오빠나 남동생이나 친구, 그리고 역사책에서 본 인물들의 꿈과 똑같이 가치 있고 소중하며 중요하다는 사실을 배울 수 있었다. 제일 먼저 그 여성들의 삶을 통해서, 그리고 이후에는 그 여성들의 딸을 통해 본보기가 얼마나 강력한 영향을 미치는지 우리 모두가 확인할 수 있었다.

　겨우 열 살에 불과했던 말리 디아스가 1,000명의 흑인 여학생을 위한 책 기부 캠페인 #1000blackgirlbooks를 시작할 수 있었던 것도 그 덕분이다. 말리는 여태껏 자신이 읽은 책 속에서 자신과 닮은 인물은 한 번도 본 적이 없다는 사실을 깨닫고 이 캠페인을 시작하게 됐다. 또한 첼시는 이를 계기로 『그녀는 끈질겼다She Persisted』와 『전 세계에서 그녀는 끈질겼다She Persisted Around the World』를 썼고, 젊은 사회운동가들을 위한 책 『당신의 세계입니다It's Your World』와 『지금 시작해!Start Now!』에 본받을 만한 여성들의 이야기를 담았다. 우주 탐사 프로그램에 공헌한 흑인 여성 세 명의 이야기를 다룬 〈히든 피겨스Hidden Figures〉나 판사 루스 베이더 긴즈버그의 생애를 그린 〈세상을 바꾼 변호인On the Basis of Sex〉과 같은 영화들이 중요한 것 역시 같은 이유 때문이다. 또한 인도의 아이스하키선수들이나 자메이카의 싱크로나이즈드 수영선수들부터 시작해서 네 번이나 월드컵에서 우승을 차지한 미국의 여자 축구팀에 이르기까지 전 세계 여성 운동선수들을 응원할 때 짜릿한 기분이 드는 것도, 뉴질랜드의 이슬람사원에서 테러가 일어났을 때 저신다 아던 뉴질랜드 총리가 보여준 지도력과 전 호주 총리 줄리아 길라드가 여성혐오에 반대하며 했던 위대한 연설이 그토록 강렬했던 이유도 거기 있다. 또한 그렇기 때문에 우리는 자신이 좋아하는 여성 영웅에 대해 소녀, 소년들이 이야기하는 것을 듣거나 그들에게 들려주는 것을 좋아한다. 그래서 우리는 이 책을 정말 기쁜 마음으로 써내려갔다.

전 세계적으로 오랜 세월 동안 여성들은 소위 '여성의 위치'를 새롭게 정의하기 위해서 물리적인 폭력이나 협박을 당하기도 하고 법적 권리나 의지할 곳이 전혀 없는 상황에 처하는 등 힘들고 잔혹한 갖가지 위협들에 맞서 싸워왔다. 이 책에 등장하는 많은 여성들이 바로 그 위대한 업적을 이뤄냈다. 그들의 재능과 배짱 덕분에 우리는 이제껏 발전해왔다.

　그렇다면 이 여성들은 어떤 방법을 사용했을까? 모두 자기만의 독특한 방식이 있었다. 작가 레이철 카슨과 치마만다 응고지 아디치에는 그전에는 감히 어느 누구도 입 밖에 내지 못했던 무언가에 이름을 붙여주었다. 민권운동가 도러시 하이트와 성소수자인권운동가 에디 윈저, 수영선수 다이애나 니아드는 어떤 난관이 앞을 막아서도 꾸준히 나아갔다. 노동부 장관 프랜시스 퍼킨스와 테니스 스타 비너스, 세리나 윌리엄스는 각자 자신의 분야에서 '최초'가 되었다는 이유로 쏟아지는 성차별적 공격을 받았지만 흔들림 없이 목표에 매진했다. 해리엇 터브먼과 말랄라 유사프자이는 눈앞의 공포를 견뎌냈다. 간호계의 선구자 플로렌스 나이팅게일과 사회운동가 아이젠 푸의 원동력은 강한 연민이었다. 나무심기운동에 불을 붙인 왕가리 마타이는 롤모델이 얼마나 강력한 영향을 미치는지 알고 있었다. 여성권리운동가 소저너 트루스와 미국 적십자 창립자 클라라 바튼은 한 가지 목표가 어떻게 또다른 목표로 이어지는지를 꿰뚫어봤다. 환경운동가 그레타 툰베리는 10대 소녀라는 이유로 무시당하거나 과소평가를 당할 때에도 놀라울 정도로 솔직한 모습을 보여줬다. 모든 여성들 한 명, 한 명이 전에도 그리고 지금도 긍정적으로 살아가고 있으며, 자신의 행동이 변화를 가져올 수 있다고 믿었다.

　책을 마무리하기 전부터 우리는 안타까운 마음이 가득했다. 가족을 위해서 또는 전 세계 사람들을 위해서 좀더 나은 세상을 만들고자 끈기를 가지고 헌신해 우리에게 감동을 준 여성들이 무척 많았지만 이 책에 모두 담을 수 없었기 때문이다. 원래는 종합적 이민 개혁을 쟁취하기 위해 싸우는 용감무쌍한 불법체류 청년DREAMer의 이야기도 담으려 했지만 그럴 경우 그녀의 가족까지 처벌당할 가능성이 있다고 했다. 배짱 좋은 한 여성의 행동이 공동체의 연쇄적인 행동을 이끌어낼 수 있다는 사실을 용기와 재능으로 증명해준 이들의 이야기로 이 책을 가득 채울 수도 있었지만 그러지 못했다.

그들을 손꼽자면 끝도 없다. 그중에는 1900년대 초 거의 모든 운동의 장벽을 무너뜨리다시피 한 베이브 디드릭슨 자하리아스Babe Didrikson Zaharias도 포함되어 있다. 누군가 베이브에게 시도해보지 '않은' 종목이 있느냐고 묻자 베이브는 이렇게 대답했다. "있죠. 인형놀이요." 메리 카사트Mary Cassatt, 조지아 오키프Georgia O'Keeffe, 프리다 칼로Frida Kahlo, 캐리 매 윔스Carrie Mae Weems 외에도 우리는 훨씬 많은 이름들을 쭉 적어내려 갔다. 레버른 콕스Laverne Cox도 있다. 레버른의 용기는 텔레비전은 말할 것도 없고 마음과 정신뿐만 아니라 법까지 바꿔놓았다. 자이나브 방구라Zainab Bangura는 시에라리온에서 여성 최초로 대통령 선거에 출마했으며 전쟁 전략 중 하나로 사용되던 강간이 얼마나 잔혹한 행위인지 공개적으로 비판하는 데 일생을 헌신했다. 에이프릴 라이언April Ryan과 같이 두려움을 모르는 언론인들도 있다. 에이프릴은 미국 대통령에게 인신공격을 받고도 언론의 자유를 위해 당당히 맞섰다. 미국 연방대법원의 훌륭한 여성 대법관 세 명과 제116대 연방의회에서 활동한 127명의 여성 의원들도 있다. 또한 조이 하조Joy Harjo는 우리가 이 책의 원고를 탈고할 당시 미국 원주민 출신으로는 최초로 미국의 계관시인이 되었다. 그뿐만 아니라 여섯 명이나 되는 여성이 2019년 중순 미국 대통령 선거에 출마했다!

우리는 전 세계적으로 혼란과 격변의 시기를 살아가고 있지만, 지금은 그와 동시에 사회 각계각층에서 배짱 있는 여성들이 활동하는 시대이기도 하다.

우리는 이 책을 통해 대화가 시작되기를, 혹은 이미 시작된 대화를 이어가기를 바란다. 절대로 이 책이 마침표가 되어서는 안 된다. 만약 이 여성들에 대한 이야기를 읽고 여러분의 호기심이 불타오르기 시작했다면 당장 자리를 박차고 나가서 그들에 대해 더 많은 것을 배우길 응원해 주고 싶다. 가까운 도서관에 가서 책을 찾아보는 것도 좋겠다. 우리는 매주 일요일이면 리틀록Little Rock에 위치한 한 교회에서 예배를 보고 길 건너편에 있는 도서관에 갔다. 이 책에는 바로 그 도서관에서 첼시가 처음 찾아낸 여성들의 이야기도 담겨 있다. 만약 읽고 싶은 책이 아직 이 세상에 존재하지 않는다면 여러분이 직접 그 책을 쓸 수도 있다. 어쩌면 여러분은 역사책에서 어떤 여성이 빠져 있다고 생각할 수도 있다. 어쩌면 그 여성이 여러분의 어머니, 할머니, 이모나 딸일지도 모른다. 어쩌면 여러분 자신일 수도 있다. 영웅은 어디에나 있다. 그 영웅들을 찾아내 그들의 이야기를 전하고 매일 우리에게 감명을 주는 여성들을 기리는 일은 우리 모두가 해야 할 일이다. 그리고 그들을 본보기로 마음에 새겨 각자 자신만의 방법으로 이 세상에 흔적을 남기는 것이 그 무엇보다 중요하다.

여성들의 권리와 기회 그리고 완전한 참여를 보장하는 일은 21세기에 아직도 해결하지 못한 커다란 과제로 남아 있다. 그 과제를 마무리짓기 위해서는 성별과 세대를 넘어 모두가 힘을 합쳐야 한다. 지금은 이 싸움을 멈추거나 한 발짝 물러서서 언제쯤 끼어들면 좋을지 고민할 때가 아니다. 글로리아 스타이넘Gloria Steinem은 언제쯤 '자리를 넘겨줄' 계획인지에 대한 질문을 계속해서 받아왔다고 한다. 글로리아는 그 질문들을 일축하며 이렇게 대답했다. "나는 내 자리를 절대 포기하지 않을 거예요. 다른 사람들까지 이 자리로 끌어올려줄 거니까요. 충분한 자리를 만들기 위해서는 그 방법밖에 없어요."

그러니 이 유명한 말을 잠시 빌려보자. 배짱 있는 여성들을 위하여 건배! 우리가 그들을 알고, 우리가 그들이 되며, 우리가 그들을 키워낼 수 있기를! 아울러 우리가 그들에게 감사하고 그들을 기념할 수 있기를. 우리는 이 책에 담긴 여성들 그리고 과거와 현재와 미래의 모든 배짱 있는 여성들에게 감사한다.

● 차 례 ●

초기에
영감을 준 여성들
EARLY INSPIRATIONS

처음으로 영감을 준 여성들

도러시 로댐
Dorothy Rodham
[도러시 할머니]

버지니아 켈리
Virginia Kelley
[진저 할머니]

힐러리와 첼시

힐러리

1950년대 시카고 외곽에서 자란 나는 학교 선생님과 마을 도서관의 사서를 빼고는 집밖에서 일하는 여성을 본 적이 없었다. 내 어머니는 내 친구들의 어머니들처럼 전업주부였다. 내 어머니와 내가 아는 다른 어머니들은 당시 텔레비전에서 그려지던 어머니들의 모습처럼 아이들을 돌보고 집안일을 하면서 안정된 생활을 위해 애썼다. 내 어머니는 〈도나 리드 쇼The Donna Reed Show〉에 등장하는 여자들처럼 진주 목걸이를 하고 예쁜 원피스를 차려입은 채 청소기를 돌리지는 않았지만 어린 나의 눈에 어머니와 도나 리드는 다른 점보다는 비슷한 점이 더 많아 보였다. 친구 집에 놀러가도 친구 어머니들은 늘 집에 있었고 내게 땅콩버터와 과일잼을 바른 샌드위치를 만들어주었다. 마치 우리 어머니나 〈비버는 해결사Leave it to Beaver〉(미국의 시트콤—옮긴이)에서 어머니 역할을 맡았던 준 클리버가 그랬던 것처럼 말이다. 텔레비전에서 보이는 모습들로 인해 자연스럽게, 그리고 예상대로, 나는 주변에서 보는 역할과 행동 들을 더욱 당연하게 여기게 됐다.

첼시

엄마, 내가 일곱 살 때쯤 엄마한테 내가 세상에서 두번째로 좋아하는 엄마는 내 제일 친한 친구 엘리자베스의 엄마라고 얘기했던 게 기억나. 첫번째는 당연히 엄마였고 세번째는 도나 리드였지. 할머니 할아버지 댁에 놀러가면 우리는 닉앳나이트Nick at Nite 채널을 정말 많이 봤잖아. 도나를 보면 도러시 할머니 생각이 정말 많이 났어. 특히 할머니가 나를 어떻게 돌봐주셨는지 말이야.(하지만 나이가 들면서 친구의 엄마가 가족을 위해 다른 선택을 하는 모습을 점점 많이 보게 됐고 내 마음속에서 도나 리드의 순위는 뚝뚝 떨어졌어. 그래도 도러시 할머니는 여전히 최고의 할머니였지만 말이야).

힐러리

나도 기억나! 도나는 정말 세대를 넘어서 사랑받았네.

나는 나의 어머니를 사랑했고, 자녀들을 잘 돌보고 나를 가족처럼 대해준 다른 어머니들을 존경했다. 나는 그들을 보고 배웠다. 어린 소녀였던 나는 어머니가 가족과 집을 사랑하지만 살면서 선택할 수 있는 것이 많지 않아 갑갑해한다는 것을 알고 있었다. 지금과 달리 나의 어머니 세대는 심지어 중산층의 백인 여성들도 선택의 폭이 좁았다. 대부분의 흑인 여성들은 그보다도 더 선택할 수 있는 것이 없었다. 어머니가 격려해준 덕분에 나는 살면서 어머니보다 훨씬 더 많은 선택을 하고 싶었고 그게 가능하다고 믿을 만한 영감을 받고자 늘 찾아다녔다. 어머니는 학교 수업이나 책을 통해서 내가 좋아하는 것들을 발전시킬 수 있게 해주었다. 또 매주 동네 도서관에 나를 데려가서 내가 책을 고를 수 있도록 도와주고 책의 등장인물들에 대해 이야기해주었다.

처음에 나는 동화나 전설, 그리고 텔레비전, 책, 〈라이프Life〉 잡지 속에 등장하는 여성들을 살펴봤다. 그곳에서 내가 발견한 여성들은 내 주변에서는 볼 수 없는 행동과 모험을 했다. 그 모습들을 씨앗으로 삼아 내 상상력은 쑥쑥 자라났고 여성들이 무엇을 할 수 있는지에 대한 내 시야가 넓어졌다. 나는 불타는 듯한 붉은 머리에 멋지게 차려입은 기자 브렌다 스타Brenda Starr가 전 세계를 무대로 한 브렌다의 모험을 그린 만화를 열심히 읽었다. 어릴 적 읽었던 만화 주인공 가운데 내가 나 자신이라 생각하고 자극을 받았던 인물은 브렌다밖에 없었다. 비록 허구의 인물이기는 했지만 나는 브렌다를 보면서 처음으로 미래의 직업을 생각하게 됐다.

학창 시절 내내 나는 나를 격려해주는 선생님들의 기대에 부응하기 위해 최선을 다했다. 하지만 6학년 때 만난 엘리자베스 킹 선생님은 남달랐다. 킹 선생님은 우리에게 문법을 철저히 가르치고 창의적으로 생각하고 글을 써보라고 격려해주었고, 우리가 새로운 것을 시도하고 한 발 더 나아갈 수 있도록 조언해주었다. 마태복음을 한 구절씩 풀어서 설명해주기도 했다. "등불을 켜서 양동이 아래에 두지 말고 온 세상을 밝히는 데 써라." 선생님은 나와 친구들에게 다섯 명의 소녀가 유럽을 여행하는 내용으로 연극을 만들어보라고 했다. 우리 중 유럽에 가본 사람은 아무도 없었지만 우리는 작품을 만드는 데 뛰어들었고, 무척이나 자랑스러워하며 초등학교 강당에서 열정적으로 파리식 캉캉까지 포함된 연극을 공연했다.

킹 선생님은 내게 자서전을 써보라고도 했다. 그래서 나는 스물아홉 장이 넘는 종이 위에 부모님과 남동생들, 반려동물들, 집, 취미, 학교, 운동 그리고 장래 계획에 대해서 비뚤비뚤한 글씨로 마구 써내려갔다. 부모님의 격려와 여러 선생님들의 기대 덕분에 나는 몇 가지를 알게 됐다. 나는 대학에 가고 싶었고 취직도 하고 가족도 꾸리고 싶었다. 내 어머니는 대학에 갈 기회가 아예 없었고 아버지는 축구를 하기 위해 펜실베이니아주립대학에 진학했지만 나한테는 해당 사항이 없는 얘기였다. 나는 나만의 길을 찾아야 했고, 그러기 위해서는 최대한 많은 여성들을 찾아내서 지도를 받아야 했다.

나는 거의 본능적으로 책들을 뒤적이며 내가 응원할 수 있는 여성 인물들을 열심히 찾아보게 됐다. 루이자 메이 올컷Louisa May Alcott이 쓴 『작은 아씨들Little Women』에서 마치 자매와 매력적이고 복잡한 인물인 어머니 마미를 발견하고는 뛸 듯이 기뻤다. 그중에서 특히 자유분방한 조가 제일 좋았다. 가족에 대한 열렬한 사랑과 의리, 그리고 역시 그만큼 열렬하게 세상에 뛰어들고 싶은 열망 가운데서 조가 느꼈을 긴장감이 내게도 저절로 느껴졌다. "나는 내 성에 들어가기 전에 뭔가 대단한 걸 할 거야. 용감하거나 훌륭한 걸로. 내가 죽은 다음에도 잊히지 않게 말이야. 그게 뭔지는 모르지만 나는 기다리고 있어. 그리고 언젠가 모두를 깜짝 놀라게 할 거야." 조는 이렇게 맹세했다.

　나는 낸시 드루도 아주 좋아했다. 낸시는 고등학교를 졸업한 용감무쌍한 열여섯 살 소녀로 미스터리를 해결했다. 낸시는 나와 내 친구들에게 끊임없이 영감을 불러일으켰다. 우리는 마치 낸시가 된 듯 집 근처에서 체포하고 싶은 상상 속의 범죄자들을 찾아다니며 놀았다. 우리는 로드스터(지붕이 없고 좌석이 두 개인 자동차—옮긴이)를 몰기엔 너무 어렸고 나쁜 녀석들을 잡고 돌아다니라고 부모님이 허락해줄 리도 없었지만 상상하는 것만으로도 즐거웠다. 진짜 탐정은 아니었지만 우리는 똑똑하고 용감하며 독립적인 낸시 드루를 조금이라도 더 닮고 싶었다. 나는 낸시가 이따금씩 편안한 바지를 입고 탐정 일을 해내는 모습을 감탄하면서 지켜봤다("이제 할일은 딱 하나 남았어. 바지를 입어서 정말 다행이야." 『또각또각 굽 소리의 실마리The Clue of the Tapping Heels』에서 낸시는 이렇게 말하고 도망치는 고양이를 쫓아 건물의 서까래를 기어올라갔다). 나뿐만 아니라 대법관을 지낸 샌드라 데이 오코너Sandra Day O'Connor나 소냐 소토마이어Sonia Sotomayor부터 로라 부시Laura Bush, 게일 킹Gayle King에 이르기까지 1950년대에 어린 시절을 보낸 많은 여성들 또한 이 허구의 인물이 자신에게 매우 중요한 영향을 끼쳤다고 말했다.

첼시

낸시 드루는 엄마랑 도러시 할머니, 그리고 내가 모두 좋아한 최초의 문학작품 속 영웅이야. 낸시는 불굴의 의지를 가졌어. 나는 '불굴'이라는 단어도 낸시 덕분에 알게 됐다니까! 할머니께서 엄마가 읽었던 책들 중에 몇 권을 남겨두신 덕분에 엄마가 내 나이에 읽었던 책들을 나도 읽어볼 수 있었어. 이야기들은 뒤로 갈수록 점점 짧아졌고 낸시는 점점 '숙녀'처럼 변해갔고 자신의 주변 남자들에게 공손해졌어. 하지만 나는 원래의 낸시가 좋았어. 그래서 엄마가 크게 감명받았던 책들을 내가 들고 있다는 게 믿어지지가 않았어.

열 권 남짓한 원작들을 읽은 다음 나는 할머니에게 낸시 드루의 고향인 리버 하이츠로 하루 정도 여행을 떠날 수 있는지 여쭤봤어. 할머니는 그곳은 실제 있는 곳이 아니어서 안 된다고 인자하게 말씀하셨지. 가볼 만한 낸시 드루 기념관 같은 것도 없다고 말이야. 하지만 할머니는 낸시의 호기심과 당당한 분별력과 끈기는 진짜로 중요한 거라고 확신시켜주셨어. 낸시는 목숨이 위험한 상황에서도 사건을 절대 포기하지 않았지. 나는 낸시 같은 사람은 있을 수 없다는 걸 알았어. 열여섯 살짜리 아이가 무슨 돈으로 수수께끼 같은 사건들을 해결한다면서 전 세계를 돌아다니겠어? 그리고 낸시는 어떻게 늘 위험을 피해 가는 거지? 말도 안 되는 일이지만 그래도 여전히 가슴은 설렜어.

낸시 드루뿐만 아니라 그리스 신화 속 지혜와 전쟁의 여신 아테나, 사냥의 여신이자 야생동물 수호신 아르테미스에 대한 책을 읽으면 짜릿한 기분이 들었다. 그들에겐 특별한 능력이 있었으며 내가 그전까지는 남자들이 담당한다고 생각한 활동과 영역을 관장하고 있었다. 나는 그들을 마음 깊이 새겼다.

우리 동네에는 아이들이 많이 살았다. 학교에 안 가는 날이면 우리는 날씨와 상관없이 밖에서 뛰어놀았다. 늘 편을 나눠서 복잡한 놀이를 만들며 놀았는데, 예를 들어 '체이스 앤드 런chase and run'이라 부르는 놀이는 숨바꼭질에다가 포로를 잡는 복잡한 규칙을 더한 놀이다. 나는 강인한 여신들이 등장하는 그리스 신화를 읽었기 때문에 대장 역할을 맡아 전략을 짰고 남자아이들과 의견이 안 맞을 때에도 내 주장을 내세우는 데 전혀 거리낌이 없었다. 심지어 어머니에게 아르테미스처럼 활과 화살을 사줄 수 없느냐고 물어보기까지 했다. 나는 내 가운데 이름인 다이앤 Diane이 아르테미스의 로마식 이름 다이애나Diana와 비슷하다는 그럴듯한 이유까지 들었지만 어머니는 현명하게 거절했다.

첼시

나 역시 같은 이유로 고대 이집트에 매료됐다. 네페르티티, 클레오파트라 그리고 핫셉수트Hatshepsut의 이야기는 모두 강하고 용감하며 두려움을 모르는 여성 지도자들을 보여줬다. 4학년 때는 최초의 여성 파라오로 이집트의 왕좌에 가장 오래 머물렀던 인물인 핫셉수트에 대해 그때 당시에 가장 길게 적어 숙제로 냈다. 그보다 2년 전인 1987년, 엄마와 함께 테네시주 멤피스에서 열린 람세스 2세의 전시회를 관람한 적이 있다. 나는 영화 〈십계The Ten Commandments〉에서 율 브리너가 연기했던 파라오가 실제로는 어떤 모습인지 더 알고 싶었지만 리틀록에서 2시간 반 동안 차를 타고 가면서 쉬지 않고 고대 이집트의 여성들에 대해서 이야기를 나눴다. 핫셉수트는 파라오였던 당시 그때껏 이집트에서 본 적 없던 큰 규모의 건축물을 지으라고 명령했다. 그렇게 지어진 사원들과 오벨리스크와 같은 건물들 중 일부는 오늘날까지도 남아 있다. 또한 핫셉수트는 교역로를 넓히고 농업과 관련한 실험을 할 수 있도록 지원했다. 핫셉수트가 자신의 어린 아들과 동등하게 다스리겠다고 주장하자 이집트의 여성들은 매우 큰 힘을 얻었다. 그리고 수천 년이 지난 현재의 나도 마찬가지다.

엄마처럼 나도 내게 영감을 주는 여성들을 온 사방에서 찾아보았다. 아홉 살인가 열 살 즈음 여름학기에 중세 유럽에 대한 수업을 들었는데, 역사와 전설의 주인공 자리를 남성들이 꿰차고 있다보니 잔 다르크Joan of Arc가 단연 눈에 띄었다. 잔 다르크는 성차별주의자들에게 무시당하고(어린 여자가 군대를 이끈다고?) 제정신이 아닐 거라는 손가락질을 받았으며 심지어는 죽음을 눈앞에 두고도 조금도 흔들리지 않고 프랑스에서 영국을 몰아내는 데 헌신했다. 그러나 결국에는 '불복종과 이단'이라는 이유로 영국인들에게 잡혀 화형에 처해졌다. 잔 다르크에 대해 알게 되자마자 나는 몇 달 뒤로 다가온 할로윈에 잔 다르크 분장을 하기로 마음먹었다. 도러시 할머니가 멋진 의상을 만들어주었지만 정작 할로윈날 사탕을 얻으러 다니는 내내 내가 누구로 분장한 건지 설명해야 했다.

약 30년이 흐른 뒤 나는 〈잔 다르크의 어머니Mother of the Maid〉라는 연극을 보고 이사벨 로미에 대해 알게 되었다. 이 연극은 잔 다르크의 어머니인 이사벨의 일생이 어땠을지를 상상한 이야기로, 이사벨은 잔 다르크를 지지하고 감옥에 갇힌 잔 다르크를 마지막까지 돌보았다. 잔 다르크가 화형을 당한 후에도 이사벨은 20년이 넘도록 딸의 무죄를 밝히기 위해 애썼다. 또한 홀로 글을 깨치고 사람들 앞에서 연설하는 기술을 익혔으며 딸을 변호하기 위해 먼 길도 마다하지 않고 바티칸까지 떠났다. 당시 이사벨은 무려 일흔을 훌쩍 넘긴 나이였다. 결국 잔 다르크가 처형당한 지 25년 만에 파리 종교재판소는 앞선 판결을 뒤집었다. 결연하고 대담하기가 꼭 닮은 엄마와 딸이다.

나는 어른이 된 지금까지도 역사를 사랑하고 특히 고대 이집트 역사에 관심이 많다. 2008년 어느 날, 한 중고서점에서 『모래톱 위의 악어 Crocodile on the Sandbank』라는 책을 집어들었다가 순식간에 바버라 머츠

Barbara Mertz의 글과 사랑에 빠져버렸다. 엘리자베스 피터스Elizabeth Peters 라는 필명을 사용한 바버라는 이 책에서 19세기 말엽의 고고학자 아멜리아 피보디라는 매력적인 여주인공을 만들어냈다. 책의 첫 장을 넘긴 이후로 나는 그 책을 내려놓을 수가 없었다. 어찌나 깔깔거리며 웃어댔는지 주변에 있던 친구들뿐만 아니라 생전 모르는 사람들까지 뭐가 그렇게 재밌냐고 내게 물었다. 책을 다 읽자마자 나는 할머니와 엄마에게 이 책을 소개했다. 우리 삼대 모녀의 독서 모임은 그렇게 탄생했다. 그후 할머니와 나는 더 학문적으로 이집트학을 다룬 바버라 머츠의 책들도 재밌게 읽었고 엄마와 나 모두 바버라가 세상을 떠나기 전에 그녀의 책 덕분에 정말 즐거웠고 감사하다는 내용으로 팬레터를 보냈다.

힐러리

내가 웰즐리대학교Wellesley College에 입학한 1965년 가을 무렵, 여성운동은 이미 시작되고 있었다. 이 운동은 1963년 베티 프리단Betty Friedan이 쓴 책 『여성의 신비The Feminine Mystique』 덕분에 더욱 불이 붙었다. 우리 가족은 책을 주로 도서관에서 빌려 읽었다. 어머니가 늘 그렇게 했기 때문이다. 그런 어머니가 프리단의 책을 빌려와 읽었는데 얼마나 재미있었는지 줄을 치며 읽어야겠다고 그 책 한 부를 직접 사왔다. 그리고 내게 그 책에 대해 이야기해주었다. 그후 수년간 그 책을 타당하게 비판한 글들도 많이 읽었지만 당시 내 어머니와 같은 여성들에게 그 책은 새로웠고 심지어는 혁명적이기까지 했다. 어머니는 그전까지는 전업주부로 살며 어딘가 아쉽고 후회스러운 기분이 든다는 사실에 죄책감을 느꼈다. 하지만 프리단은 그러한 감정을 '이름 붙일 수 없는 문제'라고 설명했다. 베티 프리단이 이름을 붙이기 전까지 내 어머니는 동시대를 살아가던 수백만 명의 다른 여성들과 마찬가지로 무엇이 자신을 괴롭히고 있는지 몰랐다. 그렇다고 어머니가 그 책에 적힌 모든 주장에 동의하는 것은 아니었다. 불행했던 어린 시절을 보낸 어머니는 살면서 제일 잘한 일은 엄마가 된 거라고 입버릇처럼 말했다. 하지만 어머니는 별안간 눈앞을 가리고 있던 안개가 걷힌 기분을 느꼈던 것이다. 수년이 흐른 뒤 나는 베티 프리단을 만나 내 어머니에게 큰 의미가 되어준 책을 써줘서 고맙다고 인사를 건넸다. 그러자 베티는 이렇게 대답했다. "당신에게는 어떤 의미였나요?"

나한테는 어땠냐고? 『여성의 신비』를 읽고 어머니와 내가 똑같은 느낌을 받은 것은 아니지만 나 역시 그 책이 가진 엄청난 영향력을 충분히 느낄 수 있었다. 그리고 〈뉴욕 타임스〉의 칼럼니스트 게일 콜린스가 『여성의 신비』 50주년 판에서 쓴 서문에 동의한다. 이 책은 20세기에 쓰인 가장 중요한 책 중 하나로 손꼽혀야 마땅하다. 콜린스는 이 책이 "한 보수 잡지사가 단독으로 선정한 '19세기와 20세기에 가장 유해한 책 10권'에 포함되었다. 듣기 좋은 말은 아니지만 적어도 강펀치를 먹였다는 증거다"라고 지적했다. 이 책 덕분에 나도 메리 울스턴크래프트Mary Wollstonecraft가 쓴 『여성의 권리 옹호A Vindication of the Rights of Woman』(1792), 시몬 드 보부아르Simone de Beauvoir의 『제2의 성The Second Sex』(1949)과 같은 페미니즘 문학을 폭넓게 접하게 되었다. 대학을 졸업한 이후에도 글로리아 스타이넘의 글에서부터 마거릿 애트우드Margaret Atwood의 『시녀 이야기The Handmaid's Tale』(1985)나 록산 게이Roxane Gay의 『헝거Hunger』(2017) 그리고 이 밖에도 수많은 작가들의 글을 읽고 여성의 역할과 권리에 대해서 더 깊이 생각하게 됐다.

엄마가 된 나는 첼시가 롤모델을 찾는 모습을 보았다. 첼시는 책들을 열심히 뒤지며 여자아이가 등장하는지 찾아보았고 그런 인물을 발견할 때면 얼굴이 환하게 밝아졌다. 나처럼 첼시도 소설 속의 여성 영웅들에게 매료되었다. 하지만 첼시는 어디에서든 자신의 꿈을 좇는 여성들을 실제로 찾았다. 내가 어렸을 적에는 상상도 할 수 없는 일이었다. 첼시는 우리 가족의 친구들이나 매력적인 여성들을 만날 때면 그들이 하는 일과 그 일을 사랑하는 이유에 대해서 질문을 쏟아냈다. 그런 모습을 보고 있으면 정말 흐뭇했다. 한때는 불가능해 보이던 수많은 것들이 불과 한 세대 만에 가능을 넘어 일상이 됐다.

첼시

리틀록에서 살던 어린 시절, 내 주변의 많은 여성이 내게 자극이 되어주었다. 엄마와 할머니, 학교와 주일학교 및 발레 수업의 선생님들, 그리고 소아과 의사 베티 로위 선생님이 계셨다. 또 한동안은 시장이었던 로티 섀컬퍼드Lottie Shackelford를 존경했고 많은 역사적인 인물에 대해 배웠으며 책이나 영화 속 여성들을 보며 사랑에 빠지기도 했다. 게다가 운좋게도 평생 동안 훌륭한 여성들과 우정을 쌓을 수 있었다. 내 가장 오래된 친구인 엘리자베스 플레밍 와인드러치의 엄마와 내 엄마는 라마즈 분만 교실에서 만난 사이다. 그래서 나는 태어났을 때부터 엘리자베스를 알게 됐고 평생 사랑했다. 우리는 서로를 의지하며 사랑을 나눠주고 모험을 함께했다. 또한 내 친구들은 여성으로서, 친구로서, 지도자로서, 전문가로서, 엄마로서 그리고 시민으로서 내가 영감을 얻을 수 있는 소중한 원천이 되어주었다.

어떻게 보면 내가 미처 기억하기 전부터 영감은 내게 쏟아져내려오고 있었다. 할머니와 엄마는 자신들의 인생 이야기를 들려주었고 엄마는

『아기토끼 버니The Runaway Bunny』를 읽어주며 엄마의 무한한 사랑과 엄마와 아기 버니가 가진 결단력의 힘에 대해 분명히 전해주었다. 어쩌면 캔자스와 에메랄드 시티(『오즈의 마법사』에 등장하는 배경 도시―옮긴이) 사이 어디쯤에서 영감이 날아오기 시작했을 수도 있다.

나는 1학년 때 나를 가르쳐준 세이디 미첼 선생님께 항상 감사한다. 선생님은 내가 처음으로 읽어본 긴 책인 『오즈의 마법사The Wonderful Wizard of Oz』를 끝까지 읽을 수 있게 도와주었다. 프랭크 바움이 도러시의 마법 같은 모험을 그린 이 명작을 반 아이들은 한 달이 넘는 시간 동안 읽으며 결국 '내 집이 최고다'라는 사실을 깨달았다. 나는 나보다 나이가 그리 많지도 않은 도러시가 자신이나 친구들을 포기하지 않는 모습을 보며 깊은 감명을 받았다.

힐러리

〈오즈의 마법사〉는 내가 영화관에서 처음으로 본 영화기도 해. 나도 그때 너와 똑같은 생각을 했었지. 그리고 날아다니는 원숭이가 어찌나 무섭던지 지금도 기억에 생생해!

연말에 우리 반은 복도 건너편 타비타 필립스 선생님의 반 아이들과 함께 친구들과 가족들 앞에서 〈오즈의 마법사〉를 공연했다. 서쪽 마녀 역할을 맡았던 나는 포레스트파크초등학교 무대 위에서 최대한 멋지게 녹아내리는 모습을 보여주겠다고 다짐했다. 엄마는 적극적으로 도와주었지만 내가 배역을 위해 잠시 머리카락을 초록색으로 염색하고 얼굴도 초록색으로 칠하겠다고 선언했을 때는 썩 마음에 들어하지 않았다. 사실 그럴 만도 했다. 매일 머리를 감은 탓인지 고작 일주일 만에 내 머리카락은 원래 색으로 돌아왔다.

미첼 선생님은 공연을 준비하는 내내 나를 응원해주었고 마녀가 녹아내리던 장면은 완벽했다고 칭찬해주었다. 내게 도러시가 이야기 속 첫 영웅이었다면 미첼 선생님은 우리 가족을 제외한 현실 속 최초의 영웅이었다. 선생님은 모든 학생에게 관심을 쏟았다. 우리가 힘든 하루를 보내고 나면 선생님은 다음날 아침 이렇게 말씀하셨다. "어제는 지나갔어. 오늘은 새로운 날이야." 또 내가 아칸소 주지사의 딸이라는 이유로 다른 학생들과 다르게 대하지 않았다. 그저 내가 훌륭한 학생이자 훌륭한 인간이 되길 바라셨다. 그리고 모든 학생들이 최선을 다하기를 기대하셨다. 미첼 선생님은 늘 인내심이 많고 친절했으며 칭찬을 하거나 벌을 줄 때 모두 공정했다. 선생님은 훌륭한 선생님이란 무엇인지 기준을 세워주었다.

힐러리

우린 훌륭한 선생님들을 만난 덕분에 평생 배움을 사랑하게 됐어. 선생님들이 우리에게 영감을 주고 모범이 되는 여성들을 소개해주는 동안 우리 둘 다 역사에 널리 알려졌거나 알려지지 않은 여성 영웅들에 대해 더 많은 것을 알고 싶어졌잖아(그게 우리가 이 책을 쓰고 있는 이유 중 하나이기도 하고!). 우리는 운좋게도 훌륭한 선생님들을 많이 만난 덕분에 우리도 세상을 바꿀 수 있다는 것을 분명하게 깨달을 수 있었어.

도러시 다음으로는 매들린 렝글Madeleine L'Engle의 소설 『시간의 주름 *A Wrinkle in Time*』의 주인공 메그 머리Meg Murry를 만났다. 메그는 불굴의 의지를 가진 인물이다. 나는 부모님에게 이 책에 대해 쉬지 않고 떠들어댔던 것이 기억난다. 나도 메그를 따라서 누구도 내 마음을 통제할 수 없게 머릿속으로 구구단을 외웠다. 그리고 나 자신에게 이렇게 묻곤 했다. '메그라면 어떻게 했을까?' 당시에 그런 문구가 새겨진 팔찌 같은 게 있었다면 나는 결코 그 팔찌를 빼지 않았을 것이다. 메그와 더불어 베벌리 클레어리Beverly Cleary가 만들어낸 라모나 큄비Ramona Quimby도 있었다. 진저 할머니가 여덟 살 생일 선물로 뭘 받고 싶냐고 물었을 때 라모나가 아빠의 금연을 위해 노력하던 모습이 떠올라 나는 할머니가 담배를 끊으면 좋겠다고 대답했다. 할머니는 알겠다고 대답했고, 하루에 두 갑이나 피우던 담배를 끊는 게 얼마나 어려운 일인지 있는 그대로 보여주셨다. 할머니가 결국 금연에 성공한 것도 물론 멋졌지만 솔직하면서도 자기연민에 빠지지 않던 모습 역시 그만큼이나 인상 깊었다. 진저 할머니는 메그나 라모나보다 더 큰 영감을 내게 주었다.

엄마가 되고 나니 내가 왜 오랫동안 나에게 영감을 준 소녀와 여성들에게 반했고 아직도 푹 빠져 있는지 내 아이들이 이해해주길 바라게 됐다. 그 여성들 가운데 몇 사람은 이 책에 담겨 있기도 하다. 내가 어렸을 적 너무나 사랑했던 책들을 내 아이들도 읽으면 좋겠다. 나와 같은 롤모델을 가질 필요는 전혀 없지만 내가 왜 이렇게 오랜 시간 마음속에 이 여성들을 품고 지내왔는지 알게 되길 바라는 마음이다.

해리엇 터브먼
Harriet Tubman

힐러리와 첼시

때는 1860년이었다. 도망 노예였던 찰스 날레는 뉴욕주 트로이에서 재판을 받을 준비를 하고 있었다. 관계 당국은 법원 밖에 모여 있던 시위자들 중 어느 누구도 재판에 들여보내주지 않았다. 하지만 어깨에 숄을 두르고 음식 바구니를 들고 있는 나이 지긋한 한 여성은 다른 이들과 달리 전혀 악의가 없어 보였다. 재판정에 들어선 여인은 뒤쪽에 자리를 잡았다. 이윽고 판사가 찰스 날레를 버지니아주로 되돌려보낸다는 판결을 내리는 순간 그 여성이 별안간 앞으로 달려나갔다. 그리고 숄을 벗어딘지자 노파가 아니라 서른네 살의 젊은 여성이 모습을 드러냈다. 경호원이 놀라 당황한 틈을 타서 그녀는 날레를 붙잡고 서둘러 재판정 밖으로 뛰쳐나갔다. 날레와 함께 계단을 뛰어내려가며 경찰들이 내리치는 곤봉도 막아냈다. 그리하여 마침내 그녀는 미리 대기하고 있던 배에 찰스 날레를 태울 수 있었다.

그러나 승리의 기쁨은 오래가지 않았다. 도착지에 이미 경찰들이 깔려 있었다. 결국 찰스는 다시 붙잡혀 판사실에 갇혔다. 하지만 그 젊은 여성은 쉽사리 포기할 생각이 없었다. 그녀는 트로이 주민들을 불러모았고 그녀의 신호에 맞춰 군중은 구름처럼 판사실로 몰려들었다. 결국 그들은 날레를 빼내서 서쪽으로 가는 화물기차에 태워 보냈다. 해리엇 터브먼이 도망 노예를 공개적으로 구출한 것은 그때가 처음이었다.

해리엇 터브먼의 원래 이름은 아라민타 로스로 1820년경 메릴랜드에서 노예로 태어났다. 대가족 안에서 자라던 해리엇은 다섯 살이라는 어린 나이에 '아기를 돌봐줄 소녀'를 찾고 있던 이웃집에 보내졌다. 해리엇은 너무 어려서 아기를 안전하게 안으려면 바닥에 앉아야만 했다. 해리엇이 해야 할 일 중 하나는 밤새워 요람을 흔드는 일이었는데, 졸기라도 했다가는 채찍질을 당했다. 해리엇은 집이 그리웠다. 엄마가 너무 보고 싶었다. 그러나 마침내 집으로 돌아가게 됐을 때 해리엇은 허약해져 있었고 자주 아팠다. 몇 년 뒤 해리엇은 한 노예감독관이 도망치는 노예에게 던진 쇳덩이에 머리를 맞았다. 그 일로 눈썹 근처에 흉터가 남았고 이후 평생 동안 실신 증상에 시달렸다.

끊임없이 폭력과 잔혹 행위 그리고 인종차별을 겪고 자라면서 해리엇은 뛰어난 자립심과 체력을 키웠다. 20대가 되어서는 자유 흑인인 존 터브먼과 결혼했다. 하지만 5년 뒤 주인이 세상을 떠나자 해리엇뿐만 아니라 가족들까지 당장 미래를 기약할 수 없게 되어버렸다. 독실한 믿음을 갖고 있던 해리엇은 앞날을 인도해달라며 기도를 올렸다. 하지만 소저너 트루스Sojourner Truth처럼 해리엇도 앉아서 기도만 해서는 부족하다고 결론을 내렸다. 신의 뜻대로 살기 위해서는 자신의 믿음과 행동이 하나가 되어야 했다. 훗날 해리엇은 이렇게 말했다. "제 스스로 생각해낸 거예요. 자유롭게 살거나 죽거나, 둘 중에 하나를 선택할 권리가 나한테 있었거든요. 어느 한쪽을 가질 수 없으면 나머지 하나를 갖게 되는 거죠."

그해 9월, 해리엇은 부모님과 남편을 남겨두고 훌쩍 떠났다. 몇 주 지나지 않아, 주인의 가족들은 신문에 광고를 냈다. 해리엇을 찾아 데려오면 보상금을 주겠다는 내용이었다. 해리엇은 '지하철도Underground Railroad' 조직의 아지트와 은신처에 머물며 북극성을 따라갔다. 한 인정 많은 백인 여성이 첫번째 아지트로 가는 방향을 알려주고 해리엇을 도와줄 두 사람의 이름을 쪽지에 적어주자 해리엇은 고마움의 표시로 가장 아끼던 누비이불을 건넸다. 해리엇은 글을 읽을 줄 몰랐기 때문에 그 이름들을 읽을 수가 없었다. 그저 그 종이를 자신이 만난 다음 사람에게 전해주고 그 누군가가 자신을 숨겨주길 바라는 수밖에 없었다.

캐서린 클린턴Catherine Clinton은 해리엇의 전기『해리엇 터브먼: 자유로 가는 길Harriet Tubman: The Road to Freedom』에서 이렇게 썼다. "붙잡혀서 노예가 된 이들은 구속을 당한 순간부터 온 힘을 다해 벗어나려고 애썼다. 그중 대부분은 덧없는 희망을 품었다. 그들은 자유를 달라고 기도하면서도 다음 생에서는 구원을 받을 거라는 믿음을 위안으로 삼았다." 하지만 해리엇은 모든 것을 걸고 자유를 찾아 탈출했다. 수색견이 뒤를 쫓고 노예 사냥꾼들은 해리엇의 목에 걸린 상금을 차지하기 위해 혈안이 되어 있었으며 강과 숲에는 온갖 위험과 질병이 도사리고 있었다. 게다가 해리엇이 두드린 문이 노예해방론자들을 위한 집이 아닐 수도 있었다. 하지만 해리엇은 그 모든 위험을 감수했다. 대개는 한밤중에 걸어서 주 경계를 넘어 이동했다. 탈출한 노예들, 특히나 홀로 위험천만한 여정을 감행한 노예들은 대부분 남성이었지만 당시 해리엇은 20대의 젊은 여성이었다.

마침내 필라델피아에 도착한 해리엇은 자유를 얻은 다른 많은 노예들이 그랬듯 이름을 바꾸고 새로운 삶을 시작했다. 그곳에서 자신과 생각이 비슷한 사람들이 모인 지역사회를 만났고 흑인교회에 나갔으며 노예제도 폐지를 위한 공개 토론회에도 참여할 수 있었다. 해리엇은 노예로 살았던 자신의 경험을 공개적으로 이야기했고 돈도 벌어 자립하게 됐다.

그러던 어느 날 해리엇은 전 주인의 아내가 자신이 가장 사랑하는 조카 키지를 팔기로 했다는 소문을 들었다. 자, 여기부터 이 한 용기 있는 여성의 이야기는 영웅담으로 변한다. 해리엇은 키지와 키지의 두 아이를 구출하기 위해서 모든 위험을 감수하고 돌아가기로 마음먹었다. 그 탈출 과정이 자세히 밝혀지지는 않았지만 이번에도 성공이었다. 해리엇은 그들을 볼티모어로 데려와 북쪽으로 데려갈 방법을 마련할 때까지 숨겨주었다.

1851년에는 다시 한번 메릴랜드에 돌아가 이번에는 남동생과 동료 두 명을 구해온다. 그사이 미국에 도망 노예법Fugitive Slave law이 제정되어 돌아가는 일은 한층 더 위험천만해져 있었다. 노예제가 없던 주에서도 노예인 흑인들은 법적으로 주인에게 돌려보내야 했고, 노예를 도와주는 사람은 누구라도 감옥에 가거나 벌금을 물었다. 하지만 이번에도 해리엇은 성공했다. 그러나 또 한번 돌아가서 해야 할 일이 남아 있었다. 이번에는 지극히 개인적인 일이었다. 해리엇은 세번째로 메릴랜드에 돌아가 남편을 찾아갔다. 함께 떠나자고 설득할 셈이었다. 그러나 남편은 이미 재혼을 한 상태였고 해리엇과 함께 떠날 생각도 없었다. 해리엇은 '당장 쳐들어가서 난장판을 만들어버릴까'라는 생각을 했다고 당시를 회상했다. 하지만 결국 이렇게 결론 내렸다. '남편이 나 없이 살 수 있다면 나도 남편 없이 살 수 있어.'

처음에는 가족이 안전하기만을 바랐던 해리엇은 똑같이 절박한 상황에 처한 다른 이들에게도 관심을 돌리기 시작했고, 1851년 12월 공식적으로 '지하철도'의 일원이 되었다. 훗날 그녀는 이렇게 말했다. "신이 내게 이 일을 하라고 하셨어요. 나는 '아이고, 하느님. 저는 못해요. 저 말고 다른 사람한테 시키세요'라고 말했죠." 하지만 해리엇은 그 대답을 명확하게 들었다고 한다. "내가 원하는 것은 너다. 해리엇 터브먼." 그래서 해리엇은 다시 돌아가 열한 명의 도망 노예를 데리고 돌아왔다. 그중에는 자신의 남동생도 있었지만 대부분 생면부지의 사람들이었다. 당시 해리엇은 자신의 '승객'들을 캐나다로 데려가기로 결정했다. "나는 내 사람들을 더이상 이 나라에 맡기지 않겠어." 해리엇은 마침내 연로한 부모님을 비롯해 온 가족을 구해내 캐나다에 정착했다. 그 이후에는 다시 가족들과 함께 뉴욕주의 오번으로 이사해 여생을 보냈다.

해리엇은 전부 합쳐서 수백 명의 노예에게 자유를 선사한 것으로 알려져 있다. 혈혈단신으로 다니며 자신의 자유와 목숨을 걸고 다른 이들을 구했다. 해리엇이 하는 일이 알려지면서 사람들은 그녀를 '모세'라고 불렀다. 해리엇

"8년간 지하철도의 차장으로 일했다. 대부분의 차장들은 아니겠지만 나는 이렇게 말할 수 있다. 내 기차는 노선을 벗어난 적도 없고 나는 승객을 잃어버린 적도 없다."

- 해리엇 터브먼

은 두려운 마음은 제쳐두고 승객들을 '자유 노선Liberty lines'에 태우는 일에 전념했다. 권총을 가지고 다니며 승객이 겁에 질려 도망중에 이탈하려고 하면 그러지 못하도록 위협하는 데 사용하고는 했는데 그런 적이 한두 번이 아니었다. 한번은 치통 때문에 도저히 정신을 집중할 수가 없어서 권총을 집어들어 아픈 이빨을 뽑아버렸다. 그러고는 계속해서 갈 길을 갔다.

또한 해리엇은 창의력이 넘쳤고 속임수의 귀재였다. 언젠가 한번은 전에 살던 메릴랜드 집 근처에 위치한 마을에서 몸을 숨길 곳이 없는 상황에 처하고 말았다. 챙이 넓은 모자로 얼굴을 가리고 살아 있는 닭 두 마리를 들고 있던 해리엇은 전 주인들 중 한 명이 자신을 향해 다가오자 닭들의 다리에 묶어두었던 줄을 홱 잡아당겼다. 그러자 닭들이 꼬꼬댁거리면서 활개를 치기 시작했고, 해리엇은 닭들을 진정시키며 용케 그 남자와 눈을 마주치지 않고 자리를 뜰 수 있었다. 또 한번은 객차 안에서 또다른 전 주인을 발견했는데, 흑인들은 대부분 무시당하는 터라 해리엇은 노인 행세를 하고 찬송가를 흥얼거리며 숨어 있던 승객들에게 지시 사항을 전달했다.

남북전쟁이 발발하자 해리엇은 다시 한번 신의 부르심을 들었다. 해리엇을 '터브먼 장군'이라 부르던 노예해방론자 존 브라운이 하퍼스 페리를 습격하려다 실패하자 해리엇은 충격을 받았다. 해리엇은 투쟁의 중심에는 자신이 꼭 필요하다고 믿었다. 그리하여 북부 연합군 부대와 함께 사우스 캐롤라이나로 이동해 약초에 대한 지식을 발휘하여 병에 걸리거나 부상을 입은 군인들을 돌봐주었다. 1863년에는 북부군의 스파이와 정찰병 지도자로 임명되었다. 자신 역시 수배중인 상황에서 사우스 캐롤라이나의 적진 배후까지 침투했으며 정찰대 정보망을 조직해 남부 연합의

작전을 추적하는 일을 도왔다. 또한 널리 알려진 콤바히강 습격Combahee River Raid을 주도해 700명가량의 흑인 노예를 구출해 자유를 선사했다. 해리엇은 이 사건에 대해 여러 번 이야기했다. 이야기를 들은 사람들은 죽음을 불사한 해리엇의 용기에 큰 감명을 받았고 흥미진진한 말솜씨에 웃음을 터뜨렸다(해리엇은 보트로 탈출을 한 다음부터는 원정을 갈 때 절대로 치마를 입지 않았다고 말했다).

1864년 건강이 나빠진 해리엇은 연로한 부모님을 돌보기 위해 뉴욕으로 돌아왔다. 이미 북부 연합군 동료들에게 영웅으로 인정받고 있었지만 해리엇에게 전쟁은 아직 끝나지 않았다.

1865년 해리엇이 기차를 타고 가는데 차장은 흑인 여성이 군인 서류를 적법하게 발급받았을 리 없다며 믿어주지 않았고, 급기야 자리를 내놓으라고 요구했다. 해리엇이 이를 거부하자 남자 네 명이 달려들어 그녀를 끌어내 수하물 차량에 앉혔다. 해리엇은 내내 그 자리에 앉아 있어야 했다.

해리엇은 뉴욕 오번에 위치한 자신의 집을 도움이 필요한 모든 사람에게 개방했고, 고아와 노인, 장애인을 위한 기부금도 모았다. 또한 프레더릭 더글러스Frederick Douglass, 수전 B. 앤서니Susan B. Anthony, 소저너 트루스 같은 친구들과 함께 전국을 돌며 여성에게 참정권을 부여해야 한다고 외쳤다. 그녀는 남북전쟁에 참전했던 넬슨 데이비스와 재혼했고 이후 거티라는 이름의 소녀를 입양했다. 해리엇은 군인으로 복무한 경력을 보상받기 위해 수십 년간 싸웠다. 그

"터브먼은 결코 남성들이 지지해주기만을 기다리지 않았다. 오히려 남성, 정부, 노예제도, 남부 연합군과 자신의 목에 4만 달러나 되는 현상금을 건 노예 사냥꾼에 대항하기를 즐겼다. 키가 153센티미터도 되지 않는 이 흑인 여성에게 두려움은 눈곱만큼도 없었다."

- 더닌 L. 브라운, 〈워싱턴 포스트〉

러나 동료들이 기부금을 마련해주자 곧바로 자신보다 더 그 돈이 필요한 사람들에게 전달했다.

힐러리

세월이 흐른 후 뉴욕 상원의원이었던 나는 자랑스럽게도 해리엇 터브먼의 생가를 복원하는 기금을 마련했다. 금액은 11,750달러로 상징적인 의미가 있었다. 해리엇이 남편의 사망으로 받아야 했던 배우자 연금과 같은 액수였기 때문이다. 해리엇의 얼굴이 20달러 지폐 위에 그려지게 되었다는 사실을 알고 나는 무척 기뻤다. 미국 화폐에 흑인이 등장한 것은 처음이었다. 하지만 이미 한참 늦어버린 이 표창을 트럼프 정부가 끝까지 마무리할지 지켜봐야 할 것이다.

첼시

어렸을 적, 엄마가 처음으로 이야기해주었던 영웅들 가운데 해리엇 터브먼이 있었다. 그리고 초등학교에 다니는 내내 역사와 사회 수업 시간에 해리엇에 대해서 배웠다. 해리엇의 용기, 그리고 신앙심을 행동으로 승화시킨 평생의 신념은 가장 훌륭한 인간의 모습을 보여주기에 모든 어린이들은 해리엇의 이야기를 배울 필요가 있다.

해리엇이 그녀의 승객들과 함께 나누었던 지혜는 그 어느 때보다도 의의가 있다. '지하철도'에서 했던 모든 일에 적용되던 규칙들은 여전히 유효하다. 한번 시작하면 아무리 무섭고 위험해도 절대 되돌아갈 수 없다. 자유를 향해 가는 길 위에서 해리엇은 한 가지 조언을 했다. "개가 짖는 소리가 들려도 계속해서 앞으로 가세요. 숲속에서 햇불들이 보여도 계속해서 앞으로 가세요. 누군가 여러분을 향해 소리쳐도 절대 멈추지

초기에 영감을 준 여성들

마세요. 계속해서 앞만 보고 가세요. 자유를 쟁취하고 싶으면 멈추지 말고 계속해서 가세요." 가장 힘들고 어두운 순간이라 해도 우리는 꼭 이렇게 계속해서 앞으로 나아가야 한다.

안나 파블로바 *Anna Pavlova*, 이사도라 덩컨 *Isadora Duncan*, 마리아 톨치프 *Maria Tallchief*, 버지니아 존슨 *Virginia Johnson*

안나 파블로바

이사도라 덩컨

마리아 톨치프

버지니아 존슨

힐러리와 첼시

첼시

1881년 러시아 상트페테르부르크에서 태어난 안나 파블로바는 세탁부로 일하던 어머니 손에서 가난하게 자랐다. 하지만 안나 본인은 물론 안나 어머니도 늘 안나가 훌륭한 인물이 될 것이라고 믿었다. 어렸을 적 안나는 태어나서 처음으로 〈잠자는 숲속의 미녀The Sleeping Beauty〉 발레 공연을 보고 발레리나가 되기로 마음먹었다.

그로부터 몇 년이 지나 안나는 상트페테르부르크 왕립 발레학교에

초기에 영감을 준 여성들

입학하게 되어 뛸듯이 기뻤다. 안나의 어머니도 마찬가지였다. 딸에게 어마어마한 잠재력이 있다는 것을 확실히 인정받은 듯한 기분이었을 것이다.

그후로 발레와 춤은 안나의 인생에서 그 무엇보다 중요한 자리를 차지했다. 안나는 타고난 재능에다 지칠 줄 모르는 근면성과 호기심도 십분 활용했다. 안나는 이렇게 말했다. "재능만 가지고는 이룰 수 없어요. 신은 재능을 주시지만 노력이 재능을 천재로 만들어요." 20대 중반에 안나는 이미 프리마발레리나가 되었고 왕립 발레단에서 어렵기로 유명한 지젤 역을 맡아 공연했다.

대부분의 발레 무용수가 자신의 훈련법만을 고수하던 당시에 안나는 폴란드, 멕시코, 인도 그리고 일본의 춤을 배웠고, 발레를 할 때는 당시 유행하던 것보다 더 단순한 방식에 집중해 공연에서 더 많은 감정을 표현하고자 했다. 또한 뉴욕에서 도쿄에 이르기까지 전 세계를 돌아다니며 새로운 관객들에게 자신만의 발레를 보여주었다. 그뿐만 아니라 무용수로는 최초로 영화에 등장하기도 했다. 안나의 대표작이자 안나가 가장 많이 공연한 작품은 오직 안나를 위해서 안무를 짠 〈빈사의 백조Dying Swan〉였다. 안나는 이 작품을 최소 4,000번 이상 공연했다고 한다. 안나는 강렬함과 우아함을 잘 표현한 것으로도 유명하고, 용감하게 자신만의 방식을 발전시켜 마침내 자신의 발레단을 세운 것 또한 길이길이 기억될 만하다. 당시 무용수들뿐만 아니라 특히 여성 무용수에게는 매우 드문 일이었다.

안나는 죽을 때까지 춤을 췄다. 사실 어떤 이들은 죽을 정도로 춤을 췄다고 표현하기도 한다. 안나는 계속 공연을 해야 한다는 엄청난 부담을 느꼈을 것이다. 자신이 세운 발레단의 스타로서 관객들을 불러모으고 표를 팔아서 자신뿐만 아니라 발레단의 무용수들 그리고 자신이 파리에 세운 러시아 난민 고아원을 지원해야 했기 때문이다. 알려진 바에 따르면 죽기 몇 주 전, 안나는 수술을 거부했다. 수술을 받으면 더 오래 살 수 있었겠지만 발레리나로서의 생명은 끝날 수도 있었기 때문이다. 발레를 위해서라면 목숨까지 내놓을 수 있다는 안나의 마음가짐을 증명하듯 마지막으로 무대에 선 안나의 토슈즈가 피로 물들어 있는 것을 관객들이 목격했다는 소문도 있었다. 나는 집에서 발레를 하다가 발에 상처가 났을 때 엄마에게 들키지 않으려고 발가락을 싸매면서 문득 안나를 떠올렸다. 물론 나에게는 안나만큼의 재능이 없기 때문에 온 세상에 내 천재적인 발레 실력을 보여줄 기회와 내 건강 가운데서 하나를 선택해야 하는 일은 없다는 사실을 알고 있었지만!

안나가 태어나기 몇 년 전 미국 샌프란시스코에서는 이사도라 덩컨이 태어났다. 안나처럼 이사도라 역시 부모님이 이혼한 뒤 주로 어머니와 함께 살았다. 하지만 안나와 달리 이사도라는 발레를 대부분 스스로 익혔다. 아홉 살에 발레 수업을 듣고 난 뒤 이사도라는 발레의 형식이 '영혼과는 어울리지 않는 인위적이고 기계적인 움직임'을 만들어내는 '억지스러운 우아함과 까치발'일 뿐이라고 결론 내렸다. 내가 도러시 할머니에게 이사도라에 대해 이야기하자 할머니는 이사도라의 오래전 사진을 보며 넘치는 매력과 불굴의 의지가 느껴졌다고 말했다. 나는 '불굴'이라는 단어를 사전에서 찾아보고는 절로 고개를 끄덕였다.

이사도라는 모든 사람이 단아한 선과 자연스러운 형식의 진가를 알아봐주기를 바라며 이 두 가지 원칙을 바탕으로 춤을 췄다. 그러나 19세기 말 대부분의 미국 관객은 이사도라의 새로운 춤을 받아들이지 못했다. 스물한 살이었던 이사도라는 그간 모아두었던 얼마 되지 않는 돈으로 가축 운반용 배를 타고 더 따뜻한 반응을 기대하며 영국으로 건너갔다.

유럽의 관객들은 토슈즈와 코르셋을 벗어버리고 맨발에 더 편안한 형식으로 춤을 추는 이사도라를 금세 받아들였다. 물론 미국 관객들도 결국에는 받아들이게 되었다. 이사도라는 1905년 상트페테르부르크에서 '미래의 무용가'를 선언하며 이를 주제로 공연을 선보였다. 이사도라는 춤이 절대 '단순한 상품'이 되지 않도록 하기 위해서라도 '고대 그리스인들의 춤처럼 다시 고도의 종교예술로 돌아가야 한다'고 믿었다. 이사도라가 자신의 새로운 해석을 선보이던 당시에 안나 파블로바는 상트페테르부르크에 살고 있었다. 어린 무용가였던 나는 안나도 이사도라의 공연을 보았을 거라고 진심으로 믿고 싶었다(그 바람을 뒷받침해줄 증거는 없지만 그럴 거라 상상만 해도 여전히 즐겁다!).

상트페테르부르크에서 열린 이사도라의 공연은 아낌없는 칭찬과 맹렬한 비난을 동시에 받았다. 하지만 이사도라의 목표는 관심을 끄는 것이었기 때문에 공연은 대성공이었다. 이사도라는 호평에 위압되거나 비판에 의기소침하지 않고, 그저 계속해서 춤을 만들어내고 싶어했을 뿐이다.

이사도라는 무대 위에서나 무대 밖에서나 '다른 춤을 추고' 싶었다. 그래서 대담하게 삶을 살았다. 이사도라는 아이들을 낳았지만 결혼은 하지 않았다. 그리고 진정한 예술가들은 모두 혁명가라고 말하며 자신을 '혁명가'라고 선언했다. 20세기 초반을 살아가던 여성들이 흔히 할 수 없는 선택들이었다. 끔찍한 교통사고로 두 아이와 보모가 파리의 센강에 빠져 익사했을 때도 이사도라는 슬픔을 일에 대한 열정으로 승화시켰다. 안무와 공연, 의상을 새로운 경지로 끌어올렸고 세계 여러 나라에 무용학교를 세웠다. 그러던 중 소비에트 연방에서 펼쳐진 사회 및 정치 개혁에 매료되어 사회적 불평등과 인간의 고난에 대한 자신의 분노를 춤으로 풀어내기로 마음먹고 1921년 모스크바로 이주했다.

그 이후 이사도라는 러시아 시인 세르게이 알렉산드로비치 예세닌 Sergey Aleksandrovich Esenin과 결혼했다. 여전히 결혼이라는 제도에 반대하기는 했지만 새롭게 시작되는 미국 공연에 예세닌과 함께 가기 위해서는 그 방법밖에 없었다. 그러나 공연을 마친 이사도라에게는 비판이 쏟아졌고 그들 부부가 볼셰비키 스파이라는 누명까지 쓰게 되었다. 미국을 떠나며 이사도라는 이렇게 맹세했다. "미국이여 안녕. 다시는 돌아오지 않겠어!" 유럽으로 돌아온 예세닌은 정신이상에 시달리다가 결국 자살로 생을 마감했다.

이사도라는 여생을 프랑스에서 보냈다. 그러다가 목에 두르고 있던 스카프가 차바퀴에 걸리는 사고로 사망했다. 이사도라와 안나는 사망할 당시 각각 50세와 45세로 너무 이른 나이였고 둘 다 여전히 현역으로 공연을 하고 있었다. 안나는 발레를 세상에 소개했고 발레의 경계를 넓혔으며, 이사도라는 발레뿐만 아니라 다른 형태의 춤들도 예술성을 인정받으며 상업적으로도 성공할 수 있다는 사실을 증명했다. 그들은 고전과 현대 무용가들 모두에게 길을 열어주었고 미래의 춤이 탄생하는 데 기반이 되어주었다.

힐러리

나에게 영감을 준 인물들 중 내가 처음 실제로 만난 사람은 미국 최초의 프리마발레리나 마리아 톨치프였다. 마리아는 오클라호마주 페어팩스에서 태어났다. 아버지는 순수한 혈통을 지닌 오세이지족 인디언이었다. 마리아가 세 살이 되자 어머니는 딸을 발레 수업에 보냈다. 이후에는 동생인 마저리도 수업을 같이 들었다. 얼마 되지 않아 마리아와 마저리는 마을 축제나 로데오에서 춤을 췄다("로데오에 가면 겁이 덜컥 났어요." 마리아가 그때 일을 떠올리며 말했다. "뿔이 길쭉한 황소들이 관람석에 너무 가까이 다가와서 나는 이러다가 틀림없이 이 뿔에 들이받히겠구나 생각했죠").

가족들이 오클라호마에서 로스앤젤레스로 이주한 뒤 마리아는 처음으로 겉돈다는 느낌을 받았다. 다른 학생들은 마리아의 이름을 가지고 놀려댔다. 또 마리아가 복도를 지나가면 인디언의 함성소리를 흉내냈고 아버지가 머리 가죽을 벗겨내는지 물었다. 그때의 괴로웠던 경험들은 마리아에게 평생 지워지지 않는 상처로 남았다. 발레리나가 된 뒤 은퇴할 때까지 마리아는 원주민의 역사와 문화를 기리고 보존해야 한다고 주장했다.

1942년 마리아에게 결정적인 기회가 찾아왔다. 당시 세계적으로 유명한 발레단 중 하나였던 몬테카를로 발레 뤼스에 수습으로 입단하게 된 것이다. 발레단장은 마리아에게 성을 조금 더 러시아 이름에 가깝게 들리는 톨치바Tallchieva로 바꾸는 게 좋겠다고 제안했다(당시에는 많은 미국 무용수들이 러시아식 예명을 사용했다). 하지만 마리아는 개명을 거절했다. 자신의 이름과 전통이 자랑스러웠기 때문이다.

마리아의 전성기는 미국 발레에 있어서 중요한 시기에 시작됐다. 마리아는 뉴욕에 사는 동안 안무가인 게오르게 발란친George Balanchine을 만났다. 발란친은 마리아의 남편이 되었고 마리아는 발란친에게 영감을 주는 뮤즈가 되었다. 발란친은 스트라빈스키Stravinsky의 〈불새The Firebird〉, 차이코프스키Tchaikovsky의 〈백조의 호수Swan Lake〉 그리고 〈호두까기 인형The Nutcracker〉 중 '사탕요정의 춤Dance of the Sugar Plum Fairy'과 같이 마리아의 훌륭한 기술과 예술가적 기교를 잘 보여주는 상징적인 역할들을 안무했다.

나는 일곱 살 즈음 동네 교습소에서 발레를 배우기 시작했는데 텔레비전에서 본 마리아처럼 내가 진짜 발레리나가 되는 모습을 상상하곤 했다. 아마 우리 가족이 매주 일요일 밤 함께 시청하던 〈에드 설리번 쇼〉에서 보았을 것이다. 그러던 어느 날 어머니는 내게 마리아가 시카고에서 발레 공연을 하게 됐다며 함께 가보자고 했다. 그것은 엄청난 일이었다. 그때껏 어떤 공연도 가본 적이 없었기 때문이다. 어머니는 돈줄을 꽉 쥐고 있는 아버지에게 표 두 장을 살 돈을 달라고 했다. 놀랍게도 아버지는 표를 사주었고 우리를 시카고까지 데려다주고 다시 태워오기까지 했다. 어머니는 당시에는 면허가 없었고 내가 고등학생이 되고 나서야 운전을 배웠다.

그로부터 오랜 시간이 지난 1996년, 마리아 톨치프는 케네디센터 아너스(미국 문화예술계의 공로상―옮긴이)를 수상하기 위해 백악관을 방문했고 나는 마리아에게 그녀의 발레를 보고 큰 감명을 받았다고 직접 말할 수 있었다.

첼시

나는 운좋게도 청소년 시절에 마리아를 만났고 몇 년이 더 흘러 게오르게 발란친을 기념하는 행사에서도 마리아에게 직접 찬사를 보낼 수 있었다. 획기적인 안무가였던 발란친은 마리아를 발탁해 스타로 만든 공로를 인정받고 마리아는 그의 경력에 단지 도구인 것처럼 여겨지기도 하지만 마리아가 없었다면 지금의 발란친은 상상하기 어렵다. 마리아는 자신의 회고록 『마리아 톨치프: 미국의 프리마발레리나*Maria Tallchief: America's Prima Ballerina*』에서 자신이 맡았던 배역들과 전 세계를 다니며 공연했던 경험들을 생생하게 묘사했다. 또한 연애, 유산 경험, 미국 원주민으로서 갖는 심정, 노화 등과 같이 복잡하고 예민한 주제들에 대해서도 이야기했다.

　마리아처럼 나도 나의 발레 선생님들에게 감사한다. 선생님들은 우리가 조금만 잘하면 아낌없이 칭찬해주었고, 커서 발레리나가 될 수 없을 게 확실하지만 최선을 다하는 우리들을 아껴주었다. 8학년 중반부터 나는 워싱턴 발레 학교에 다니기 시작했는데 선생님들은 예전 작품이나 발레 영상들은 거의 보여주지 않았고, 우리가 자신들의 수업과 지도 내용을 내면화해서 각자의 것으로 만들기를 바랐다. 선생님들은 본인의 경험이나 가장 좋아하는 학생들과 무용수들로부터 받은 느낌 같은 것들을 들려주었다. 흑인 발레리나와 무용수들을 가로막고 있던 장벽을 깨부순 동문 선배인 버지니아 존슨에 대한 이야기가 가장 많았고 늘 최고라는 찬사가 따랐다. 하지만 학교의 설립자이자 내가 재학중이던 시절까지도 교장을 지낸 메리 데이 선생님은 늘 버지니아의 편이 되어주지는 않았다. 1960년대에는 버지니아에게 장학금을 주고 실력을 칭찬하기도 했지만 버지니아가 학교를 졸업하자 별안간 버지니아는 절대 발레리나가 될 수 없을 거라고 말했다. 피부색 때문이라는 것이 너무나도 뻔했다. 인종차별이 분명했다.

　버지니아의 부모는 버지니아가 대학에 가기를 바랐다. 하지만 대학에 입학하고 얼마 되지 않아 버지니아는 춤을 얼마나 추고 싶은지 깨닫고 학교를 떠나 할렘 무용단Dance Theatre of Harlem에 들어갔다. 할렘 무용단은 불세출의 무용수 아서 미첼Arthur Mitchell이 창단했으며, 흑인 무용수가 창단한 최초의 전통 발레단으로 흑인 미국 무용수들이 주축이었다. 미첼은 뉴욕 시티 발레New York City Ballet 역사상 최초의 흑인 수석 무용수였으며 마틴 루서 킹 주니어Martin Luther King Jr.가 암살당한 이후 자신이 자란 동네 근처에 발레단을 만들기로 마음먹었다. 버지니아는 미첼에게 발레를 배웠고, 할렘 발레단이 초기에 배출한 스타 중 한 명이 되었다.

버지니아는 전통 발레에서부터 발란친의 안무에 이르기까지 온갖 종류의 춤을 추었다. 경력도 다른 무용수들에 비해 훨씬 길었다. 그 정도로 실력이 출중했기 때문이다. 은퇴한 뒤에는 발레 전문 잡지 〈포인트〉를 창간하고 편집했으며, 어린 무용수들을 훈련시켜 전문 무용수로 양성하기도 했다. 나중에는 할렘 무용단으로 돌아가 아서 미첼의 요청으로 예술감독을 맡았다. 버지니아는 자칫 세상이 놓쳐버릴 뻔했던 무용수들을 위한 길을 닦아주었다. 아메리칸 발레시어터American Ballet Theater에서 흑인 최초로 수석무용수에 임명된(그리고 내 딸 샬롯이 처음으로 알게 된 전문 발레리나인) 미스티 코플랜드Misty Copeland는 버지니아에게 이렇게 말했다. "버지니아 존슨이 없었다면 미스티 코플랜드도 없었을 거예요." 그리고 이렇게 덧붙였다. "(버지니아는) 무용계에 흑인 무용수들이 무엇을 할 수 있는지를 보여줬어요."

안나, 이사도라, 마리아 그리고 버지니아는 모두 자신만의 눈부신 공연으로 관객들을 사로잡았다. 그뿐만 아니라 천재성과 대범함을 가지고 춤이란 무엇인가를 새롭게 정의해주었다. 이와 같은 업적과 그들에게 크게 영감을 받은 다음 세대 무용가들, 절대 오를 수 없는 그들의 경지를 보며 그저 감탄만 거듭하는 (나 같은) 사람들이 있기에 이 네 명의 선구자가 없는 발레나 현대무용은 감히 상상할 수도 없다.

헬렌 켈러
Helen Keller

힐러리

돌이켜보면 초등학교 수업시간에 훌륭한 여성에 대해 배운 일은 거의 없다. 선생님들이 클레오파트라나 엘리자베스 여왕 1세, 잔 다르크에 대해서 설명한 기억은 난다. 그 이야기들이 매우 재미있었지만 내 관심을 사로잡은 사람은 헬렌 켈러였다. 지금 들으면 놀랍겠지만, 장애를 가진 어린이들이 공립학교에 장애인 시설을 요구할 권리를 갖지 못한 시절이었다. 그래서 유치원부터 고등학교까지 우리 반에는 신체적으로 장애를 가진 친구가 단 한 명도 없었다. 1957년, 당시 열 살이었던 나는 작품성이 있는 드라마들을 방송하는 텔레비전 쇼 〈플레이하우스 90Playhouse 90〉에서 〈미라클 워커The miracle Worker〉라는 작품을 보게 됐다. 눈과 귀에 장애를 안고 살아온 헬렌의 젊은 시절, 그리고 선생님이었던 앤 설리번Anne Sullivan과 함께한 여정을 드라마로 보면서 나는 헬렌이 겪었을 고난을 상상했고 헬렌이 이룬 성취에 함께 기뻐했다.

헬렌 켈러는 1880년 6월 27일 앨라배마주의 작은 마을 터스컴비아에서 태어났다. 태어난 지 19개월이 되었을 무렵 헬렌은 병에 걸렸다. 어떤 병이었는지는 밝혀지지 않았지만 헬렌의 두 눈과 귀가 멀어버렸다. 헬렌은 학교에 갈 수도 없었고 혼자 있을 수도 없었다. 기본적으로 필요한 것을 가족들에게 요청할 정도의 단순한 의사표현 체계를 만들었지만 외롭고 좌절해서 누구든 가까이 오기만 해도 악에 받쳐 화를 내고는 했다.

그러던 어느 날 헬렌의 어머니 케이트는 찰스 디킨스Charles Dickens의 『아메리칸 노트American Notes for General Circulations』를 읽다가 로라 브리지먼Laura Bridgman의 이야기를 접했다. 로라 역시 시청각 장애를 가진 소녀로 매사추세츠에 위치한 현재의 퍼킨스 맹인학교Perkins School for the Blind에서 교육을 받고 있었다. 로라의 이야기에서 헬렌의 어머니는 희망의 빛 한 줄기를 발견했다. 헬렌의 부모는 터스컴비아로 선생님을 보내달라고 학교에 신청했다.

1887년 3월 3일, 앤 설리번이 헬렌의 집에 도착했다. 이후에 헬렌은 그날을 '내 영혼이 태어난 날'이라고 불렀다. 이 아름다운 문구를 나는 지금까지 기억한다. 자신의 인생을 더 훌륭하게 만들어줄 누군가를 만난 순간을 그보다 더 완벽하게 표현할 수 있을까? 당시 스무 살이었던 앤 또한 퍼킨스 맹인학교 졸업생이었다. 앤의 직업은 그녀에게 딱 맞는 일이었다. 〈뉴요커The New Yorker〉의 기사에 따르면 "사실 새 선생님을 만나서 헬렌이 제일 먼저 한 일은 선생님의 앞니 하나를 부러뜨린 것이었다". 하지만 앤은 헬렌이 똑똑하다는 사실을 알아차렸다. 그래서 손에 글자를 써서 소통하는 법을 가르쳤고 헬렌은 이 방법을 금세 익혔다. 1887년 4월 운명의 그날, 앤은 헬렌을 양수기로 데려가 헬렌의 손바닥에 w-a-t-e-r(물)라고 썼다. 그러자 헬렌은 앤이 쓴 글자가 자신을 둘러싼 세상에 있는 것들과 연결된다는 사실을 깨달았다. 훗날 헬렌은 이렇게 말했다. "어떻게 된 건지는 몰라도 제가 언어의 수수께끼를 풀어버렸어요." 헬렌은 곧 미국과 유럽 전역의 신문에 등장하며 유명해졌다. 여덟 살 때는 백악관에서 그로버 클리블랜드Grover Cleveland 대통령도 만났다. 헬렌이 사랑하던 개가 죽자 반려견을 대신할 선물들이 미국 전역에서 쏟아져들어왔다. 그러자 헬렌은 선물 대신 퍼킨스 학교에 다니고 싶어하는 한 어린 소년을 위해 기부해줄 것을 요청했고 지지자들은 성금을 모아 그 소년이 학교에 다닐 수 있도록 등록금을 마련해주었다.

헬렌은 어렸을 적부터 대학에 갈 마음을 먹었고 하버드대학의 래드클리프칼리지에 입학하게 됐다. 앤은 헬렌과 모든 수업을 함께 들으며 수업 내용을 헬렌의 손바닥에 글자로 써주었다. 또한 필기한 내용을 브라유 점자로 바꿔주었다. 1904년 헬렌은 스물네 살의 나이에 대학을 우등으로 졸업했고 시청각 장애인으로서는 최초로 문학사 학위를 받았다 (앤도 똑같은 시간을 들여 공부했지만 래드클리프칼리지에서 앤에게 학위를 수여할 생각은 없었던 듯하다). 헬렌은 대학을 다니는 동안 글을 쓰고 연설을 하며 자서전 『나의 이야기The Story of My Life』를 출간하는 등 많은 활동을 했다.

첼시

책이나 영화에서 헬렌은 대개 전설적인 영웅으로 그려져. 고난과 장애물을 맞닥뜨리고도 거의 믿을 수 없을 정도로 의지가 굳잖아. 실제로도 그렇긴 했고. 하지만 헬렌도 다른 사람들과 마찬가지로 결점과 두려움이 있었고 무언가를 간절히 원하는 순간들이 있었어. 언젠가 이렇게 말한 적이 있대. "앞을 볼 수 있다면 난 제일 먼저 결혼을 할 거야." 장애가 없었으면 하고 바란 적이 있었느냐는 질문에는 이렇게 대답했고. "이따금씩 그런 생각이 스치고 지나갈 때가 있는 것 같아요. 하지만 꽃들 사이로 스쳐가는 가벼운 바람처럼 아주 잠깐이죠. 바람이 지나가고 꽃들은 만족해요." 그리고 이렇게 딱 잘라서 말했어. "눈이 보이지 않는다고 마음의 눈까지 보이지 않는 것은 아니에요. 내 지성에는 한계가 없어요. 그 안에 담긴 우주도 가늠할 수 없을 정도로 넓고요."

헬렌의 이야기는 오롯이 의지로 역경을 이겨낸 한 위대한 젊은 여성에 대한 이야기다. 또한 모든 어린이의 가능성에 대한 이야기이다. 하지만 이 가능성은 어쩔 수 없는 상황으로 인해 이뤄지지 않는 경우가 너무 많다. 만약 헬렌이 읽고 의사소통하고 생각을 표현하는 방법을 배우지 않았다면, 혹은 당시 비슷한 장애를 가진 대부분의 사람들처럼 기관에 맡겨졌더라면, 우리는 그녀의 빛나는 지성과 훌륭한 영혼을 만나지 못했을 것이다. 나는 새내기 변호사 시절 어린이 보호기금Children's Defense Fund을 도와 어떠한 장애가 있더라도 모든 어린이가 공교육을 받도록 의무화하는 법안을 의회에 통과시키는 데 작은 역할을 했다. 당시 이 일을 하면서 나는 헬렌을 생각했다.

헬렌의 가장 짜릿한 모험은 '기적을 행하던' 앤 설리번이 떠난 이후에 시작됐다. 대학을 졸업한 뒤 헬렌은 그때까지 거의 알려진 바가 없는 주제였던 미국 내 장애인들의 상황과 삶에 대해 더 알아보기 시작했다. 그리고 이내 장애와 착취 그리고 가난 사이의 관계를 밝혀냈다. 당시 대부분의 장애인은 취업과 교육의 기회가 없었으며 사회에 나올 기회를 박탈당하고 도태되었다. "한동안 정말 크게 낙심했죠. 하지만 서서히 자신감이 돌아왔어요. 그리고 중요한 건 상황이 그렇게 나쁘다는 것이 아니라 그럼에도 불구하고 인류는 진보했다는 점이라는 것을 깨달았어요. 이제 변화를 일으키기 위한 싸움을 하고 있는 거예요."

헬렌을 둘러싼 여러 전설과는 달리 헬렌이 오직 장애인들만을 위해 애쓴 것은 아니다. 헬렌은 모든 사람을 위해 더 공정하고 평화롭고 공평한 세상을 만들고자 노력한 운동가였다. 헬렌은 미국시민자유연맹 American Civil Liberties Union, ACLU을 공동 창립했다. ACLU는 더 나은 업무 환경과 공정한 임금 체계를 보장받기 위해 싸우는 노동자들의 권리를 보호하는 일도 하고 있다. ACLU의 공동 창립자들과 함께 헬렌은 미국연방수사국FBI의 감시 대상이었다. 헬렌은 사회주의자이자 평화주의자였으며 여성참정권론자이자 산아제한론자였다("여성의 열등함은 남성들이 만든 것이다"라고 헬렌은 주장했다). 린치와 백인우월주의를 강하게 비판했고 전미흑인지위향상협회National Association for the Advancement of Colored People, NAACP를 전적으로 지지했다.

헬렌은 전 세계를 다니며 공개적으로 유럽의 파시즘에 반대했다. 1938년에는 〈뉴욕 타임스〉 편집장에게 편지를 써서 나치의 잔혹 행위를 축소하거나 간과하지 말라고 요구하기도 했다. 1948년에는 전후 미국 최초의 친선대사로 일본에 건너가 맹인과 장애인에 대한 관심을 촉구했다.

그러다가 75세에 생애 가장 힘겨운 여행을 시작했다. 5개월간 아시아에서 64,300킬로미터가 넘는 거리를 돌며 장애를 겪고 있는 이들에게 용기와 희망을 심어준 것이다.

헬렌은 여덟 살 때부터 1968년 숨을 거두는 날까지 유명했다. 그리고 대중이 대개의 사람들, 특히 여성들에게 그러하듯 비판의 대상이 되기도 했다. 표절 논란에 휩싸이기도 했으며, 마치 시청각장애를 가진 젊은 여성은 자신의 의견을 가질 수도 표현할 수도 없다는 듯 그녀 주변 사람들의 의견을 대변할 뿐이라는 의심을 받기도 했다. 헬렌이 자신의 삶과 투쟁에 대해서 이야기할 때는 찬사를 들었지만 정치와 사회 문제에 대해 이야기를 하면 그럴 만한 역량이 안 된다는 듯 무시당하고 폄하됐다. "내가 사회복지와 시각장애인들을 위해서 활동하면 사람들은 나를 추앙해요. 하지만 내가 약자의 편에서 시급한 사회 문제나 정치 문제를 논의하려고 하면 반응은 순식간에 뒤바뀌죠."

충격적일지 모르겠지만 오늘날까지도 일부 사람들에게 헬렌은 논란의 인물로 남아 있다. 2018년에는 텍사스주 교육위원회가 미국사 수업 교과과정을 '간소화'하기 위해서 나와 헬렌에 대한 내용은 제외하라고 권고했다는 이야기를 들었다. 그때 나는 모든 아이들에게 학교에 갈 기회를 주기 위해 헬렌이 얼마나 헌신했는지를 다시 떠올렸다. 텍사스주의 학생들이 헬렌의 위대한 삶과 헬렌이 많은 이들에게 미친 영향에 대해서 배우지 못하게 되어 안타까운 마음이 들었다. 교육위원회가 그 결정을 번복하고 헬렌과 나를 다시 교과과정 내용에 추가했을 때 나는 두 배로

초기에 영감을 준 여성들

기뻤다. 헬렌의 이야기는 계속해서 학생들이 배울 만한 가치가 있다. 그저 비범한 작은 소녀가 아니라 모든 것들에 대해 의구심을 품고 힘없는 약자들을 지지하며 평생을 산 한 여성의 이야기이기 때문이다.

"나는 터놓고 토론하는 것을 좋아해요. 그리고 주체적인 생각을 가진 인간으로 나를 대해주기만 한다면 혹독한 비판을 받아도 괜찮아요."

- 헬렌 켈러

마거릿 체이스 스미스
Margaret Chase Smith

힐러리

내가 어렸을 적, 우리 가족은 〈라이프〉 잡지를 구독했다. 잡지는 매주 금요일에 집으로 배달됐다. 학교를 마치고 돌아오면 나는 그 잡지를 들고 거실 바닥에 엎드린 채 저녁 식탁을 차릴 때까지 읽었다. 내가 마거릿 체이스 스미스 상원의원에 대해 알게 된 것도 그 잡지를 통해서였다. 공직 선거에서 여성이 뽑힌 것을 그때 처음 보았다. 마거릿은 미국 여성 최초로 상원과 하원 의원을 지냈고 1964년 미국 대통령으로 입후보하면서 역사에 길이 남게 됐다. 마거릿의 경력을 보면서 나는 정치와 공직에 대해 이해하기 시작했다. 마거릿은 장벽을 깨부수는 희열과 '최초'가 겪어야 하는 어려움이 무엇인지 여실히 보여주었다.

메인주에서 나고 자란 마거릿은 남편인 클라이드 헤럴드 스미스Clyde Harold Smith가 의회에 선출되면서 정치에 대한 열정을 발견했다. 마거릿은 남편을 위해 선거운동을 했고 남편이 당선되고 난 뒤에는 함께 미국 정치에 뛰어들었다. 클라이드는 첫 임기중 병세가 위중해졌고 마거릿은 남편이 해야 할 일들을 최대한 많이 처리하며 돕고 나섰다. 또한 워싱턴과 메인을 부지런히 오가며 남편을 대신해 공식 행사에 모습을 드러냈다. 마거릿의 도움으로 클라이드는 1938년 재선에 성공했지만 건강이 급격히 나빠졌다. 1940년 봄, 클라이드는 만약 자신이 다음 선거에 출마하지 못하면 마거릿을 지지해달라고 친구들과 지지자들에게 호소하는 성명서를 발표했다. "내 지역구에서 내가 미처 마치지 못한 일과 계획을 이어나갈 수 있도록 내 의견과 계획을 완벽하게 이해하거나 자격을 갖춘 사람은 마거릿밖에 없습니다." 바로 그다음날 클라이드는 세상을 떠났다.

마거릿은 보궐선거에서 손쉽게 승리했고 남편의 남은 임기를 채우게 됐다. 당시 공직에 있던 몇 안 되는 여성은 대부분 남편이나 아버지의 공석을 채우기 위해 임명되거나 선출된 사람들이었다. 흔한 경우라 심지어 이를 '사별한 아내의 임기widow's mandate'라 이름 붙이기도 했다. 비록 계획했던 바는 아니지만 마거릿은 그렇게 해서 미국 의회 최초의 여성 의원이 되었다(이런 기사 제목도 있었다. "스미스 여사, 워싱턴 간다").

하지만 마거릿은 취임을 하는 것과 그 자리를 '유지하는' 것은 전혀 다른 문제라는 것을 금세 깨달았다. 임기를 시작한 지 일주일도 되지 않아 다음 임기를 위한 예비선거가 시작될 예정이었다. 마거릿은 남성 네 명과 경쟁을 해야 했다. 그중 한 명은 유럽에서는 전쟁이 벌어지고 있고 국내에서는 미국의 역할에 대한 의문이 제기되고 있는 상황에서 여성이 의회에 선출되는 것은 너무 위험하다고 주장했다. 지역신문의 한 비평가는 이에 동의하며 예비선거가 '능력'이 아니라 '성별의 문제'에 달릴 위기에 처해 있다고 비난했다. 하지만 마거릿은 이미 자신의 능력을 메인 주민들에게 증명해왔고, 선거에서 승리했다.

마거릿은 평생 그녀가 페미니스트라는 의견을 묵살해왔다. 마거릿은 급진적이지 않은 중도주의자였고 누구든 여성이라는 이유로 다른 대우를 받아야 한다는 주장에 분노했다. 훗날 의원 시절에 대하여 마거릿은 이렇게 말했다. "나는 어떠한 특권도 요구한 적이 없습니다. 그리고 특권을 누린 적도 없었다고 단언합니다." 하지만 한결같이 여성의 권리, 평등, 존엄성을 향상시킬 정책들을 세우기 위해 싸웠다. 나는 마거릿이 페미니스트라는 명찰을 달지 않았을 뿐 페미니스트였다고 생각한다. 마거릿은 성평등 헌법수정안Equal Rights Amendment을 승인하기 위해 투표하고 또 투표했으며 1945년에는 공동 발의를 하기도 했다(그런데 무려 70년이 훌쩍 지난 지금까지도 그 수정안이 통과되지 못했다는 사실을 알면 마거릿이 대체 뭐라고 할까?). 여성이 외교정책에서 제 역할을 해내기 힘들 거라고 의심하는 비평가들도 있었지만 마거릿은 결국 하원의 해군위원회 위원으로 일했다. 당시 군사 업무를 맡고 있던 여성들은 '자원봉사자'로 여겨졌으며 어떠한 혜택도 받지 못했다. 그래서 마거릿의 가장 뛰어난 입법안으로 손꼽히는 것이 바로 여군 통합법Women's Armed Forces Integration Act이다. 이 법을 통해 군에서 복무하는 여성들의 혜택이 확대되었다.

8년간 하원의원을 지낸 뒤 마거릿은 상원의원에 도전장을 내밀며 선거운동을 시작했다. 메인주 공화당은 당의 정책 노선과 어긋나는 표들을 많이 던진 마거릿을 달가워하지 않아서 입후보를 반대했고, 경쟁자들은

'상원은 여자가 갈 자리가 아니다'라며 언론에서 마거릿을 깎아내렸다. 하지만 마거릿은 '공약 때문에 경력을 버리지 마세요'라는 구호를 사용하며 하원에서의 경험을 자랑스럽게 내세웠다. 선거 직전에는 마거릿이 뉴딜정책, 국제연합, 트루먼 독트린(미국 대통령 트루먼이 선언한 외교정책 원칙—옮긴이), 마셜 플랜(제2차세계대전 이후 서유럽에 대한 미국의 원조 계획—옮긴이)을 지지했다는 이유로 공산주의자가 틀림없다는 조직적인 비방운동이 시작됐다. 그러나 마거릿의 소박한 선거운동의 근간인 여성 자원봉사자들의 헌신적인 도움으로 마거릿은 선거에서 압승을 거두었다.

상원에 입성한 마거릿은 자신의 초라한 위치를 새삼 실감하게 됐다. 신참이었고 95명의 남자들 가운데 유일한 여자였다. 하지만 그렇다고 해서 자신이 옳다고 생각하는 쪽의 편을 드는 데 주저하지 않았다. 그편에 외롭게 홀로 서 있다고 해도 말이다. 위스콘신주 상원의원 조지프 매카시Joseph McCarthy가 곳곳에 숨어 있는 공산주의자를 색출하겠다며 자신의 지위를 이용해 공무원과 다른 미국인들에 대한 대대적인 조사에 착수하자 마거릿은 위험한 대중 선동이라고 판단하고 최초로 주의를 촉구한 사람들 중 한 명이었다. 매카시의 박해 전략이 다른 이들의 명성과 삶을 파괴하고 있었지만 다른 상원의원들 어느 누구도 매카시에게 반대하는 의견을 내지 않으리라는 것이 너무나 명백해지고 있었다.

> "대통령님, 저는 공화당원으로서 말합니다. 여성으로서 말합니다. 미국의 상원의원으로서 말합니다. 미국인으로서 말합니다."
>
> - 마거릿 체이스 스미스

1950년 6월 1일 아침, 마거릿은 의회로 향하는 지하철에서 매카시와 우연히 마주쳤다. 마거릿은 평생 그때의 만남을 잊지 못했다. 마거릿의 단호한 표정을 본 매카시는 이렇게 말했다. "마거릿, 정말 진지해 보이네요. 연설을 할 건가요?" 마거릿이 답했다. "네. 의원님이 좋아하진 않을 거예요."

　그날 마거릿은 역사에 길이 남을 연설을 통해 매카시의 증오와 인신공격, 그리고 '매카시즘McCarthyism'이라 불리는 공격 전략 등을 지적했다. "대통령님. 저는 짧고 간결하게 우리나라의 심각한 상황에 대해서 이야기하고자 합니다. 국가 전체가 느끼는 두려움과 좌절감으로 인해 결국은 국가적인 자살이 자행되고 우리 미국인들이 소중히 여기는 모든 것이 파멸할 수도 있습니다." 마거릿은 매카시를 낱낱이 파헤치고, 그에 맞설 용기가 없는 동료들을 비난했다. "나는 공화당이 두려움과 무지, 편협성, 비방이라는 네 가지 전략을 이용해서 정치적으로 승리하는 모습을 보고 싶지 않습니다." 마거릿과 다른 공화당 상원의원 여섯 명은 자신들의 우려를 담은 '양심선언Declaration of Conscience'에 서명했다(매카시는 훗날 이 일곱 명의 서명자들을 '백설 공주와 여섯 난쟁이'라 부르며 조롱했다. 매카시는 트위터 체질이었나보다). 마거릿은 그후로도 4년을 더 개인적으로 그리고 정치적인 대가를 치르며 매카시에 맞섰다. 그리고 마침내 1954년 상원은 매카시를 견책했고 그의 정치적 생명도 끝이 났다.

　마거릿의 기념비적인 연설은 전 국민의 주목을 받았다. 워싱턴의 기자들과 유명 인사들은 마거릿이 부통령 혹은 대통령 자리까지 출마할지 궁금해했다. 그러나 한 기자는 이렇게 한탄했다. "가까

"나는 환상을 품고 있지도 않고 돈도 없습니다. 하지만 끝까지 버틸 겁니다. 사람들이 계속해서 너는 할 수 없다고 말하면 왠지 더 해보고 싶어지니까요."

– 마거릿 체이스 스미스

　　　　　　　　　초기에 영감을 준 여성들

운 혹은 먼 미래에라도 이 나라에서 여성이 수장이 되는 모습을 보지는 못할 듯하다."(그들은 몰랐겠지만 불행하게도 이 전망은 상당히 정확했다.)

마거릿이 유례없는 입후보를 할 수도 있다는 추측이 쏟아졌다. 출마할까 하지 않을까? 1964년 1월, 마거릿의 선거운동 담당자는 미국여성기자협회에서 발표할 연설문으로 마무리가 다른 두 가지 초안을 작성했다. 하나는 출마를 선언하고 다른 하나는 불출마를 선언하는 내용이었다.

그날 연설에서 마거릿은 담담하게 자신이 출마하지 말아야 하는 이유로 언급되던 점들을 이야기했다. "우선, 여성은 감히 백악관의 주인이 되기를 바라서는 절대 안 된다고 주장하는 사람들이 있습니다. 이곳은 남성들의 세계이며 그렇게 계속 유지되어야 하기 때문이라고 말입니다. 또 당이 여성을 후보로 올린다면 그것은 강점이 아니라 약점으로 작용할 것이 분명하다고 말합니다. 두번째는 제가 이길 가망성이라고는 눈곱만큼도 없다는 주장입니다. 다들 완패할 거라고 보는 상황에서 출마하면 안 된다는 거죠. 세번째 주장은 여성이기 때문에 출마할 체력과 기운이 없다는 겁니다."(아, 옛날 생각이 나네!) 마거릿은 눈을 반짝거리며 이렇게 연설을 마무리했다. "제 출마에 반대해 이렇게 여러 가지 이유들이 쏟아졌기 때문에 나는 꼭 출마하기로 마음먹었습니다." 그날 마거릿은 주요 정당의 대선후보로 지명받기를 희망하는 최초의 여성이 됐다.

초기부터 마거릿의 선거운동은 허술하게 급조됐다. 기자들은 마거릿의 머리 모양, 몸매, 나이를 들먹거리며 괴롭혔다. "출마를 선언한 이래로 거의 모든 기사의 첫머리가 '예순여섯 살의 상원의원'으로 시작했어요. 남성 출마자들의 나이가 대문짝만하게 적힌 기사는 본 적이 없었지요."

그해 공화당 전당대회에서 마거릿은 여성 최초로 대통령 선거 후보로 지명되었다. 그날 밤 대회장에 모인 대의원들은 '스미스를 대통령으로', '메인주 출신 여사님'이라고 적힌 구호를 들고 있었다. 최종적으로는 배리 골드워터Barry Goldwater가 대통령 후보로 출마하게 됐지만 마거릿은 나를 비롯한 많은 여성에게 강렬한 메시지를 남겼다.

첼시

나는 마거릿이 매일 옷깃에 붉은 장미를 꽂고 다니는 게 정말 좋았어. 장미를 동료들에게도 나눠주고 수년간 장미를 미국의 국화로 선정하려고 애썼는데, 상원 내 공화당 대표인 에버렛 M. 덕슨이 국화는 천수국이어야 한다며 단호하게 반대했지. 마거릿은 은퇴한 뒤 한참이 지난 1987년에서야 이 싸움에서 이겼어. 드디어 의회가 장미를 국화로 정했거든.

마거릿은 아흔일곱 살에 세상을 떠났다. 나는 〈역사가 되다History Made〉라는 제목의 영상에 마거릿의 모습을 담았다. 그리고 이 영상은 내가 대의원 2,383표를 확보해 민주당 대통령 후보가 된 2016년 6월 7일 브루클린의 해군 공창에서 상영됐다. 나는 더 많은 미국인이 마거릿에 대해 알게 되길 바랐다. 요즘 들어 나는 평소보다 더 자주 마거릿이 떠오른다. 공화당이 방향을 잃은 듯 보이는 지금, 용기의 본보기가 되어준 마거릿을 생각하지 않을 수가 없다. 마거릿이 오늘날에도 공직에 있었다면 공화당과 우리나라는 훨씬 더 잘 지내고 있었을 것이다.

초기에 영감을 준 여성들

마거릿 버크화이트
Margaret Bourke-White

힐러리

　나는 어릴 적에 〈라이프〉 잡지를 통해 여러 훌륭한 여성들을 알게 됐다. 두려움을 모르는 사진기자였던 마거릿 버크화이트도 그중 한 명이었다. 마거릿의 사진을 보고 '최초의 종군 여기자'라는 놀라운 소개 문구를 읽는 순간 나는 마거릿에게 반해버렸다. 카메라 렌즈 뒤에서 대공황 시대의 빵 배급 줄부터 제2차세계대전 당시 최전방에 이르기까지 모든 것을 기록으로 남긴 이 인물에 대해 더 알고 싶었다.

　마거릿은 20세기가 시작된 직후 브롱크스에서 태어났다. 마거릿의 부모는 마거릿이 용감하고 독립적으로 자랄 수 있게 응원해주었다. 어머니 미니는 아이들이 새로운 흥밋거리를 발견할 때마다 관련된 책들을 찾을 수 있도록 집 주변에 놓아두었다. 기술자였던 아버지 조지프는 당시 새롭게 등장한 사진과 인쇄에 관심이 많았다. 마거릿은 자신의 아버지를 이렇게 묘사했다. "정신없는 발명가 그 자체였어요. 식당에 가면 내가 밥을 먹는 동안 아버지는 음식에는 손도 대지 않고 식탁보 위에 그림을 그리셨죠. 집에서는 커다란 의자에 말없이 앉아 계셨어요. 아마 이리저리 얽혀 있는 기어와 캠축처럼 복잡한 생각에 빠져 계셨던 것 같아요. 누가 말을 걸어도 듣지도 못하셨죠." 어렸을 적 마거릿은 사진을 찍는 아버지를 쫓아다녔다. 아버지의 빈 시거 상자를 '카메라' 삼아 들고 다녔고, 아버지를 도와 집 욕조에서 사진을 현상하기도 했다. 아버지는 마거릿을 공장이나 주조장에도 데려갔다. 그곳에서 마거릿은 중장비와 날아다니는 불똥을 감탄하며 지켜봤다.

마거릿은 아버지의 일에 홀딱 빠졌다. 하지만 돋보기로 벌레를 관찰하거나 거북이와 개구리를 채집하고 지도를 샅샅이 들여다보는 일이 더 재미있었다. "제가 과학자가 될 거라고 상상했었어요. 밀림에 가거나 자연사박물관에 보존되어야 할 종들을 구해오거나 여성들은 절대 하지 않는 모든 일들을 하는 거죠." 고등학교를 졸업한 뒤에는 뉴욕에 있는 컬럼비아대학교에 진학해 예술을 공부했다. 그해 어머니는 마거릿에게 생애 첫 카메라를 선물해주었다. 20달러짜리 이카Ica 반사카메라로 렌즈에 금이 가 있었다. 탐험가적인 영혼을 가지고 있었기 때문인지 마거릿은 이 학교에서 저 학교로 옮겨다녔고 한곳에서 하나의 전공을 진득하게 끝마치지 못하고 예술, 수영, 춤, 파충류학, 화석학, 동물학에 대해서 공부했다. 여섯 개의 대학과 한 번의 짧은 결혼생활을 거친 후 마거릿은 일곱번째 대학인 코넬대학에 편입했다. 코넬을 선택한 이유는 대학 안에 폭포가 있다고 들었기 때문이다.

코넬대학에서 마거릿은 자신의 천직을 찾았다. 돈을 벌기 위해 아르바이트를 찾던 마거릿은 어머니가 선물한 카메라로 교내 건물들의 사진을 찍어서 같은 학생들이나 학교 신문에 팔았고, 금세 건축가들로부터 의뢰 전화를 받게 됐다. 건축가들은 마거릿에게 사진사가 되기 위해 공부하는지 물었다. 그때까지 마거릿은 사진사가 될 생각을 단 한 번도 해본 적이 없었다. 졸업을 앞둔 어느 날 마거릿은 대형 건축사무소인 요크 앤드 소여York & Sawyer에 쳐들어갔다. 손에는 자신이 찍은 사진 파일이 들려 있었다. 작품들에 대해 편견 없는 평가를 구한 결과, 마거릿은 자신이 원하면 건축 사진 찍는 일을 할 수 있을 것이라는 확신을 갖게 됐다.

졸업 후 마거릿은 클리블랜드로 이사했다. 그곳의 제철소 사진을 찍기 위해서였다. 제철소는 여성의 출입을 금지했지만 마거릿은 카메라를 들고 설득한 끝에 들어갈 수 있었다. "닫혀 있는 문이 제일 흥미로워요. 그 문을 끝내 열어보기 전까지는 카메라를 내려놓을 수가 없어요." 마거릿은 어렸을 적 최초로 경험한 산업화에 느꼈던 엄청난 매력을 다시 느꼈다. 당시 변화하는 미국 경제의 모습을 상세히 보여주는 사진들에서 마거릿의 열정이 여실히 드러났다.

"모든 훌륭한 사진사들이 바라듯 어떤 특별하고 자애로운 운명이 나를 그때, 그곳으로 데려갔다."

- 마거릿 버크화이트

마거릿의 사진들은 〈포춘Fortune〉 잡지의 편집장인 헨리 루스Henry Luce의 시선을 끌었고 마거릿은 시간제 계약을 맺었다. 시간이 흘러 〈포춘〉은 마거릿을 독일과 소련으로 파견했다. 클리블랜드 제철소가 여성들에게 금지된 곳이었던 것처럼 소련도 기자들을 받아들이지 않았지만 마거릿은 포기할 줄 모르는 여성이었다. 몇 주 동안이나 독일에 있는 소련 대사관에 로비를 펼쳤고 결국 입국 동의를 받아냈다. 1930년 마거릿은 외국인 사진기자로는 최초로 소련 어느 곳에나 갈 수 있는 허가를 받아냈다.

미국으로 돌아온 뒤 마거릿은 훗날 두번째 남편이 된 어스킨 콜드웰 Erskine Caldwell과 공동으로 책 작업을 하게 됐다. 작업 때문에 두 사람은 여러 달 계속해서 함께 여행을 해야 했다. 혼자 일을 하는 게 익숙했던 마거릿은 콜드웰의 지시를 고분고분 받아들이지 않았다. 콜드웰은 두 사람의 사이가 나쁘다며 남은 여정을 취소하려 했고 그들은 숙소 밖에 거의 나가지도 않았다. 결국 마거릿은 책 작업을 최우선으로 여기고 그 작업을 완성시키기 위해 무슨 일이든 하기로 마음먹었다. 그리하여 마침내 탄생한 작품이 미국 남부 사람들을 기록한 『그들의 얼굴을 보았다You Have Seen Their Faces』이다.

1936년에는 몬태나주 포트펙 댐을 찍은 사진이 마거릿의 사진 중 최초로 〈라이프〉 표지에 실렸다. 숨이 턱 막힐 정도로 멋진 이 흑백 사진에는 성처럼 우뚝 솟은 콘크리트 구조물이 담겨 대공황 시대의 경제 부양 정책을 상징적으로 보여주었다. 마거릿의 사진들은 이야기를 보완하는 이미지로 쓰였을 뿐만 아니라 최초의 포토에세이를 구성하는 데에도 사용됐다. 해당 호는 불과 몇 시간 만에 품절됐고 이후 이 사진은 미국을 주제로 한 우표들 가운데 한 장으로 제작됐다.

〈라이프〉의 사진사로 일하는 동안 마거릿은 체코슬로바키아와 헝가리에 머물며 나치주의의 부상을 담은 사진도 찍었다. 또한 콜드웰과 함께 유럽 전역을 돌면서 폭력과 반유대주의를 목격하고 기록으로 남겼다. 1941년 그들이 전투 지역에서 작업하다가 소련으로 건너갔을 때, 마침

독일이 침략을 감행했다. 주변에서 폭탄이 터지는 가운데 마거릿과 콜드웰은 주민을 대피시키고 있던 군인들을 피해 숨었고, 독일 침공의 순간을 유일하게 사진으로 남길 수 있었다. 마거릿의 책 『러시아 전쟁Shooting the Russian War』에는 마거릿이 중국과 소련에서 찍은 적나라한 배후의 사진들이 담겨 있다.

뉴욕에 돌아온 뒤 마거릿은 남편의 권유로 집에서 가까운 지역신문사에 취직했다. 하지만 매일 찍어야 하는 할당량이 있는데다가 저해상도로 간단한 사진들을 찍는 일이 무척이나 불만족스러웠다. 남편은 아이를 갖자고 설득했지만 마거릿은 자신의 직업과 독립적인 삶을 포기할 수 없었다. 그래서 결국에는 〈라이프〉로 돌아갔다(나는 내 일과 첼시를 낳는 일 중에 하나를 포기할 필요가 없었다는 사실에 크게 감사한다!). 그리고 영국으로 가서 미국 B-17 폭격기가 전쟁터로 향하는 모습을 찍겠다고 하자 콜드웰은 이혼을 요구했다.

마거릿은 미군이 인정하는 최초의 여성 종군기자가 됐다. 북아프리카를 공격하기로 한 일급 기밀을 알게 된 마거릿은 연합군을 따라갈 수 있도록 허락해달라고 요청했다. 자신이 타고 가던 배가 어뢰 공격을 받아 구명정을 타고 탈출하는 순간에도 가까스로 지켜낸 카메라 한 대로 사진을 찍었다. 마거릿은 미군과 함께 이탈리아와 독일로 이동하며 그 과정을 기록해 보도했다. 훗날 마거릿은 적의 공격이 사방에서 빗발치던 이탈리아의 전선에 있을 때가 태어나서 가장 무서운 순간이었다고 밝혔다. 1945년 패튼 장군의 군대가 독일을 가로질러 행진할 때도 마거릿은 그 자리에 있었다. 독일 나치의 잔혹상과 강제수용소가 해방되는 모습도 카메라에 담았다. 마거릿은 돌아올 때까지 자신의 아버지가 유대인이라는 사실을 누구에게도 밝히지 않았다. 아마 그로 인해 마거릿이 목격했던 장면들에 고통스러운 측면이 더욱 더해졌을 것이다. 최근 나는 작가 숀 캘러핸Sean Callahan이 마거릿을 묘사한 문구를 읽었다. "지중해에서 어뢰 공격을 받고, 독일 공군에게 폭격을 맞았으며, 북극 땅에 발이 묶이고, 모스크바에서 빗발치는 포화에 갇히고, 타고 있던 헬리콥터가 박살이 나서야 체서피크만에서 철수한 그녀. 〈라이프〉 직원들은 그녀를 '불멸의 매기'라 불렀다."

마거릿은 은퇴할 때까지 대공황과 흙모래 폭풍, 제2차세계대전, 인도 독립 투쟁의 중심에 서 있던 간디, 남아프리카 공화국의 아파르트헤이트(인종차별정책—옮긴이)에 대한 사진을 찍었다. 그리고 총 열한 권의 책을 출간했다.

7학년 때 내가 기자가 되겠다고 선언한 데에는 마거릿처럼 되고 싶은 마음도 어느 정도 있었다. 나는 학교 신문에 기사를 썼고 시카고 지역의 신문사 한 곳을 방문해 학교 숙제를 하기도 했다. 결국 다른 길을 선택하기는 했지만 마거릿의 결단력, 독립성 그리고 두려움 없는 탐험가 정신은 내게 평생 잊지 못할 깊은 인상을 남겼다.

마리아 본 트랩
Maria von Trapp

첼시

다섯 살이 되기도 전에 나는 〈사운드 오브 뮤직The Sound of Music〉을 수십 번 봤다. 가족들과 함께 영화를 보는 토요일 밤, 내가 영화를 고를 차례가 되거나 유난히 기분이 좋지 않은 날이면 나는 으레 그 영화를 찾았다. 마리아 역을 맡은 줄리 앤드루스가 언덕 위에서 빙글빙글 도는 첫 장면부터 트랩 가족이 자유를 찾아 바로 그 언덕을 넘어 탈출하는 마지막 장면에 이르기까지 나는 넋을 잃고 화면을 바라봤다. 1학년이 될 무렵에는 이미 영화에 나오는 모든 노래 가사를 외우고 있었고 잠들기 전이면 자주 "안녕, 또 만나, 잘 자요So long, farewell, auf wiedersehen, good night" 하고 흥얼거렸다. 나는 내 연기 재능을 집밖에서도 감추지 않고 학교 운동장에서 뛰어놀 때 줄리 앤드루스의 목소리를 흉내내고는 했다. 고맙게도 내 가장 친한 친구 엘리자베스는 바보 같아 보인다는 말을 최대한 기분 나쁘지 않게 돌려서 말해주었다. 어쩌면 그 덕분에 어마어마한 놀림을 피할 수 있었을 것이다. 그렇다고 마리아 흉내를 그만둔 것은 아니었다. 그저 우리집 뒷마당에서 혼자 했을 뿐이다(나는 아직도 〈마이 패이보릿 띵즈My Favorite Things〉와 〈도레미Do-Re-Mi〉의 가사들을 외우고 있다). 이후 실제 마리아에 대해서 더 많이 알게 될수록 마리아를 더욱 우러러보게 됐다.

영화에서 자유로운 영혼을 가진 마리아가 수녀로 살기로 결심하자 원장수녀는 마리아가 수녀원 벽 너머에 있는 삶을 더 좋아할지 모르겠다며 조지 본 트랩 대령 집의 가정교사 자리를 추천한다. 본 트랩 대령은 아내와 사별하고 홀로 일곱 아이를 키우고 있었다. 새로운 일과 생활에 최선을 다하는 마리아 덕분에 집안에 다시 음악이 울려퍼지고 아이들은 얼굴에 웃음을 되찾는다. 마리아는 본 트랩 대령에게 맞서서 아이들에게는 즐거움과 아버지의 사랑이 필요하다고 말해준다. 또한 본 트랩 대령의 사랑을 얻기 위해 애쓴다. 그리고 마침내 수녀님들이 불러주는 음악과 아이들의 웃음소리가 가득찬 가운데 본 트랩 대령과 아름다운 결혼식을 올린다. 그러나 결혼 후 얼마 되지 않아 본 트랩 대령은 독일의 오스트리아 합병 지지를 거부한다. 오스트리아 사람들 대부분이 독일을 환영했지만 본 트랩 대령은 아니었다.

매번 영화를 볼 때마다 나는 손에 땀을 쥐었다. 비유적인 표현이 아니라 정말 말 그대로 내 두 손바닥에 땀이 흥건했던 기억이 난다. 나는 결국엔 본 트랩 대령이 마지막 공연을 차분하게 마치고 수녀원에 몸을 숨기며, 수녀들이 나치의 차에서 기름을 빼놓고, 본 트랩 대령의 첫째 딸 리즐의 남자친구였던 롤프가 비록 제3제국의 제복을 입고는 있지만 본 트랩 대령 가족이 숨어 있는 곳을 그 즉시 일러바치지 않는다는 사실을 다 알고 있었는데도, 매번 마음을 졸이며 이번에도 온 가족이 안전한 장소로 대피할 수 있기를 기도했다. 그리고 매번 영화를 볼 때마다 내 친구의 할아버지, 할머니를 떠올렸다. 그분들은 유대인 대학살 당시 가족을 모두 잃고 홀로 살아남았다고 했다.

마리아의 대담함과 본 트랩 자녀들의 용기에 감명을 받은 나는 1985년 로널드 레이건 대통령에게 편지를 썼다. 당시 막 다섯 살이 된 나는 레이건 대통령이 서독을 순방하면서 비트부르크에 있는 국군묘지에 방문해 제2차세계대전 종전 40주년 기념식에 참석할 것이라는 사실을 알게 됐다. 나는 나치가 묻힌 곳에서 미국 대통령이 미국인들을 대표해서 경의를 표해서는 안 된다고 생각했다. 그래서 대통령에게 내 의견을 적어 편지를 보냈다. 예의바르게 내가 영화 〈사운드 오브 뮤직〉을 보니 나치들은 '그렇게 좋은 사람들'이 아니더라고 설명하면서 말이다(게다가 편지에 내가 좋아하는 무지개와 하트 스티커도 붙이고 선의의 표시로 내가 제일 좋아하는 스티커 한 장을 통째로 넣었다). 하지만 나는 레이건 대통령으로부터 답장을 받지 못했다. 혹시라도 답장이 왔을까 몇 주간 하루도 빠짐없이 우편함을 확인했지만 끝내 아무런 답장도 받지 못했고 크게 실망했다. 하지만 그것보다 레이건 대통령이 결국 비트부르크를 방문했다는 사실에 훨씬 더 화가 났다. 이후 레이건 대통령은 그곳에 겨우 8분 남짓밖에 머무르지 않았다고 변명했다. 애초에 가지를 말았어야지.

첼시가 답장을 못 받았기 때문에 나는 우리 가족이 백악관에서 지내는 동안 어린이들의 편지에 답장하는 전담 직원과 자원봉사자들을 따로 정했다. 첼시처럼 다른 아이들도 실망시키고 싶지 않았기 때문이다. 사실 빌과 나는 1992년 말에 첼시에게 우리가 백악관으로 이사하면 원하는 게 있는지 물어봤는데 첼시가 바라는 것은 단 하나였다. 모든 아이들이 대통령이나 영부인에게 편지를 쓰면 답장을 받을 수 있도록 해주자는 것이었다.

6학년을 마친 여름 무렵 나는 진짜 마리아 본 트랩이 쓴 『트랩가 합창단 이야기*The Story of the Trapp Family Singers*』를 읽었다. 여러모로 실제 이야기는 영화보다 더 영화 같았다.

그 책에는 뮌헨에 머무는 동안 예상치 못하게 히틀러와 마주친 후 도망치기로 결심한 이야기도 담겨 있었다. "우리는 '집'이 꼭 지구상에 어느 장소일 필요는 없다는 충격적인 사실을 깨달았다. 우리가 집처럼 '느끼는', 다시 말해 '자유로운' 곳이 바로 집이다"라고 마리아는 썼다. 현실이 영화보다 조금이나마 더 평범한 부분도 새롭게 발견했다. 마리아와 가족들은 오스트리아를 떠날 때 알프스를 걸어서 넘은 것이 아니라 이탈리아로 향하는 기차를 타고 넘어갔다. "우리는 사람들에게 미국으로 노래를 하러 간다고 말했어요. 무거운 가방과 악기들을 들고 산맥을 넘지도 않았고요. 아무 일도 없는 척 기차를 타고 떠났어요." 우연히도 마리아와 같은 이름을 가진 딸인 마리아가 말했다. 책을 읽으며 나치 친위대 SS의 우두머리였던 하인리히 힘러가 이후 본 트랩 대령의 집을 지역 본부로 썼다는 사실도 알 수 있었다(나치 친위대는 나치의 정예무장조직으로, 그들 중 몇 명은 비트부르크 묘지에 묻혀 있다). 힘러는 제3제국의 첫번째 수용소인 다하우Dachau도 만들었다. 이곳에서 수만 명의 유대인과 동성애자(당시 소수성애자들은 이렇게 불렸다), 정치범, 공산주의자, 여호와의 증인들이 갇혀 살해됐다.

본 트랩 가족의 이야기는 오로지 노래와 용감한 행동으로만 채워진 것은 아니다. 이 책에서 마리아는 가족이 경제적으로 궁핍했다고 썼다. "우리는 가난하지 않다. 아예 돈이 한 푼도 없다!" 그 자녀들도 실제 마리아는 줄리 앤드루스가 연기했던 것처럼 항상 상냥하지만은 않았다고 밝혔다. 오히려 화를 잘 냈다고 한다. "하지만 우리는 마치 천둥번개처럼 그것도 곧 지나갈 거라고 여겼어요. 왜냐하면 그러고 나면 정말 친절해지기도 하셨거든요." 딸 마리아가 말했다. 실제 사랑 이야기도 영화와는 달랐다. 본 트랩 대령의 청혼을 받았을 때 마리아는 종교적인 소명을 버려야 하나 말아야

> "인간의 삶에서 가장 위대한 것 중 하나는 계획을 세울 수 있는 능력이다. 절대 이뤄지지 않는다고 해도 기대하는 기쁨은 오롯이 자신의 것이다. 그 덕분에 누구나 하나 이상의 삶을 살 수 있다."
>
> – 마리아 본 트랩

하나 끝없이 갈등했다. 그러자 다른 수녀들이 신의 뜻으로 보인다며 승낙하라고 설득했다. "나는 진정으로 사랑에 빠진 것은 아니었다. 그를 좋아하긴 했지만 사랑하지는 않았다. 하지만 나는 아이들을 사랑했다. 그러니 사실상 내가 아이들과 결혼했다고 해도 틀린 말은 아니었다…… 하지만 곧 나는 그 어느 때보다 그를 더 많이 사랑하는 법을 배우게 됐다."

이제 나에게 마리아는 영화와 자서전 그리고 내가 열일곱 살 여름에 엄마와 함께 잘츠부르크를 방문했던 추억들이 모두 합쳐진 모습으로 기억된다. 유치원에 다니던 시절과 초등학교 1학년 때 나는 용기가 필요할

때마다 자신이 옳다고 믿는 일을 하고 사랑하는 사람들을 지키기 위해 위험을 무릅쓰고 용감하게 나치에 맞서던 마리아를 떠올렸다.

안네 프랭크
Anne Frank

힐러리

　열두 살 무렵, 나는 동네 도서관에 자주 갔다. 그러던 어느 날 내가 제일 좋아하던 사서 선생님이 『안네의 일기*The Diary of a Young Girl*』를 읽어보라며 추천해주었다. 선생님은 안네 프랭크가 내 또래의 10대 유대인 소녀이고 제2차세계대전 당시에 나치를 피해 숨어 지내며 일기를 썼다고 설명해주었다. 나는 내 아버지도 제2차세계대전에 해군으로 참전했고 미국과 연합군들이 힘을 모아 나치 독일과 제국주의 일본군을 물리쳤다는 사실을 알고 있었다. 또한 전 세계에서 수천만 명의 사람이 죽었다는 것도 알았다. 그러나 나는 히틀러가 유럽에 살고 있는 유대인들을 말살시킬 계획을 세웠으며 유대인 대학살이 일어났다는 사실은 그때까지 전혀 몰랐다. 나는 안네 프랑크의 일기와 그 일기를 바탕으로 1959년 제작된 영화를 보고 나서 끔찍한 유대인 대학살에 대해 알게 됐다.

아넬리스 마리 '안네' 프랑크Annelies Marie "Anne" Frank는 1929년 독일에서 태어났다. 하지만 안네가 네 살이 되던 해 나치가 정권을 잡게 되자 안네의 가족은 독일을 떠났다. 어머니 이디스, 아버지 오토, 언니 마르고트 그리고 사촌 버디까지 안네의 가족은 암스테르담에 정착했다. 그러나 1940년 5월 독일이 네덜란드를 침략했고 프랭크 가족은 발이 묶이고 말았다. 나치는 네덜란드에 사는 유대인들을 격리시키고 체계적으로 차별하기 시작했다. 어른들에게서는 일자리를 빼앗고 아이들은 학교에서 내쫓았다. 1942년 7월 마르고트가 강제수용소로 추방 명령을 받자 안네의 가족은 도피생활을 시작했다. 그들은 오토가 일하던 건물에 있는 방으로 숨어 들어갔다. 그 방은 입구가 책장에 가려져 보이지 않았다. 소지품을 많이 가져갈 수 없었지만 안네는 열세번째 생일선물로 받은 일기장을 가져가 숨어 지내는 2년 동안 꼬박 일기를 썼다.

"제일 좋은 것은 내 생각과 감정을 모두 적을 수 있다는 점이다. 그렇지 않았다면 나는 완전히 숨이 막혀 버렸을 것이다."

- 안네 프랑크

프랭크 가족과 이후 '비밀 공간'에서 함께 살게 된 다른 유대인들을 돌보고 보호해준 사람들은 과거에 오토와 함께 일했던 네덜란드인이었다. 그들은 2년 동안이나 음식을 마련해주고 숨겨주었으며 소식을 전해주었다. 안네는 일기장에서 그들을 '헬퍼helper'라 불렀고 발각될 경우에 닥칠 위험에도 불구하고 그들은 희생을 마다하지 않았다고 썼다.

그러나 1944년 8월 끔찍한 일이 벌어지고 말았다. 누군가의 밀고로 안네와 가족이 게슈타포에 발각되어 강제수용소로 보내지고 만 것이다. 프랭크 가족의 비밀 공간을 나치에게 밀고한 사람이 누군지는 지금까지도 밝혀지지 않았다. 안네와 마르고트는 처음에는 아우슈비츠로 보내졌다가 베르겐벨젠으로 옮겨졌고 그곳에서 1945년 초 둘 다 사망했다.

가족 중 유일하게 살아남은 오토는 전쟁이 끝난 후 암스테르담으로 돌아와서 헬퍼들을 찾아갔다. 과거 오토의 비서였던 미프 히스가 안네의 일기를 건네주었다. 미프는 안네의 일기와 다른 문서들을 발견해 간직하고 있었다. 오토는 먼저 네덜란드어로 안네의 일기를 출간하고 이후 1952년 영어로 출간했다.

안네의 일기가 나를 포함한 수백만의 독자에게 특별한 이유는 무척 솔직했기 때문이다. 안네는 이따금씩 부모와 언니에 대해 애증이 엇갈리는 감정들을 표현했다. 신체적으로 성숙해지는 것을 점점 깨달았고 함께 숨어 지내던 청년과 첫 키스도 했다. 또한 친구들과 함께 바깥에서 마음껏 생활하던 때를 그리워하며 좌절감을 느꼈고, 때때로 나치와 전쟁에 대한 두려움과 절망감이 밀려온다고 털어놨다. 안네의 이야기는 전 세계 독자의 마음을 울렸다. 안네는 평범한 소녀였지만 특별한 글쓰기 재능으로 수많은 이들과 교감했다.

안네의 일기는 어느 10대 소녀의 생각과 경험을 적은 개인적인 기록으로 시작했지만 전쟁의 공포를 마주한 가장 유명한 이야기 중 하나가 되었다. 엘리너 루스벨트는 미국에서 안네의 일기가 출판될 당시 초판 서문에 "이 책은 지금껏 내가 읽은 전쟁과 인간에 대한 가장 현명하고 감동적인 해설"이라고 썼다. 존 F. 케네디는 안네의 목소리가 '설득력 있다'고 평가했다. 넬슨 만델라는 감옥에서 일기를 읽었으며 "일기로부터 많은 용기를 얻었다"고 말했다.

1999년 〈타임Time〉은 안네 프랭크를 '20세기 가장 중요한 인물' 중 한 명으로 선정하며 이렇게 평가했다. "안네는 비밀 다락방에서 일기를 쓰며 나치에 용감하게 맞섰고 인간의 존엄성을 지키기 위한 싸움을 강렬한 목소리로 전했다."

첼시

대학에 다니는 동안 친구들이 워싱턴 D.C.에 나를 만나러 오면 우리는 항상 유대인 대학살 기념관을 견학했어. 그곳에서 모든 전시를 관람하고 마지막으로 생존자들의 증언을 들었지. 그 친구들 가운데는 매티 존스톤 베킹크도 있었어. 몇 년 후 매티는 암스테르담에서 가족과 함께 살게 됐는데, 안타깝게도 출산한 지 4일 만에 딸 루이사가 하늘나라로 떠났어. 매티는 안네 프랭크의 집에서 일하기 시작하면서 새로운 목표를 찾게 됐어. 반유대주의와 모든 형태의 편견에 맞서 싸우고 인권과 자유, 민주주의를 지지하는 거야. 안네의 이름으로 최선을 다해 이 중요한 일을 이어나가고 있는 매티에게 나는 매일 감동받아. 매티에게는 자신의 아들들이 살아갈 미래를 만들고 하늘로 떠난 루이사를 기리기 위해 꼭 필요한 일인 거지.

리고베르타 멘추 툼

Rigoberta Menchú Tum

첼시

5학년 때 우리 반은 다 같이 『나, 리고베르타 멘추l, *Rigoberta Menchú: An Indian Woman in Guatemala*』를 읽었다. 1983년에 출간된 이 책은 내가 태어나서 처음 읽은 자서전이었다. 리고베르타는 과테말라에서 키체족 인디언으로 살았던 경험을 기록했다. 어려서부터 들판에서 노동력을 착취당했고 살충제에 노출되었으며 끔찍한 폭력을 당했다. 선생님들은 현재 과테말라에서 리고베르타와 같은 어린이들이 일상적으로 겪고 있는 불평등과 공포에 대해 우리가 알아야 한다고 생각했다. 리틀록에 있는 부커아츠초등학교에서 우리가 이런 선생님들을 만난 것은 정말 행운 이었다.

리고베르타의 가족은 음식과 다른 생필품들을 살 돈이 없었다. 리고 베르타는 가족들이 커피 농장에서 쥐꼬리만한 임금을 받으며 일하는 사이 막냇동생이 영양실조로 죽어가는 모습을 지켜봐야 했다. 동생의 죽음 으로 분노한 리고베르타는 과테말라시티로 떠났다. 그곳에서 스페인어를 익히고 자신의 나라와 세계에 대해서 더 배우기 위해 가정부로 취업했다(이후에는 자신의 부족어인 키체어 외에도 다른 마야 언어들을 배웠다). 리고베르타 는 자신의 부족을 위해 충분히 강해지려면 우선 떠나야 한다고 믿었다.

다시 고향으로 돌아온 리고베르타는 아버지가 게릴라부대의 일원이 라는 죄로 체포되었다는 사실을 알게 됐다. 리고베르타는 아버지를 석 방시키고 매일 피땀 흘려 일하는 땅에 대한 소유권과 방위권을 포함하 는 원주민의 권리를 얻기 위해 함께 싸울 사람들을 모았다. 그렇게 부족 의 토지 소유권을 확보한 뒤에는 과테말라 전역에 거주하는 원주민의 권 리를 변호했다. 또한 과테말라에서 수십 년간 내전이 지속되는 동안 정 부와 무장 세력이 심각하게 인권을 침해했다고 비판했다. 남동생이 과테 말라군에게 고문을 당한 뒤 살해당하고 아버지 역시 시위 도중에 사망한 뒤에도 리고베르타는 포기하지 않고 인권 보장과 원주민을 위한 중요한 개혁들을 이루기 위해 싸웠다.

1981년 강제로 추방당한 리고베르타는 처음에는 멕시코로 갔다가 이 후에는 프랑스로 떠났다. 프랑스에서 베네수엘라계 프랑스인 인류학자 엘리자베스 부르고스드브리Elisabeth Burgos-Debray를 만났다. 엘리자베스는 리고베르타를 설득해 지금껏 살아온 이야기를 들었고 그 둘이 녹음한 인 터뷰 내용이 자서전인 『나, 리고베르타 멘추』의 바탕이 되었다.

2년 뒤 자서전이 출간되었을 때 리고베르타는 채 스물다섯 살도 되지 않은 나이였다. 망명중에 폭력적인 정권에게 또 한 명의 동생을 잃는 슬픔을 견뎌내며 리고베르타는 젊은 나이에도 이미 엄청난 업적을 이루어냈지만 아직 자신의 일이 끝나지 않았다고 여겼다. 리고베르타는 망명생활을 하면서 계속해

서 원주민의 권리를 보호하고 억압적인 과테말라 정부에 대항하는 일에 앞장섰다. 1996년 내전이 끝나자 정치 및 군 지도자들에게 원주민 공동체 학살을 저지른 책임을 묻기 위해 애썼다. 수많은 원주민을 포함해 20만 명이 넘는 사람이 전쟁중에 죽었다.

과테말라에서 펼친 활동들이 방해받자 리고베르타는 스페인으로 눈을 돌렸다. 그리하여 리고베르타 멘추 툼 재단은 군사 독재자였던 에프라인 리오스 몬트Efraín Ríos Montt 장군과 그 일당들을 스페인에서 형사고발했다. 마침내 2005년 스페인 법원은 해외에서 벌어진 대학살도 스페인에서 기소될 수 있다고 판결하며 리오스 몬트를 비롯해 내전 당시 과테말라 정부의 핵심 인사들을 강제 송환할 것을 요구했다. 이 판결은 과테말라 내에서의 활동에도 추진력을 실어주었다. 2012년 과테말라 법원은 대학살 및 다른 범죄들의 책임을 물어 리오스 몬트를 기소하고 유죄를 선고했다. 이후 판결이 뒤집어지기는 했지만 리고베르타와 재단은 계속해서 리오스 몬트와 그 일당들이 법의 심판을 받게 하려고 애쓰고 있다.

1992년 여전히 내전은 진행중이었지만 리고베르타는 노벨평화상을 수상했다. 세계적으로 주목을 받게 되면서 리고베르타의 자서전에 대한 신빙성 논란이 불거졌다. 〈뉴욕 타임스〉는 "인류학자인 데이비드 스톨은

10여 년간 120명이 넘는 인물을 인터뷰하고 기록들을 연구한 경험을 바탕으로 멘추 여사의 책이 '그 책의 주장대로 실제 목격담일 수 없다'고 결론지었다. 왜냐하면 노벨상 수상자인 멘추 여사가 스스로 계속해서 '본인이 직접 겪지 않은 일'이라고 묘사하고 있기 때문이다"라고 썼다. 스톨을 비롯한 여러 학자들은 굶어죽었다는 남동생은 실제로 존재하지 않으며 책의 첫 장에 "학교는 전혀 가본 적이 없다"고 쓰여 있지만 실제로는 멘추가 명문 사립 기숙학교에서 중등교육에 상응하는 교육을 받았다고 주장했다.

그러나 노벨위원회는 '노벨상 철회는 없다'고 밝히며 의혹들을 일축했다. 당시 노르웨이 노벨위원회 사무총장이었던 예이르 루네스타Geir Lundestad는 "모든 자서전은 어느 정도 각색되기 마련이다"라고 말했다. 그리고 리고베르타에게 노벨상을 수여한 것은 자서전만이 아니라 과테말라 원주민을 보호한 노력들을 바탕으로 종합적으로 평가한 데 따른 결정이라고 설명했다. 해당 분야의 전문가들은 리고베르타의 책이 개인과 공동체의 역사를 혼합하는 방식을 사용하는 일종의 증언문Testimonio이라고 주장한다. 증언문은 라틴아메리카 국가들이 공통적으로 겪은 경험들과 미국에서 일어난 연대운동을 통해 탄생했다. 증언문의 목적은 생생한 이야기를 통해 북부의 독자들이 직접 경험하지 못한 투쟁을 이해하도록 돕는 것이다.

내가 열 살인가 열한 살이었을 때 나는 이런 것들에 대해 전혀 아는 바가 없었다. 내가 아는 것은 책에서 읽은 내용이 전부였다. 리고베르타의 책을 읽은 덕분에 나는 중부 아메리카에 관심을 갖게 되었고 그 관심은 지금도 여전하다. 몇 년 후 워싱턴 D.C.로 이사한 뒤 10학년 때는 유나이티드 프루트 컴퍼니United Fruit Company가 냉전과 싸운다는 미명 아래 미국중앙정보국CIA을 등에 업고 실제로는 자사의 바나나 독점권을 지키기 위해 민주적으로 선출된 과테말라 정부를 전복시키려고 했다는 음모론에 대해 연구한 보고서를 썼다. 1954년 과테말라에서 일어난 사건들 때문에 '바나나 공화국'(수십 년 전 작가 오 헨리O.Henry가 만들어낸 단어)이라는 말이 생겨난 것은 아니지만 자칫 그렇게 될 뻔했다. 과테말라에서 미국이 자행한 일들은 미국 역사 중에서도 특히나 수치스러운 부분이다 (당시 이란에서부터 콩고에 이르기까지 다른 곳에서도 부끄러운 일들이 벌어지고는 있었지만). 나는 아버지가 1999년 미국을 대표해 과테말라 내전 당시 미국의 개입에 대해 사과했다는 사실이 매우 자랑스러웠다. 참혹한 과테말라 내전으로 인해 1960년 이후로 수십만 명의 사람이 생명을 잃었다. 1954년 미국을 등에 업은 군부가 민주주의를 부정하지 않았다면 내전은 일어나지 않았을 것이다. 그래서 나는 여전히 덜레스 국제공항을 이용할 때면 불편한 마음이 된다. 덜레스 공항은 미국의 국무장관이었던 존 포스터 덜레스John Foster Dulles의 이름을 땄는데 그의 동생인 앨런 덜레스가 1950년대 중반 CIA를 지휘했다.

비판을 받았지만 리고베르타는 물러서지 않고 계속해서 공식적인 활동을 이어갔다. 과테말라로 돌아가 마야 부족과 원주민 대학살에서 살아남은 생존자들을 지원했으며 가해자들이 법의 심판을 받게 만들었다. 리고베르타는 최초로 원주민이 주도하는 정당인 위낙WINAQ을 창당했다. 그리고 과테말라 대통령 선거에도 2007년과 2011년 두 차례 출마했다. 오늘날까지도 리고베르타는 여전히 과테말라의 마야인과 전 세계의 원주민을 위한 정의 구현에 힘쓰고 있다.

재키 조이너커시 *Jackie Joyner-Kersee*,
플로렌스 그리피스 조이너 *Florence Griffith Joyner*

재키 조이너커시

플로렌스 그리피스 조이너

첼시

1962년 재키 조이너커시가 태어나자 재키의 부모는 재클린 케네디의 이름을 따서 딸의 이름을 지어주었다. 재키의 할머니는 이렇게 선언했다. "언젠가 이 작은 소녀도 어떤 분야에서 여성 일인자가 될 거야."(미래에 육상계의 여성 일인자가 될 것이라는 선견지명이었다!) 일리노이주 이스트 세인트루이스에 위치한 재키의 집은 워싱턴 D.C.에 있는 케네디의 백악관과는 많이 달랐다. 재키와 오빠 앨은 길 건너편에 주류 판매점과 당구장이 있는 집에서 자랐다. 재키는 열한 살 때 집밖에서 한 남자

초기에 영감을 준 여성들

가 총에 맞는 장면을 목격했다. 재키의 부모는 자식들에게 지금과는 다른 더 밝은 미래를 물려주고 싶었다. 재키는 학교 공부에 충실했고 상위 10퍼센트 안에 드는 성적으로 학교를 졸업했다. 하지만 오직 공부만 잘했던 것은 아니다.

전국 주니어선수권대회에서 각기 다른 다섯 개의 종목을 겨루는 육상 5종 경기에 출전해 우승했고, 이후에도 이 대회에서 세 번이나 더 우승했다. 일리노이주의 고등학교 여자부 멀리뛰기에서 신기록을 세우기도 했으며, 육상뿐만 아니라 배구와 농구 경기에도 출전했다. 졸업 후에는 로스앤젤레스에 있는 캘리포니아대학에 장학생으로 진학했다. 그곳에서 멀리뛰기선수로 출전하고 농구팀에서도 선수로 뛰었다. 아직 어린 나이임에도 불구하고 재키는 능력이 너무 뛰어나서 한 경기나 한 종목의 운동으로 한정할 수 없는 게 분명했다.

"육상선수라고 여성스럽지 않은 건 아니에요. 나는 내가 좀 우아하다고 생각해요."

– 재키 조이너커시

1984년 재키는 허벅지 뒤쪽 근육과 힘줄 부상에도 불구하고 올림픽에 출전해 7종 경기에서 은메달을 따냈다. 이 경기는 재키의 대표 경기로 손꼽힌다. 7종 경기는 이틀간 총 일곱 종목의 경기를 치른다. 100미터 장애물 넘기, 높이뛰기, 투포환, 200미터 달리기, 멀리뛰기, 창던지기 그리고 800미터 달리기다. 재키는 이후 이 경기에서 7,000점을 넘긴 최초의 육상선수가 됐다. 내가 처음으로 본 창던지기와 투포환은 모두 재키의 경기 장면이었던 것으로 기억한다. 내게 정확도와 힘을 이용하는 운동을 제대로 보여준 사람은 남자가 아니라 바로 재키였다.

재키의 코치인 밥 커시는 경기장에서건 밖에서건 재키의 능력을 믿었다. 그리고 1986년 재키와 결혼했다. 밥은 재키에게 반쯤 농담삼아 재키가 세계기록을 세우지 못하면 자신의 성을 따르지 못하게 하겠다고 말했다. 그리고 그해 모스크바에서 열린 굿윌 게임스Goodwill Grames에서 재키는 세계신기록을 세웠다. 뒤이어 1988년 서울올림픽에서는 7종 경기에 출전해 자신의 네번째 세계신기록을 세우며 금메달을 따냈다. 같은 올림픽에서 재키의 시누이인 플로렌스 '플로조' 그리피스 조이너도 100미터와 200미터 달리기에서 세계신기록을 경신했다. 30년이 지난 지금까지도 이 기록은 깨지지 않고 있다. 반면 남자 100미터 달리기 남성 세계신기록은 같은 기간 동안 열두 번 경신되었다. 나는 집에서 플로조와 재키를 목이 터져라 응원하다 목이 쉬어버렸다. 재키의 올림픽 출전은 1988년 이후에도 계속됐다. 4년 뒤인 1992년에 또다시 우승해 육상선수 가운데 최초로 7종 경기에서 올림픽 2연패를 달성했다.

재키와 플로조는 여성 육상선수들, 특히 흑인 여성 선수들의 능력과 기술 그리고 힘을 폄하하려고 안달난 사람들의 표적이 됐다. 그들은 재키와 플로조가 스테로이드를 복용했을 것이라고 주장했다. 그러나 둘 다 약물검사 결과는 깨끗했다. 플로조는 1988년 한 해에만 열한 번이나 검사를 받았다. "전 스테로이드를 맞지 않아요." 재키가 말했다. 약물 사용 장애와 중독을 주변에서 보면서 자라온 재키는 마약이나 술 모두 하지 않는다고 분명히 밝혔다. 공개적으로 의혹을 제기받던 그해, 재키는 기고문을 통해 자신에 대한 다른 사람들의 의견은 자신이 전혀 바꿀 수 없다고 썼다. "내가 할 수 있는 것들로부터 나를 현혹시키고 내 믿음을 시험하려는 악마의 소행일지 모른다는 의구심을 갖게 됐다. 하지만 마음 깊은 곳에서부터 나는 내가 아무 잘못도 하지 않았다는 것을 알고 있다." 그러는 와중에도 재키는 자신이 제일 잘하는 일을 꾸준히 해나갔다. 열심히 훈련하고 경기에 출전하는 것이었다. 그리고 다른 사람들의 의심의 눈초리에 절대 주눅들지 않았다.

올림픽에서 메달을 따기 전 한 선생님이 플로조에게 커서 무엇이 되고 싶은지 물었다. "뭐든 다요." 플로조는 이렇게 대답했다. 플로조는 트랙 위에서든 밖에서든 모든 일에 최선을 다했다. 가족의 생계를 위해 대학을 중퇴하고 은행원으로 근무하며 시간제 미용사로 일할 때도 시간이 날 때면 밤마다 훈련을 했다. 플로조는 올림픽에 두 번 출전했는데 1984년 로스앤젤레스올림픽에서 자신의 첫 메달인 은메달을 따냈다. 이후 1988년 서울올림픽에서는 무려 15센티미터가 넘는 긴 손톱을 빨강, 하양, 파랑, 금색으로 휘황찬란하게 칠한 채로 달렸고 무려 세 개의 금메달을 따냈다. 은퇴한 뒤에는 젊은 선수들을 양성하는 데 힘썼고 패션 디자이너가 되었다. 고등학교 때부터 자신의 경기 유니폼을 만들어왔기 때문에 두 가지 일 모두 플로조의 삶과 일의 연장선상에 있었다. 안타깝게도 플로조는 서른여덟이라는 젊은 나이에 뇌전증 발작으로 사망했다. 플로조는 속도와 화려한 스타일, 그리고 결단력이라는 유산을 남겼고, 오늘날까지도 세계에서 가장 빠른 여성으로 남아 있다.

올림픽 선수에서 은퇴한 이후 재키는 프로농구팀에서 뛰는 동시에 위험에 처한 청소년들을 돕는 재단을 설립해 더 열심히 일했다. 또한 다른 선수들에게 경기가 없을 때에는 시간과 재능을 남들을 돕는 데 쓰라고 독려했다. 재키는 재능은 누구나 가질 수 있지만 기회는 누구에게나 주어지지 않는다는 사실을 알고 있었다. 그래서 더 많은 청년들이 '뭐든 다' 될 수 있도록 공정한 경쟁의 장을 마련하는 데 평생을 헌신했다.

교육계의 선구자들

EDUCATION
PIONEERS

소르 후아나 이네스 데 라 크루즈
Sor Juana Inés de la Cruz

첼시

어릴 적 후아나 이네스 데 아스바헤 이 라미레즈 데 산티야나라 불렸던 소르 후아나 이네스 데 라 크루즈는 17세기 중반 멕시코에서 태어났다. 당시 멕시코는 아직 스페인의 일부였으며 후아나 같은 특권계층에서도 소녀들이 교육받는 경우는 매우 드물었다. 그러나 후아나는 지식에 목말라 있었다. 그래서 시간이 날 때마다 가족의 영지에 있는 교회에 숨어서 책을 읽었다. 바로 근처에 있는 할아버지의 서재에서 책을 빌려오곤 했는데 그때 할아버지의 책을 전부 읽었다고 이후에 밝혔다.

후아나의 어린 시절 이야기는 많이 알려진 바가 없지만 여덟 살에 시를 썼고 비슷한 시기에 대가족과 함께 멕시코시티로 이사했다고 한다. 그러나 후아나의 어머니는 함께 떠나지 않고 50여 킬로미터 떨어진 옛집에서 계속 살았다. 또한 후아나는 늘 대학에 가는 꿈을 꿨다. 하지만 200년이 넘는 기간 동안 멕시코 여성들은 대학 학위를 받을 수 없었다. 그래서 후아나는 남자로 꾸미고 대학을 다니게 해달라고 가족들에게 애원했지만 허락될 리 없었다.

> "나는 더 알기 위해서가 아니라 덜 무지하기 위해 배우는 것입니다."
>
> - 소르 후아나 이네스 데 라 크루즈

열세 살 무렵, 후아나는 뉴스페인 총독 부인의 시녀가 되었다. 후아나가 영특하다는 것은 확실했다. 총독의 궁정에 출입하게 된 지 1년 만에 여러 학자들이 문학, 역사, 수학 등의 분야와 관련된 질문을 던지는 시험을 보게 됐는데 훌륭한 답변으로 학자들을 놀라게 했고 이 일로 멕시코 전역에서 유명해졌다.

공부를 더 하고 싶은데다가 결혼을 꺼리던 후아나에게는 오직 한 가지 선택지밖에 없었다. 그녀는 성 예로니모 수도원에 들어가 수녀가 되었다. 그후 맹목적인 신앙에 대해서 고심한 듯 이렇게 썼다. "배우는 동안에는 구원을 받을 수 없는 것일까? 내 천성과 맞지 않는데도 왜 무지라는 과정을 거쳐야만 구원을 받는 것일까?" 결국 후아나는 종교 교육이 "내가 할 수 있는 가장 덜 불합리하고 가장 명예로운 결정이었다"고 결론 내렸다. 후아나는 수도원 안에 자신만의 서재와 도서관이 있었으며 책을 읽고 시와 극본을 쓸 개인 시간이 있었다. 또한 인근 대학에 있는 다른 학자들(그들은 모두 남자였다)과 이야기를 나눌 수도 있었다. 후아나는 수필과 희곡뿐만 아니라 새 총독의 부인인 마리아 루이자에게 열정적인 연애

시도 썼다. "당신을 사랑하는 죄/ 결코 속죄하지 않으리."

거침없이 의견을 표현하는 여성들이 대부분 겪었듯, 후아나에게도 비방이 쏟아졌다. 1690년, 수도원에 들어간 지 20년도 지난 후에 후아나는 당시 예수회 설교를 비판하는 편지를 썼다. 그러나 한 고위 주교가 이 편지를 후아나의 허락도 없이 출판해버렸다. 그로 인해 후아나는 편지의 내용뿐만 아니라 세속적인 주제들을 위주로 시를 썼다는 이유로 비판받았다. 쏟아지는 비난에 후아나는 〈필로테아 수녀에게 보내는 답신 Respuesta a Sor Filotea de la Cruz〉으로 응답했다. 오늘날 이 글은 아메리카 대륙에서 여성의 교육받을 권리를 최초로 언급한 글로 잘 알려져 있다.

그 '답신'으로 인해 거센 반발이 빗발쳤고 수많은 성직자들이 후아나에게 일과 학업을 중단하라고 요구했지만 후아나는 이를 견뎌내고 글쓰기를 이어갔다. 〈멍청한 남자들Hombres Necios〉이라는 시에서 후아나는 남성들이 여성들에게 들이대는 어이없는 이중 잣대에 대해 한 줄 한 줄 꼼꼼히 반박했다("그대들은 여성을 존중하지 않는다. 아무리 겸손해도 여성이 당신을 거절하면 배은망덕하다고 한다. 반대로 여성이 받아들이면 정숙하지 못하다고 한다"). 그리고 〈첫번째 꿈Primero Sueño〉에서는 지식을 추구하는 영혼에 대해서 쓰고, 더 많이 배우고자 하는 영혼의 목마름이 남성들에게만 있는 것이 아니라는 점을 분명히 밝혔다. 또한 수녀의 신분으로 신체의 아름다움을 찬양하는 시를 써서 사람들을 아연실색하게 만들었다. "가냘프고 정교한 당신의 상체를/ 나는 즐길 수 없고/ 당신의 잘록한 허리는/ 노래 속 떨림음처럼 나를 괴롭히네."

후아나는 평생 사람들의 예상을 거스르며 살았다. 40대가 되어서는 자신이 소유하고 있던 4,000권의 책뿐만 아니라 악기들을 팔아 그 수익을 자선단체에 기부했다. 그러던 중 1695년, 흑사병에 걸린 동료 수녀들을 간호하다가 전염되어 사망했다.

'답신'에서 후아나는 "신은 내게 진실을 깊이 사랑하는 마음을 선물로 주셨다"고 썼다. 1600년대를 살던 여성에게 진실과 지식을 사랑하는 것은 무척 위험한 일이었다. 후아나는 자신이 살던 시대보다 수백 년을 앞서 살았고, 당시 자신도 그 사실을 알고 있었을 것이다. 후아나의 비범한 삶은 수많은 책과 극본, 영화의 소재가 됐다. 그리고 멕시코 사람들은 매일 200페소 지폐에서 후아나의 얼굴을 보며 자신의 지성은 결코 폄하되거나 사과해야 하는 것이 아니라 가꾸고 가치를 인정받고 찬양되어야 한다고 믿던 한 여성을 떠올린다.

마거릿 밴크로프트

Margaret Bancroft

첼시

19세기 중반 미국에서 장애를 가진 어린이는 대부분 학교에 다닐 수 없었다. 장애에 대한 편견이 넘쳤고 공립학교와 사립학교가 있기는 했지만 대부분 특권층의 청각 혹은 시각 장애가 있는 백인 어린이들을 대상으로 했다.

이 불평등을 알아챈 사람이 바로 마거릿 밴크로프트였다. 1854년에 태어난 마거릿은 늘 학교를 사랑했다. 그래서 필라델피아 사범학교를 졸업하고 한 공립학교에서 5학년 선생님이 되었다. 학생들에게 많은 사랑을 받던 마거릿은 학습에 어려움을 겪는 어린이들에게 특별한 관심을 가지게 됐다. 마거릿은 그 학생들을 포기하는 대신 그들이 고생하는 원인을 찾아냈다. 일부 학생들은 시력 장애, 난청 혹은 인지 장애가 있었다. 마거릿은 의사들과 자주 상의하며 각 학생들에게 필요한 맞춤 교육방식을 연구했다. 마거릿은 장애를 가진 어린이들을 위한 최선의 교육방식을 찾는 일은 아이나 그 가족들이 아니라 바로 교사들의 책임이라고 믿었다. 그러던 중 자문을 해주던 한 의사가 마거릿에게 직접 학교를 세워보라고 제안했고 마거릿도 대담하게 그러기 위해서 학교를 그만둘 계획이라고 밝혔다. 그러자 학교 이사진들은 학교에 남아달라며 마거릿을 설득했다. 심지어 누군가는 마거릿에게 이렇게 다재다능한 교사가 자신의 재능을 상대적으로 가치가 떨어지는 학생들을 위해 사용하는 것은 이기적인 일이라고 말했다. 하지만 마거릿은 모든 어린이에게는 배울 권리가 있다고 답했다.

마거릿은 모든 학생이 적절한 환경에서 오롯한 관심과 인내 그리고 사랑을 받는다면 배울 수 있는 잠재력을 가지고 있다고 강하게 믿었다. 1883년 마거릿은 해든필드 트레이닝 스쿨Haddonfield Training School을 설립했다. 이 학교에서는 기존과는 다른 혁신적인 접근법을 사용해 영양과 운동, 감각 및 예술적 교습법을 강조했다. 이는 청각 및 시각 장애아동을 위한 특수학교뿐만 아니라 심지어 더 '전통적인' 학교들의 기준과도 크게 달랐다.

장애아동은 대부분 학교에서 배제되고 가족에 의해 감춰지거나 심지어 보호시설로 보내지던 당시에 마거릿의 접근법은 가히 혁명적이었다. 마거릿은 자신과 같은 뜻을 가진 이들로부터 응원도 받았지만 그와 반대로 이전 학교 이사회 임원들처럼 어떤 아이들에게는 그런 노력을 들이는 게 아까울 뿐이라고 말하는 사람들에게 비웃음도 샀다.

학교 문을 연 첫 학기에는 등록한 학생이 단 한 명뿐이었지만 마거 릿은 의연했다. 분명 불안했을 텐데도 그녀는 꿋꿋이 견뎌냈다. 이후 학 생 수는 빠르게 늘어났고 1892년에는 더 넓은 학교 부지가 필요할 정도 였다. 기숙학교였지만 마거릿은 학생들을 교 정 안에만 가둬두지 않았다. 해든필드의 학생 들은 자연관찰 여행을 떠나거나 박물관에 견 학을 가기도 하고 서커스를 관람하기도 했다. 마거릿은 학생들이 직접 세상을 보길 바랐고, 학생들 중 어느 누구도 '가망 없는' 아이라고 여기지 않았다. 마거릿은 사랑이 넘치는 보금 자리를 마련해주었고 수년이나 시대를 앞선 교육법으로 가르쳤다. 그리고 그만큼의 성과 를 얻었다. 심한 장애를 가진 어린이나 어른

"특수아동을 가르치는 데는 무엇보 다 더 낙관적인 마음과 긍정적인 관 점이 필요합니다. 힘든 학생들을 가 망이 없다고 선고하고 특수시설에 보내버리는 일이 너무 많습니다."

– 마거릿 밴크로프트

들이 학교에서 잘 배우고, 지역사회에 참여하며, 마침내 직업도 가지도록 필요한 지원을 받을 수 있었다.

1898년 마거릿은 해든필드를 정비해 새로 밴크로프트 트레이닝 스쿨 Bancroft Training School을 열었다. 이번에는 학생들만 가르치는 것이 아니라 교사들도 교육했다. 그 교사들 일부는 밴크로프트에 남았지만 대부분은 학교를 떠나 마거릿의 철학과 방법론을 전국의 다른 학교로 퍼뜨렸다. 20세 기 초반 특수교육 분야의 많은 차세대 지도자들이 마거릿의 지도 아래 교 육을 받았다.

밴크로프트 밖에서 마거릿은 의료기관이 장애를 가진 환자들을 대하 는 방식을 바꾸도록 촉구했다. 1907년에는 펜실베이니아여자의과대학에

서 행한 강연에서 의대생들에게 능력과 상관없이 모든 이들을 치료해야 할 책임이 있다고 주장했다. 그리고 청각 및 시각 장애아동들을 위한 학교는 더욱 개인 맞춤 방식으로 교육해야 한다고 외쳤다. 글을 통해서도 '바보'나 '천치' 같은 단어를 아예 없애야 하며 우리 사회에 장애아동이나 장애인을 위한 자리가 있어야 한다고 강조했다. 또한 마거릿은 여성들을 위한 클럽인 해든 포트나이틀리Haddon Fortnightly의 첫번째 모임을 주최해 여성들의 교육과 사회에 대한 관심이 가정 밖으로도 확대될 수 있도록 도와주었다. 해든 포트나이틀리는 지금까지도 활동중이다. 밴크로프트도 여전히 외래환자, 주간 그리고 입원 프로그램을 운영하며 아이부터 노인까지 다양한 사람들을 돕고 있다. 특히 수많은 특수 올림픽 선수들을 배출한 빛나는 역사를 자랑한다. 마거릿 밴크로프트는 과감하게 장애아동들의 가능성을 새롭게 이끌어냈고 그 성과는 오늘날에도 계속해서 영향을 미치고 있다.

줄리엣 고든 로
Juliette Gordon Low

힐러리

걸스카우트의 좌우명은 간단하다. '준비'다. 내가 태어나던 해 발간된 안내서에는 이렇게 쓰여 있었다. "걸스카우트는 우리를 필요로 하는 곳이 있다면 어디든 도와줄 준비가 되어 있어야 한다. 기꺼이 봉사할 마음만으로는 부족하다. 비상시라 해도 일을 해결할 방법을 알고 있어야 한다." 이보다 더 정확한 표현이 있을까. 나는 너무나 당연하게 걸스카우트에 입단했다.

걸스카우트를 그만둔 지 이미 수십 년이 흘렀지만 나는 여전히 모든 노래들을 기억한다("새 친구를 사귀고 오랜 친구와도 사이좋게 지내야지. 둘 다 똑같이 소중해"). 내가 영부인, 상원의원 그리고 국무장관이 되기 위해 선거운동을 다니면서 가장 즐거웠던 순간들은 대부분 자신의 배지를 내게 자랑스럽게 내미는 소녀들과 몇 분이나마 함께하던 때였다. 걸스카우트를 해본 적 없는 사람이라도 캠핑과 봉사활동 그리고 그 유명한 쿠키에 대해서는 들어봤을 것이다. 걸스카우트의 쿠키 프로그램은 전 세계에서 가장 큰 규모로 '소녀들이 주도하는 사업'이다. 매년 2억 상자가 팔린다(걸스카우트의 공식 자료에 따르면 얇은 민트 쿠키가 가장 많이 팔린다. 예상했던 대로다. 내 어머니는 얇은 민트 쿠키를 늘 '사랑했다'. 그래서 특별 간식으로 냉장고에 항상 보관해두었다).

그러면 걸스카우트는 정확히 어디에서 시작된 것일까?

줄리엣 맥길 킨지 고든은 1860년 10월 31일 조지아주 서배너에서 태어났다. 가까운 친구들과 가족들에게는 데이지란 애칭으로 불렸고, 예민하고 호기심과 정이 많으며 모험심이 가득한 소녀였다. 줄리엣은 어릴 적에 심한 귓병을 앓고 난청이 생겼다. 그런데 줄리엣의 결혼식 날, 흥분한 한 손님이 쌀 한 줌을 뿌렸는데 하필 쌀알이 줄리엣의 '잘 들리는' 귓속에 들어가 고통스러운 염증을 유발하고 말았다. 쌀을 제거하면서 고막에 천공이 생겼고 줄리엣은 거의 청력을 잃었다(이후 친구들이 걸스카우트 일에서 빠지려고 할 때 줄리엣

"중요한 사실은 여러분 앞에 위험이 닥치면 멈추지 말고 그것에 대해서 생각하지도 말라는 것이다. 자꾸 들여다볼수록 좋아할 가능성은 더 적어지니 그냥 감행하기로 하고 과감하게 밀어붙여라. 한번 부딪혀보면 보기보다 그 절반도 나쁘지 않다. 이것이 바로 인생의 모든 어려움을 다루는 방법이다."

-『소녀들이 나라를 돕는 법: 1913년 걸스카우트 안내서』

교육계의 선구자들

이 청각 상태를 과장했다고 알려졌다).

줄리엣은 영국을 방문했다가 보이스카우트를 창설한 로버트 베이든 파월 경을 만났다. 로버트는 줄리엣에게 자신이 처음 보이스카우트를 창설했을 때 6,000여 명의 소녀들이 등록했다고 말했다. 보이스카우트와 전국을 누비는 데 소녀들을 함께 데리고 갈 생각은 없었지만 로버트는 소녀들에게도 비슷한 기회를 마련해주고 싶다고 했다. 줄리엣은 로버트와 그의 누나인 아그네스를 도와 스코틀랜드와 런던에서 '걸 가이드Girl Guides'라는 단체를 조직했다. 그리고 아버지에게 쓴 편지에서 이렇게 털어놓으며 특유의 통찰력을 드러냈다. "나는 소녀들이 좋고 이 단체와 규칙, 오락활동도 다 좋아요. 그러니까 제가 정말로 푹 빠져도 너무 놀라지 마세요!"

미국으로 돌아온 줄리엣은 사촌인 니나 앤더슨 파프에게 운명적인 전화 한 통을 걸었다. 니나는 당시 교사였으며 이후 걸스카우트의 지역위원장이 됐다. 줄리엣은 말을 돌리지 않고 곧바로 본론을 말했다. "서배나에 사는 소녀들, 그리고 미국과 전 세계의 소녀들을 위해 할일이 있어. 그러니 당장 오늘밤에 시작하자." 그로부터 몇 주 뒤, 줄리엣과 니나는 줄리엣의 집에 열여덟 명의 소녀를 불러모았다. 소녀들은 음식을 만들고 응급처치를 하거나 자전거를 타는 등 다양한 기술을 익힐 때마다 원하던 배지를 땄다. 유명한 동식물연구가이자 줄리엣의 친구인 월터 존 혹시Walter John Hoxie는 그 모임의 첫번째 캠핑 기획을 도왔다. 1년 뒤, 그 모임은 이름을 걸스카우트로 바꾸고 『소녀들이 나라를 돕는 법How Girls Can Help Their Country』이라는 제목의 안내서를 출간했다. 이 안내서 안에는 팔에 부목을 대는 법, 가솔린 불을 끄는 법, 여러 가지 매듭을 묶는 법, 윤리 강의, 미디어 정보 해독력("어디에 가든 여러분은 좋은 것과 나쁜 것 중 골라 읽을 수 있다. 독서는 마음속에 오랫동안 남으므로 여러분은 오직 좋은 것만 읽도록 노력해야 한다." 이는 오랜 세월 동안 증명된 조언이다), 운동, 요리 등을 보여주는 도표들이 담겨 있었다.

줄리엣은 당시 싹트고 있던 여성참정권운동까지는 참여하지 않았지만 소녀들을 가르치고 그들에게 힘이 있다는 의식을 심어주는 것을 중요하게 여겼다. 여성들이 투표할 수 있고 배심원이 되며 자신의 이름으로 신용거래를 하게 되기 이미 수년 전부터 줄리엣은 소녀들에게 경력 개발과 리더십, 자급자족, 경제 분야에 대한 지식(초기 안내서에서는 '근검절약'이라고 쓰여 있던)을 가르쳤다. 그리고 소녀들이 스포츠를 할 수 있도록 열렬히 응원했으며 경쟁은 건강에 좋을 뿐만 아니라 발전을 위해 필요하다고 여겼다. 자신이 여전히 걸스카우트와 함께한다는 것을 증명하기 위해 매년 자신의 생일에 물구나무를 서거나 옆으로 공중제비를 도는 재주를 선보이기도 했다.

제1차세계대전이 발발하자 줄리엣뿐만 아니라 걸스카우트도 전쟁에 뛰어들었다. 자원해서 구급차를 운전하거나 붕대를 감았으며 전쟁 채권을 팔았다. 또한 정원에 나무를 심었고 스페인 독감이 대유행할 때는 혹사당하는 간호사들을 대신해 근무하기도 했다. 이 모든 과정을 거치며 걸스카우트는 점차 성장했다. 걸스카우트가 최초로 쿠키를 판매한 것도 전쟁이 한창이던 바로 그때였다. 1917년 걸스카우트는 기관지 〈더 랠리The Rally〉를 창간했다.

"'힘내! 포기하지 마!'라고 지혜로운 지빠귀 새는 노래한다. 많은 사람들이 가진 최악의 약점 중 하나는 해야 할 일에 매달릴 끈기가 없다는 점이다. 그들은 늘 바꾸고 싶어한다. 하지만 무슨 일이든 최선을 다해서 해야 한다. 그리고 포기해서는 안 된다."

-『소녀들이 나라를 돕는 법: 1913년 걸스카우트 안내서』

줄리엣은 모든 소녀들의 잠재력을 굳게 믿었을 뿐만 아니라 천재적인 기금 모금가이기도 했다. 멋진 오찬 모임에 참석할 때면 줄리엣은 전통적인 꽃장식 대신 자신의 정원에 남은 채소로 모자를 장식했다. 다른 참석자들이 놀라 눈썹을 치켜올리면 이렇게 설명했다. "어머, 제 장식이 애처로우세요? 모자를 장식할 돈이 없어서요. 가진 돈이 전부 걸스카우트에 들어가거든요. 걸스카우트가 뭔지는 아시죠?" 유방암 진단을 받은 후에도 줄리엣은 계속해서 기금을 마련하고 걸스카우트를 홍보했다.

오늘날 줄리엣 가족의 집은 역사적인 장소가 되었다. 그녀의 이름을 딴 학교, 캠프장, 장학금뿐만 아니라, 줄리엣의 얼굴이 새겨진 우표와 줄리엣의 일생을 담은 오페라도 있다. 2012년 줄리엣은 사후에 대통령 훈장을 수상했다. 걸스카우트가 창단된 지 100년 만의 일이었다.

첼시

나는 어렸을 때 브라우니 대원으로 활동하는 게 정말 좋았고 2012년에는 걸스카우트 100주년 기념식에 참석할 수 있어서 영광이었어. 현재 회장인 실비아 아세베도Sylvia Acevedo보다 걸스카우트를 더 잘 이끌어갈 수 있는 지도자는 없을 거야. 실비아는 브라우니 대원이었고 자라서 로켓 과학자가 된 사람이야. 기술자였던 경력을 십분 활용해서 교육 격차 문제부터 안경, 칫솔이나 책과 같은 생필품 부족에 이르기까지 다양한 문제들을 해결하고 있어. 실비아의 지휘 아래 걸스카우트는 과학, 윤리 같은 많은 분야에서 새로운 배지를 만들어내는 중이야. 나는 걸스카우트의 다음 100년을 열정적으로 계속해서 응원할 거야.

걸스카우트의 통계에 따르면 현재 미국에 살고 있는 5,900만 명의 여성이 소녀시절에 걸스카우트 활동을 했다. 비너스와 세리나 윌리엄스도 걸스카우트였고, 케이티 커릭, 바바라 월터스, 로빈 로버츠도 마찬가지였다. 내 친구이자 동료 국방장관이었던 매들린 올브라이트도 걸스카우트였다. 걸스카우트들이 자라서 주지사나 우주비행사가 됐다. 제116대 의회에 선출된 여성 가운데 58퍼센트가 걸스카우트 출신이었다. 줄리엣은 자신이 만든 걸스카우트가 계속해서 무엇을 이뤄낼지 완전히 알 수는 없었겠지만 정확히 이런 미래를 꿈꿨으리라고 나는 믿는다. 당시에는 급진적인 생각으로 여겨졌지만 줄리엣은 소녀들이 정말로 나라를 도울 수 있다고 믿었다. 준비가 되어 있기만 하면 말이다.

마리아 몬테소리 *Maria Montessori*, 조앤 간츠 쿠니 *Joan Ganz Cooney*

마리아 몬테소리

조앤 간츠 쿠니

힐러리와 첼시

첼시

마리아 몬테소리는 19세기 말 이탈리아에서 자랐다. 마리아의 어머니는 딸이 공부를 계속해서 고등교육까지 받도록 지원해주었다. 당시 이탈리아 여성에게는 흔치 않은 일이었다. 아버지의 반대에도 불구하고 마리아는 로마대학에 진학해 의학을 공부했다. 남자 동기들과 교수들의 적대심과 괴롭힘에 시달리기는 했지만 1896년 수석으로 졸업했고 이탈리아 최초의 여성 의사가 되었다.

소아과 전문의였던 마리아는 일찍부터 교육받을 권리를 비롯해 아동의 권리를 주장했다. 장애아동들은 결코 배울 수 없다고 믿는 사람들의 편견과 냉소에 반대하며 관련 정부 기관들에 편지를 보내 특수 학급과 학교 설립을 주장했고, 그 끈질긴 노력은 마침내 결실을 맺었다. 1899년 마리아는 장애아동의 보호를 위해 새로 설립된 전국 연맹에 고문으로 선임되었다. 그리고 이듬해 연맹은 교사들을 위한 실습 교실까지 완비된 학교를 설립했다. 그러한 노력의 결과, 첫해 수업을 받은 학생들은 소위 일반 학교의 학기말 고사를 통과했다.

마리아는 이후 수년에 걸쳐 새로운 교육체계를 만들었고 1907년 로마의 저소득층 지역인 산 로렌조에 '어린이의 집Casa dei Bambini'이라는 자신의 첫번째 유치원을 열었다. '어린이의 집'에서는 교사들이 먼저 시범을 보이고 나서 학생들에게 같은 작업을 스스로 해보라고 격려했다. 20세기 초 다른 이탈리아 학교에서는 학생들에게 그저 듣기만을 요구했지만 마리아는 '어린이들을 마치 핀으로 꽂아놓은 나비처럼 자리에 묶어두는' 학교들을 강하게 비판했다. 그런 학교들과 달리 '어린이의 집'은 어린이들이 '자유로운 선택'을 통해서 스스로 학습 방향을 결정할 수 있도록 도와주었다. 또한 어린이들이 모든 감각을 이용해 탐구하도록 격려하고 탐구가 끝나면 다음 어린이를 위해 해당 공간을 깨끗하게 정리할 수 있도록 가르쳤다.

마리아는 이탈리아의 전통적인 교육방식에 대해 "교육의 세계는 사람들이 세상과 단절하고 살아갈 수 있는 준비를 하는 외딴섬과 같다"고 평가했다. 마리아는 어린이들이 주변

"진정한 스승을 만드는 것은 아이들에 대한 사랑이다. 왜냐하면 바로 그 사랑이 교육자들의 사회적 의무를 더 고차원적인 국가의 의식으로 바꿔주기 때문이다."

- 마리아 몬테소리

교육계의 선구자들

환경에서 배울 수 있도록 하는 것이 훨씬 더 바람직한 접근법이라고 확신했다. 마리아의 교수법은 마구잡이식이 아니었다. 마리아는 우리의 뇌가 정보를 어떻게 습득하고 저장하는지에 대해 연구하고 분석했다. 더 인간적이고 어린이 중심의 교육으로 알려진 마리아의 교수법은 마리아에게 있어서는 명백한 과학적 성과였다. 첫번째 학교의 학생들을 성공적으로 가르친 데 힘입어 마리아는 더 많은 학교를 설립했고 몬테소리 교육법은 이탈리아 교육의 표준이 됐다.

1909년 마리아는 첫 책을 출간했고, 이 책은 곧 수많은 다른 언어로 번역됐다(영어판은 『몬테소리 교육법The Montessori Method』이라는 간결한 제목으로 출간됐다). 1911년까지 서유럽과 미국 전역에 몬테소리 학교가 세워졌다. 1915년 샌프란시스코에서 열린 '파나마 태평양 국제 엑스포Panama-Pacific International Exposition'에서 마리아는 '유리 교실'을 마련해 자신의 조기교육 방법을 보여주었다. 사람들은 유리 교실에서 어린이들이 스스로 선택해 고도로 집중해서 학습하는 모습을 볼 수 있었다. 이듬해 마리아는 초등학교로 교수법을 확대 적용했고 더 큰 어린이들에게도 적용할 수 있는 최선의 방법을 찾아 계속해서 연구했다.

1922년 이탈리아 정부는 마리아를 국가 장학관으로 임명했다. 그때쯤에는 이미 상당수의 학교들이 몬테소리 학교였다. 몇 년간 파시즘이 득세한 다음인 1934년 이탈리아 정부가 히틀러 치하의 독일과 연합하자 마리아는 사랑하는 조국 이탈리아를 떠나 스리랑카와 스페인으로 이주해 살았으며 마지막으로는 네덜란드에서 지내다 1952년 세상을 떠났다.

오늘날 전 세계에는 2만여 개의 몬테소리 학교가 있고 미국에서만도 수천 개에 달한다. 나 역시 몬테소리 유치원을 다녔고 유치원을 정말 사랑했다(내가 제일 좋아한 수업은 매미에 대해 배웠던 수업인데 탈피된 껍질을 매우 조심스럽고 공손하게 관찰했다). 아주 어린 학생들이나 장애아동들에게 교육이 어떤 의미를 가지는지를 완전히 바꾸기 위해서는 엄청난 배짱이 필요했다. 마리아가 수많은 나라에서 표창을 받고 세 번이나 노벨평화상 후보로 오른 것은 당연한 결과다. 또한 마리아는 어린이들은 창의적이고 호기심이 많으며 배우려는 열정이 있고 한 개인으로서 대우받을 자격이 있다는 사실을 받아들여 그에 맞는 접근법을 개척했다. "우리가 어린이들에게 줄 수 있는 최고의 선물은 책임감이라는 뿌리와 독립심이라는 날개입니다."

힐러리

마리아보다 59년 늦게, 약 9,656킬로미터나 떨어진 애리조나주 피닉스에서 태어난 조앤 간츠 쿠니는 또다른 방식으로 어린이들의 교육에 혁신을 가져왔다.

1960년대 초 텔레비전 프로듀서였던 조앤은 뉴욕의 채널13 교육 방송국에서 다큐멘터리를 제작했다. 이후 조앤은 자신이 제임스 켈러 목사의 크리스토퍼운동에 영향을 받았다고 밝혔다. 이 운동은 신앙을 가진 사람들에게 자신의 믿음을 주변에 실천하라고 촉구했다. 조앤은 "켈러 목사는 이상주의자들이 방송을 하지 않으면 비이상주의자들이 나설 것이라고 말했다"고 회상했다.

조앤의 첫번째 프로그램은 대중에게 주요 화제에 대해서 알려주는 것이 목표였다. 1967년 어느 날, 조앤은 상사와 함께 카네기재단과 회의를 했다. 텔레비전이 어른들에게 지식을 전달하는 것뿐만 아니라 어린이들이 학교에 갈 준비를 하도록 도울 수 있을지에 대해 논의하는 자리였다. 주제가 언급되자 조앤의 상사는 조앤이 이 문제에 관심이 없을 거라고 장담을 하고 나섰다. 하지만 조앤은 이렇게 외쳤다. "어머, 관심 많아요!" 조앤은 연구를 위해 미국 전역을 다니며 전문가들과 인터뷰를 하고 어린이들을 관찰했다. "전국의 어린이들이 맥주 광고 노래를 따라 불렀어요. 결국 '가르칠 수 있을까'의 문제가 아니었어요. '어린이들에게 쓸모 있는 무언가를 가르칠 수 있을까'의 문제였죠." 조앤은 〈유아교육 분야에서 텔레비전의 잠재적 가치〉라는 제목의 보고서에서 〈세서미 스트리트 Sesame Street〉와 같은 프로그램을 제안했다.

그 보고서는 관련 재단의 필요성을 주장하는 데 힘을 실어주었고 미국 교육부는 '어린이 텔레비전 워크숍Children's Television Workshop, CTW'이라는 신설 방송국에 800만 달러를 지원했다. 하지만 남성이 독점하던 학문 분야와 텔레비전에서 여성이 새로운 프로젝트를 담당한다면 진지하게 받아들여지지 않을 것이라고 사람들은 우려했다. 조앤은 자신이 연구하고 기획했는데도 이 일을 맡을 남성들의 이름을 적어야 했다. "그중한 명이 선발되면 나는 2인자가 될 거라는 말을 들었어요. 그래서 이렇게 말했죠. '안 돼요. 이해를 못하시는군요. 나는 2인자가 되지 않을 거예요.' 이건 나한테 딱 맞는 천직이라는 걸 나는 알고 있었어요." 결국 조앤은 온갖 걱정들을 말끔히 걷어내며 총감독 자리에 올랐고 1969년 11월 10일 PBS 방송국에서 〈세서미 스트리트〉 첫 방송을 내보냈다.

〈세서미 스트리트〉는 어린이뿐만 아니라 부모들에게도 선풍적인 인기를 끌었다. 신문들은 조앤을 '성녀 조앤Saint Joan'이라 부르며 어린이들에게 기적이 일어났다고 보도했다. 어린이들은 오스카 더 그라우치Oscar the Grouch 같은 등장인물과 귀에 쏙쏙 들어오는 노래의 도움을 받아 알파벳과 숫자를 배웠다. 첼시는 어렸을 적 특히 빅버드를 좋아했다. 첼시가 〈세서미 스트리트〉를 보며 새 단어들을 배우고 신나하는 모습을 보면 나 역시 행복했다.

　물론 〈세서미 스트리트〉같이 많은 사랑을 받은 프로그램을 깎아내리려는 사람들도 있었다. 첫 방송 이후 6개월 뒤, 미시시피주 위원회는 공영 텔레비전에서 이 프로그램의 방송을 금지할지 여부를 두고 투표를 실시했다. 위원회의 한 위원이 〈뉴욕 타임스〉에 이 이야기를 슬쩍 흘리면서 "'어린이 출연진 구성이 너무 다양해서' 일부 위원들이 방송을 강하게 반대하고 있다"며 이 위원들은 미시시피주가 이런 프로그램을' 아직 받아들일 만한 준비가 되어 있지 않다고 생각한다고 설명했다. 조앤은 이 결정에 대해 "미시시피주의 백인과 흑인 어린이 모두에게 비극"이라고 말했다. 세간의 비판이 쏟아지자 미시시피주는 〈세서미 스트리트〉의 방영을 22일간 금지했다가 다시 허가할 수밖에 없었다.

　조앤은 1990년까지 현장에서 제작을 지휘했고 그후 수년간은 CTW 이사회에서 일했다. 이사회에서 몇 년간 조앤과 함께 일하면서 나는 조앤이 아동교육에 얼마나 헌신하는지 직접 보았다. 몇 년 전 조앤에게 '유산'에 대해서 묻자 조앤은 이렇게 말했다. "유산이라는 건 뭔가 끝났을 때 얘기죠. 이건 그냥 계속될 거예요." 그 말이 맞았다. 〈세서미 스트리트〉는 여전히 건재하고 조앤도 마찬가지다.

　조앤은 1960년대 어린이 텔레비전 프로그램을 획기적으로 발전시키는 데 일조했고, 그 노력은 지금도 계속되고 있다. 〈세서미 스트리트〉는 이제 150개가 넘는 나라에서 방영되고 있으며 세서미 워크숍은 전 세계의 난민 캠프나 공동체에 있는 수십만 명의 어린이에게 놀이를 통한 교육을 제공하고 있다. 2007년 세서미 워크숍은 조앤 칸츠 쿠니 센터를 설립하고, 어린이들이 디지털 미디어로 즐겁게 참여할 수 있는 교육 프로그램을 연구하는 데 돌입했다.

마리아와 조앤은 고등교육을 받고 경력상 보람찬 일을 할 기회를 얻기 위해 싸워야만 했다. 절대로 쉬웠을 리 없다. 하지만 그럼에도 불구하고 그들은 어쨌든 해내기로 굳게 마음먹었다. 그리고 그 덕분에 교육의 세계가 그 자리에 머무르지 않고 발전할 수 있었다.

메리 매클라우드 베튠

Mary McLeod Bethune

첼시

메리 매클라우드는 아홉 살이 됐을 무렵 하루에 목화를 113킬로그램 이상 딸 수 있었다. 오늘날 티셔츠를 500장이나 만들 수 있는 양이다. 메리는 노예제가 폐지된 후인 1875년에 태어났지만 많은 흑인들은 남북전쟁이 끝나고 노예해방이 선언된 이후에도 여전히 노예생활에서 벗어나지 못하고 있었다.

메리의 부모인 패치와 사무엘 매클라우드는 해방된 후에도 수년간 전 주인을 위해 일했다. 그리고 마침내 약 20제곱미터 크기의 땅을 살 수 있는 돈을 마련했다. 그 정도 크기라면 남의 손 없이 가족이 직접 일해야 수익이 날 수 있었다. 그 땅 위에 메리의 아버지와 형제들은 오두막집을 지었고 그 집에서 메리가 태어났다. 메리가 태어난 이후 메리의 부모는 계속해서 그 땅에서 일했고 어머니 패치는 전 주인의 가족을 비롯한 백인들의 빨래도 대신 했다. 메리는 빨래 배달을 하는 어머니를 따라다니다가 백인들의 집에서 백인 아이들이 가진 장난감과 책들을 보며 '백인 아이들과 흑인 아이들의 차이가 단순히 읽고 쓰는 문제'인지 궁금해졌다. 그러던 어느 날 한 백인 아이가 메리에게 너는 읽어서도 안 되고 책을 만져서도 안 된다고 말했다. "그 아이가 나한테 '넌 그거 못 읽어. 내려놔'라고 말했어요. 그 순간 제 자존심과 마음이 확 불타올랐고, 언젠가 나도 그 아이처럼 읽고 말겠다고 마음먹었죠."

남북전쟁이 끝나고 거의 20년이 흐른 뒤에야 메리의 고향인 사우스 캐롤라이나주 메이스빌에 흑인 어린이들이 다닐 수 있는 학교가 생겼다. 흑인 선교사였던 엠마 윌슨은 학교를 설립한 뒤 매클라우드 부부에게 아이들을 학교에 보낼지 물었다. 하지만 메리의 부모에겐 딱 한 아이의 수업료밖에 없었다. 그래서 메리를 보내기로 결정했다. 메리는 8킬로미터를 걸어 등교를 하고 다시 그만큼을 걸어 집으로 돌아왔다. 학교가 끝나면 자주 가족들에게 그날 배운 내용을 가르쳐주었고 그러고 나서 촛불을 켜놓고 숙제를 했다.

메리에게 감동받은 윌슨은 메리가 노스캐롤라이나주에 위치한 스코샤신학대학Scotia Seminary에 진학할 수 있도록 장학금을 지원했다. 집을 떠날 당시 메리는 열세 살이었다. 스코샤대학을 졸업한 후 메리는 시카고에 있는 무디 바이블 신학교Moody Bible Institute에 장학생으로 입학했다. 메리는 아프리카에서 선교 활동을 하는 것이 꿈이었지만 메리가 선교사로 지원하자 장로교 선교위원회는 메리를 탈락시켰다. 흑인 선교사는 선발하지 않는다는 이유였다. 메리는 메이스빌로 돌아가 자신이 다녔던 학교에서 교사가 되었다. 그리고 이후에 남부 지역의 여러 학교에서 계속해서 가르쳤다. 그러다 조지아주의 오거스타에서 알베르투스 베튠을 만나 1898년 결혼했다.

베튠 가족은 1899년 플로리다로 이주했다. 메리는 가족을 부양하기 위해 보험 상품을 팔기 시작했다. 5년 뒤, 메리는 오랫동안 품고 있던 꿈을 이뤘다. 데이토나 흑인 여학교Daytona Literary and Industrial Training School를 설립한 것이다. 교회나 부유한 후원가의 지원 없이 메리는 홀로 학교를 세우고 유지할 기금을 마련해야 했으며, 교과과정을 마련하고 교사들도 뽑아야 했다. 메리는 일부러 흑인들이 빈번히 폭행당하고 인종차별적인 분리정책이 법제화되어 있던 도시의 빈민 지역에 학교를 세웠다. 인종차별주의자들이 폭력을 가하는 현실 속에서도 흑인 어린이들에게 교육받을 기회를 주고 싶었다. 모든 어린이들이 그럴 자격이 있다고 믿었기 때문이다.

메리의 학교에 최초로 등록한 어린이는 다섯 명의 여자아이들이었다. 학생들은 일주일에 50센트씩 수업료를 지불했다. 2년도 채 되기 전에 학생은 250명으로 늘어났다. 메리는 읽고 쓰는 법을 배우고 싶은 흑인 성인들, 특히 여성들을 위해 야간 수업도 열었다. 이후에는 투표를 하기 위한 문해력 시험에 꼭 필요한 내용을 가르치는 데 초점을 맞췄다.

학교의 인기가 점점 높아지자 더 넓은 장소가 필요했다. 하지만 장소를 구하려면 수제 파이 판매나 다른 일을 해서 모은 돈과 수업료만으로는 어림도 없었다. 메리는 겨울을 보내러 데이노타에 놀러온 이들에게 기부를 요청하는 등 부유한 백인 가정을 상대로 모금 활동을 했다. 또한 후원금을 더 모으기 위해서 전국을 찾아다녔고 갬블스가와 록펠러가 그리고 카네기재단을 설득하는 데 성공했다. 이후 메리는 부유한 백인 후원자들의 영향력을 이용해 중고등 교육과정까지 제공할 수 있도록 완전한 인가를 받았다.

1920년 KKK단(Ku Klux Klan, 백인우월주의를 주장하는 미국의 극우비밀결사단체─옮긴이)이 메리를 협박했지만 메리는 자신과 학교는 다른 곳으로 옮기지 않을 것이라고 분명히 밝혔다. 1923년에는 데이토나 흑인 여학교를 잭슨빌에 있는 쿡맨 남학교와 합쳐 현재의 베튠쿡맨대학을 설립했다. 메리는 흑인대학HBCU의 총장을 맡은 최초의 흑인 여성이 됐으며, 베튠쿡맨대학은 흑인 여성이 세운 유일한 흑인대학으로 남아 있다.

메리는 교육 분야에서 위대한 업적을 이룬 것으로 유명할 뿐만 아니라 인종차별과 분리를 접할 때마다 맞서 싸우기도 했다. 데이토나에 있는 병원들이 흑인 환자 진료를 거부하자 메리는 매클라우드 병원을 개원하고 매클라우드 간호훈련학교를 설립했다. 흑인 환자들은 1960년대에 이르러서야 데이토나의 공공 의료 체계에 합법적으로 통합되었다. 심지어 그 당시에도 흑인 환자들은 계속해서 열악한 치료를 받았다.

수정헌법 제19조가 비준된 이후 메리는 앞장서서 유권자 등록을 이끌며 흑인 여성들에게 투표를 독려했다. 그 과정에서 혐오스러운 인종차별 공격에 맞닥뜨렸지만 메리는 흑

"헌법하에 분열된 민주주의, 계급 정부, 절반만 자유로운 나라가 있어서는 안 됩니다. 그러므로 차별도, 분리도 있어서는 안 되며, 모두에게 주어지는 권리를 일부 시민에게서 빼앗아서도 안 됩니다…… 우리는 교육에서…… 그리고 선거권에서…… 경제적 기회에서 완전한 평등을 이뤄야 합니다. 풍요로운 삶에서 완전한 평등을 말입니다."

- 메리 매클라우드 베튠

인 여성들을 위해 국가적인 차원에서 투쟁해야 한다고 더 단단히 마음을 먹었다. 1924년에는 전미유색여성협회National Association of Colored Women's Clubs 회장으로 선출된 뒤 미국 내 흑인들을 위한 직업훈련을 확대해야 한다고 강력하게 주장했다. 그러나 이는 위대한 저널리스트 겸 사회활동가이자 반린치운동가였던 아이다 B. 웰스와 사이가 틀어지는 계기가 되었다. 웰스는 메리가 너무 편협한 시각을 가지고 있다고 비판하며 "고등교육을 비웃거나 의욕을 꺾는 것은 우리에게 절실히 필요한 지도자감의 씨를 말리는 것과 마찬가지다…… 이 세상의 모든 실업교육이 인성을 대신할 수는 없다"고 주장했다.

1935년 메리는 전미흑인여성회National Council of Negro Women를 설립해 전국의 흑인 여성과 조직들이 연대할 수 있도록 도왔다. 1936년 당시 대통령이었던 프랭클린 루스벨트는 영부인 엘리너의 권유로 메리를 전국 청소년 관리국National Youth Administration의 흑인업무부 부서장으로 임명했다. 청소년 관리국은 젊은이들에게 일자리와 교육을 제공하는 뉴딜정책을 담당한 기관이다(메리는 평생 다섯 명의 미국 대통령을 거치며 산하위원회에서 일했다). 1938년 메리는 최초로 백악관에서 전국흑인여성대회를 열었고, 2년 후에는 전미유색인지위향상협회National Association for the Advancement of Colored People, NAACP 부회장으로 선출됐다.

제2차세계대전 동안, 메리는 미 여군Women's Army Corps, WAC의 부대장을 맡아 여성들이 전쟁에 공식적으로 참여할 수 있도록 했다. 또한 흑인들도 여군에 지원할 수 있도록 하고 비록 서류상일 뿐이라 하더라도 부대가 인종을 가르지 않는 선발을 하도록 했다. 실제로는 여군 가운데 지극히 일부 부대에서만 흑인 여성의 입대를 허용했다(군대 전체로는 전쟁이 끝난 뒤에도 1948년까지 통합 정책을 도입하지 않았으며, 그 이후에도 수년간 정책을 적극적으로 집행하지 않았다). 또한 메리는 정부가 군비를 증강하기 위해 지원하던 민간 조종사 훈련 프로그램에 흑인 조종사를 포함하기 위해 애썼고 군에서 복무하고 싶은 흑인 여성들을 대표해 루스벨트 대통령을 비롯한 정부 관리들에게 영향력을 행사했다. 이후에는 흑인 여성들을 위한 최초의 장교후보생 학교를 설립해 장교가 되기 위해 필요한 훈련을 실시했다.

이 시기에 메리는 흑인 여성들의 권리와 기회를 위해 싸운다는 이유로 또다시 KKK단과 다른 인종차별주의자들의 표적이 됐다. 그러나 그녀는 다시 한번 위협을 무시하고 꿋꿋이 업무를 이어갔다. 그리하여 흑인대학기금협회United Negro College Fund를 공동 설립해 지금까지 45만 명이 넘는 대학생을 후원해왔다.

메리가 임종을 앞두고 작성한 유언장 내용은 워싱턴 D.C.에 있는 메리의 기념 조각상 옆면에 새겨져 있다. 나는 고등학교 때 이 조각상을 방문해 글귀를 읽었던 기억이 난다. "나는 여러분에게 사랑을 남깁니다. 나는 여러분에게 희망을 남깁니다. 나는 여러분에게 서로 간에 신뢰를 쌓으라는 숙제를 남깁니다. 나는 여러분에게 교육에 대한 갈증을 남깁니다. 나는 여러분에게 권력 사용을 존중하는 마음을 남깁니다. 나는 여러분에게 믿음을 남깁니다. 나는 여러분에게 인종의 존엄성을 남깁니다. 나는 여러분에게 다른 사람들과 조화롭게 살고 싶어하는 마음을 남깁니다. 나는 여러분에게 젊은 세대들에 대한 책임감을 남깁니다."

힐러리

메리의 조각상은 1974년 7월 10일 공개됐어. 메리가 살아 있었다면 아흔아홉번째 생일이었을 거야. 전국에서 18,000명이나 되는 사람들이 이 역사적인 장면을 목격하려고 구름처럼 몰려들었어. 제막식에서 시슬리 타이슨Cicely Tyson이 메리의 유언장을 낭독했고, 설리 치점 하원의원은 메리가 자신에게 얼마나 많은 영감을 주었는지 이야기했어. 메리의 조각상은 흑인 여성의 조각상으로는 최초로 워싱턴 D.C.의 한 공원에 세워졌어. 하지만 애석하게도 그러한 조각상의 숫자는 오늘날까지 크게 늘어나지 않고 있어.

남부 동맹군 반역자들의 조각상이 여전히 남아 있다고 전국적으로 항의하는 목소리가 커지면서 2018년 플로리다 의원들은 투표를 통해 미국 국회의사당 내 국립조각수집관National Statuary Hall Collection에 설치된 동맹군 에드먼드 커비 스미스 장군의 조각상을 메리 매클라우드 베튠의 조각상으로 교체하기로 결정했다. 그리하여 메리는 주정부에서 국립조각수집관에 조각상을 설치한 최초의 흑인이 됐다.

에스터 마르티네즈

Esther Martinez

첼시

1492년 크리스토퍼 콜럼버스가 히스파니올라섬에 도착하기 전, 현재의 미국과 캐나다 영토에서는 300개가 넘는 토착어가 사용되고 있었다. 하지만 1912년 푸에블로족에서 포에 차와P'oe Tsawa라는 테와어 이름을 가진 에스터 마르티네즈가 태어났을 무렵 미국 내 토착어의 숫자는 이미 급격하게 줄어들어 있었다. 잔혹한 식민지화를 통해 언어까지 말살한 결과였다. 에스터는 콜로라도주에서 어린 시절을 보낸 뒤 원주민 동화정책의 일환으로 다른 원주민 학생들과 함께 학교에 보내졌다. 뉴멕시코에 있는 학교에서 에스터는 자신의 모국어인 테와족 언어를 썼다는 이유로 호된 처벌을 받았다. 하지만 그녀의 테와족 정서를 말살하려는 학교의 노력은 성공하지 못했다. 1930년 고등학교를 졸업할 때에도 에스터는 여전히 자신의 모국어에 어마어마한 가치가 담겨 있다고 생각했다.

에스터는 남편과 함께 열 명의 아이를 낳아 기르고 건물 관리와 다른 서비스직 일을 하면서 가족을 부양했다. 그리고 뉴멕시코주 산후안 푸에블로(오늘날의 오케이오윙가)에 있는 중학교에서 일했다. 그러다 1960년대 우연히 언어학자 랜들 스피어스와 만나게 되면서 에스터는 삶의 목적을 발견했다. 훗날 에스터의 손자인 매튜 마르티네즈 주니어가 말했다. "그 사람이 할머니한테 와서 테와족 말로 이야기했어요. 할머니는 깜짝 놀라서 어안이 벙벙해지셨죠. 어떻게 이 백인 남자가 이렇게 활기차게 테와족 말을 하는 건가 하고 말이에요."

스피어스는 에스터에게 테와족 언어를 기록하도록 권했고 언어학의 기초를 가르쳐주었다. 에스터는 스피어스와 자신의 가족들과 힘을 모아 첫번째 테와어 사전을 편찬했다. 복잡하고 힘든 과정이었다. "할아버지 말씀을 못 알아들어서 그게 무슨 뜻인지 여쭤보면 할아버지는 그 말을 종이 위에 써주셨어요. 무척 오랜 시간이 걸렸죠." 또한 에스터는 최초로 신약성서를 테와어로, 테와족 전래 동화 『못된 어린 토끼와 늙은 코요테Naughty Little Rabbit and Old Man Coyote』를 영어로 번역했다. 이후에도 많은 이야기들을 테와어에서 영어로 번역해 책으로 출간하기도 했다.

에스터는 오케이 오윙가 커뮤니티 스쿨

"이야기들을 들으며 우리는 공동체에서 살아남고 사회성을 키우는 법을 배웠다. 이야기는 재밌기도 했다. 우리 인생 전체가 이야기이다."

- 에스터 마르티네즈

교육계의 선구자들

Ohkay Owingeh Community School에서 테와어를 가르치기 시작했고 결국에는 이중 언어 교육 담당자가 되었다. 수십 년 전 산타페와 앨버커키에서 자신이 다니던 학교들과는 완전히 다른 환경이었다. 오늘날 이 학교의 철학은 '내 문화를 나에게 가르치지 말라. 내 문화를 이용해서 나를 가르쳐라'이다. 에스터는 교사로서의 업적을 널리 인정받아 전미아메리카인디언협회National Council of American Indians와 뉴멕시코예술위원회New Mexico Arts Commission에서 여러 개의 상을 받았다. 에스터는 교사 일에 더해서 푸에블로족의 전통을 전달하는 역할도 했다. 부모가 아이들에게 전통 이름을 지어주도록 도왔으며 테와족의 이야기를 테와어 그대로 들려주었다.

에스터는 학교에서부터 국립공원에 이르기까지 전국을 돌아다니며 이야기를 들려주었다. 또한 자신의 지식을 언어학자나 다른 학자들 그리고 테와어가 중요하다고 믿는 모든 이들에게 아낌없이 나눠주었다. 2006년 전미국립예술기금National Endowment for the Arts은 에스터를 '내셔널 헤리티지 펠로우National Heritage Fellow'로 선정했다. 그러나 에스터는 수여식이 끝나고 얼마 되지 않아 자동차 사고로 세상을 떠났다.

힐러리

에스터가 비극적으로 사망한 지 채 3개월도 지나지 않아 조지 W. 부시 대통령은 토착어 보호를 위한 자금을 지원하는 에스터 마르티네즈 원주민 언어 보호법을 인준했어. 나는 상원의원으로 있으면서 그 법안에 찬성할 수 있어서 영광이었지.

에스터가 어렸을 적, 에스터를 가르쳐야 마땅했던 사람들은 오히려 테와어를 빼앗아가려고 했다. 에스터는 용기를 내서 저항했고 자신의 문화를 아끼고 사랑해 테와어가 사라지지 않도록 보전했다. 이와 같은 공로에 힘입어 원주민 언어를 보존하고 기록하고 널리 알리려는 여러 노력들이 에스터 마르티네즈 원주민 언어 보호법을 통해 연방정부의 지원을 받게 됐다. 하지만 수백 년간 계속된 언어 말살로 인한 피해를 회복하기에는 턱없이 부족하다. 오늘날 미국 전역에서 대략 150개의 북미 원주민 언어가 활발히 사용되고 있지만 그중 많은 언어들이 고작 수천 혹은 수백 명 사이에서만 사용된다. 에스터의 업적을 기리는 최선의 방법은 미국 정부가 원주민 언어를 보존하고 수십 혹은 수백 년간 사용되지 않던 언어들을 되살리는 데 드는 모든 노력에 비용을 지원하는 것일 테다.

데이지 베이츠
Daisy Bates

힐러리

데이지 베이츠는 자신의 회고록에 어릴 적 살았던 아칸소 남부의 작은 마을에서 어머니 밀리 라일리가 같은 동네 백인 남성 세 명에게 강간 살해당한 사실에 대해 썼다. 사건 당시 데이지는 태어난 지 채 몇 달도 지나지 않았다. 어머니가 살해당했으며 지역 경찰이 끝내 살인자를 붙잡는 데 실패했다는 사실을 알게 된 데이지는 마음속에서부터 분노와 복수심이 끓어올라 결국 그 남자들 중 한 명을 밝혀내 말없이 마주했다. 그때 데이지는 겨우 여덟 살이었다. 그 남자는 데이지에게 자신을 내버려두라고 애원했고 이후 과음으로 사망해 어느 골목에서 시신으로 발견됐다.

어머니가 세상을 떠난 후 데이지는 아버지의 친한 친구인 올리와 수지 스미스의 손에서 자랐다. 데이지의 아버지는 제 목숨만 구하겠다고 마을에서 달아났고 데이지는 그후 다시는 아버지를 보지 못했다. 하지만 데이지의 양아버지는 데이지에게서 걱정스러운 점을 보았다. 데이지가 10대가 되었을 때 양아버지는 임종을 앞두고 이렇게 당부했다. "너는 마음속에 증오가 너무 많아. 데이지, 증오는 너를 망가뜨릴 수 있어. 백인이라고 해서 다 미워해서는 안 돼. 미워한다면 그만큼 중요한 이유가 있어야 해. 남부에서 우리가 굴욕적으로 살고 있다는 사실을 미워해라. 남부 지역을 잠식해가는 차별을 증오해. 모든 흑인의 영혼을 잠식해가는 차별을 미워하도록 해. 백인 쓰레기들이 우리에게 던지는 모욕들을 증오해라. 그리고 난 다음 그것에 대해 무언가 하려고 노력해봐. 그렇지 않으면 네 증오는 어떤 결실도 맺지 못할 거야." 그후 이 말은 데이지의 삶에 길잡이가 되어주었다.

데이지는 1942년 스물일곱 살의 나이에 L.C.로 알려진 루치우스 크리스토퍼 베이츠와 결혼했다. 데이지와 루치우스는 리틀록으로 이주해서 주간지인 〈아칸소 스테이트 프레스Arkansas State Press〉를 창간했다. 이 신문은 곧 인권 문제를 대변하는 역할을 하기 시작했다. 1952년 데이지는 전미유색인지위향상협회NAACP의 아칸소주 연맹 대표로 선출되었고 대표를 역임하며 학교 내 분리정책 폐지를 강력하게 주장했다. 미국 대법원이 1954년 브라운 대 교육위원회 재판에서 학교 내 분리정책은 위헌이라고 판결했지만 아칸소주의 학교들은 흑인 학생 등록을 거부했다. NAACP의 지역 연맹 대표인데다가 즉각적인 분리정책 철폐를 강력하게 주장하는 주간지를 창간했다는 이유로 데이지는 살해 위협과 괴롭힘을 견뎌야 했다. 그 와중에 백인 광고주들이 보이콧하는 바람에 신문은 적자를 면치 못했다.

데이지는 자신의 집에서 인종차별주의자들의 공격을 받기도 했다. 데이지는 이후에 당시를 회상하며 말했다. "우리 땅에서 십자가 두 개가 불탔어요. 첫번째는 휘발유를 듬뿍 적신 180센티미터가 넘는 십자가였는데 해가 지자마자 앞마당 잔디에 꽂혀 있었어요. 십자가 아랫부분에 이렇게 휘갈겨 쓰여 있었죠. '아프리카로 돌아가. KKK.' 두번째 십자가는 집 앞에 기대어져 불타오르고 있었는데 불길이 옮겨붙기 시작하고 있었어요. 다행히 이웃이 발견해서 더 심각한 피해가 생기기 전에 불을 끌 수 있었죠." 이런 위험에도 불구하고 용감한 지도자가 필요한 시기에 데이지는 이미 준비가 되어 있었다.

인종 간 통합을 두고 진통을 겪는 가운데 1957년 아칸소주 주지사였던 오발 포버스가 리틀록 센트럴 하이스쿨Little Rock Central High School에서 인종분리정책을 철폐하라는 법원의 명령을 거부해 온 나라의 관심이 쏠렸다. 〈아칸소 스테이트 프레스〉는 포버스의 조치를 두고 1면 사설에서 이렇게 썼다. "미국에 대한 충성심 때문에 흑인은 외국과의 전쟁에서 적들과 싸우며 피를 흘렸고 헌법에 보장된 권리를 보호했다. 하지만 이제는 국내의 평화와 조화를 위해서 흑인은 이런 권리들을 희생할 마음이 들지 않을 거라고 본지는 믿는다."

9월에 신학기가 시작되기 전 아홉 명의 흑인 학생이 센트럴 하이스쿨에 등교하기로 결정되었다. 그리고 데이지 베이츠는 그 학생들을 안내하고 도움을 주는 역할을 맡았다. 개학 첫날인 9월 2일, 포버스는 아칸소주 주방위군을 호출해 일명 '리틀록 나인Little Rock Nine'이라 불린 아홉 학생의 등교를 막았다. 백인 학생들만 학교에 들어갈 수 있었으며 흑인 학생들은 집으로 돌아가라는 말을 들었다. 하지만 열다섯 살이었던 엘리자베스 엑포드Elizabeth Eckford가 나머지 여덟 명의 학생들과 떨어져 혼자 남고 말았다. 엘리자베스는 흑인 학생들을 죽여버리겠다고 위협하는 군중 사이로 그대로 걸어들어갔다. 어릴 적 나는 엘리자베스가 고래고래 악을 쓰고 일부는 침까지 뱉어대는 백인 시위대를 지나쳐 차분하게 걸어가는 모습을 사진으로 보았다.

데이지는 재빨리 각 학생들을 학교까지 보호해줄 지역 봉사자들을 모집했고 걱정하는 부모들을 매일 다독였다. 데이지는 학생들의 문제를 해결해주는 자문 역할을 하면서 학교측에 연방 법원의 명령을 집행하고 헌법을 준수할 것을 계속해서 촉구했다. 데이지의 집은 운동의 중심이 되었고 이후 미국의 역사기념물National Historic Landmark로 지정되었다. 관리국측이 작성한 설명문에 따르면 "격변의 시기에 베이츠 여사와 리틀록 나인이 보여준 인내심 덕분에 인종분리정책이 철폐되었으며, '짐 크로'법에 따른 과격한 분리정책이 더이상 미국 어디에서도 용납되지 않는다는 강력한 메시지가 남부 전역에 전해졌다".

센트럴 하이스쿨에서 벌어진 소란 때문에 드와이트 데이비드 아이젠하워 대통령은 9월 하순에 아칸소주 주방위군을 연방정부 소속으로 전환해 주지사가 지휘할 수 없도록 했다. 그리고 미군 101 공수사단에서 부대를 파병해 법원의 명령을 집행했다. 한편 리틀록의 경찰들은 데이지를 포함한 NAACP 지도자들을 체포하고 다른 회원들에 대한 정보를 제공하지 않은 혐의로 기소했다. 그러나 데이지와 지도자들은 정보 제공 요구를 거부했다. 그들은 체포와 벌금에 대해 대법원까지 상고했으며 승소 판결을 받았다.

교육계의 선구자들

1976년 한 인터뷰에서 데이지는 리틀록 사건 가운데 자신이 가장 잘한 일은 학생들이 학교에 들어가 1년을 꼬박 다니면서 신체적으로 다치지 않도록 한 것이라고 밝혔다. "이 사건을 계기로 그때까지 흑인들에게 굳게 닫혀 있던 수많은 문이 열리게 됐어요. 왜냐하면 이런 종류의 혁명이 완벽하게 성공한 것은 그때가 처음이었으니까요." 마틴 루서 킹 주니어는 데이지가 학교에서 분리정책을 철폐하는 과정에서 비폭력주의를 고수한 것에 대해 높이 평가했다. 그리고 데이지에게 이렇게 편지를 보냈다. "역사는 당신 편입니다."

하지만 데이지와 남편은 사회운동을 한 대가를 치러야 했다. 〈아칸소 스테이트 프레스〉는 광고 수입이 줄어들면서 결국 1959년 폐간할 수밖에 없었다. 데이지는 뉴욕시로 이주해서 회고록 『리틀록의 긴 그림자 The Long Shadow of Little Rock』를 집필해 수상하기도 했다. 이후에는 워싱턴 D.C.에서 린든 존슨 행정부 기간에 빈곤 퇴치 프로그램들을 마련했다.

데이지는 1965년 아칸소주로 돌아와 몇 년 후 은퇴했다. 남편이 사망한 후 1984년 〈아칸소 스테이트 프레스〉를 재창간했으며 1999년 리틀록에서 사망했다. 나는 아칸소주에서 살 때와 영부인일 때 데이지를 만났다. 데이지는 특히 고향인 아칸소주 젊은이들을 위한 변화를 일으키기 위해 평생 싸웠다. 1997년 9월 25일 빌과 나는 영광스럽게도 리틀록 센트럴 하이스쿨에서 열린 분리정책 폐지 40주년 기념식에서 연설을 했고 그때가 데이지를 본 마지막이었다.

데이지는 배짱 없이는 도저히 할 수 없는 일들을 했다. 사람들이 결국은 옳은 일을 할 것이라고 마음 깊이 믿으며 불의를 증오하기로 한 것이다. 데이지가 세상을 떠나서 무척 슬프지만 데이지의 유산은 계속 이어지고 있다. 바로 작년 리틀록 나인의 이야기가 〈리틀록〉이라는 제목의 실험적인 연극으로 무대에 올랐다. 나와 빌은 리틀록 나인 중 한 명이자 우리의 친구인 어니스트 그린과 함께 공연을 관람했다. 2019년 아칸소 주지사인 아사 허친슨은 미국 국회의사당에 있는 백인우월주의자의 조각상을 데이지 베이츠의 조각상으로 교체하는 안을 승인했다. 이로써 데이지는 교육 분야의 선구자인 메리 매클라우드 베튠과 더불어 주에서 조각상 전시 컬렉션에 합류한 두번째 흑인이 됐다. 공립학교에서 벌어지는 인종차별과 분리정책에 계속해서 맞서며 우리는 데이지의 이야기를 꼭 기억해야 한다.

패치 밍크*Patsy Mink*, 버니스 샌들러*Bernice Sandler*, 이디스 그린*Edith Green*

패치 밍크   버니스 샌들러   이디스 그린

힐러리

믿거나 말거나 나는 고등학생 때 농구를 했다. 학교별 대항전을 하지는 않았지만 우리 학교는 학생이 5,000명이나 되는 제법 큰 학교여서 경기가 꽤 많았다. 하지만 그 당시 여학생들은 농구를 할 때 농구장을 절반만 사용했다. 공격을 하거나 수비를 하거나 둘 중에 하나였다. 그래서 중앙선까지 열심히 뛰어갔다가 이내 멈춰서 다시 반대 방향으로 뛰어야 했다. 당시에는 여자아이들이 경기장 끝에서 끝까지 온전히 달리면 건강에 해롭다고 여겼다.

오늘날 여학생들은 경기장 전체를 누빌 뿐만 아니라 운동경기나 학교에서 뛰어난 실력을 뽐낼 수 있는 기회가 과거 그 어느 때보다 많다. 이것은 모두 '타이틀 나인Title IX' 덕분이다. 그리고 타이틀 나인은 이 세명의 여성들이 없었다면 이 세상에 없었을 것이다. 이 세 여성은 눈앞에 첩첩이 닫혀 있던 문들을 발로 뻥 차서 활짝 열었다.

패치 밍크는 1927년 마우이섬에서 태어났다. 패치의 조부모는 일본에서 하와이로 이민을 와 사탕수수 농장에서 일했다. 아버지가 프랭클린 델라노 루스벨트를 존경해서 패치는 뒤뜰의 망고나무 아래에 앉아 라디오에서 흘러나오는 대통령의 노변담화를 듣고는 했다. 패치도 마우이 하이스쿨에서 농구를 했지만 물론 경기장 전체를 뛰는 것은 꿈도 꿀 수 없었다.

"미국에서는 그 누구도 성별 때문에 연방정부의 지원을 받는 교육 프로그램이나 활동에서 제외되거나, 혜택을 거절당하거나, 차별을 받아서는 안 된다."

- 1972년 개정교육법 타이틀 나인

일본이 1941년 진주만을 공격한 뒤 지역 당국은 유력 일본계 미국인들을 체포해 구금하고 심문하기 시작했다. 토목기사였던 패치의 아버지는 한밤중에 끌려갔다. 다음날 집으로 돌아오기는 했지만 이 일로 패치의 가족에게 어두운 그림자가 드리웠다. 1942년부터 1945년까지 10만 명이 넘는 일본계 미국인이 포로수용소에 갇혔다. 패치는 아버지가 일본 물건들을 태우던 모습을 결코 잊을 수 없었다. "그때의 경험 때문에 나는 시민권과 미국 헌법의 보장을 당연한 것으로 받아들일 수 없게 됐어요."

고등학교 3학년 때 패치는 학교 역사상 최초로 여자 총학생회장이 됐다. 그때를 시작으로 평생 '최초'라는 수식어를 쌓아가기 시작했다. 졸업생 대표로 고등학교를 졸업한 뒤에는 1948년 하와이대학교를 졸업하고 의과대학에 진학하기로 마음먹었다. 패치는 다른 학생들에 뒤지지 않을 정도로 자격이 뛰어났지만 열두 곳이 넘는 학교에서 불합격을 통보받았다. "내 인생에서 가장 처절하게 실망스러웠던 때였어요." 패치는 그 당시를 이렇게 회상했다. 그후 법학전문대학원에 진학하기로 결정했고 시카고대학에 합격한 단 두 명의 여자 신입생 가운데 한 명이 됐다. 그런데 나중에 자신이 실수로 입학 허가를 받았다는 사실을 발견했다. 하와이는 미국의 영토인데도 자신이 '국제 학생'으로 분류된 것이다. 졸업 후 패치는 다시 고향으로 돌아왔고 하와이에서 변호사 자격시험을 보려면 하와이 거주민이어야만 한다는 사실을 알게 됐다. 패치는 하와이에서 태어나고 자라긴 했지만 패치의 남편은 아니었기 때문에 결혼을 하자 엉뚱하게도 패치가 비거주민이 되어버린 것이다. 패치는 시험을 볼 권리를 되찾기 위해 싸웠고 결국 이겼다.

그러나 취직을 위한 면접은 또다른 장애물이었다. 패치는 연거푸 탈락했고 집에서 어린 딸이나 돌보라는 말까지 들었다. 크게 낙심한 패치는 결국 개인 사무소를 차리기로 결심했다. 첫번째 사건을 해결한 수임료로 받은 것은 생선 한 마리였다. 패치는 공직에 출마할 생각은 전혀 없었지만 오직 엄마라는 이유로 취업에 실패하는 수모를 겪으며 인생관이 바뀌었다. 그녀는 제일 먼저 하와이주 의회에 입성하는 데 성공했는데 당시에 집집마다 방문해서 유권자들과 대화를 나누는 방법으로 선거운동을 했다. 오늘날에는 '구식'이라 불릴 만한 방식인데 사실 당시에도 많은 정치인들이 대부분은 정치 가문에서 태어나고 자랐기 때문에 그런 전략은 거의 사용하지 않았다. 패치는 결국 미국 연방의회에 도전해 성공하면서 1964년 의회에 선출된 열세 명의 여성 중 한 명이 됐다.

하원의원이 되어 미국 정치에 뛰어든 패치는 전형적인 성차별주의자와 인종차별주의자들로부터 집중포화를 당했다. 오늘날에도 너무나 익숙한 광경이다. 언론들은 패치를 '왜소하고' '이국적'이라고 묘사했으며 일 때문에 아이를 내팽개쳤다고 비난했다. 패치는 정면승부를 택했다. 한 기자가 주부와 하원의원으로서의 삶을 어떻게 조율하는지 묻자 패치는 침착하게 이렇게 대답했다. "그렇게 불쾌한 질문은 난생처음이네요. 남성 의원들에게 '가족들은 어때요?'라고 물어보는 사람은 한 번도 못 봤어요."

패치는 하원에서 자신이 하와이 주민들뿐만 아니라 미국의 여성들도 대표하고 있다고 여겼다. 수는 적지만 강력한 동료 여성 의원들과 함께 하원 체력 단련장에 여성 출입을 금지하는 데에 항의했다(이후 패치는 자신이 진짜 원했던 것은 수영장을 사용하는 것이었다고 설명했다. 당시 남성 의원들은 수영장에서 발가벗고 수영을 즐겼다. "민주적 절차에 따라서 수영복을 입으라고 요구하는 것이 그렇게 무리인가요?" 패치가 물었다). 패치는 최초로 연방 아동복지 법안을 제출했을 뿐만 아니라 이중 언어 교육, 학생 대출, 특수 교육, 헤드 스타트Head Start(취학 전 빈곤 아동 교육 프로그램—옮긴이)를 지원하는 법안을 마련했다. 또한 여성의 권리와 시민의 권리 그리고 환경 보호를 공개적으로 주장했으며 베트남전 참전에 반대했다.

패치는 옳다고 해서 꼭 인기를 끄는 것은 아니라는 사실을 경험을 통해 배웠다. 미 상원의원 선거, 하와이 주지사 선거, 호놀룰루 시장 선거 심지어 미국 대통령 선거까지 많은 선거에 출마했다가 패배했다. 하지만 공직에서 일하겠다고 단단히 결심한 패치는 호놀룰루 시의원으로 일한

"여성들에게는 미국의 미래를 설계하고 역사의 흐름에 영향을 미칠 정책들을 결정할 엄청난 책임이 있다."

– 패치 밍크

교육계의 선구자들

뒤 주지사와 시장에 출마했고 1990년 의원으로 재당선됐다. 패치의 원동력은 정부가 사람들의 삶을 더 낫게 만들 수 있고 꼭 그렇게 해야만 한다는 믿음이었다. 패치가 이룬 수많은 업적 중에 아마 가장 잘 알려진 것은 타이틀 나인을 작성한 주요 입안자들 중 한 명이라는 사실일 것이다.

'버니'라는 애칭을 가진 버니스 샌들러는 패치 밍크가 태어난 다음해에 브루클린에서 태어났다. 패치 밍크와 마찬가지로 버니스도 자라면서 주변 사람들로부터 여자아이가 해야 할 것과 해서는 안 될 것들에 대해 귀가 닳도록 이야기를 들었다. 하도 익숙해진 나머지 그 말 때문에 화가 난다거나 불공평하다는 생각도 들지 않았다고 한다. 일자리를 찾기 시작하기 전까지는 말이다. 버니스는 교육학 박사과정을 밟는 동안 메릴랜드 대학에서 시간강사로 일했다. 하지만 학위를 취득한 다음에도 해당 부서에 여섯이나 되는 종신 교수직 자리 중 한 자리도 받지 못할 것이라는 통보를 받았다. 도저히 이해할 수 없었던 버니스는 어느 교수에게 그 이유를 물었고, 되돌아온 대답은 버니스의 마음에 박혀 평생 지워지지 않았다. "솔직히 말해서 자네는 여자치고는 너무 드세."

너무 직설적인 말이라 웃어넘길 수도 있었지만 버니스는 웃지 않았다. "집에 와서 울었어요." 그리고 교실이나 학과 회의에서 자신이 공개적으로 말했던 모든 시간들을 떠올려봤다. 그후 몇 달간 버니스는 비슷한 탈락을 연거푸 맛보았다. 어느 연구위원은 여자들은 아이들이 아프면 일을 하러 나올 수가 없으니까 자신은 절대로 여자를 고용하지 않는다고 한 시간에 걸쳐 구구절절 설명했다. 취업 업체의 전문가는 이력서를 쓱 훑어보더니 버니스에게 "진정한 전문직은 아니고", "그저 학교로 돌아간 주부"일 뿐이라고 말했다.

버니스는 남편이 어느 단어를 말하기 전까지 자신에게 일어나는 일들을 지칭하는 용어가 있는지도 몰랐다. 그 단어는 바로 '성차별'이었다. 버니스는 자료들을 찾아보기 시작했다. 그러던 어느 날 인종차별 금지 법안들의 영향력에 대한 보고서를 읽다가 존슨 대통령이 연방정부와 계약하는 업체들에게 인종, 피부색, 종교 혹은 출신국가에 따른 차별을 금지하는 행정명령을 내렸다는 사실을 발견했다. 거기에는 주석도 달려 있었는데, 행정명령은 성별에 따른 차별도 금지하도록 개정되었다는 내용이었다.

"혼자 있었는데 그 자료를 보자마자 환호를 질렀어요. 대부분의 대학들은 연방정부와 계약을 맺고 있었기에 성별 때문에 차별을 해서는 안 된다고 연관을 지었어요." 버니스는 전국적인 캠페인도 시작했다. 1970년 버니스는 고등교육을 받은 여성들을 대표해 미국 내 모든 대학을 대상으로 집단 소송을 제기했다. 그리고 80쪽이나 되는 증거자료를 모았다. 그 당시 많은 대학이 여성들에게 더 높은 입학 기준을 요구하거나 입학 정원에 제한을 두고 있었다. 예를 들어 코넬대 수의학과는 지원자의 수와 상관없이 1년에 단 두 명의 여성만 입학시켰다. 어떤 대학들은 아예 여성을 받지 않았다. 여학생들에게는 통금이 있었지만 남학생들은 얼마든지 늦게까지 외출할 수 있었다. 당시에는 이 모든 것들이 온전히 합법적이었다.

버니스의 요청에 따라 오리건주의 하원의원 이디스 그린이 여성 고용과 교육에 대한 의회 청문회를 최초로 열었다. 이디스는 과학을 좋아한 젊은 시절, 여성이라는 이유로 전기기사의 꿈을 단념할 수밖에 없었다. 경제적인 어려움 때문에 이디스는 대학을 중퇴한 적이 있었기에(결국 돌아가서 학위과정을 마쳤다) 누구나 교육을 받을 수 있도록 하려고 애썼다. 특히 이디스가 과거에 교사로 일한 경험과 교육에 대한 열정 때문에 동료들은 이디스에게 '교육 여사'나 '고등 교육의 어머니'라는 애칭을 붙여줬다. 청문회를 시작하면서 이디스는 단도직입적으로 이렇게 말했다. "스스로를 속이지 맙시다. 지금까지 교육기관들은 조금도 민주주의를 수호하지 못했습니다."

"여자는 그 일을 할 수 있다고 증명하기 위해 남자보다 두 배나 더 열심히 일해야 한다."

— 이디스 그린

그후 일주일간 여성 하원의원들은 자신들이 경험한 차별에 대해서 증언했다. 이후 패치 밍크와 이디스 그린 하원의원의 도움으로 타이틀 나인의 초안이 완성되어 통과됐으며 1972년 닉슨 대통령이 입법을 승인했다. 이로써 남성과 여성은 동등한 교육 기회를 가질 수 있게 됐다. 법이 집행되기까지 거의 5년이라는 시간이 걸렸다. 그 과정에서 패치와 이디스는 타이틀 나인 때문에 학교들이 남녀공용 탈의실을 만들고 남학생과 여학생 수를 동일하게 입학시키게 될 거라고 불만을 쏟아내는 대학 행정담당관들과 동료 의원들과 대결해야 했다. 법안이 통과된 뒤 이디스는 이렇게 중얼거렸다. "얼마 만에 이렇게 기쁜 건지 모르겠네. 정말 오랫동안 애썼고 지독하게 힘든 싸움이었어."

거의 50년이 지난 지금까지 타이틀 나인은 여성들이 교육받을 기회를 획기적으로 바꾸어놓았다. 1972년에는 전체 로스쿨 학생의 9퍼센트가 여성이었지만 오늘날에는 여학생이 전체의 절반 이상을 차지한다. 또한 타이틀 나인이 통과된 이후로 고등학교에서 운동에 참여하는 여학생의 수가 아홉 배 넘게 증가했다. 그전까지만 해도 미국 내 고등학교에서 축구를 하는 여학생은 겨우 700명에 불과했다. 하지만 이제 그 수는 39만 명이 넘는다. 미국 여자 축구팀이 월드컵에서 네 번이나 우승할 수 있도록 열렬히 응원한 사람들은 전부 타이틀 나인에 감사해야 할 것이다. 그리고 타이틀 나인 덕분에 세계의 축구도 발전할 수 있었다. 2019년 여자 월드컵에 출전한 영국, 칠레, 자메이카, 뉴질랜드, 나이지리아, 스코틀랜드, 스페인, 태국, 캐나다 대표단에는 미국에서 훈련받은 선수들이 포함되어 있었다. 공정한 대우를 받기 위한 투쟁은 지금도 계속 진행중이다. 미국 여자 축구팀 선수들은 월드컵에서 우승한 상금으로 각각 25만 달러(한화로 약 2억 8,000만 원—옮긴이)를 받는다. 반면 남자 선수들은 각각 110만 달러(약 12억 2,000만 원—옮긴이)를 받는다. 결승이 끝나고 경기장에는 최고의 구호가 터져나왔다. 내용은 분명했다. "동일 임금! 동일 임금!"

첼시

엄마! 농구장을 반만 사용하던 시절에 비하니까 확실히 많이 발전했네! 난 어렸을 적에 엘리자베스네 집 마당에서 같이 100번도 넘게 농구를 하고 계속해서 지는 바람에 마침내 내가 농구에 재능이 없다는 사실을 받아들였어. 하지만 그것과는 상관없이 미국여자프로농구WNBA 선수들한테 열광했지. 내가 고등학교 2학년이던 1996년 4월에 미국프로농구협회NBA가 그다음해에 WNBA를 시작한다고 발표했잖아. 리사 레슬리Lisa Leslie, 레베카 로보Rebecca Lobo, 셰릴 스웁스Sheryl Swoopes 선수가 기자회견에 참석했지. 놀라울 정도로 재능이 뛰어난 이 세 선수들은 대학시절에도 상을 수없이 탔고 그해 열린 애틀랜타올림픽에도 대표선수로 참가했어. 새롭게 WNBA 시즌이 열리기 한 달도 채 남지 않은 상태에서 로보는 연속 100경기 우승을 이룬 최초의 선수가 됐고 102번째 기록까지 세웠지. 나는 로보가 스포츠 기자 스티브 러쉰한테 가서 〈스포츠 일러스트레이티드〉에 여자 농구를 비웃는 글을 왜 썼는지 물었을 때를 생각하면 지금도 통쾌해(러쉰은 여성 프로농구 경기를 보다가 코까지 골며 잠이 들었다며, 하룻밤에 7,138명의 여성들과 잠자리를 함께한 셈이라고 '농담'을 했지). 레베카는 매디슨 스퀘어 가든에는 15,000명의 팬들이 모여 있었다고 그의 말을 정정했고, 결국 러쉰은 사실 경기장에 가지 않았다고 시인했어. 레베카는 러쉰을 뉴욕 리버티 경기에 초대했고 러쉰은 초대를 받아들였지. 그리고 2년도 안 되어 그 둘은 결혼에 골인했어.

아직도 우리가 할 일은 산더미같이 쌓여 있다. 여자 스포츠는 여전히 언론에 거의 보도되지 않는다. 참여가 늘어나긴 했지만 아직도 너무 많은 소녀들, 특히 유색인종, 이민자 가정 출신, 장애아동, 저소득층 소녀들이 소외되어 있다. 그리고 경쟁할 기회가 있다고는 해도 많은 여자 선수들이 대부분 남자 선수들에 비해 훨씬 적은 연봉을 받거나 행동에 이중잣대를 적용당하며 시달리고 있다. 특히 유색인종인 여성들에게는 더욱 가혹하다. 세리나 윌리엄스만 봐도 분명하지 않은가. 하지만 타이틀 나인과 이를 만들어낸 '대모들'이 승리한 덕분에 여성의 힘은 극복해야 할 결점이 아니라 키워내야 할 자산이라는 사실을 우리는 깨달았다.

루비 브리지스 홀

Ruby Bridges Hall

힐러리

1960년 루비 브리지스는 겨우 여섯 살이었다. 당시 루비는 연방 보안관들의 보호를 받으며 증오로 가득차 분노하는 백인 시위대 무리를 지나쳐 뉴올리언스에 위치한 윌리엄프란츠초등학교로 걸어들어갔다. 루비는 최초이자 다음해까지도 단 한 명뿐인 흑인 학생이었다.

루비는 미시시피주의 타일러타운에서 태어났다. 같은 해 대법원은 브라운대 교육위원회 사건에서 인종을 분리하는 학교들은 위헌이라고 판결을 내렸다. 루비의 가족은 1958년 뉴올리언스로 이사를 왔고 루비는 분리주의 정책을 적용하는 학교에 다녔다. 그러다 연방법원이 뉴올리언스의 학교들에 분리주의를 철폐하라고 명령하자 지역 당국은 흑인 학생들이 백인 학교에 들어오지 못하도록 '시험'을 고안해냈고, 루비는 그 시험을 통과한 여섯 명의 학생 중 한 명이었다. 루비의 어머니는 지금껏 백인 학생들만 다니던 윌리엄프란츠초등학교에 다닐 수 있게 된 기회를 잘 이용하라고 루비에게 용기를 심어주었다. 아버지가 힘에 부칠 수도 있다고 주의를 주었지만 루비는 포근한 11월의 어느 날 새 학교에 모습을 드러냈다. 이미 개학하고도 한 달이 지나서야 등교한 이유는 학교 내 분리주의 정책을 유지하려고 주의회가 끝까지 버텼기 때문이다.

여러 현대사 책에 자주 등장하는 루비의 사진은 흑백이라 훨씬 더 오래된 것처럼 보인다. 단정히 원피스를 차려입고 책가방을 들고 있는 자그마한 소녀가 고개를 높이 든 채 정장 차림의 남자 어른들에 둘러싸여 학교 계단을 내려오고 있다. 카메라 렌즈 밖에는 백인 어른들과 아이들이 야유를 보내며 '통합 반대', '크리스마스 선물로 깔끔한 백인 학교를 주세요'라고 쓰인 팻말을 들고 시위하고 있었다. 루비는 첫날 다른 학생들과 수업을 듣는 대신 대부분의 시간을 교장실에서 어머니와 함께 있어야 했다. 복도까지 난리통이라 교실까지 도저히 갈 수가 없었다. 화가 노먼 록웰Norman Rockwell은 이후 자신의 그림 〈우리 모두가 안고 살아가는 문제The Problem We All Live With〉에 당시 상황을 그렸고, 이 그림은 민권운동에서 상징적인 이미지가 되었다.

그다음해가 될 때까지도 그다지 녹록지 않은 시간들이었다. 흑백 통합에 반대하는 시위는 도시 전역에서 계속됐고, 루비의 아버지는 결국 직업을 잃었다. 분노한 분리주의자들은 계속해서 루비의 학교에 나타나 어떻게든 루비를 쫓아내려고 했지만 성공하지 못했다. 루비의 어머니는 동네 가게들에서 쫓겨났고 조부모는 땅을 잃었다. 그러나 루비는 당연히 누려야 하는 교육을 받겠다고 여전히 굳게 마음먹었다. 단 한 명의 선생님만 루비를 가르치겠다고 나섰다. 학교들이 인종을 통합하도록 도울 수 있으리라는 희망을 품고 보스턴에서 온 바버라 헨리였다. 그들은 교실에서 단둘이 공부했다.

첼시

결국 시위는 점차 잦아들었다. 이후 다른 흑인 학생들이 윌리엄 프란츠초등학교에 입학했다. 루비는 같은 지역에서 분리정책을 철폐한 고등학교를 졸업했다. 그리고 여행사 직원으로 일하면서 교실 안팎에서의 인종적 평등을 계속해서 주장했다. 루비는 하버드대학의 소아정신과 전문의 로버트 콜스와 연락을 하면서 지냈다. 콜스는 1960년부터 루비를 상담해주고 있었다. 둘 사이의 대화에서 영감을 얻은 콜스는 1995년 어린이들을 위한 책 『용기 있는 어린이 루비 브리지스*The Story of Ruby Bridges*』를 썼다. 4년 후인 1999년 루비는 자신의 회고록 『까만 얼굴의 루비*Through My Eyes*』를 출간했고 루비 브리지스 재단을 설립해 지역 봉사활동을 통해서 학교 내 인종차별을 철폐하기 위해 노력했다. 루비는 남편과 뉴올리언스에서 네 명의 자녀를 키웠고 여전히 뉴올리언스에 살고 있다. 그리고 윌리엄프란츠초등학교 앞에는 루비의 조각상이 서 있다.

나는 리틀록에서 호러스맨중학교를 다닐 때 처음으로 루비 브리지스에 대해 배웠다. 호러스 맨은 이전에는 흑인 고등학교였다. 어니스트 그린을 비롯한 용감한 리틀록 나인 학생들은 1957년 리틀록 센트럴 하이스쿨로 통합되기 전까지 이 학교를 다녔다. 우리 선생님들은 학교의 역사를 중요하게 여겼고 우리에게 아칸소주와 미국 전역의 분리주의 철폐에 대해서 가르쳐주었다. 하지만 얼마나 많은 학교들이 여전히 얼마나 분리되어 있는지, 그리고 거주지 차별의 한 형태인 화이트 플라이트white flight(백인 중산층의 교외 이주 — 옮긴이)나 레드라이닝redlining(주로 흑인이 사는 빈곤층 거주 지역에 대출 등 금융 서비스를 배제하는 행위 — 옮긴이)같이 인종차별주의자들이 벌인 일들이 어떤 결과를 낳았는지에 대해서는 아쉽게도 가르쳐주지 않았다. 이 같은 부당함을 해결하기 위해서는 헌신적인 연구와 재원이 필요하다. 또한 연방과 지역 정부 차원에서 정책 입안과 실행을 통해 학교 입학, 교육과정, 규율부터 거주지와 교통에 이르기까지 모든 것을 다뤄야 한다. 많은 이들이 지적했듯 우리가 선출한 지도자들이 진정으로 통합된 훌륭한 학교를 만들겠다는 정치적인 의지를 가지는 것도 무엇보다 중요하다.

2001년, 나의 아버지는 루비에게 대통령 모범시민상Presidential Citizens Medal을 수여했다. 그 당시에도 겨우 40대로 여전히 젊고 다정한 루비를 보며 나는 과거 그렇게 어린 아이에게 우리가 얼마나 많은 것을 요구했었는가 하는 생각이 들었다. 우리는 루비가 교육을 받을 자신의 권리뿐만 아니라 미국에 살고 있는 수백만 흑인의 권리를 위해 당당하게 버텨주길 바랐다. 수십 년이 지난 뒤에도 루비는 사랑의 힘은 강력하며 사람에게는 긍정적인 변화를 만들어낼 능력이 있다고 여전히 믿었다. 루비는 이렇게 말했다. "이제 저는 우리가 어떤 경험을 하는 데는 다 이유가 있다는 사실을 알게 됐어요. 그리고 우리 안의 영혼이 이끄는 대로 따라가다보면 그게 다 좋은 이유라는 것을 아마 알게 될 거예요."

말랄라 유사프자이

Malala Yousafzai

힐러리와 첼시

말랄라 유사프자이라는 이름을 처음 들은 순간부터 말랄라의 이야기는 우리의 기억에 또렷하게 남았다. 파키스탄 출신의 이 젊은 여성은 소녀들도 학교에 갈 자격이 있다고 믿는다는 이유로 2012년 탈레반이 쏜 총에 머리를 맞았다. 총상에서 목숨을 건진 후 말랄라는 다시 학교로 돌아가 고등학교를 졸업하고 대학에 진학했다. 그리고 계속해서 교육이 전 세계 소녀들의 삶을 바꿀 수 있다고 주장해왔다.

말랄라의 아버지인 지아우딘 유사프자이는 딸을 용감하고 단단하게 키웠다. 지아우딘은 학식이 있었기 때문에 가족들과 파키스탄을 떠날 수도 있었지만, 오히려 자신의 지식을 활용해 북서 파키스탄에 위치한 스와트벨리의 지역사회를 발전시켰다. 그 지역의 탈레반은 소녀들이 교육받는 것을 금지했지만 지아우딘은 여성을 교육하는 일이 중요하다 믿고 여학교를 설립했다. 말랄라도 그 학교의 학생 중 한 명이었다.

말랄라는 두 살 반이 됐을 무렵부터 열 살짜리 언니들과 함께 교실에 앉아 있었다. 언니들을 따라하며 내내 즐거웠다. 읽는 법을 배우기 시작한 순간부터는 책과 사랑에 빠졌다. 『해리 포터』를 책가방에 넣고 다녔으며 전 파키스탄 총리이자 현대사에서 이슬람 국가를 지도한 최초의 여성 베나지르 부토 Benazir Bhutto와 버락 오바마의 자서전을 읽었다. 말랄라는 제일 좋아하는 책 『연금술사The Alchemist』의 한 구절을 자주 인용하고는 했다. "무언가를 간절히 원하면 그 소망이 이뤄지도록 온 우주가 도와준다."

탈레반이 수년 전 아프가니스탄에서처럼 파키스탄 학교들을 폐쇄하기 시작했을 때 말랄라의 아버지는 계속해서 공개적으로 반대했다. 당시 어렸던 말랄라도 자신 역시 다른 사람들처럼 손에 연필을 쥐고 공부하며 꿈과 의견을 표현하는 법을 배울 권리가 있다고 말하며 반대의 뜻을 밝히기 시작했다. 말랄라는 아버지와 함께 시위에 나갔고 한번은 지역 언론사 기자에게 달려가 그의 쇼에 출연하고 싶다고 말하기도 했다. "제가 바라는 건 공부하는 것밖에 없어요. 그리고 전 누구도 두렵지 않아요." 말랄라가 청중에게 말했다. 열한 살 때는 '탈레반이 감히 어떻게 내가 교육

"그들은 총알로 우리 입을 다물게 할 수 있다고 생각했지만 실패했어요. 그러자 정적을 깨고 수많은 목소리가 터져나왔어요. 유약함, 공포, 절망은 죽었어요. 강인함, 힘 그리고 용기가 태어난 거죠."

– 말랄라 유사프자이

받을 기본적인 권리를 뺏어갈 수 있나'라는 제목으로 언론 앞에서 연설을 했다. 또한 익명으로 BBC 파키스탄어 사이트에 탈레반 치하의 삶에 대해 글을 썼다. 이후 테드 토크TED Talk에서 말랄라의 아버지는 이렇게 말했다. "저한테 뭘 했느냐고 묻지 말고 무엇을 하지 않았는지 물어보세요. 전 말랄라의 날개를 꺾지 않았을 뿐이에요."

탈레반은 말랄라의 아버지가 무척 용감한 탓에 학교를 폐쇄할 수 없고 말랄라가 자신의 의견을 당당하게 표현하는 법을 배웠던 탓에 침묵시킬 수 없자, 말랄라의 통학버스에 올라타 말랄라를 죽이려고 했다. 총격 후 9개월이 흐른 다음 여전히 부상에서 회복중이던 말랄라는 학교로 돌아왔고 UN에서 연설을 했다. 힘을 얻고 행운을 불러오기 위해 베나지르 부토가 입었던 숄도 걸쳤다. 그날은 말랄라의 열여섯번째 생일이었다. 말랄라가 연설하는 모습을 가족들은 청중석에서 자랑스럽게 바라보았다.

오늘날 말랄라 재단은 전 세계 여학생들의 교육을 지원하기 위해 기금을 모으고 있다. 말랄라는 옥스퍼드대학교에 재학중이고 학업과 일의 균형을 잡는 법을 배우고 있다. 가끔은 친구들과 너무 늦게까지 수다를 떨거나, 학교에 가지 못하는 전 세계 1억 3,000만 명의 소녀들의 권리를 위해 싸우다가 당장 다음날까지 내야 하는 숙제를 전날 밤에야 하기도 한다. 말랄라는 목표를 이루기에 지금이 그 어느 때보다 적절한 시기라고 믿는다. 그래서 〈보그〉에 기고한 글에서 이렇게 썼다. "이제 우리는 어디에 가든 페미니스트 티셔츠와 해시태그를 볼 수 있다. '미래는 여성이다', '걸 파워', '누가 세상을 지배하는가?' 하지만 진정 그렇게 믿는다면 우리는 이 싸움의 최전방에서 싸우고 있는 소녀들을 지원해야 한다. 여러분이 페미니스트든 경제학자든, 아니면 그저 더 나은 세상에 살고 싶은 사람이든 상관없이 모든 소녀가 학교에 갈 수 있기를 바라야 한다."

교육계의 선구자들

말랄라는 특유의 낙천적이고 확신에 찬 문장으로 마무리했다. "만약 한 소녀가 교육을 받고 세상을 바꿀 수 있다면 1억 3,000만 명 학생들이 할 수 있는 일을 상상해보길 바란다." 말랄라가 온 세상의 소녀들을 위해 싸우는 새로운 방법을 계속해서 찾을 수 있다면 우리도 할 수 있다.

지구 지킴이들

EARTH DEFENDERS

마저리 스톤맨 더글러스

Marjory Stoneman Douglas

첼시

마저리 스톤맨 더글러스는 열여섯 살에 처음으로 자신의 글을 출판했고 그후로 끊임없이 글을 썼다. 부모가 이혼한 후, 마저리는 바이올린 연주자였던 어머니의 병간호를 하며 학업을 이어나갔다. 우리 엄마처럼 마저리도 웰슬리칼리지에 진학했고 특히 여성참정권운동에 뛰어들어 교내에서 활발하게 활동했다. 하지만 우리 엄마와는 달리 마저리는 완벽한 학점을 받고 졸업했다!

마저리는 20대 중반에 어머니가 돌아가시고 이혼을 경험한 뒤 1915년 아버지를 따라 플로리다로 이주했다(마저리의 전남편은 그의 전부인과 공식적으로 이혼한 상태였는지 확실치 않으며 마저리와 결혼한 뒤 얼마 지나지 않아 부도수표를 발행한 죄로 감옥에 들어갔다. "결혼생활과 뉴잉글랜드에서 지냈던 모든 과거를 지워버리는 데 아쉬움은 눈곱만큼도 없었다"고 이후 마저리가 말했다). 당시에는 작은 마을이었던 마이애미에서 마저리의 아버지는 신문을 창간했는데 이 신문은 이후 〈마이애미 헤럴드〉가 되었다. 마저리는 처음에는 사회면에 기사를 썼고 이내 여성의 권리나 민권, 자연 등 다양한 주제를 다루기 시작했다. 특히 북미 대륙의 유일한 아열대 보호구인 플로리다 에버글레이즈에 대한 기사를 썼는데 1910년대 당시에는 대체적으로 에버글레이즈는 특별하지 않다고 여겨졌다. 하지만 마저리는 그렇지 않다고 사람들을 설득했다.

마저리는 자신의 일을 사랑했고 자신의 조국을 진심으로 아꼈다. 이듬해 마저리는 해군 예비대와 적십자에 지원해 제1차세계대전의 전쟁 난민들을 돌보았다. 전쟁이 끝난 뒤에는 프리랜서로 신문과 다른 출판물에도 글을 썼다. 공중보건, 도시 계획, 여성참정권, 민권, 금주법 관련 문제들을 지적했고 수필과 희곡, 책을 쓰기도 했다. 1940년대 초, 마저리는 인생의 남은 절반을 함께할 일을 찾았다. 바로 에버글레이즈를 기념하고 보존하는 일이었다. 플로리다 주민들에게 에버글레이즈가 얼마나 특별한지 알리겠다고 더욱 단단히 마음먹은 것이다. 마저리는 플로리다 주민들이 무엇이 위태로운지 모르고 있어서 걱정했다. 그것은 바로 생존을 위해 꼭 필요한 생태계와 모두의 건강이었다. 오늘날 플로리다 주민 세 명중 한 명은 에버글레이즈에서 나오는 물을 식수로 삼는다.

2018년 여름, 나는 마저리의 책 『에버글레이즈*The Everglades: River of Grass*』를 읽었다. 이 책은 에버글레이즈가 국립공원으로 지정되어 문을 연 해인 1947년에 출간됐다. 마저리는 에버글레이즈가 늪이 아니라 강이라고 주장했다. 그리고 수많은 동식물이 살고 있는 에버글레이즈의 천혜의 환경은 보호받아야 한다는 것을 입증했다. 이 책에는 에버글레이즈에 대한 5년 동안의 광범위한 연구와 보도를 바탕으로 쓴 수려한 글과 그림이 실려 있다.

힐러리

나는 모교인 웰슬리칼리지를 통해서 처음 마저리에 대해서 알게 됐어. 마저리는 졸업생 대표 웅변가라고 불렸다는데 이제 보니 딱 맞는 별명이었네! 나는 마저리를 만나보고 싶었어. 그래서 1992년 1월에 마이애미를 방문했을 때 코코넛 그로브 지역에 있는 마저리의 집을 방문했어. 오후 늦게 도착해서 마침내 '글레이즈의 할머니'를 만났지. 당시에 마저리는 무려 백한 살이었어. 만나자마자 마저리는 오후 다섯시가 되면 항상 스카치를 한 잔 마신다면서 같이 마시자고 권했어. 그래서 나도 함께 마셨지.

1993년 빌은 마저리가 환경보전을 위해 활동한 공로를 인정해서 대통령 자유 훈장을 수여했어. 마저리는 직접 훈장을 받고 싶어했어. 참석하는 길이 아무리 힘들더라도 말이야. 그래서 우리는 하루 전날 마저리를 백악관으로 초대해 쉬면서 수상식을 준비할 수 있도록 했어. 나는 103세였던 마저리가 백악관에서 보낸 하룻밤을 절대 잊을 수 없을 거야! 아마 지금까지 백악관에서 묵었던 사람 중 가장 나이가 많았을 거야. 나는 늘 마저리의 이름을 가진 학교에 다니는 학생들이 그녀를 본받으며 더 안전하고 나은 미국을 만들기 위해 각자의 역할을 하는 게 정말 잘 어울린다고 생각해왔어. 마저리

마저리는 『에버글레이즈』를 출간한 뒤에도 활동을 멈추지 않았다. 오히려 그 반대였다. 계속해서 플로리다주의 습지들을 보호하기 위해 개발업자, 산업화된 농장, 그리고 미국 육군 공병과 맞서면서 일했다. 나는 마저리의 직설적인 화법과 간단명료한 접근법이 오늘날에도 와닿을 거라고 생각한다. 두둑한 배짱도 마찬가지다. 언젠가 마저리는 한 인터뷰에서 인간과 자연의 상호과정과 긴장감은 "인간의 지성과 멍청함 간의 치열한 싸움이다. 하지만 나는 결국 멍청함이 진다고 장담할 수가 없다"고 말했다.

하지만 마저리는 결국은 우리가 자연과 우리 자신을 위해 옳은 일을 하리라고 굳게 믿었다. 그렇지 않았다면 그렇게 쉼없이 일하지 않았을 것이다. 우리는 대재앙에 가까운 지구온난화와 그 영향을 막을 수 있는 변곡점으로 달려가고 있다. 우리가 다가오는 환경 재앙의 영향을 완화시키는 데 성공할 수 있을지는 천연자원을 어떻게 다루느냐에 달려 있을 것이다. 마저리는 108년이라는 시간 동안 이 사실을 이해하고 있었다.

> "나는 낙관론자도 아니고 비관론자도 아니다. 이 일을 꼭 해야 한다고 말할 뿐이다."
>
> - 마저리 스톤맨 더글러스

레이철 카슨
Rachel Carson

힐러리

　어떤 이들은 현대 미국의 환경운동이 1966년에 시작됐다고 본다. 그해 추수감사절 기간 동안 뉴욕시에 내려앉은 유독성 스모그 때문에 150명이 넘는 사람이 사망했다. 혹은 1969년에 시작됐다고 주장하는 사람들도 있다. 산타 바버라에 원유 유출 사고가 일어나 캘리포니아 남부 해변을 새카맣게 뒤덮어버린 해이다. 미국 역사상 세번째로 큰 원유 유출 사고였다. 같은 해 클리블랜드의 쿠야호가강에서 일어났던 화재를 환경운동의 시작점으로 꼽는 사람들도 있다. 쿠야호가강은 오염물과 기름기 있는 산업폐기물로 막혀 있다가 불이 붙었다. 하지만 신문에 이런 재앙들이 떠들썩하게 오르내리기 전에 이미 책 한 권이 있었고 그 책을 쓴 여성이 있었다.

1907년에 태어난 레이철 카슨은 펜실베이니아주에서 가족들이 운영하는 자그마한 농장에서 자랐다. 레이철은 어렸을 적부터 작가가 되겠다는 꿈을 가지고 있었다. 그래서 열한 살이 되던 해 첫번째 단편 소설을 출간했다. 어린 시절에는 농장 주변의 초원과 과수원, 숲을 탐험하면서 보냈고, 비록 바다에서 멀리 떨어진 곳에 살기는 했지만 바다를 상상하고 마음속에 그려보기도 했다.

레이철은 열렬한 독서광이었고 고등학교를 수석으로 졸업한 뒤 피츠버그에 위치한 펜실베이니아여자대학교(현 채텀대학교)에 입학했다. 처음에는 영어를 전공했지만 이내 생물학으로 전과했다. 그리고 여름 동안 매사추세츠주의 우즈 홀로 연구 활동을 떠났다가 마침내 바다를 보게 됐다.

레이철은 존스홉킨스대학에서 동물학으로 석사학위를 받았지만 대공황 동안 아버지가 갑작스레 돌아가시자 박사학위를 받기 직전에 학업을 그만뒀다. 그 당시 레이철은 실험실 조교를 해서 받는 돈으로 부모와 언니 그리고 언니의 두 딸까지 부양하던 상태였다. 가족 중 유일하게 돈을 버는 가장이 된 레이철은 미국 연방 어업청에서 일하며 라디오 대본이나 교육 책자를 집필했다.

이후 약 15년가량 레이철은 낮에는 연방정부 공무원으로 일하고 밤이면 해양에 관한 글을 썼다. 그러던 중 레이철이 사내 업무용으로 쓴 11쪽 분량의 짧은 글이 잡지 〈애틀랜틱The Atlantic〉에 장문의 글로 바뀌어 실리게 됐다. 상사가 레이철에게 그 글이 정부의 교육 책자에 실리고 말기에는 너무 아깝다고 했기 때문이다. 그 글은 이후 레이철의 첫번째 책이 됐다. 아버지가 돌아가시고 몇 해가 지난 뒤, 언니마저 세상을 떠나자 레이철은 조카 두 명을 입양해 성인이 될 때까지 키웠다. 레이철의 두번째 책은 〈뉴요커〉에 연재되었으며 무려 86주간 〈뉴욕 타임스〉의 베스트셀러 목록에 올랐다. 레이철은 책을 출간해 번 돈으로 메인주 해변에 집을 사고 그 집에서 세번째 책을 집필했다. 이번에는 바다에 대한 내용이었다. 입양한 조카 한 명이 갑작스럽게 사망하자 레이철은 그 조카의 네 살짜리 아들을 입양해 길렀다.

레이철은 독자들에게 오늘날 우리가 당연하게 받아들이는 '생태학ecology'과 같은 과학 용어들을 소개했다. 그리고 종種과 풍경, 날씨와 물, 하늘과 바다 사이의 수많은 상호작용 등을 재미있게 풀어나갔다. 레이철의 책은 시적이고 심오하며 과학적으로 엄격하지만 쉽게 이해할 수 있다. 레이철은 해양을 '엄마 바다mothersea'라고 부르며 자신이 그랬듯 독자들이 더 넓은 자연계 안에서 자신의 위치를 파악하고, 이 아름다운 지구가 자연 그대로 소중하고 연약해 시급한 보호가 필요하다는 것을 깨닫길 부드럽게 주장했다.

제2차세계대전이 끝난 뒤 전쟁용으로 개발된 살충제와 화약약품들이 사람들과 환경에 잠재적으로 끼칠 유해성은 아랑곳없이 미국의 소비시장에 쏟아져나오기 시작했다. 미국 농무부는 외래종 해충을 즉각 죽이기 위해

"우리는 지금 두 개의 갈림길 위에서 있다. 하지만 로버트 프로스트의 유명한 시에 등장하는 갈림길과 달리 어떤 길을 선택하든 결과가 아름답지 않다. 우리가 오랫동안 걸어온 길은 믿기 어려울 정도로 쉽고 평탄한 고속도로였고 그 위에서 우리는 놀라운 속도로 발전할 수 있었지만 그 끝에는 재앙이 기다리고 있다. 사람들이 많이 가보지 않은 나머지 길이 지구 보전이라는 목적지에 도착할 수 있는 마지막이자 유일한 기회다."

– 레이철 카슨, 『침묵의 봄Silent Spring』

DDT라는 특정한 화학물질을 사용하기 시작했다. 그러나 이 화학물질은 해충을 죽이지 못했다. 오히려 해충만 빼고 날거나 달리거나 헤엄치는 다른 것들을 깡그리 죽이는 듯했다. 레이철은 〈리더스 다이제스트〉에 DDT에 대한 글을 투고했지만 거절당했다. 1950년대 후반, 한 시민 단체가 뉴욕주 법원에 해당 화학기업들을 상대로 소송을 제기했고 레이철은 이 사건에 대해서 〈뉴요커〉에 글을 썼다.

그 글은 1962년 『침묵의 봄』이라는 제목의 책으로 세상에 나왔다. 당시 병충해 방제 용도를 포함해 매년 500여 가지의 새로운 화학물질이 시장에 쏟아졌지만 제재나 감시는 거의 없었다. 책의 첫머리에는 가까운 미래에 미국의 한 마을을 상상한 모습이 그려졌다. 위험한 화학물질들을 아무런 규제 없이 무분별하게 사용한 결과 그 마을은 거의 모든 것이 파괴되어버렸다. 사과나무에 살던 꿀벌들, 연못 안에 있던 개구리들, 노래를 불러 겨울이 끝났다고 사람들에게 알려주던 새들마저 모두 사라졌다. 그리고 레이철은 이렇게 썼다. "이 비말과 먼지, 공기 입자들은 이제 전 세계의 모든 농장, 정원, 숲 그리고 가정에 도달한다. 무차별적인 화학물질들은 '좋은' 곤충과 '나쁜' 곤충 모두를 말살할 수 있다. 모든 생명체의 안전을 보장하며 지구 표면에 독을 잔뜩 퍼부을 수 있다는 말을 누가 믿을 수 있겠는가?"

해당 화학기업들은 레이철이 이끌어낸 과학적 결론에 의혹을 던지려고 했다. 하지만 존 F. 케네디 정부는 그 문제에 대한 조사에 착수했고 대통령은 직접 『침묵의 봄』 덕분에 살충제의 위험성에 대해 정부가 관심을 집중하게

"지구의 아름다움을 깊이 생각하는 사람들은 생명이 남아 있는 한 견딜 수 있게 해줄 힘의 원천을 발견한다."

– 레이철 카슨, 『센스 오브 원더The Sense of Wonder』

지구 지킴이들

되었다고 인정했다.

『침묵의 봄』이 발간된 지 8개월 뒤, 대통령 과학자문위원회는 레이철의 주장 대부분을 뒷받침하는 보고서를 발표했다. 레이철은 건강이 좋지 않았지만 과학자문위원회뿐만 아니라 상원에도 출석해 증언했으며 텔레비전 프로그램에도 출연해 수십 명의 기자들과 담화도 나눴다. 『침묵의 봄』이 온 나라에 행동을 촉구하는 사이 레이철은 유방암으로 죽어가고 있었다. 1964년 레이철이 세상을 떠난 뒤, 그녀의 재는 메인주 집 근처 바다에 뿌려졌다.

레이철이 겨우 56년이 아니라 더 오래 살았으면 어땠을까 하는 아쉬움이 많이 든다. 그랬다면 자신이 힘들게 고생한 결과를 볼 수 있었을 것이다. 미국 환경보호청Environmental Protection Agency이 설립된 지 2년 만인 1972년 DDT가 전국의 농지에서 사용이 금지된 것처럼 레이철의 날카로운 글과 따뜻한 마음에 의지해 오늘날의 환경 위기를 극복할 수도 있었을 것이다.

"지금 우리는 깜짝 놀랄 만한 기후변화를 목격하고 있다." 레이철은 1951년 펴낸 두번째 책 『우리 주변의 바다The Sea Around Us』에서 이렇게 썼다. 오늘날 파괴적인 기후변화로부터 지구와 우리 자신을 구해내는 일은 우리에게 달렸다. 레이철이 자신의 책과 글을 통해 명확하게 지적했듯, 우리에게 '제2안'은 없기 때문이다.

제인 제이컵스 *Jane Jacobs*
페기 셰퍼드 *Peggy Shepard*

제인 제이컵스

페기 셰퍼드

첼시

펜실베이니아주 스크랜턴 출신인 제인 제이컵스는 1928년 수학 여행으로 뉴욕시를 처음 방문했다. 제인은 홀랜드 터널을 지나 로어 맨해튼으로 들어설 때 "거리에 있는 수많은 사람들을 보며 어안이 벙벙했다…… 온 도시가 날뛰고 있었다"고 회상했다. 그 놀람과 호기심을 바탕으로 제인은 도시계획 분야에서 일하게 될 인생을 만들어나갔다.

제인은 고등학교를 마치고 스크랜턴에 있는 한 지역신문사에서 무보수로 근무한 뒤 뉴욕으로 떠났다. 이번에는 단순한 견학 이상이었다. 새로운 고향이 된 뉴욕에서 제인은 지하철을 타고 여러 역에서 내려 일자리에 지원하기도 하고 주변을 둘러보기도 했다. 그러다 그리니치빌리지에서 비서 일자리와 집을 구했다.

제2차세계대전 동안 제인은 전시정보국Office of War Information에서 일했고, 전쟁 후에는 친미 성향의 러시아어 잡지 〈아메리카Amerika〉에 글을 쓰기 시작했다. 그러다 그녀의 신념을 이유로 매카시즘에 시달리고 FBI에게 조사를 받기도 했다. 이에 대해 제인은 이렇게 썼다. "나는 좌파든 우파든 극단주의자들에게는 동의하지 않는다. 하지만 극단주의자들도 말하고 출판할 수 있어야 한다고 생각한다. 왜냐하면 그들에게는 그럴 권리가 있고 또 있어야만 하기 때문이다. 한번 그들의 권리가 사라지면, 나머지 사람들의 권리 역시 안전할 리 없다."

〈아메리카〉를 그만둔 후에는 사뭇 다른 성향의 잡지 〈건축학 포럼Architectural Forum〉에 글을 썼다. 제인은 당시를 회상하며 자신이 학교와 병원에 대해 새로운 전문가로 잡지사에서 일하게 됐다는 사실을 듣자마자 전문가들에 대해 의심을 하게 됐다고 말했다. 자신은 그 둘에 대해 아는 게 거의 없었기 때문이다. 하지만 제인은 가능한 한 모든 것들을 배우기로 결심했다. 가장 먼저는 건축이었고 그다음에는 도시계획과 디자인이었다. 그러던 중 건강한 도시와 그렇지 못한 도시를 만드는 원인이 무엇인지 의문을 품기 시작했다. 그래서 수년에 걸쳐 연구한 끝에 1961년 『미국 대도시의 죽음과 삶The Death and Life of Great American Cities』을 써냈다. 제목에 '삶'보다 '죽음'이라는 단어를 먼저 쓴 것은 다분히 의도적이었다. 많은 사람들은 그 이유를 도시계획의 현재에 대한 도전으로 보았다. 어쩌면 이는 제인이 서문에서 이 책을 '현재의 도시계획과 개축에 대한 공격'이라고 선언했기 때문일 수도 있다.

이 책에서 제인은 도시계획을 사실에 근거를 두지 않은 '사이비 과학pseudoscience'이라고 비판하고 설계자들이 자신들은 실제로 살지 않는 지역사회에 어떤 피해를 입히고 있는지 꼬집었다. 또한 '사회자본social capital'과 '복합용도mixed primary uses'라는 용어를 최초로 사용했거나 적어도 대중화시켰다. '사회자본'은 공동체와 다른 사회 집단의 결속을 설명하고 '복합용도'는 사람들이 거주와 일을 모두 하는 지역이 오직 거주나 업무 중 하나의 목적으로 이용되는 지역보다 더 건강하다는 개념을 설명해주는 용어이다. 또한 제인은 복합용도로 이용되는 지역에는 늘 사람들이 있다는 뜻으로 '거리 위의 눈eyes on the street'이라는 아름다운 표현을 사용했다. 일찍 출근하고, 아이들을 학교에 데려다주고, 낮시간을 보내고, 밤에 데이트를 하고, 가게 문을 닫고, 야간 근무를 한 뒤에 집으로 돌아가는 사람들이다. 그리니치빌리지에 사는 자신의 이웃들처럼 마치 '보도 위에서 발레'를 하듯 쉼없이 움직이는 그 이웃들이 있어서 동네가 더욱 활기차고 안전해진다고 설명했다. 제인은 도시 환경에서 모든 사람들이 이런 동네에서 살고 일하기를 바랐다.

오늘날 도시계획, 건축, 경제학, 공중보건, 역사 등을 공부하는 학생들은 제인의 연구에 대해 배운다. 컬럼비아대학 메일맨공중보건대학Columbia University's Mailman School of Public Health에서 공중보건학 석사과정을 공부한 나 역시 마찬가지였다. 이제 제인의 명성은 1950년대와 1960년대에 남성 전문가 계층에게 받았던 반응과는 전혀 다르다. 처음으로 현대 도시의 재개발 관행을 비판하는 글을 썼을 때 제인은 '미친 여자'라는 소리를 들었다. 그리고 첫 책을 출간하자 비판은 더욱 사나워졌고 심지어 성차별적이기도 했다. 자격증이 없다는 이유로(제인은 대학을 졸업하지 않았다) 비웃고 '그냥 아줌마'일 뿐이라며 무시했다. 제인에게는 좌절스러운 시간들이었을 것이다. 하지만 맹목적인 애국주의도 제인의 생각과 목소리, 본보기가 가진 힘은 막을 수 없었다.

제인은 매우 중요한 사상가이자 작가였을 뿐만 아니라 영향력 있는 사회운동가였다. 1950년대와 1960년대에는 이스트 할렘 지역사회를 빼놓고 이스트 할렘을 개발하려는 시도에 반대했다. 또한 자신이 사랑하는 그리니치빌리지에서 빈민가를 정리하고 5번가가 워싱턴 스퀘어 공원을 관통하게 하려는 계획이 무산되도록 앞장섰으며, 로어 맨해튼 도심을 관통하는 고속도로인 로어 맨해튼 익스프레스웨이Lower Manhattan Expressway 건설 계획안이 취소되도록 애썼다. 이 밖에도 많은 시민들, 특히 여성들이 자신들이 원하는 도시를 만들어나갈 수 있도록 가르쳤다. 1968년에는 로어 맨해튼 익스프레스웨이의 건설 계획에 반대하는 시위에 참여했다가 체포되어 유치장에서 하룻밤을 보냈고 그후 난동 죄로 유죄판결을 받았다.

제인은 1968년 베트남전쟁에 대한 항의 표시를 겸해 토론토로 이주한 상태였기 때문에 법원에 출두하기 위해서 먼길을 오가야 했다. 그러던 중 토론토에서 고속도로를 건설하면서 동네를 갈라놓는 안이 제안되자 이번에는 이 건설안이 취소되도록 힘을 모았고 지역사회의 의견을 고려한 도시계획이 세워지도록 싸웠다. 제인은 2006년 89세의 나이로 세상을 떠날 때까지 평생 뉴욕이든 토론토든 아니면 그 어느 곳이든 모든 이들이 살아갈 만한 도시로 만들기 위해 끊임없이 노력했다.

제인처럼 페기 셰퍼드 역시 입을 다물고 조용히 있어주기를 바라는 거대 기업이나 지도자들에게 굴복하지 않았다. 페기는 민주당의 웨스트 할렘 지부장으로 선출된 후, 주민들로부터 심상치 않은 요청을 받았다. 허드슨강에 세워진 새 하수처리 시설에서 유독가스를 방출하고 있는데 무슨 조치를 취할 수 없겠느냐는 것이었다. 주민들은 유독가스가 질병을 유발한다고 확신하고 있었고 가스에서는 심지어 썩은 달걀 냄새가 풍겼다. 페기는 전직 언론인이자 뉴욕주 주택 및 지역개발부에서 연설문 작성자로 일했던 능력을 발휘해 그녀의 동네에서 무슨 일이 일어나고 있는지 조사하기 시작했다. 그리고 새 노스리버 하수처리장North River Sewage Treatment Plant이 원래는 맨해튼의 다른 지역인 할렘 남부에 세워질 계획이었던 것을 알게 되었고, 왜 처리장의 위치가 옮겨졌는지 의문을 품게 되었다. 뉴욕시 내에서 저소득층 인구가 가장 많은 동네이기 때문일까? 아니면 흑인들이 많이 살아서? 아니면 사람들이 점차 병에 걸려도 주민들이 알아채지 못할 거라고 생각한 건가? 혹은 세 가지 이유 전부 다일까?

페기는 인종차별, 계급, 형평성, 그리고 공중보건과 관련된 이런 어렵고 중요한 질문들을 계속 던졌다. 그러다가 도시계획위원회가 폐기물처리시설을 제안하며 지역 주민들의 의견을 단 한 번도 물어본 적이 없다는 사실을 발견했다. 페기를 비롯한 지역 정치인들과 시민 지도자들이 소송을 제기하는 등 압박하자 뉴욕시는 공기중에 있는 유독 가스와, 완전히는 아니지만 대부분의 악취를 제거하도록 시설을 개선했고, 처리장 옥상에 공원을 짓겠다던 오랜 약속을 마침내 구체화하기 시작했다. 1970년에 승인을 받은 이 공원은 1993년에 마침내 개장했다.

페기는 노스리버 하수처리장에 대해 뉴욕시가 책임을 지고 행동할 것을 촉구하며 투쟁한 일을 계기로 이후 환경 정의를 위해 '위 액트WE ACT'를 공동 설립했다. 그리고 웨스트 할렘 내에서 벌어지는 환경 인종차별에 대항하고 지역 주민들의 삶에 영향을 미치는 정책과 계획에 주민들이 의미 있는 참여를 할 수 있도록 함께 싸웠다. 위 액트는 지역 차원뿐만 아니라 국가 차원에 이르기까지 계속해서 그 역할을 해왔다.

위 액트의 노력 덕분에 웨스트 할렘 피어스 공원West Harlem Piers Park 이 조성되었다. 뉴욕시는 그전까지 새로운 공원 설립 계획에 할렘 지역을 포함시키지 않았다. 또한 위 액트는 새로운 버스 배기가스 기준을 요구해 뉴욕시가 버스를 디젤 차량에서 하이브리드 차량으로 바꾸도록 했다. 그 결과 배기가스 배출량이 95퍼센트나 감소했다. 그 밖에도 위 액트는 뉴욕시의 공공주택과 공립학교들을 발전시키는 법안을 통과시키기 위해 애썼으며 지금은 그 기준들을 시행하기 위해 노력하고 있다. 국가 차원에서도 강력한 환경 기준을 세우고 도시의 저소득층 거주 지역이 잊히지 않고 연간 농업법과 같은 국가의 입법에도 포함될 수 있도록 노력하고 있다.

페기는 국립보건원National Institute of Health과 함께 일하며 환경보호청 Environmental Protection Agency 내의 환경정의자문위원회National Environmental Justice Advisory Council 의장과 더불어 위원회 내 연구 및 과학 작업단의 공동의장을 역임했다. 이는 지역사회 지도자들이 연구 기준을 설계하고 연구 프로그램을 선정하는 데 참여하는 것이 얼마나 중요한지를 보여주었다. 위 액트는 뉴욕 지역 차원에서 연구자들과 함께 일하며, 지역 활동가들과 지지자들을 교육하고 지원한다. 또한 환경 인종차별과 싸우기 위해 종합적인 운동을 지속적으로 전개하고 있다. 페기 셰퍼드는 셀 수 없이 많은 상을 받았지만 특히나 2008년 수상한 제인 제이컵스 평생 공로 상Jane Jacobs Lifetime Achievement Award은 페기가 받아 마땅했다. 제인과 페기 모두 자신들이 꼭 필요하다고 여기던 변화를 위해 싸우는 일이 칭찬보다는 비판을 불러일으킬 가능성이 크다는 사실을 알고 있었다. 하지만 그렇다고 해서 꼭 해야만 하는 일을 포기할 수는 없었다. 그들은 뉴욕시를 비롯해 흑인과 라틴계 공동체들의 건강을 보호하기 위해 환경 정의를 구현하고자 애쓰는 마요라 카터Majora Carter, 아드리아나 킨테로Adrianna Quintero와 같은 차세대 환경운동가들에게 계속해서 영감을 주고 있다. 더 푸르고 지속 가능한 미래를 건설하고, 공기와 물과 땅을 보호하고 개선하는 규제들이 역행하는 것을 막기 위한 활동은 매우 중요하다. 나는 제인이 자신의 의견을 주장하고 사람들을 선동하며 페기나 다른 사람과 함께 일하고 그들을 응원하는 모습을 상상하기만 해도 기분이 좋다.

제인 구달*Jane Goodall*과
'3인방*The Trimates*'

첼시

1930년대 영국에 살던 제인 구달은 동물을 사랑하는 소녀였다. 제인이 겨우 돌이 지났을 무렵 제인의 아버지는 주빌리라는 이름의 침팬지 모양 솜인형을 선물했다. 런던 동물원에서 아기 침팬지가 태어난 것을 기념해 만든 인형이었다. 그 침팬지 인형은 거의 제인과 크기가 비슷했다. 제인 부모의 친구들은 그런 인형을 주면 아이가 악몽을 꿀 거라고 주의를 주었지만 제인은 인형을 마음에 쏙 들어 했다. 다섯 살이 됐을 무렵 제인은 닭이 어떻게 알을 낳는지가 너무나 궁금해 닭장으로 몰래 숨어들어가 몇 시간을 기다렸다. 가족들이 자신을 애타게 찾아다니다가 경찰에 실종 신고까지 했다는 사실은 꿈에도 모르고 말이다.

어렸을 적부터 아프리카로 건너가 동물원에서만 보고 책으로만 읽었던 동물들과 함께 살며 일하겠다는 꿈을 가졌던 제인은 1957년 가족의 친구를 만나러 케냐에 갔다가 고인류학자이자 고고학자인 루이스 리키 Louis Leakey 박사를 알게 됐다. 당시 서구 과학자들은 대부분 인류가 유럽이나 아시아에서 시작됐다는 주장을 믿고 있었는데 리키 박사는 인류가 아프리카에서 처음 나타났다는 가설을 증명하기 위해 연구중이었다. 리키는 젊은 과학자들과 야심 있는 과학자들을 모아 연구팀을 만들어 호모사피엔스와 영장류 사이의 진화적 연관성을 연구했다. 리키는 가두어놓은 상태보다는 자연 그대로의 서식지에 있는 영장류를 직접 관찰하는 방법이 영장류와 인간 사이에 진화적 연관성이 존재한다는 사실을 증명하는 데 도움이 될 것이라고 믿었다.

리키는 처음에는 제인을 비서로 고용해 자신의 연구 결과를 기록하게 했다. 그러나 얼마 지나지 않아 제인의 재능을 알아채고 영장류동물학을 공부해 직접 현장 연구를 해보라고 권했다. 제인이 공부하면서 일을 하는 동안, 그녀의 멘토는 제인이 침팬지 연구를 시작하는 데 필요한 자금을 모았다(침팬지, 고릴라, 오랑우탄은 '유인원'이다. 유인원은 원숭이보다 뇌와 덩치가 크며 제인이 신중하게 계속 지적해왔듯 꼬리가 없다). 1960년, 제인은 탄자니아의 곰베 스트림 국립공원에서 획기적인 연구를 시작했다. 해당 연구 분야에 학위가 전혀 없는 사람이 연구 캠프를 설립한 것만으로도 이미 놀라운 성과였다. 제인은 자신에 대한 리키의 믿음을 증명했을 뿐만 아니라 이후에 자신의 연구를 바탕으로 케임브리지대학에서 동물행동학 박사학위를 받았다. 제인처럼 학사학위 없이 케임브리지에서 박사과정을 밟은 졸업생은 거의 찾아보기 힘들다.

제인이 침팬지를 관찰하기 전까지 우리는 침팬지가 하는 행동이나 우리의 공통 조상에 대해 거의 이해하지 못했다. 침팬지들 사이에서 생활하면서 일하기로 결정하고 침팬지 관찰과 모방에 전념한 것은 그 당시 일반적인 연구 관행이 아니었다. 또한 제인은 수년간 관찰한 침팬지에게 단순한 글자나 숫자 대신 이름을 붙이겠다고 고집했다. 이 주장은 논란을 불러일으켰다. 당시 연구자들은 실험대상인 동물들과 거리를 두고 그들을 인간처럼 대하지 않았다. 그러나 제인의 연구가 중요하다는 데는 논란의 여지가 없었다. 초기부터 제인은 다음과 같은 여러 사실들을 발견했다. 침팬지는 그들의 상호작용을 좌우하는 매우 복잡한 사회체계를 가지고 있다. 채식을 하는 것이 아니라 잡식성이고, 도구를 만들고 사용한다. 제인은 이 밖에도 침팬지들이 나뭇가지를 숟가락처럼 만들어 흰개미를 잡아먹는다는 사실을 발견했다. 이는 오직 인간만이 도구를 만들고 사용한다는 주장을 반박하는 내용이었다. 오늘날 과학자들은 침팬지가 사용하는 여러 도구들을 찾아냈다. 제인은 더 나아가 침팬지들이 촉각, 몸짓 그리고 100개 이상의 서로 다른 독특한 소리를 사용하여 의사소통을 하지만 그들만의 언어를 가지고 있지는 않다는 사실을 발견했다. 제인은 타인에게 말을 할 수 있는 인간의 능력 덕에 인류사회가 더 큰 지적 발전을 이루었다고 확신했다.

제인은 침팬지들이 서로에게 끔찍한 폭력을 행사하지만 동시에 서로를 깊이 사랑하는 것도 관찰했다. 그리고 좋은 침팬지 엄마들 사이에서 나타나는 공통적인 특징도 발견했다. 자녀들에게 용기를 주고 다정하고 장난기가 많다는 점이었다. 자식들을 보호하지만 과하지 않고 훈육도 했다. 제인은 이렇게 다정한 양육의 세대효과 역시 확인했다. 좋은 엄마를 둔 암컷 침팬지들은 건강하고 안정적이며 행복한 새끼를 키울 가능성이 더 높았다. 이 모든 사실은 제인이 아들 휴고를 양육하는 방식에도 영향을 미쳤다.

제인은 침팬지뿐만 아니라 인간에 대해 알고 있던 사실들 또한 근본적 차원에서 바꿨다. 이제 과학자들은 인간과 침팬지의 조상이 겹친다고 믿는데 이에 제인의 연구 업적이 어느 정도 영향을 끼쳤다. 우리는 인간과 침팬지가 DNA의 98퍼센트를 공유하고 있다는 것도 이제 안다. 그러니 저명한 고생물학자이자 작가인 스티븐 제이 굴드Stephen Jay Gould가 제인이 침팬지가 도구를 만들 수 있다는 사실을 발견한 것은 "20세기 학문의 위대한 업적 중 하나"라고 평가한 사실은 그리 놀랍지 않다. 제인은 침팬지를 연구하고 싶지만 과학자가 되는 데는 전혀 관심이 없다고 거듭 말해왔기 때문에 이 분야의 전문가로부터 극찬을 받고 깜짝 놀랐을 것이다.

1960년대 초, 제인은 〈내셔널 지오그래픽〉이 제인의 연구를 기록하기 위해 파견한 사진작가 휴고 반 라익과 사랑에 빠졌다("제인은 사진 찍히는 것을 좋아하지 않았지만 연구를 위해 참았어요. 어쩌면 그나마 사진을 찍는 사람이 휴고였기 때문에 더 참았을지도 몰라요. 몇 년 뒤 그들은 결혼했죠." 수십 년 뒤 〈내셔널 지오그래픽〉의 로리 커스버트는 이렇게 밝혔다). 제인과 휴고는 아들을 낳았고, 이혼한 후에도 여전히 가깝게 지냈다.

1980년대에 제인은 아프리카와 전 세계를 무대로 광범위하게 자연보호 활동을 펼치는 데 더욱 많은 시간을 보내기 시작했다. 당시 탄자니아 국립공원 책임자이자 두번째 남편이 된 데릭 브라이슨과 함께 일하기도 했다. 제인은 채굴, 벌목, 화전농업, 불법 사냥, 밀렵이 증가하고 있으며 이러한 활동은 빈곤, 부패, 그리고 지역사회에 대한 투자 부족과 연관되어 있다고 강조했다. 그리고 환경의 질적 저하의 영향을 받는 지역사회를 중심에 두고 해결책을 마련해야 한다고 수십 년 동안 주장하며 활동했다. 또한 처음에는 순수하게 침팬지를 관찰해서 보고하는 글을 쓰다가 침팬지들과 침팬지들이 사는 환경, 그리고 침팬지 근처에 사는 사람들의 생계를 지키기 위한 글을 쓰는 것으로 방향을 바꾸었다. 제인의 우려는 정확했다. 1900년 야생에는 약 100만 마리의 침팬지가 살고 있었지만, 오늘날에는 그 숫자가 17만에서 30만 사이로 현저히 줄어들었다. 삼림 벌채와 사냥 그리고 질병이 현재 추세로 계속된다면 야생 침팬지는 다다음 세대에는 사라져버릴 수 있다는 심각한 예측도 나왔다. 게다가 제인이 일하는 지역의 환경파괴가 더 심해지고 있어서 이미 여든을 훌쩍 넘긴 나이에도 제인은 여전히 왕성하게 활동하고 있다.

제인의 뒤를 이어, 영장류학자 다이앤 포시Dian Fossey와 비루테 갈디카스Biruté Galdikas도 리키 박사를 만났고 리키 박사는 이후 이 세 여성 과학자들에게 '3인방'이라는 별명을 붙였다. 다이앤은 리키의 지원을 받아 1960년대 중반 켄터키에서 비룽가 산맥으로 이주했다. 그리고 콩고민주공화국(당시에는 자이르)에 기반을 둔 자신의 첫 연구소를 설립했다. 제인과 달리 다이앤은 고릴라에 주력했다. 고릴라는 일반적으로 침팬지보다 더 크고 덜 사회적인 유인원이다. 연구 대상인 고릴라들에게 자신이 위협이 되지 않는다는 것을 증명하기 위해, 다이앤은 멀리서 고릴라를 관찰하고 고릴라의 움직임과 소리를 흉내내면서 연구를 시작했다. 그리고 고릴라의 개인행동과 사회행동을 꼼꼼하게 기록했다. 그러나 연구를 시작한 지 채 1년도 되지 않아 다이앤이 연구하고 있는 지역의 정세가 불안해지면서 자이르군은 다이앤을 연구 지역에서 내쫓았다. 연구를 이어갈 마음이 확고했던 다이앤은 비룽가산맥의 반대편인 르완다 쪽으로 이동해서 카리소케 연구 센터를 설립했다. 그곳에서 새로운 고릴라 무리들과 친해진 뒤 관찰 내용을 주의깊게 기록하기 시작했다. 카리소케에서 연구를 시작하면서부터 다이앤은 '적극적인 보호'라고 칭한 행동을 실천했다. 고릴라의 영역을 침범하는 것으로 보이는 소몰이꾼들뿐만 아니라 밀렵꾼들과 싸우기 시작한 것이다. 또한 야생동물 관광을 반대했다. 이와 같은 다이앤의 주장과 전략들은 논란을 불러일으켰다. 점점 많은 사람들이 밀렵 금지를 지지했지만 반대로 카리소케 인근 지역 주민들은 사냥과 방목 관습을 침해한다고 여겨 격렬하게 분노했다. 다이앤은 심지어 주민들에게 야생동물 생태 관광에도 참여하지 말아야 한다고 촉구해서 더 강력한 반발을 샀다. 그러던 중 1985년에 다이앤은 자신의 집에서 살해된 채 발견되었다. 범인은 끝내 밝혀지지 않았다. 다이앤의 연구는 르완다와 콩고민주공화국의 비룽가산맥에 있는 다이앤 포시 고릴라 재단Dian Fossey Gorilla Fund을 통해 이어지고 있다. 이 재단은 카리소케의 연구와 고릴라 보호를 지원하고 있으며, 최근 자료를 보면 수년간 감소해온 비룽가 산악 고릴라 개체수가 다시 증가하고 있다는 것을 알 수 있다.

비루테 갈디카스는 여섯 살 때 도서관에서 첫 책으로 『호기심 많은 원숭이Curious George』를 빌려와 읽으면서 영장류에 푹 빠졌다. 2학년이 될 무렵, 비루테는 탐험가가 되기로 결심했고 그 열정은 남은 인생에 결정적인 영향을 미쳤다. 캘리포니아주립대학 로스앤젤레스 캠퍼스UCLA에서 인류학을 전공하던 대학원생 시절, 비루테는 루이스 리키 박사를 만나 오랑우탄을 연구하는 것이 꿈이었다고 말했다. 하지만 오랑우탄은 대부분 접근하기 어려운 늪지대에서 깊숙이 숨어 혼자 살기로 유명해 연구를 하기가 쉽지 않았다. 그러다보니 주변에서는 야생에서 오랑우탄을 연구하는 것은 불가능한 일이라고 말했다. 하지만 제인과 다이앤의 연구에서 영감을 받은 비루테는 결국 리키 박사를 설득해 보르네오에서 오랑우탄을 연구하기로 하고 1971년 멀리 떨어진 탄중푸팅 국립공원으로 떠났다. 그곳에는 전화도, 도로도, 전기도, 우편 서비스도 없었다. 비루테는 국립공원의 보호구역에 '리키 캠프'를 세우고 오랑우탄의 행동과 생태학을 연구했다. 1975년에는 〈내셔널 지오그래픽〉의 표지 기사를 썼고 최초로 오랑우탄을 향한 세계적인 관심을 이끌어냈다. 이후에는 보르네오섬의 팡칼란 분에 오랑우탄을 위한 안전한 서식지를 만들어주고 그곳에서 연구를 계속하며 오랑우탄을 회복시켜 다시 야생으로 돌려보내기 위해 애썼다.

아칸소주의 어린 소녀였던 나는 먼저 제인에게 반했고 뒤이어 다이앤과 비루테에게 매료됐다. 30년이 지난 지금도 여전히 그렇다. 이제는 아이들과 함께 제인의 삶을 바탕으로 한 동화책과 3인방에 관한 〈내셔널 지오그래픽〉 기사를 읽으면서 3인방의 삶이 주는 교훈이 대대로 전해져 내려가는 모습을 본다. 우리가 이 세상에 대해 더 많이 알 수 있도록 미지의 세계에 뛰어드는 위험도 마다하지 않은 용기와 헌신을 보여준 3인방을 나는 진심으로 존경한다.

왕가리 마타이
Wangari Maathai

첼시

1990년대에 청소년이었던 나는 왕가리 마타이가 환경의 질적 저하와 빈곤에 맞서려고 그린벨트운동Green Belt Movement을 통해 케냐에 나무를 심는 모습을 존경어린 눈으로 멀리서 지켜봤다. 운동가들은 한 그루씩 나무를 심어 결국 수백만 그루를 심었다. 그리고 이 모든 것은 한 젊은 여성의 꿈 덕분이었다.

1940년 케냐의 니에리에서 태어난 왕가리 마타이는 어려서부터 과학자가 되겠다는 꿈을 품었고, 그 꿈을 좇아 케냐의 시골마을을 떠나 더 넓은 세상으로 향했다. 1960년대 초 왕가리는 생물학을 공부하기 위해 캔자스주로 갔고 이후 피츠버그로 옮겨 석사학위를 땄다. 훗날 왕가리는 자신이 학창시절에는 긍정적이고 심지어 근심걱정이 없었지만 미국에서 시민권운동이 번져나가고 있다는 사실을 뚜렷하게 인식하고 있었으며, 당시의 경험 덕분에 케냐에서 환경보호와 시민권 발전 사이의 연관성을 더 쉽게 이해할 수 있었다고 밝혔다.

왕가리는 피츠버그대학에서 이학 석사학위를 받은 후 학업을 계속하기 위해 케냐로 돌아왔다. 그리고 1971년 나이로비대학교에서 수의해부학 박사과정을 마쳤다. 당시 다른 여느 나라들과 마찬가지로 미국에서도 대학 과정보다 높은 수준으로 과학을 공부하는 여성은 거의 없었다. 1966년 미국 내 생물학 및 농업과학 박사학위 중 겨우 15퍼센트 정도만이 여성에게 수여되었다. 왕가리는 동아프리카와 중앙아프리카에서 전공을 막론하고 박사학위를 받은 최초의 여성이었다. 만약 왕가리가 미국에 남아서 공부를 계속했다면 이곳에서도 역시 선구적인 인물이 되었을 것이다. 그러나 왕가리는 늘 고향으로 돌아가 가르치고 봉사하고 싶어했다.

이후 나이로비대학에서 최초의 여성 교수이자 학과장직을 맡고 있던 왕가리는 케냐의 삼림 벌채가 점점 걱정되기 시작했다. 1950년 이후로 케냐 숲의 90퍼센트가 잘려나갔다. 왕가리는 우선 가족과 친구들을 모아 함께 나무를 심기 시작했다. 그러다 학생과 동료 그리고 낯선 사람 들로 대상을 확대했다. 주변 사람들과 함께 나무를 심던 풀뿌리공동체운동은 나무를 심어서 환경의 질적 악화와 가난에 맞서 싸우는 그린벨트 운동으로 확대됐다. 왕가리는 마틴 루서 킹 주니어 덕분에 인권과 환경보호 사이의 연관성을 이해하게 됐고 자신이 만났던 여성들 덕분에 사명이 확고해졌다고 밝혔다. "그린벨트운동을 시작하면서 저는 시골 지역에 사는 여성들에게 필요한 땔감, 깨끗한 식수, 균형 잡힌 식사, 쉼터, 수입과 같은 요구 등에 일부 응답할 수 있었습니다. 아프리카 전역에서 여성들은 농사를 짓고 가족을 부양하는 막중한 책임을 지고 있는 가장들입니다. 따라서 자원이 부족해지고 가족들을 부양할 수 없어서 환경 피해가 심각하다는 사실을 제일 처음으로 알아채는 사람들도 바로 여성들일 수밖에 없습니다."

왕가리가 하는 일을 모두가 환영한 것은 아니다. 강력하다못해 심지어 폭력적으로 저항하는 사람들을 종종 만나기도 했다. 1992년 1월 왕가리는 정부가 암살 대상으로 뽑은 민주화운동가 목록에 자신의 이름이 포함되어 있다는 사실을 알게 되었다. 그다음달, 왕가리의 아들이 케냐의 독재자 대니얼 아랍 모이Daniel arap Moi에 의해 정치범으로 체포되자 왕가리는 다른 정치범의 어머니들과 함께 동네 공원에서 단식투쟁을 하기 시작했다. 경찰은 시위대를 강제 해산시키고 왕가리가 의식을 잃고 쓰러질 때까지 잔인하게 폭행했다. 모이 대통령은 왕가리를 공개적으로 '미친 여자', '국가의 질서와 안보에 대한 위협'이라 부르며 맹렬하게 비난했다. 그럼에도 불구하고 왕가리는 자신의 사명을 포기하지 않았다.

점차 시간이 흐르면서 그린벨트운동은 장애인의 권리, 소수집단의 권리, 여성의 권리 그리고 민주주의를 보호하는 운동을 아우르며 확대됐다. 아울러 케냐에서 가난과 싸우고 모든 사람의 인권을 보호하겠다는 목표를 가지게 됐다. 그러는 중에도 왕가리는 결코 나무를 심는 일을 소홀히 하지 않았다. 2004년 당시 케냐의 환경 및 천연자원부 차관보를 역임하고 있던 왕가리는 아프리카 여성 중 최초로 노벨평화상을 수상했다. 왕가리는 행동주의, 과학, 교육, 비영리단체 운영, 그리고 정부 업무 사이를 오가며 일했다. 또한 케냐의 환경을 보호하고 케냐 국민들의 인권을 증진시키는 데 큰 영향을 미칠 수 있다고 생각되는 곳이면 어디든 갔다. 그리고 다른 지역 주민들과 함께 케냐를 더 지속 가능하고 모든 국민을 존중하는 나라로 만들기 위해 열정을 쏟았다.

2009년 버락 오바마 대통령이 우리 엄마를 국무장관으로 지명하자 〈뉴욕 타임스〉는 전 세계의 전문가들에게 인사청문회에서 물어볼 질문들을 요청했다. 왕가리는 그 전문가들 중 한 명이었다. 왕가리는 다르푸르에서 일어난 인권 침해, 콩고 분지와 같은 아프리카 숲을 보호할 필요성, 그리고 중국이 인권을 경시함에도 불구하고 중국과 협력하려는 아프리카 지도자들이 늘어가고 있는 상황에 미국이 어떻게 대응할 것인가 등에 대해 물었다.

"역사 속에서 인류는 더 높은 도덕성을 갖추기 위해 의식을 새롭게 바꿔야 하는 때가 온다. 모두가 공포를 벗고 서로에게 희망을 줘야 하는 때이다. 그때는 바로 지금이다."

– 왕가리 마타이

힐러리

나는 전에 왕가리를 만나서 깊은 인상을 받은 적이 있어. 그래서 왕가리가 질문을 해줘서 고마웠지. 그 질문들 덕분에 국무장관이 조국과 세계를 위해 중요하게 여겨야 하는 문제들을 더 폭넓게 생각하게 됐거든. 진작 깨달았지만, 문제를 무시하거나 하찮게 여긴다고 해서 문제가 사라지는 건 아니니까.

청문회가 진행되는 동안 나는 엄마 뒤에 앉아 있었다. 엄마가 무척 자랑스러웠다. 나는 내내 침착해 보이겠다고 단단히 마음을 먹고 있었다. 할머니가 집에서 지켜보신다는 것을 알고 있었기 때문이기도 했다(엄마

"어머니는 다양한 일들을 해내셨어요. 하지만 그렇게 여러 요소들과 삶, 그리고 일을 결합해주는 한 가지는 바로 한 사람의 힘이 변화를 일으키는 강력한 원동력이 된다는 사실이에요. 실제 변화를 일으키는 데 꼭 많은 사람이 필요하지는 않아요. 여기저기서 문제가 터지면 당황해서 어쩔 줄 모르게 되죠. 그럴 때 필요한 건 한 '부대'의 사람들이 아니에요. 우리들 한 명 한 명이 변화를 일으키는 원동력이 될 수 있거든요."

– 완지라 마타이(왕가리 마타이의 딸)

가 상원의원이었을 때 할머니는 운동을 하거나 뜨개질할 때, 아니면 식사할 때나 심지어 책을 읽는 동안에도 씨스팬C-SPAN 채널을 켜두었다. 내 생각에는 엄마가 상원에서 연설을 하거나 심지어 스쳐지나가는 순간까지도 놓치고 싶지 않으셨던 것 같다).

엄마는 청문회에서 다르푸르에서 일어나는 인권유린을 막는 일이 중요한 이유를 언급하고 기후변화는 안보 위협이라고 분명하게 강조했다. 이후 국무장관으로 임명된 첫 해인 2009년 케냐를 방문해 왕가리를 만났고 나이로비 대학에서 열린 포럼에서 그녀에게 찬사를 보냈다. 그해 추수감사절에 가족과 저녁 식사를 하는 자리에서 엄마는 아프리카 순방 중에 가장 좋았던 순간은 왕가리와 만났을 때라고 말했다.

힐러리

왕가리는 선구자이자 진정한 선각자였어. 여성들이 미래의 열쇠를 쥐고 있다는 사실을 어느 누구보다 잘 알고 있었지. 그린벨트운동은 여성들이 주도했고, 처음에는 아프리카에서 시작해서 전 세계로 퍼져나갔어. 심지어 케냐의 지도자들로부터 박해와 위협을 받은 후에도 왕가리는 여전히 정부를 도구로 이용해 긍정적인 변화를 이룰 수 있다고 믿었어. 그리고 평생 자신을 공격했던 정부를 뒤이은 차기 정부를 위해 일했어. 왕가리는 정말 놀라운 인물이었고, 난 그녀를 친구라고 부를 수 있어서 영광이었어.

왕가리는 늘 자기 자신을 롤모델로 꼽았고 나는 그 점이 정말 멋지다고 생각했다. 왕가리는 한 인터뷰에서 노벨상 수상 후 젊은 여성들이 눈물을 글썽이며 다가와 축하를 건넸다며 "그들이 진짜 하고 싶은 말은 '당신이 할 수 있다면 어쩌면 나도 할 수 있을 거예요'라는 것이다"라고 말했다. 2011년 왕가리가 세상을 떠났을 때 그린벨트운동으로 심은 나무의 수는 5,000만 그루가 넘었다. 그리고 현재까지 케냐의 주요 강 유역에는 5,300만 그루가 넘는 나무가 심어져 있으며 그 숫자는 점점 늘어나고 있다. 왕가리의 딸 완지라 마타이가 어머니의 일을 이어나가고 있다.

왕가리는 의미 있는 운동을 최초로 시작한 사람이 되거나 자신이 믿는 바를 앞장서서 주장하는 일을 두려워하지 않았다. 하지만 숲을 만들 때처럼 많은 사람들과 함께한다면 더욱 큰 효과를 낼 수 있다는 것도 알고 있었다. 그래서 나는 인도의 G. 데바키 암마처럼 왕가리와 비슷한 목표를 가진 사람들에 대해 들으면 으레 왕가리를 생각하게 된다. 거의 40년 전 데바키는 농업을 사랑해서 자기 집 뒷마당에 묘목을 한 그루 심었다. 그리고 한 그루, 또 한 그루 계속해서 심어나갔다. 오늘날 데바키는 케랄라에 크기가 18,000제곱미터가 넘는 자신만의 숲을 가꾸었다. 그리고 열정적으로 가족과 다른 사람들을 도와 탄소 배출량을 중화시키는 일을 하고 있다. 85세의 나이에도 데바키는 아직도 아침마다 그 숲을 걷는다. 데바키와 다른 사람들이 나무를 심은 덕분에 우리는 숲의 건강이 우리의 건강과 여성의 권리 그리고 인권을 지키기 위해 꼭 필요하다는 사실을 분명히 알게 됐다.

앨리스 민수 전(전민수)
Alice Min Soo Chun

힐러리

　앨리스 민수 전은 세 살 때인 1968년, 가난한 삶에서 벗어나 밝은 미래를 꿈꾸는 부모님을 따라 한국에서 미국으로 건너왔다. 앨리스는 그후 뉴욕주 시러큐스의 저소득층이 주로 사는 동네에서 자랐다. 자신과 비슷한 외모를 가진 아이라고는 단 한 명도 없는 동네에서 앨리스는 그저 살아남기 위해 괴롭힘을 무시하려고 애썼다. 그런 가운데서도 앨리스는 항상 창의적이었다. 건축가 아버지와 화가인 어머니에게서 물려받은 성격 덕분이었다. 앨리스는 가족과 함께 차 지붕에 판잣더미를 쌓아올렸던 때를 기억한다. 앨리스의 어머니는 판자들을 집으로 싣고 와서 벽난로 선반을 만들었다. "우리는 늘 그런 일들을 했어요." 앨리스가 깔깔 소리 내어 웃으며 말했다.

앨리스가 10대가 되었을 때 앨리스의 가족은 한국으로 다시 이주했다. 앨리스는 한동안 부모님과 함께 지냈지만 미국에서 학교를 다니고 싶었기에 미국으로 돌아와 펜실베이니아에서 대학과 대학원 과정을 마쳤다. 고되게 학업과 일을 병행하느라 앨리스는 거의 9년 동안 부모님을 만나지 못했다. 각고의 노력 끝에 혼자 힘으로 뉴욕시에서 경력을 쌓은 후 마침내 컬럼비아대학교와 파슨스디자인스쿨에서 건축 및 재료 기술 교수가 되었다.

그러던 어느 날 아들 퀸이 천식에 걸리면서 앨리스의 인생에 커다란 변화가 찾아왔다. 하루가 멀다 하고 병원을 드나들던 어느 날 앨리스가 문득 고개를 들어보니 대기실 안에는 어머니들이 가득했다. 모두 근심이 가득한 얼굴로 흡입기를 들이마시거나 네뷸라이저를 끼고 있는 아이들의 모습을 들여다보고 있었다. 앨리스와 퀸이 헐레벌떡 응급실로 달려간 적도 한두 번이 아니었다. "아이가 숨을 못 쉬고 입술까지 파랗게 질려 있다면 여러분은 자식을 위해 무엇이든 할 거예요. 저는 계속 이렇게 중얼거렸어요. 왜 내 아이한테 이런 일이 일어나는 거지?"

앨리스는 언젠가 이런 말을 들은 적이 있다. "속이 타는 엄마 한 명이 FBI보다 더 잘 찾는다." 앨리스는 책과 보고서를 샅샅이 뒤져 통계를 찾아봤으며 특히 뉴욕과 같은 곳에서는 대기오염 때문에 소아천식 발생률이 치솟고 있다는 사실을 확인했다. 알면 알수록 분노가 치밀어올랐다. 자신의 아들은 그나마 양질의 의료서비스라도 접할 수 있었다. 이제 앨리스의 관심은 전 세계의 아이들, 그중에서도 특히 고체 연료를 쓰는 레인지나 석유등과 같이 위험한 구식 기술을 사용하는 가정의 아이들에게 옮겨갔다. 그 아이들은 밖에서뿐만 아니라 집안에서도 오염된 공기를 마시고 있었다. 앨리스는 매년 거의 380만 명이나 되는 사람들이 가정 내 공기오염이 야기한 질병으로 일찍 사망하며 그중 대다수는 여성과 아이들이라는 사실을 알게 됐다. 전기를 이용한 등과 난로를 쓰면 더 안전하지만 전 세계에서 약 16억 명에 달하는 사람들이 전기를 이용할 수 없는 환경에 살고 있었다. 또한 앨리스는 기후변화가 갈수록 심각해져서 대체 에너지원이 필요하다는 사실도 알고 있었다. "무엇을 해야 할지 잘 몰랐지만, 아무것도 하지 않는 것이 틀리는 것보다 더 위험하다고 생각했어요"라고 앨리스는 말했다.

그리하여 앨리스는 지속 가능한 디자인에 집중하면서 태양에너지를 일상생활에 접목시킬 방법을 찾기 시작했다. 파슨스디자인스쿨의 재료 연구실장이었던 앨리스는 재료 기술의 추세가 점점 더 얇고 가벼우며 빠르고 똑똑해지고 있다는 사실을 알고 있었다. 그렇다면 태양에너지를 천에 짜 넣으면 어떨까? 2008년 앨리스는 섬유와 얇은 플라스틱에 구부러지는 태양 전지판을 꿰매기 시작했고, 마침내 아름답고 실용적인 캔버스 천을 만들었다.

같은 해, 앨리스는 팽창식 태양광을 개발하기 시작했다. 그리고 2010년 아이티 지진 이후, 디자인과 제자들에게 도전 과제를 제시했다. '재난 상황에서 개인이 즉시 사용할 수 있는 구호 물품을 개발하라.' 앨리스는 몇몇 학생들과 함께 수업 과제용으로 태양광 견본을 만들었다.

2011년 앨리스는 종이접기 기술을 활용해 정육면체 모양을 만들면 입으로 공기를 불어넣다가 입안 세균이 들어갈 위험이 없다는 것을 깨달았다. 앨리스는 이 발명품을 솔라퍼프SolarPuff라고 이름 지었다. 앨리스는

솔라퍼프를 대량 생산하기 위해 비영리단체 스튜디오 유나이트Studio Unite
를 설립했다. 그러나 안타깝게도 얼마 지나지 않아 훨씬 더 큰 규모로 생
산하려면 자선단체 형태는 어울리지 않는다는 사실을 깨달았다. 그래서
2015년 솔라이트 디자인Solight Design을 설립하고 크라우드 펀딩 캠페인
을 통해 단 30일 만에 50만 달러 가까이 모금해 솔라퍼프를 출시했다. 앨
리스는 교수 일은 잠시 접어두고 사회적 기업가 일에 매진하기로 했다.

앨리스는 어떻게 하면 재난 지역에 희망과 경이로움, 경외감과 함께
안도감과 안전을 전달할 수 있을까 하는 생각을 멈출 수가 없었다. 앨리
스의 회사는 작은 마을들에 솔라퍼프를 보내 빛을 가져다주었다. 자원봉
사자들이 셰르파와 함께 네팔의 산비탈을 올라준 덕분이었다. 아이티의
중앙 고원에 살던 농부들은 솔라퍼프 전등을 보고 노래하고 춤추며 눈
물을 흘렸다. 아이들은 솔라퍼프가 부풀어 상자 모양으로 변신하는 것을
보고 기뻐하며 웃음을 터뜨렸다. 솔라퍼프가 있는 곳이라면 전 세계 어
느 곳에서든 아이들이 저녁에 불이나 석유등 없이도 공부할 수 있고 엄
마들은 음식을 더 안전하게 요리할 수 있다. 그리스의 한 난민 캠프에서
는 솔라퍼프가 결혼식을 밝혀주었다. 같은 캠프에서 앨리스와 '빛의 전
사들'은 심한 화상으로 장기 치료를 앞둔 한 10대 소녀의 침대 머리맡에
솔라퍼프를 놓아주었다. 떠나온 뒤에도 앨리스는 항상 그 소녀가 어떻게
지내는지 궁금했다. 그러던 어느 날 앨리스와 동료들은 사진 한 장을 받
았다. 독일의 한 식탁 위에 놓인 솔라퍼프가 보였다. 이제는 성인이 된 그
소녀가 보내온 것이었다.

허리케인 마리아가 푸에르토리코를 강타한 뒤, 앨리스는 산후안 시장
카르멘 율린 크루즈Carmen Yulín Cruz에게 3,000개의 솔라퍼프를 보냈다. 크
루즈 시장은 가는 곳마다 솔라퍼프를 나눠주었고, 거리의 사람들은 솔라

퍼프를 '희망 상자'라고 부르기 시작했다. 이듬해 크리스마스에 앨리스는 많은 이웃들이 여전히 전기 없이 살고 있다는 소식을 듣고 마음이 뒤숭숭했다. 그래서 가방에 솔라퍼프를 잔뜩 챙겨 비행기에 몸을 실었다. 재난 이후 푸에르토리코와 도미니카 섬의 사진들을 본 적이 있는데, 강풍에 집의 지붕이 뜯겨나가 있었다. 그래서 앨리스는 직접 그 장소들을 찾아갔다. 아이티에 갔을 때 아이들이 재난에 가장 취약하다는 사실을 이미 배운 터였다. 그래서 아이들이 밤에 숙제를 하고 집안을 환히 밝힐 수 있도록 학교에 수백 개의 솔라퍼프를 나누어주었다. "제가 깨달은 것은 아이들이 세상에서 가장 좋은 선생님이라는 겁니다. 저는 아이들에게 이렇게 말해요. 태양보다 더 강력한 것은 너희들 마음속에 있는 빛, 바로 상상력이라고 말이에요."

앨리스가 덧붙여 말했다. "회사를 차리고 사회적 기업가가 되는 것은 쉽지 않았어요. 가끔은 정말이지 너무 어려웠어요. 제가 부족하고 그 정도로 똑똑하지 않다고 말하는 사람들도 있었어요. 포기하고 싶은 순간이 많았지만 계속해서 아들을 떠올리면서 버텼어요. 공해가 건강을 해치는 환경에서 제 아들의 자녀들과, 그 후손들이 살아가게 될 거라는 생각에 결코 멈추지 않고 하던 일을 했어요. 포기하지 않았죠."

2019년 산후안에서 열린 클린턴 글로벌 이니셔티브CGI 행사에서 나는 앨리스를 처음 만났다. 앨리스는 솔라퍼프가 전 세계 20개국에서 판매되고 미국에서는 레이REI와 같은 캠핑 매장에서 판매된다고 내게 말해주었다. 앨리스는 자신의 최신 발명품을 들고 연설 무대에 올랐다. 당시 열네 살이 된 아들의 이름을 붙인 '퀸QWNN 태양광 손전등'이었다. 앨리스는 이렇게 말했다. "이 손전등은 개인화된 기반시설입니다. 모든 사람은 생활과 생계를 위해 에너지를 사용할 수 있는 힘을 가지고 있습니다.

끔찍한 상황에서 살아남기 위해서
는 희망을 가져야 해요."

앨리스 민수 전

그리고 우리는 힘을 합쳐 한 번에 한 사람씩 온 세상의 가장 어두운 곳에 빛을 가져올 수 있습니다."

앨리스는 자신의 아들과 전 세계의 아이들을 위해서 마음속 분노를 수백만 명의 희망으로 바꾸어놓았다.

그레타 툰베리

Greta Thunberg

힐러리

2018년 8월, 당시 열다섯 살이던 그레타 툰베리는 스톡홀름에
위치한 자신의 고등학교에 등교하는 대신 파업에 돌입하기로 마음먹었
다. 다른 여러 나라들과 마찬가지로 스웨덴도 그해 여름 기록적인 폭염
에 시달렸다. 과학계에서는 암울한 소식들이 흘러나왔고 그레타는 더
이상 참을 수가 없어서 나무판자에 검은 글씨로 'SKOLSTREJK FÖR
KLIMATET(기후를 위한 휴교)'라고 썼다. 그러고 나서 배낭에 간식을 챙
겨넣고 운동화를 신은 다음, 스웨덴 국회인 릭스닥으로 향했다. 그리고

그 앞 인도에 진을 쳤다. 그레타의 목표는 자신의 세대가 마주하고 있는 가장 큰 위협인 기후변화에 아무런 조치도 취하지 않는 정부에 항의하는 것이었다.

그레타는 지구의 상태가 점점 더 걱정스러워진다는 뉴스를 보며 성장한 세대다. 그레타 자신도 어린 나이에 기후변화에 대해 알게 된 후 우울증에 빠졌다고 공개적으로 밝혔다. "저는 입을 닫아버렸어요. 먹지도 않았고요." 그레타는 같은 반 친구부터 세계 지도자들에

이르기까지 주변 모든 사람이 왜 이 세계적인 비상사태에 적극적으로 맞서지 않는지 이해할 수 없었다. 그래서 무언가를 하기로 결심했다. 그레타는 자신이 이 문제에 그토록 열정적으로 매달릴 수 있었던 데는 아스퍼거증후군의 영향도 있다고 봤다. "저는 세상을 좀 다른 관점에서 봐요. 저는 특별한 데 관심이 있어요. 자폐 성향을 보이는 사람들은 대부분 특별한 관심거리가 있죠." 그레타가 〈뉴요커〉 기자 마샤 게센에게 한 말이다. 적극적인 행동을 통해서 그레타는 목표를 발견했다.

그레타의 긴박함은 타당한 것으로 밝혀졌다. 그레타가 처음 파업에 돌입한 지 불과 몇 달도 지나지 않아 기후변화에 관한 정부 간 협의체 IPCC는 지구 평균기온 상승폭을 치명적 한계인 1.5도 아래로 제한하기 위해서는 2030년까지 온실가스 배출량을 절반으로 줄여야 한다고 경고하는 보고서를 발표했다. 고대 빙하들이 갈라지면서 해수면이 상승해 인도네시아와 같은 나라들에서는 50년 안에 물속에 잠길 것으로 예상되는 해안가 도시들을 다른 곳으로 옮겨야 한다. 알래스카의 마을들은 이미 이

주를 마쳤다. 과학자들은 시베리아에서 영구동토층이 녹으면서 대기로 메탄가스가 더 많이 방출되고 그로 인해 또다시 기온이 높아지는 재앙에 가까운 악순환이 이어질 것이라고 경고했다. '100년에 한 번 올까 말까 한' 심각한 홍수, 산불, 허리케인이 어느덧 정기적인 재해가 되었다.

우리는 종종 기후변화를 막는 일을 '지구를 위한' 일이라고 말한다. 하지만 그레타와 같은 활동가들은 결국 지구는 살아남겠지만 인류와 우리가 살던 삶은 사라질지도 모른다는 사실을 알고 있다. 우리는 바로 그 점을, 그것도 아주 시급히 걱정해야 한다. 그레타는 이렇게 말했다. "당장 집에 불이 난 것처럼 여러분들이 행동했으면 좋겠어요. 왜냐하면 진짜 그렇거든요."

그레타는 그날 플로리다주 파크랜드에 있는 마저리 스톤맨 더글러스 고등학교 학생들이 총기 규제를 촉구하는 집회를 연 것에 고무되어 의회 건물까지 내려갔다. 파크랜드 학생들은 어른들에게 자신들의 목숨을 위협하는 총기 문제에 이제라도 조치를 취하라고 촉구했다. 그레타는 기후변화를 점점 더 우려하는 자신의 모습도 그들과 비슷하다고 생각했다. 처음에는 한 어린 소녀의 행동으로는 아무것도 달라지지 않을까봐 걱정했지만 의심스러운 마음이 들어도, 다른 사람들이 비웃어도 단념하지 않았다. 배우인 아버지 스반테 툰베리와 유명한 오페라 가수인 어머니 말레나 에른만은 딸을 응원해주었다. 말레나는 탄소발자국을 줄이기 위해 공연을 갈 때 비행기 대신 기차와 자전거를 타고 이동한다.

파크랜드 학생들이 그레타에게 영감

"우리에겐 희망이 필요해요. 당연하죠. 하지만 희망보다 더 필요한 건 행동이에요. 한번 행동하기 시작하면 희망은 어디에나 있어요."

- 그레타 툰베리

을 주었듯 그레타 역시 전 세계의 젊은이들이 기후행동을 위해 싸우도록 영감을 주었다. 처음 배낭을 싸던 날, 그레타는 혼자였다. "사람들을 데리고 함께 가려고 했어요. 하지만 아무도 관심이 없었어요. 그래서 저 혼자 할 수밖에 없었죠." 그레타는 몇 주 후에 학교로 돌아갔지만, 매주 금요일마다 계속해서 '미래를 위한 금요일'이라는 제목으로 시위를 이어나갔다. 서서히 유럽과 전 세계의 학생들이 참여하기 시작했다. 처음에는 몇 명에 불과했지만 점차 수십 명, 수백 명으로 늘어나 지금은 수천 명에 이르게 됐다. 2019년 3월 15일(역시 금요일) 전 세계 160만 명의 젊은이들이 시드니에서 샌프란시스코로, 캄팔라에서 서울로 행진하는 시위에 동참했다. "제가 가장 많이 받는 비판은 누군가에게 조종을 당하고 있다는 거고 아이들을 정치 수단으로 이용해서는 안 된다는 거예요. 전 그게 정말 짜증나요! 저도 말할 권리가 있어요. 왜 저는 제 의견을 정하고 사람들의 마음을 바꾸려고 하면 안 되는 거예요?" 그레타가 말했다.

첼시

기후변화에 맞서 세계적인 운동을 이끄는 지도자 중에는 그레타와 같은 환경운동가에서부터 유엔 기후변화협약United Nations Framework Convention on Climate Change의 사무총장을 역임한 크리스티아나 피게레스Christiana Figues나 파트리시아 에스피노사Patricia Espinosa와 같이 국제연합UN에서 일하는 여성들에 이르기까지 배짱 있는 여성들이 많아. 크리스티아나는 코펜하겐에서 열린 기후변화 정상회담이 합의점을 도출하지 못하고 끝난 지 불과 6개월 만인 2010년에 사무총장 자리에 올랐어. 그로부터 5년 후, 자칭 자신의 '고집스러운 낙천주의'에 힘입어 195개국이 파리에 모여 만장일치로 '가장 취약한 이들을 보호하고 사람들의 삶의 질을 향상시키기 위해서 전 세계 경제의 흐름을 바꾸기로' 결정했지. 2016년에 사령탑을 맡게 된 파트리시아는 여러 나라와 각종 비정부기구들에게 파리협정의 목표를 달성하기 위해 자체적인 정책을 제출하도록 권유하는 온라인 활동을 펼치는 등 세계적으로 대화의 폭을 넓히는 데 일조했어. 그리고 나는 그레타가 기후변화가 아니라 기후위기에 대해 이야기해줘서 너무 고마워. 크리스티아나가 협상했고 파트리시아가 이행하게 하려 애쓰는 약속들을 우리는 매일 어기고 있어. 위기를 해결하고 우리 아이들이 살 만한 건강한 지구를 만드는 일에서 하루씩 더 멀어지고 있는 거야.

우리는 미래 세대가 잘 살아갈 수 있는 지구를 만들어야 하는 어려운 도전에 직면해 있다. 할머니이자 엄마이자 한 인간으로서 나는 기후 변화를 위한 행동을 성공시키기 위해 개인적으로 부단히 노력했다. 지구가 위기에 처했음을 깨닫고 개인적으로 그리고 단체로 지구를 구하기 위해 행동하기로 한 그레타와 모든 젊은이들에게 감사드린다. 정말 대단한 배짱이다!

그레타는 이렇게 말했다. "변화가 곧 일어날 거예요. 하지만 그 변화를 보기 위해서는 우리 자신 또한 변화해야 합니다." 그래, 해보자.

지구 지킴이들

탐험가들과 발명가들
EXPLORERS AND INVENTORS

캐럴라인 허셜 *Caroline Herschel*, 베라 루빈 *Vera Rubin*

캐럴라인 허셜

베라 루빈

첼시

캐럴라인 허셜은 오보에 연주자인 아버지 아이작과 어머니 안나 일제의 여덟째 아이로 태어나 오늘날 독일의 하노버 지역에서 자랐다. 1760년 열 살이었던 캐럴라인은 심한 열과 발진을 일으키고 심지어 목숨까지 위협하는 세균성 질병인 발진티푸스에 걸렸다. 병은 완치됐지만 캐럴라인은 그후로 더 자라지 않았다. 그전까지는 다른 남자 형제들과 함께 아버지로부터 공부를 배웠지만 병을 앓고 난 후에는 그만뒀다. 캐럴라인의 키는 120센티미터가 조금 넘을 정도로 작아서 캐럴라인의 부모는 딸이 평생 결혼을 하지 못하리라고 생각했고, 키 때문에 어쩔 수 없이 종노릇을 하게 될 거라고도 예상했다.

하지만 캐럴라인은 부모의 예상을 믿지 않았다. 스물두 살 때 작곡가 겸 음악가이자 합창단장인 오빠 윌리엄을 따라 독일을 떠나 영국의 바스로 이주했다. 캐럴라인은 오빠의 합창단에서 노래를 불렀고 집안일도 도맡아 해주었다. 윌리엄은 음악뿐만 아니라 천문학과 망원경 설계에도 관심이 있었다. 캐럴라인은 오빠를 도와 다양한 종류의 렌즈와 경통의 길이를 실험했다. 그러던 중 윌리엄은 천왕성을 발견한 공로로 기사 작위를 받고 조지 3세의 궁정 천문학자로 임명되었다(그렇다. 미국 역사책과 뮤지컬 〈해밀턴〉으로 유명한 바로 그 조지 3세다). 윌리엄은 약 2,000년 만에 최초로 새로운 행성을 발견한 인물이었다. 별안간 음악은 윌리엄의 취미가 되었고 천문학이 그의 직업이 되었다.

캐럴라인은 계속해서 오빠의 실험을 도와가며 수학과 천문학에서 자신만의 연구를 했다. 윌리엄은 부엌 옆에 있는 실험실에서 캐럴라인과 함께 만든 렌즈, 함께 닦은 거울 등을 사용해 더 크고, 더 길고, 더 강력한 망원경을 만들었다. 1789년, 캐럴라인의 도움을 받아 윌리엄은 마침내 그 당시로서는 역대 가장 큰 망원경을 만들었다. 그 망원경의 초점 길이는 12미터가 넘었다. 만드는 데 4년이 걸렸고 그후로 50년 넘게 온전하게 서 있었다.

영국으로 이주한 후 10년간 오빠 윌리엄이 협업의 공을 독차지하는 동안, 캐럴라인은 오빠의 공식적인 견습생이 되었다. 캐럴라인의 재능을 알아본 조지 3세는 캐럴라인의 연구를 직접 후원하기 시작했다. 여성이 자신의 과학적 통찰력을 영국 군주로부터 공식적으로 인정받은 것은 아마 최초였을 것이다. 자신은 그런 인정을 받아 마땅하다는 사실을 캐럴라인은 직접 증명해 보였다.

1786년 8월 1일, 캐럴라인은 망원경으로 관측하던 중 하늘을 가로질러 움직이는 무언가를 발견했다. 그전까지는 확인된 적 없는 혜성이었다. 다음날 밤에도 그 혜성이 보이자 캐럴라인은 오빠와 다른 동료 천문학자들에게 이 사실을 알렸다. 윌리엄은 그 혜성을 적절하게도 '내 여동생의 혜성'이라고 불렀다. 오늘날 캐럴라인은 혜성을 발견한 최초의 여성으로 알려져 있다. 지금까지 캐럴라인이 발견한 혜성은 총 8개에 달한다.

캐럴라인이 72세가 됐을 때 윌리엄이 세상을 떠났다. 오빠가 죽은 후, 캐럴라인은 오빠와 함께 관찰했던 내용들을 모두 기록했고, 자신들의 연구와 당시 널리 이용되던 항성 목록이 일치하지 않는다는 사실을 발견했다. 캐럴라인이 작성한 '항성 목록Catalogue of the Stars'은 1798년에 발표됐다. 1828년 왕립천문학회는 그 공로를 인정해 캐럴라인에게 금훈장을 수여했다. 그후로 1996년까지 약 170년간 여성 수상자는 단 한 명도 나오지 않았다.

캐럴라인은 여성의 평균 수명이 55세에 불과했던 시대에 98세까지 살았다. 그리고 캐럴라인의 천문 지도는 오늘날에도 여전히 사용되고 있다. 20여 년 전 그 사실을 알았을 때 나는 정말 깜짝 놀랐다. 200년 뒤의 과학자들에게까지 통찰력을 제공할 수 있을 정도로 명료하면서 선견지명 있는 사람이 있었다는 사실이 놀라웠다.

캐럴라인이 세상을 떠나고 80여 년이 흐른 뒤, 바다 건너에서는 어린 베라 루빈이 침실 창문 너머로 보이는 밤하늘과 사랑에 빠졌다. 베라의 아버지는 베라가 망원경을 만드는 것을 도와주었고 아마추어 천문학자 모임에도 함께 갔다. 1948년 바사르대학을 졸업할 당시 베라는 천문학을 전공한 유일한 졸업생이었다. 대학 졸업 후에는 프린스턴대학원에 진학해 공부를 이어가고 싶었으나 대학원으로부터 천문학 과정에는 예외 없이 여성을 입학시키지 않는다는 답변을 들었다. 이 정책은 1975년까지 바뀌지 않았다.

고등교육은 남자들만을 위한 것이라는 그릇된 자만심 때문에 베라나 다른 여성들이 수 세기 동안 고등교육에서 소외되었던 것을 생각할 때마다, 나는 이제라도 그 대학들이 스스로 얼마나 엄청난 실수를 저질렀는지 깨닫기를 바란다. 베라는 코넬대학을 거쳐 조지타운에서 1954년에 박사학위를 받았으며 초은하단의 존재를 증명하는 연구를 했다. 오늘날에는 이 작은 규모의 은하단들이 우주의 커다란 특징 중 일부로 여겨지지만 그때 당시 베라의 연구는 무시되고 조롱받았다. 그리고 연구 결과가 널리 받아들여지기까지 수십 년의 세월이 흘렀다.

박사과정을 시작했을 때 베라의 뱃속에는 둘째 아이가 자라고 있었다. 연구 도중 만난 사람들, 특히 남성들은 베라에게 여자가 그렇게 중요한 연구를 맡을 수 있겠느냐고 대놓고 의심하고, 아이 엄마가 그렇게 높은 수준의 연구에 전념할 수 있을지 물었다. 성차별은 베라가 전임교수가 되고 그 후 연구를 중심으로 하는 보직을 맡아 옮겨갔을 때에도 계속됐다. 1960년대에 베라가 일하고 싶어했던 한 천문대는 여성 연구원도 없고 여성을 위한 시설도 없었다. 그래서 베라는 남자 화장실 한 칸의 문 앞에 치마 모양으로 오린 종이를 붙여 여자 화장실로 사용했다. 여성을 고용할 수 없는 주된 이유 하나가

"우리는 새로운 세계를 들여다봐왔고 우리가 상상했던 것보다 그 세계가 더 불가사의하고 복잡하다는 사실을 발견했습니다. 여전히 우주에는 많은 수수께끼가 숨어 있습니다. 그 답을 찾기 위해 모험심 강한 미래의 과학자들이 필요합니다. 나는 그 점이 참 마음에 듭니다."

- 베라 루빈

탐험가들과 발명가들

사라지자 천문대측은 어찌할 도리가 없었다. 결국 베라는 여성 최초로 그 천문대에서 근무하게 됐다. 베라의 일이 베라에게 그럴 권리를 준 것이다. 그럼에도 불구하고, 베라는 "내가 진짜 천문학자라고 믿는 데 오랜 시간이 걸렸다"고 털어놨다.

베라는 계속해서 은하단에 대해 연구했고, 은하단의 회전 곡선이 현대 이론에 따라 계산한 예상치와 어긋난다는 사실을 발견했다. 단일 은하로 범위를 좁혀보아도 결과는 마찬가지였다. 베라는 은하의 회전속도가 매우 빨라서 중력만으로는 은하들이 흩어지지 않는 이유를 설명하기에 부족하다는 가설을 세웠다. 그것은 암흑물질에 대한 최초의 실제적인 증거였다. 이에 앞서 과학자인 프리츠 츠비키Fritz Zwicky가 은하들이 자신의 질량 이상의 무언가에 의해 결합되어 있는 것처럼 보인다는 것을 발견하고 주장한 적이 있다. 베라는 은하계가 자신들의 질량보다 몇 배나 더 많은 암흑물질을 포함하고 있다고 추측했다. 그리고 이후의 연구를 통해 자신의 결론을 입증했다. 우리는 이제 암흑물질이 우주 전체의 물질 가운데 85퍼센트를 차지한다는 것을 안다.

베라는 우리가 우주를 이해하는 데만 도움을 준 것이 아니다. 베라의 연구 덕분에 새로운 학문 분야와 연구가 생겨났고 차세대 과학자들은 영감을 받았다. 1996년, 베라는 캐럴라인 허셜에 이어 여성 가운데 두번째로 왕립천문학회로부터 금훈장을 수상했다. 베라와 같은 분야에서 일하는 많은 사람들은 노벨상 위원회가 베라를 수상자로 선정하지 않은 것은 절대 이해할 수 없는 실수로 여긴다. 그러나 어떤 상 하나를 못 받았다고 해서 베라가 크게 신경을 쓸 것 같지는 않다. 어릴 적 침실에서 별을 관찰하면서 느꼈던 그 힘, 우리가 살고 있는 우주에 대해 더 알고 싶은 바로 그 채워지지 않는 욕망이 지금껏 베라에게 원동력이 되어주었기 때문이다. 그리고 오늘날 우리는 베라와 캐럴라인 덕분에 우주에 대해 더 많이 알고 있다.

에이다 러브레이스 *Ada Lovelace,*
그레이스 호퍼 *Grace Hopper*

에이다 러브레이스

그레이스 호퍼

첼시

1987년 산타클로스는 크리스마스 선물로 내게 첫 컴퓨터를 선물해줬다. 당시 미국의 컴퓨터 과학자 가운데 여성의 비율은 3분의 1이 넘었는데 현재는 4분의 1로 줄었다. 특히나 컴퓨터를 발명하는 데 여성들이 일조했다는 사실을 고려하면 격차가 너무 크다.

19세기에 에이다 러브레이스는 현재 우리가 사용하는 컴퓨터에까지 영향을 미칠 정도의 커다란 업적을 남겼다. 에이다의 아버지인 시인 바이런 경과 어머니 안나벨라는 에이다가 아직 아기였을 적 이혼을 했고 에이다는 그 이후로 아버지를 다시는 보지 못했다. 어머니는 딸이 수학에 관심을 보이자 적극 지원해주었다. 에이다의 가족이 특권층이기는 했지만 그렇다 해도 1800년대 초기에 여성들에게 흔치 않은 일이었다.

10대가 된 에이다는 차분기관으로 알려진 자동계산기를 발명한 찰스 배비지Chales Babbage와 함께 일했다. 에이다는 기계가 규칙을 따를 수 있고 숫자가 음표나 알파벳 문자 같은 다른 개념을 나타낼 수 있다고 가정했다. 에이다는 남녀를 통틀어 최초로 기계가 단순히 계산만 할 수 있는 것이 아니라 음악을 만들 수 있다고 상상한, 아니면 최소한 그렇게 표현한 사람이었다. 또한 최초로 기계에 사용할 용도로 알고리즘, 즉 수학적 문제를 해결하기 위한 일련의 단계들을 공개했다. 그래서 에이다는 종종 세계 최초의 컴퓨터 프로그래머이자 '컴퓨터 시대의 예언자'라는 매우 적확한 수식어로 묘사된다. 그런 전대미문의 아이디어를 실현하는 데는 배짱이 필요했다.

에이다는 36세에 암으로 세상을 떠났다. 만약 더 오래 살았다면 무엇을 상상했고 무엇을 발명했을지 모를 일이다. 나는 대학에서 에이다에 대해 배웠다. 당시 나는 톰 스토파드Tom Stoppard의 희곡 『아카디아 Arcadia』를 읽고 있었는데(아카디아는 당시 내 친구였고 지금은 남편이 된 마크의 선물이었다), 이 희곡의 가장 흥미로운 인물인 토마시나는 에이다로부터 영감을 받았다. 나는 항상 과학을 좋아했다. 그런데 어떻게 컴퓨터의 수학적 기초를 닦은 여성에 대해 전혀 몰랐을까? 수학 시간이나 컴퓨터 시간에 배웠어야 마땅했는데 말이다. 요즘 학생들은 최초의 컴퓨터가 발명되기 훨씬 전에 컴퓨터의 가능성을 상상했던 이 놀라운 여성에 대해 배웠으면 좋겠다.

에이다가 태어난 지 거의 100년 뒤에 그레이스 호퍼가 뉴욕에서 태어났다. 당시에도 여전히 수학은 남자들이 주도하고 있었다(현재 수학과 컴퓨터공학이 여전히 그렇듯). 서른 살이 되기도 전에 그레이스는 수학 박사학위를 취득했다. 1934년 당시에는 어느 누구라도 얻기 힘든 결과였다. 처음에는 모교인 바사르칼리지에서 수학과 교수로 일하다가 제2차세계대전 동안 미국 해군 예비군에 입대했다. 그곳에서 마크원Mark I 컴퓨터를 사용해 일하기 시작했는데, 마크원 컴퓨터를 프로그래밍한 사람은 그레이스 이전에는 단 두 명밖에 없었다. 종전 후에도 그레이스는 계속해서 민간 부문과 해군에서 컴퓨터로 일을 했고 이후에도 군 안팎에서 계속 일했다.

"나는 무엇이든 이해해도 진정으로 만족하지 못한다. 왜냐하면 내가 아무리 이해를 잘했다고 해도 내가 이해한 것은 나에게 일어난 많은 연관성과 관계에 대해 내가 이해하고 싶은 전부 중 아주 미미한 일부일 뿐이기 때문이다."

– 에이다 러브레이스

힐러리

2019년 3월 미국의 수학자 캐런 케스쿨라 울런벡이 여성 최초로 아벨상을 받게 됐을 때 나는 에이다와 그레이스 그리고 이공계 분야에서 일한 많은 선구적인 여성들을 생각했어. 캐런은 여러 가지 중에서 특히 비누 거품을 형성하는 데 관련된 수학에 대해 탐구해왔지. 그리고 1968년 브랜다이스대학교에서 수학 박사학위를 받은 몇 안 되는 여성 중 한 명이었는데 당시 경험을 이렇게 설명했어. "우리는 여자라서 수학을 못할 거라는 말을 들었어요. 나는 해서는 안 되는 일을 하는 게 좋았어요. 일종의 합법적인 반항이었던 거죠."

정말 마음에 쏙 드는 말이야!

에이다처럼 그레이스도 컴퓨터가 당시에 하던 복잡한 연산보다 더 많은 것들을 할 수 있을 거라고 상상했다. 그래서 수학을 사용해 언젠가 에이다가 상상했던 대로 단어들을 숫자로 된 코드로 번역하는 프로그램인 컴파일러를 최초로 만들었다. 그리고 그 덕분에 프로그래밍 언어가 발명됐다. 컴퓨터가 그 누가 상상한 것보다 더 큰 잠재력을 가지고 있다는 사실을 그레이스가 증명하기 시작하자 특히 남자 동료들은 강하게 비판하거나 비웃었다. 성차별을 당하면서도 그레이스는 포기하지 않았다. 대신 수학의 새로운 한계들을 뛰어넘으며 앞으로 나아갔다. 그레이스는 언젠가 이렇게 말했다. "일을 한 번 해내면 사람들은 그걸 사고라고 부릅니다. 두 번 해내면 우연이라고 해요. 하지만 세번째 해내면 자연법칙을 증명한 거예요!" 끈기와 천재성에 힘입어 많은 업적을 이룬 그레이스는 오늘날 '전산의 어머니Mother of Computing'라 불린다.

내가 그레이스에 대해 알게 된 것은 1996년 해군이 그레이스를 기리기 위해 새 함선의 이름을 USS 호퍼라고 명명했기 때문이다. 이런 식으로 한 여성의 공로를 공식적으로 인정해주는 경우는 드물다. 나는 수년 후 세계 여성 IT 종사자들의 최대 연례 모임인 그레이스 호퍼 셀러브레이션Grace Hopper Celebration에서 강연하면서 그레이스에 대해 더 많이 알게 되었다. 에이다와 마찬가지로 그레이스에 대해 학교에서 배운 적이 없다는 점이 여전히 마음에 걸린다. 특히 고등학교에서 컴퓨터를 배우기 시작하는데도 말이다. 우리는 전쟁 중 그리고 전쟁 후에 그레이스가 노력한 덕분에 우리의 일이 가능해졌다는 것을 진작 배웠어야 했다.

에이다와 그레이스 모두 우리가 컴퓨터 앞에 앉을 때마다 감사받아야 마땅하다. 최근 에이다 러브레이스의 날Ada Lovelace Day이 과학, 기술, 공학, 수학 분야에서 여성의 업적을 인정하는 국제적인 기념일로 선정되었다. 올바른 방향으로 한 걸음 더 나아가기는 했지만 아직도 갈 길이 멀다.

마거릿 나이트 *Margaret Knight*
마담 C. J. 워커 *Madam C. J. Walker*

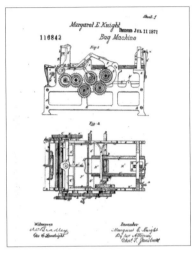

마거릿 나이트의 발명품

마담 C. J. 워커

첼시

1850년 열두 살 소녀 마거릿 나이트는 뉴햄프셔 맨체스터에 있는 학교를 그만두고 지역 면직공장에서 일하면서 홀어머니를 부양했다. 그러던 어느 날 공장에서 그만 끔찍한 사고를 목격하고 말았다. 실을 감아놓는 실패에서 끝이 쇠로 된 북이 분리되면서 한 소녀를 찌른 것이다. 19세기에는 공장이나 위험한 기계를 다루는 일에 어린이들을 고용하는 일이 흔했다. 기계에 울타리를 치는 것보다 그편이 더 저렴했기 때문이다. 아이들은 손가락, 팔다리, 그리고 목숨을 잃었다.

마거릿은 자신이 목격한 사건과 비슷한 일이 더이상 일어나지 않도록 막고 싶었다. 어린 나이부터 독학으로 발명가가 된 마거릿은 자라면서 남동생들을 위한 장난감과 어머니가 더 손쉽게 집안일을 할 수 있도록 하는 도구들을 만들어온 터였다. 공장의 문제도 자신이 해결할 수 있을 것만 같아 보였다. 열세 살이 됐을 무렵 마거릿은 이미 기계가 오작동할 경우 자동으로 전원이 꺼지는 섬유직기용 안전장치를 발명했다. 마거릿의 발명품이 미국 전역의 면직 공장에서 널리 사용되었고 덕분에 엄청난 사고들을 예방했지만 마거릿은 발명한 공로를 인정받지도 수입을 얻지도 못했다. 그럼에도 불구하고 마거릿은 발명을 계속했다.

남북전쟁이 끝난 후, 마거릿은 매사추세츠주 스프링필드에 있는 컬럼비아 페이퍼백 컴퍼니에서 일하기 시작했다. 종이봉투를 일일이 손으로 접는 일이었는데 비효율적이고 시간이 많이 드는 작업이었다. 1년도 채 되지 않아 마거릿은 종이를 자르고 접고 붙여서 평평한 바닥의 종이가방을 만드는 기계를 설계했다. 지금이야 아주 간단하게 들릴지 모르지만, 그 당시에는 바닥이 평평한 종이가방을 사치품으로 여겼다. 대부분의 가정은 식료품을 원뿔형 종이나 큰 봉투에 담아 집으로 가지고 갔다.

마거릿은 특허를 출원했지만 신청이 기각되었다. 알고 보니 마거릿이 개발 초기 단계에 작품을 보여줬던 한 남자가 그 아이디어를 훔쳐서 미리 특허를 출원해 공을 낚아챈 것이다. 부당하게 아이디어를 도둑맞아 화가 난 마거릿은 그를 고소했다. 마거릿의 아이디어를 훔쳐간 남자는 여자가 그런 기계를 디자인할 수는 없다고 주장했지만 마거릿은 손으로 그린 청사진을 한 페이지씩 제시했고 결국 재판에서 승소했다. 그리고 1871년에는 바닥이 평평한 종이가방을 만드는 기계의 특허를 받았다. 1809년에 짚과 명주실을 엮는 새로운 기술로 메리 키스Mary Kies가 미국 여성 가운데 최초로 특허를 받기는 했지만 여전히 여성이 특허를 따는 일은 드물었다. 은퇴하기 전까지 마거릿은 20개가 넘는 특허를 출원했다. 마거릿의 종이가방 제조기를 개선한 기계는 오늘날에도 여전히 사용되고 있다. 그러니 앞으로 종이가방이나 마거릿의 디자인을 본떠 만든 천 가방을 사용한다면 마거릿에게 감사하라!

19세기 말과 20세기 초에 활동한 여성 발명가가 마거릿 나이트만 있는 것은 아니었다. 1867년 루이지애나주 델타 근처에서 태어난 세라 브리들러브는 일곱 살이 되기도 전에 부모님을 잃었다. 노예가 해방된 루이지애나주에서 가난한 흑인 소녀가 교육을 받을 수 있는 유일한 방법은 교회에 가는 것뿐이었다. 세라는 교회에서 글자를 배웠다. 어렸을 적에는 먹고살기 위해 대부분의 시간을 다른 사람의 집에서 일했고, 미시시피주에 사는 언니네 집에 들어가 살면서도 마찬가지였다. 세라는 열네 살에 첫 남편과 결혼했고 몇 년 뒤 외동딸을 낳았다. 남편이 세상을 떠난 뒤, 세라와 딸 아렐리아는 세인트루이스로 이사했다. 30대가 되어 머리카락이 빠지기 시작하자 세라는 여러 가지 치료법들을 시험해보았다. 그중에는 이발사였던 오빠 네 명이 추천해준 방법들도 있었다. 흑인 여성용 헤어 케어 기업가인 애니 말론Annie Malone의 제품들도 써봤지만 세라는 다른 사람이 만들거나 추천한 제품들이 마음에 쏙 들지 않았다. 그래서 탈모를 막기 위한 자신만의 제조법을 만들기 시작했다. 머리를 자주 감지 못하고(실내 배관 및 중앙난방 부족으로 인해서), 식단에 영양소가 부족하며 두피 질환까지 앓는다면 19세기 후반 여성들, 특히 흑인 여성들에게 왜 탈모가 그렇게 흔한 고민거리였는지를 알 수 있다. 광고 분야에서 활발하게 활동하던 세라의 세번째 남편 찰스 조셉 워커는 세라에게 직접 헤어 케어 제품을 만들어보길 권하면서 마담 C. J. 워커라는 귀에 쏙 들어오는 이름까지 추천해주었다. 세라는 곧바로 일에 착수했고 마담 C.J.는 그렇게 탄생했다.

마담 C.J.는 헤어 케어 제품 및 트리트먼트 제품인 마담 워커의 원더풀 헤어 그로워Wonderful Hair Grower를 직접 개발한 뒤 다른 흑인 여성들에게 홍보하기 시작했다. 처음에는 자신이 애니 말론 제품을 판매했던 콜로라도주의 덴버에서였다. 애니는 마담 C.J.가 자신의 제조법을 도용했다며 비난했다. 하지만 재료는 같았어도 제조법은 살짝 달랐다. 게다가 마담 C.J.의 마케팅 방법은 (남편의 도움이 약간 있었지만) 전적으로 독자적이었다. 마담 C.J.가 전국을 돌아다니며 대표 제품과 두피 관리 및 치료법을 시연하는 동안, 아렐리아는 우편 주문 부분을 관리했다. 판매량은 빠른 속도로 증가해서 이듬해에는 첫번째 공장을 세우게 됐다. 마담 C.J.는 새로운 시장과 철도 노선에 더 가까이 다가가기 위해 사업을 우선 피츠버그로 옮겼다가 이후 인디애나폴리스로 다시 옮겼다.

1910년 드디어 마담 C.J.는 첫 공장을 열었다. 그리고 메이크업과 다른 미용 제품으로 사업을 확장했다. 다양해진 제품 라인을 사용하는 방법을 미용사들에게 교육하기 위해 미용 학교도 열었다. 10년도 채 되지 않아 사업은 해외로 확장되었고, 흑인 여성과 남성들이 대다수를 차지하는 4만 명의 직원 규모를 갖추게 됐다.

마담 C.J.는 당대 가장 부유한 흑인 여성 중 한 명이 되었고, 자수성가한 최초의 흑인 여성 백만장자로 알려져 있다(하지만 일부 역사학자들은 의혹을 제기하고 있다). "저는 시작하는 것부터 시작했습니다." 마담 C.J.는 이렇게 말하고는 했다. 그리고 자신이 가진 자원들을 활용해 YMCA와 NAACP를 지원했다. 더불어 교육에 투자하고 인종차별과 폭력에 반대했다. 마담 C.J.는 1919년 뉴욕에서 신부전으로 사망했다. 82년 후, 아렐리아 번들은 고조할머니의 전기인 『온 허 온 그라운드On Her Own Ground: The Life and Times of Madam C. J. Walker.』를 펴냈다.

　나는 운좋게도 고등학교 2학년 때 엘리스 터너 선생님 덕분에 역사 시간에 마거릿 나이트와 마담 C. J. 워커에 대해 배울 수 있었다. 선생님은 역사에는 남성들, 특히 백인 남성들만 너무 자주 등장한다며 우리에게 여성 발명가, 개혁가, 예술가, 사회운동가, 작가, 언론인, 그리고 미국을 발전시키는 데 영향을 미친 지도자들을 소개해주려 애썼다. 마거릿 나이트와 마담 C. J. 워커가 지금은 세상에 없지만 분명한 혁신가로 모두에게 알려지고 인정받기를 바란다.

마리 퀴리 *Marie Curie,*
이렌 졸리오퀴리 *Irene Joliot-Curie*

첼시

1863년, 러시아제국의 교육부 장관은 공식적으로 여성의 대학 입학을 금지했다. 마리 퀴리가 바르샤바(당시 러시아제국의 일부로 현재는 폴란드)에서 태어나기 불과 몇 년 전이었다. 하지만 마리(어릴 적 이름은 마리아 스크워도프스카Maria Skłodowska)는 학년에서 1등을 놓치지 않았고 대학에 진학하겠다고 굳게 마음을 먹고 있었다.

마리는 시련이 닥쳐와도 잘 이겨냈다. 어릴 적 큰언니가 발진티푸스로, 어머니는 폐결핵으로 세상을 떠나고 아버지는 친폴란드 성향으로 인해 직업을 잃게 되었다. 마리는 고등학교를 졸업하고 '플라잉대학The Flying University'에 다녔다. 플라잉대학은 여성만 다닐 수 있는 비밀 수업과 수학, 과학을 비롯한 강의였는데 당국의 감시를 피해 이 집 저 집을 옮겨 다니며 열렸다. 마리는 남몰래 공부를 하는 동시에 파리에서 의대를 다니는 언니를 돕기 위해 선생과 가정교사로 일했다.

1891년 마리는 스물네 살의 나이에 파리로 건너가 프랑스의 가장 권위 있는 대학 중 하나인 소르본대학에서 물리학과 수학을 공부하기 시작했다. 언니로부터 약간의 지원을 받았고 나중에는 장학금을 받기도 했지만 대부분 비용을 자기 힘으로 마련해야 했다. 한겨울에 난로 없이 지내고, 끼니는 자주 거르고, 저녁에는 과외를 했다. 그 와중에 낮시간에는 학교에 다니며 공부를 했다. 그리고 성실하게 산 보람이 찾아와 물리학에서 1등, 수학에서 2등을 차지했고 여전히 학생 신분이었지만 실험실에서 일하기 시작했다.

"나를 아는 이 하나 없는 파리, 이 큰 도시에서 나는 길을 잃었다. 하지만 홀로 살며 어떤 도움도 없이 스스로를 돌보는 기분 때문에 우울하지는 않았다. 외로울 때도 있었지만 평상시 기분은 차분하고 도덕적으로 크게 만족스러웠다."

- 마리 퀴리

1894년, 다양한 종류의 강철이 지닌 자기적 특성을 실험하기 위한 연구실을 찾던 중, 마리는 피에르 퀴리 교수를 만났다. 초기부터 업무상 관계가 좋기는 했지만 마리는 그해 여름 가족을 만나기 위해 폴란드로 돌아와 크라쿠프대학에 지원했다. 그러나 마리의 지원서는 여성이라는 이유로 거절당했다. 폴란드에서 여성은 학생에 이어 교수진까지도 지원할 수 없게 된 것이다.

파리로 돌아온 마리는 삶의 목표가 되어주고 결국엔 자신의 삶을 빼앗아간 연구를 홀로 그리고 피에르와 함께 시작했다. 그 실험들을 하면서 마리와 피에르 는 더욱 가까워졌다. 피에르는 마리에게 편지를 쓰곤 했는데, 낭만적인 글이 아니라 두 사람이 함께 이루고 싶은 모든 과학 연구에 대한 포부가 잔뜩 적혀 있었다. 하지만 마리는 전혀 상관없었다. 이후 마리는 이렇게 썼다. "피에르 퀴리는 딱 한 가지 방식으로 미래를 봤어요. 과학을 위해서 인생을 바쳤죠. 피에르는 자신의 꿈을 함께 꿔줄 동반자가 필요하다고 느꼈 어요." 그들은 1895년에 결혼했는데, 마리는 가지고 있던 유일한 원피스 를 입었다. 매일 실험실에서 입던 옷이었다. 나는 마리가 자성에 대한 연 구를 하다가 피에르와 만나게 됐다는 사실이 늘 무척 마음에 들었다.

1897년 실험 결과를 분석한 후, 마리는 우라늄이 외부 에너지원이 아 닌 원소의 원자구조에서 나오는 입자 광선을 방출한다는 이론을 세우고, 이 현상을 '방사능'이라 불렀다. 방사능은 이후 원자물리학의 기초가 되 었고 이때부터 피에르는 마리의 연구를 돕는 데 매진하기 시작했다. 이 후 마리와 피에르는 새로운 방사성원소를 분리하는 데 성공했고 조국 폴 란드의 이름을 따서 '폴로늄'이라는 이름을 붙였다. 그리고 또다른 방사 성원소인 '라듐'을 발견했으며 라듐이 다른 건강한 세포보다 종양을 발생 시키는 세포를 더 빨리 파괴한다는 사실도 알게 됐다. 모든 연구가 진행 되고 그 결과 수십 편의 과학논문이 쓰였으며, 마리가 피에르와 과학자 앙리 베크렐Henri Becquerel과 함께 방사능 연구로 첫 노벨상(물리학)을 받 는 데는 불과 10년도 걸리지 않았다. 마리는 여성 최초로 노벨상을 받았 다. 나는 어렸을 때 엄마에게 노벨상을 받은 여자는 없는지 물어보고는 곧바로 몇 년 전에 크리스마스 선물로 받았던 『브리태니커 백과사전』을 뒤적여 마리에 대해 처음 알게 되었다.

노벨상을 받게 된 연구를 하는 바쁜 외중에도 마리는 두 딸 이렌과

"인생에서 두려워할 대상은 없다. 오
직 이해할 대상들만 있을 뿐이다."

- 마리 퀴리

이브를 낳았다. "연구를 포기하지 않고 어떻게 어린 이렌과 집안일을 돌볼 것인가 하는 것은 심각한 문제가 되었다. 만약 연구를 포기했다면 나는 매우 괴로웠을 것이다. 그리고 남편은 아예 고민조차 하지 않았을 것이다. 남편은 자신이 몰두하고 있는 모든 것을 공유할 딱 맞는 아내를 얻었다고 말하곤 했다. 우리 중 어느 누구도 우리 둘 다에게 소중한 것을 버릴 생각은 추호도 없었다." 역사적으로 특권을 가졌던 다른 많은 여성들과 마찬가지로, 마리도 가정부를 고용해서 그나마 걱정을 덜었다.

마리는 가족을 부양하기 위해 더 많은 일을 맡았다. 권위 있는 여자 고등사범학교École Normale Supérieure de Jeunes Filles에서 강의하기 시작했고 실험을 시연하는 새로운 교수법을 개발했다. 여러 가지 일을 하는 것으로도 부족할 때를 대비해 공동으로 홈스쿨링을 하며 딸들을 가르치고 자신의 학생과 동료 교수진들과 만날 수 있도록 주선하기도 했다. 마리의 딸들은 어렸을 때부터 대학교수들에게 배웠다. 그때까지도 여전히 전 세계의 많은 나라가 여성의 대학 교육을 금지하고 있었다. 이후 마리와 이렌은 『브리태니커 백과사전』 13판의 라듐 항목에 실릴 내용을 함께 썼다. 마리와 딸들이 평생 서로에게 보낸 편지들을 읽으며 나는 딸들이 마리에게 얼마나 큰 기쁨을 주었는지를 보고 놀랐다. 한 답장에서 마리는 이렇게 썼다. "사랑하는 이렌. 네가 토요일에 보낸 다정한 편지를 이제 막 받았단다. 너를 어찌나 안아주고 싶었는지 눈물이 다 날 뻔했어."

역사적인 인물들 중에는 사후에 유명해지는 경우도 많지만 피에르와 마리는 라듐을 발견한 공로로 노벨상을 수상하면서 바로 세계적인 관심을 받았다. 특히 피에르의 명성은 기복이 있었다. "세계 각국에서 온 기자와 사진작가들이 우리를 쫓아다녀. 심지어 딸과 간호사가 나누는 얘기를 기사에 낼 정도라니까." 피에르는 한 친구에게 이렇게 편지를 썼다.

마리와 피에르는 '바라는 대로 정리된 조용한 생활'을 중요하게 여겼다. 그래야 계속해서 연구를 해나갈 수 있었기 때문이다. "우리 삶에서 세속적인 관계를 맺을 틈이 없다는 것은 쉽게 알 수 있다. 그래도 딸을 위해 바느질을 하는 동안 과학자 친구들을 몇 명 만나서 집안이나 정원에서 이야기를 나눴다." 마리는 이렇게 썼다. 1906년 피에르가 사고로 죽자 충격을 받고 절망한 마리는 남편과 함께 시작했던 연구에 더욱 몰두했다. 마리는 일기에 이렇게 썼다. "나는 하루종일 실험실에서 일하고 있다. 내가 할 수 있는 건 그것밖에 없다." 그리고 같은 해, 피에르가 맡고 있던 교수직에 임명되어 소르본대학에서 여성 최초로 학생들을 가르치게 됐다.

1910년, 마리는 수년간 연구한 끝에 마침내 순수한 라듐을 분리해냈다. 그리고 방사능 배출량을 측정하는 데 사용되는 단위를 '퀴리'라 부르기로 했다. 이 업적으로 노벨 위원회는 마리에게 두번째 노벨상을 수여했다. 이로써 마리는 역사상 최초로 두 개의 다른 학문 분야에서 노벨상을 받게 됐다. 첫번째는 물리학이었고 그다음은 화학이었다.

전례 없는 과학적 업적을 이뤘지만 여전히 남성 회원들로만 이루어진 '프랑스 과학 아카데미French Academie des Sciences'는 마리를

"가장 가까운 동반자이자 제일 좋은 친구였던 이를 잃자 내 삶에 얼마나 엄청나고 중요한 위기가 닥쳤는지 이루 다 표현할 수가 없다. 타격을 입고 부서진 나는 미래를 맞이할 힘이 없다고 느꼈다. 하지만 나는 남편이 입버릇처럼 말하던 대로 그를 잃었지만 내 일을 계속해야만 한다는 사실을 잊을 수가 없다."

- 마리 퀴리

받아들이지 않았다. 프랑스 과학아카데미는 1962년이 되어서야 첫번째 여성을 선출했다. 바로 마리 밑에서 공부했던 과학자 마르그리트 페레 Marguerite Perey였다. 마리는 노벨상을 받았음에도 불구하고 외국인 혐오증, 성차별, 또는 마리가 사실은 유대인이라고 주장하는 반유대주의자들의 유언비어에 시달렸다. 1911년, 알베르트 아인슈타인은 마리에게 다음과 같은 격려의 편지를 보냈다. "특별히 할 얘기도 없으면서 편지를 썼다고 비웃지 마세요. 하지만 사람들이 지금 감히 당신에 대해 천박한 태도로 왈가왈부하는 데에 너무 화가 나서 도저히 이 기분을 터뜨리지 않을 수가 없어요."

그러면서 편지 말미에 강력히 충고했다. "만약 어중이떠중이들이 계속해서 물고 늘어진다면 그 말도 안 되는 소리들은 그냥 읽지 마요. 그렇게 지어낸 얘기들을 기다리는 비열한 인간들이나 읽게 놔둬요."

마리는 아인슈타인의 충고를 받아들인 듯 보였다. 자신을 비판하는 사람들 때문에 조국인 폴란드나 제2의 조국인 프랑스에 대한 애국심을 버리지는 않았다. 그리하여 파리대학에 라듐 연구소를 열었고, 이후 1932년에는 바르샤바에 라듐 연구소를 열었다.

제1차세계대전이 발발하자 마리는 최초의 '방사선 자동차', 즉 이동식 엑스레이 기계를 장착한 자동차들을 개발하는 데 재능을 쏟아부었다. 마리는 전장의 위생병과 의사들이 환자의 부상을 더 정확하게 진단하고 수술하는 데 이 자동차가 도움이 되기를 바랐다. 그래서 필요한 자금을 모아 '리틀 퀴리little Curie'라는 이름의 휴대용 엑스레이 기계를 생산하고 이렌과 함께 여성 자원봉사자들에게 작동 방법을 가르쳤다. 또한 마리는 리틀 퀴리를 직접 작동하기 위해 40대 후반에 운전을 배우고 정비사가 되었다. 이 이동식 엑스레이 자동차에 영감을 받아 다른 나라 군대들도 비슷한 장비들을 개발했다.

이미 엑스레이 피폭이 장기적으로 건강에 미칠 영향에 대해 걱정하고 있었지만 마리와 이렌은 군복무를 위해 위험을 감수할 만한 가치가 있다고 믿었다(나는 그들이 훈련시킨 150명이 넘는 여성들에게도 이러한 위험성을 알려주었길 바란다. 그 여성들 역시 리틀 퀴리를 운전할지 말지 스스로 결정할 수 있도록 말이다).

전쟁이 끝난 후, 마리는 다시 라듐 연구를 이어나갔다(독일이 파리를 점령할 경우를 대비

해 보르도의 은행 금고에 숨겨두었던 귀중한 라듐도 다시 찾아왔다). 그리고 자신의 연구와 자신이 설립한 라듐 연구소의 연구를 지원하기 위한 자금을 모았다. 이렌은 전쟁으로 중단됐던 학업에 복귀해 폴로늄이 방출하는 알파선에 대해 집중적으로 공부하기 시작했다. 이렌은 이후 남편인 프레데리크 졸리오퀴리(이 부부는 당시 관행으로는 드물게 자신들의 성을 나란히 붙여 사용했다)와 함께 폴로늄이 다른 원소들에 어떤 영향을 미치는지 연구했다. 부모님처럼 이렌은 프레데리크와 함께 연구했고, 마침내 상시 안정된 원소에서 인공 방사선을 만들어내는 데 성공했다. 1935년 이렌은 부모님의 뒤를 이어 남편 프레데리크와 함께 노벨화학상을 공동 수상했다.

그들의 연구 덕분에 암 연구를 포함한 여러 분야가 크게 발전할 수 있었다. 그러나 프랑스 과학아카데미는 마리에게 그랬던 것처럼 노벨상도 수상하고 수많은 곳에서 인정받은 이렌을 결코 받아들이지 않았다. 이렌은 과학 분야에 공헌했을 뿐만 아니라 과학 연구와 인권을 지지하고 파시즘을 반대하는 데 필요한 충분한 자금 지원을 주장하는 등 평생 정

치에 참여했다.

마리는 항상 엑스레이의 중요성과 라듐의 치유 능력을 믿었지만, 마리와 피에르 모두 실험 과정에서 라듐으로 인해 화상을 입었다. 실제로 가끔 실험의 일환으로 화상을 의도적으로 유발하기도 했다. 또한 마리는 편리하다는 이유로 자주 라듐이 든 시험관을 주머니에 넣고 다녔다. 그리고 마리는 1934년 방사선 노출과 관련된 혈액질환인 재생불량성빈혈로 사망했다. 1956년 이렌은 수십 년 동안 폴로늄을 연구한 영향 때문인지 백혈병으로 사망했다. 프레데리크는 2년 후 간질환으로 사망했는데 이 또한 방사능을 오랜 시간 연구하면서 생겼거나 악화된 것으로 보인다. 마리는 보호 장비 없이 매우 강력한 방사선 실험을 수행했다 (어느 누구도 보호 장비가 꼭 필요하다는 사실을 미처 몰랐기 때문이다). 그래서 마리의 수첩과 종이는 여전히 특수 보호 장비를 착용한 사람들만이 볼 수 있다.

사망한 지 60년 후, 마리의 유해는 파리의 판테옹에 안치되었다. 여성 최초로 자신의 업적을 인정받아 누리게 된 영광이다. 평생 마리는 일편단심이었다. 일을 위해 친구나 가족과 가까이 사는 삶과 건강까지 희생했다. 마리는 말년에 이렇게 썼다. "우리의 발견이 인류에게 이익이 되었다는 사실을 깨닫는 특권을 누렸다는 사실에 감사한다. 과학적으로 중요할 뿐만 아니라 인류가 겪는 고통과 끔찍한 질병을 효과적으로 막아낼 수 있게 되었기 때문이다. 수년간 고생한 끝에 실로 어마어마한 보상을 받았다."

헤디 라마

Hedy Lamarr

첼시

도러시 할머니는 내가 어렸을 적에 우주를 자세히 들여다보거나 우리 머리 위의 세상을 이해해보고 싶다고 하면 도무지 이해하지 못했다. 그러면서 항상 여기 땅 위나 우리 몸속에도 배울 게 넘쳐난다고 말했다. 할머니는 훌륭한 역사책이나 소설을 읽는 다음으로 정원 가꾸는 일을 좋아했다. 꽃, 풀, 나무같이 뭐든 자라나는 건 다 좋아했다. 또 1930년대와 1940년대 영화도 사랑했다. 할머니는 손재주가 있거나 흥미로운 삶을 사는 여자 배우들을 특히 좋아했다. 할머니가 헤디 라마의 삶에 대해서 들려주었을 때 마침내 할머니와 나는 공통의 관심사를 발견했다. 할머니는 왜 그렇게 많은 사람이 헤디를 예쁜 외모나 연기만으로 평가하는지 모르겠다고 했다.

헤디는 1914년 오스트리아의 부유한 유대인 가정에서 태어났다. 헤디가 어렸을 때, 아버지는 헤디를 데리고 오랫동안 산책을 하곤 했다. 그리고 주변에 보이는 전차나 다른 기계들의 내부가 어떻게 작동하는지 설명해주었다. 헤디는 다섯 살 때 이미 음악상자가 어떻게 작동하는지 이해하려고 음악상자를 분해했다가 다시 조립했다.

헤디는 열여섯 살 때 '발굴'되어 소규모 유럽 영화들에서 연기하기 시작했다. 자신의 초기 팬 중 한 명과 결혼했지만 결혼생활이 오래가지는 못했다. 군수산업에 종사하던 첫 남편은 이탈리아의 무솔리니 정부와 사업을 했고, 독일의 나치와도 연계되어 있었다. 헤디는 남편의 사업 파트너들에게 헌신적인 안주인 역할을 해야 하는 것이 끔찍했고 결국 런던으로 도망쳤다. 그리고 런던에서 MGM 스튜디오의 루이스 B. 메이어를 만나 할리우드에 진출했다.

미국으로 간 헤디는 다음 영화 촬영을 들어가기 전이나 심지어는 영화 장면과 장면을 찍는 사이에 쉬는 틈을 타서 자신의 트레일러에서 설계나 발명을 했다. 헤디는 신기술을 만들어냈고 비행기 날개를 디자인했으며 새로운 종류의 교통신호등을 만들고, 물에 녹으면 거품이 나는 정제를 개발했다. 할머니는 〈골든 걸스〉, 자연 다큐멘터리, 〈60분〉 같은 프로그램을 즐겨 봤는데 그러다가 알카셀처Alka-Seltzer 광고가 나오면 헤디에 대해 말씀하셨다(정작 알카셀처로 알려진 알약은 헤디가 아니라 모리스 트레니어Maurice Treneer가 1931년에 개발했지만 말이다).

제2차세계대전 동안, 헤디는 전쟁중에 영화에 출연해 돈을 벌고 싶지는 않았다(할머니는 늘 이 점에 가장 깊은 감명을 받았다). 그 대신 전쟁에 힘을 보탤 수 있는 일을 하고 싶었다. 헤디는 자신의 재능뿐만 아니라 집에서 우연히 듣거나 나치와의 저녁 파티를 하면서 알게 된 정

보들, 그리고 오스트리아에서 참석했던 과학 회의에서 배운 것들을 모두 잘 활용하고 싶었다. 또한 전미발명가협회National Inventors Council에 가입하려다 거절당하고 그 대신 유명 연예인이니 영향력을 이용해 전쟁 채권을 팔아보라는 말을 들었다. 그래서 채권을 팔았지만 거기서 멈추지 않았다.

헤디는 친구인 작곡가 조지 앤타일과 함께 군의 무선 신호가 도청되거나 차단되는 것을 막을 수 있는 주파수도약 시스템을 개발하기 시작했다. 그것이 일반 통신에서도 중요하지만 독일과 다른 추축국들이 미국과 연합국의 무선 조종 어뢰를 방해할 수 없도록 하는 데 필요하리라는 사실을 알고 있었기 때문이다. 헤디가 맨 처음 미국 해군에 이를 제안하자 해군은 무시했다. 아마 헤디가 여자였기 때문이거나 아름다운 여자(우리 할머니의 생각이다)였기 때문이었을 것이다. 어쩌면 아직 미국 시민으로 귀화하지 않았기 때문일 수도 있고 해군 소속이 아니었기 때문일 수도 있다. 어쩌면 헤디와 조지의 시스템이 일관되게 효과적으로 사용하기는 어려웠을 수도 있다. 그들의 발명품은 특허가 만료될 때까지도 실제 사용되지 못했지만 헤디는 획기적인 기술을 개발해냈다는 믿음을 결코 버리지 않았다.

헤디의 재능은 한참 후에야 인정받았다. 결국 1960년대 초에 해군이 헤디의 기술을 사용한 것이다. 헤디는 마침내 1997년 전자 프론티어 재단 개척자상Electronic Frontier Foundation Pioneer Award을 수상했고, 사후에 전

미발명가협회 명예의 전당에 헌액되었다. 헤디가 개발한 주파수도약 기술은 오늘날 우리 주변에 영향을 미치고 있다. 헤디와 조지의 발명을 토대로 휴대전화와 와이파이, GPS가 탄생한 것이다.

실비아 얼
Sylvia Earle

힐러리

1979년 9월 19일, 해양학자 실비아 얼은 잠수복을 입고 연구용 잠수정에 탑승해 381미터 아래 해저로 내려갔다. 그리고 그곳을 두 시간 넘게 탐험했다(실비아는 평방인치당 272킬로그램이라는 어마어마한 압력을 견뎌냈다!). 그 이전이나 이후로도 어느 누구도 해내지 못한 일이다.

1930년대 뉴저지의 작은 농장에서 어린 시절을 보낸 실비아는 부모님이 모든 생명체를 존중하고 교감하는 모습을 보며 자랐다. 실비아는 야생동물에 푹 빠졌고, 나중에 가족이 플로리다로 이사하자 염습지와 해

초 밭에 사는 생물들을 조사하는 것을 즐겼다. 플로리다주립대학에서 식물학을 전공하던 당시 스쿠버다이빙을 배우기 시작하면서 실비아에게 새로운 세상이 열렸다. 미국이 러시아와 '우주경쟁'에 돌입했을 때 실비아는 신비로운 바다 깊은 곳을 들여다보고 있었다. 실비아는 박사과정 중에 2만 개 이상의 조류 표본을 수집했고, 1968년에는 바하마 해안에서 해저 모래언덕 지형을 발견하기도 했다. 실비아는 알면 알수록 육지 생물과 해양생태계 사이에는 떼려야 뗄 수 없는 연관성이 있다는 생각이 더 강하게 들었다. 해양 생태계는 꼭 필요하고 보호되어야 했다. 이후 실비아는 이렇게 말했다. "바다가 없으면 우리도 없다."

실비아는 1970년대에 미국령 버진아일랜드에서 텍타이트 2Tektite II 실험을 이끌면서 전국적으로 유명해졌다. 최초로 여성으로만 이루어진 해저탐험가들은 2주 동안 15미터 아래 바닷속에서 지내며 해양 세계를 탐사하고, 미래에 바다에서 거주할 수 있을지의 가능성, 나아가 비슷한 환경을 가진 우주에서의 거주 가능성을 탐구했다. 앞서 진행됐던 텍타이트 1팀은 모두 남성이었다. 실비아와 동료들은 남성 동료들과 똑같은 어려움 속에서 똑같은 기대를 받으며 똑같은 일을 했다. 전원 여성으로 이루어진 뛰어난 과학자 잠수부팀은 전에 없던 시도였다. 한 지역신문은 계속해서 그들을 '심해 탐사원들aquanauts' 대신 '심심한 탐사원들aqua-naughties'이라 부르며 모욕했다. 그렇지만 실비아는 여성혐오 때문에 고민하지 않았다. 깊은 바다를 탐험하느라 너무 바빴기 때문이다. 해당 실험을 통해 수중생물과 인간의 행동에 대한 중요한 사실들이 발견됐다. 대원들은 해저에서 지내면서 끈끈한 유대감을 형성하고 놀라운 협동심을 발휘했으며 이따금씩 '상급 대원'들이 극도로 짜증난다고 여겼다.

실험을 하는 동안 실비아는 환경오염이 산호초에 미치는 영향을 비롯해 해양생물이 얼마나 연약한지 직접 눈으로 보고 큰 충격을 받았다. 그리하여 바다를 보존하고 보호하는 일이 얼마나 시급한 일인지 알리고 경고하는 일을 평생의 사명으로 삼았다. 그후로 동료 과학자들은 실비아를 '해저 여왕' 또는 '어류 책임자'라고 불렀다.

1990년 실비아는 여성 최초로 국립 해양대기국National Oceanic and Atmospheric Administration, NOAA에서 수석과학자가 되었고, 1998년에는 〈타임〉이 선정한 지구를 지키는 영웅 가운데 첫번째 인물로 선정됐다. 또한 실비아는 단연코 최고의 직업 중 하나인 〈내셔널 지오그래픽〉의 전속 탐험가였다. 나는 1998년 전국해양회의National Ocean Conference에서 실비아를 만났고 자신이 본 것을 온 세상 사람들과 공유하려는 실비아의 열정에 깊은 감명을 받았다. 실비아는 지금까지도 꾸준히 바다가 더 훼손되기 전에 탐험하고 측량해야 한다고 주장하며 그 목표를 위해 자신의 천재적인 재능과 기술을 바치고 있다.

실비아가 이룬 업적들을 보면 우리 모두가 잠시 멈춰서 다음 세대에게 무엇을 남길지 고민하는 일이 얼마나 중요한지 알게 된다. 어떤 방법으로 지나간 과거를 기리고, 미래를 상상하고, 우리가 떠나고 한참 후에 이 세상을 살아갈 후손들에게 선물을 줄지 말이다. 실비아는 과학자, 엔지니어, 교사, 탐험가로 살면서 우리 모두가 무엇을 해야 할지 가르쳐주었다. 우리는 미래를 위해 바다를 보존해야 한다.

> "내가 물속에서 수천 시간 동안 관찰한 것들을 다른 사람들도 볼 기회가 있다면 누구도 나를 급진적이라고 생각하지 않을 것이다."
>
> – 실비아 얼

샐리 라이드
Sally Ride

힐러리와 첼시

힐러리

　내가 초등학교 6학년이었던 1958년, 아이젠하워 대통령은 국가항공우주법에 서명해 미국항공우주국NASA을 설립했다. 그 이후 미국과 소련은 세계 최초로 위성을 우주로 보내기 위해 '우주경쟁'을 펼쳤다. 1957년 소련이 스푸트니크 1호를 발사하자 미국은 정신없이 바쁘게 움직이기 시작했고 과학, 기술 그리고 연구에 새로운 투자가 쏟아졌다. 그로부터 채 1년이 되지 않아 나사는 우주로 사람을 보낼 수 있을지 검토하고 있다고 발표했고 나는 기대에 부풀어올랐다. 8학년이 됐을 때 나는 나사에 편지를 써서 우주비행사가 되는 것이 내 꿈이라고 밝히고 무엇을 준비해야 하는지 물어보았다. 누군가 내 관심에 감사한다고 답장을 보내왔지만 그 프로그램에 여자아이들은 참가할 수 없다고 설명했다.

나는 여자라서가 아니라도 아마 근시 때문에 우주비행사가 되지는 못했겠지만 그래도 화가 머리끝까지 났다. 나라는 인물이 적합하지 않거나 기술이 부족해서가 아니라 단지 여자아이라서 무엇을 할 수 없다는 말을 들은 건 태어나서 그때가 처음이었다. 나는 온 세상에 있는 여자아이들을 대표해서 화가 났다.

한편, 같은 시기에 수천 킬로미터 떨어진 캘리포니아 엔시노에 살고 있던 샐리 라이드라는 어린 소녀도 우주여행에 흥미를 느끼고 있었다. 샐리는 당시를 이렇게 회상했다. "제가 자랄 당시에는 우주 프로그램이 거의 매일 신문 1면을 장식했어요. 주변에 그보다 멋있는 건 없었어요. 우주비행사를 우상으로 삼았지만 사실 정말 진지하게 우주비행사가 되어볼까 생각해본 적은 한 번도 없었어요." 샐리는 과학에 열정을 가진 훌륭한 학생이었고, 인기 있는 테니스선수였다. 고등학교를 마친 후 펜실베이니아에 있는 스와스모어칼리지에 입학했지만 테니스선수로 성공할 기회를 놓치고 있을지도 모른다는 생각이 들어 결국 1년 만에 학교를 중퇴하고 테니스를 치기로 했다. 그렇지만 최종적으로는 다시 대학으로 돌아갔다(〈뉴욕 타임스〉에 실린 샐리의 부고에는 이렇게 쓰였다. "몇 년 후, 한 아이가 테니스선수 대신 과학자가 되기로 결심하게 된 계기가 무엇이냐고 묻자 샐리는 소리 내어 웃으며 이렇게 대답했다. '포핸드가 엉망이라서.'").

첼시

그후 샐리는 스탠퍼드대학에 진학해 영어와 물리학을 공부했다. 내가 스탠퍼드라는 학교에 대해 처음 들어본 것은 분명 샐리 라이드 때문이었다.

샐리는 이어서 물리학 석사와 박사 과정을 밟았다. 그러던 어느 날, 스탠퍼드대학 신문에 실린 광고를 보게 되었다. 나사가 우주왕복선 프로그램에 참가할 남녀 과학자들을 모집하고 있었다. "여성운동 덕분에 내가 가야 할 길은 이미 열려 있었어요." 1급 우주비행사 가운데 여성과 유색인종 남성에게 35개 자리가 할당되어 있었고 샐리는 그 자리에 지원한 8,000명 가운데 한 명이었다. 그리고 샐리를 포함해 총 여섯 명의 여성이 합격했다. 기온 블루포드(흑인 최초의 우주비행사 — 옮긴이)는 합격한 흑인 남성 세 명 중 한 명이었다.

1978년 샐리의 우주비행사 동기생들은 '35명의 새 인물들Thirty-Five New Guys' 또는 '티에프엔지TFNG'라 불렸다. 여섯 여성은 모두 엄격한 기준을 통과했고 자신들에게도 남자 동기생만큼 높은 기준이 적용되어야 한다고 주장했다. 샐리와 동료 예비 우주비행사들은 낙하산을 메고 비행기에서 뛰어내린 뒤 바다 한가운데에서 살아남는 훈련을 했다. 그들은 중력과 무중력 훈련을 받았고 제트기 조종법도 배웠다.

한편, 나사의 첫 우주왕복선이 개발되면서 차세대 여성 우주인들을 위한 환경 역시 변화하고 있었다. '캡슐'보다 훨씬 큰 우주왕복선은 승무원을 더 많이 태울 수 있어서 더욱 많은 사람이 여러 가지 역할로 임무에 참여할 수 있는 기회가 생겼다. 그보다 6년 전, 나사는 우주복, 좌석, 다양한 크기의 승무원 지원 장비들을 디자인하기 시작했고 여성을 위해 폐기물 관리 시스템을 개조하기도 했다.

5년간의 훈련을 마친 샐리는 임무 전문가로 선발되었다. 침착하다는 평판과 우주왕복선을 위해 로봇팔 제작을 도운 경험 등이 선발에 도움이 됐다. 샐리는 동료 네 명과 함께 STS-7 임무를 수행하기 위해 우주왕복선 챌린저호에 올랐다. 1983년 6월 18일, 샐리는 미국 여성 최초로 우주에 갔다(그보다 거의 20여 년 전 소비에트 공화국의 발렌티나 테레시코바가 전 세계 여성 중 최초로 우주에 도착했다. 발렌티나와 샐리 사이에 우주를 여행한 여성 우주비행사는 스베틀라나 사비츠카야 단 한 명밖에 없었다. 그러니 최초의 여성 우주비행사가 탄생한 후 나사가 20년이나 걸려 따라잡을 때까지 우주를 꿈꾸는 여성들을 위해 서두르는 곳은 전 세계 어디에도 없었다는 게 분명했다).

샐리는 위성을 배치하고 되찾는 일을 도왔는데 우주왕복선이 우주선을 지구로 돌려보내는 데 사용된 건 그때가 처음이었다. 챌린저호는 캘리포니아의 에드워즈 공군기지에서 발사된 지 6일 만에 다시 지구로 돌아왔다. 샐리는 싱긋 웃으며 기자들에게 말했다. "제 평생 가장 재미있는 경험이었어요."

힐러리

나는 아칸소에서 당시 세 살배기였던 첼시와 함께 우주선 발사를 지켜봤다. 관련 기사와 케이프커내버럴에 모인 25만 관중의 사진들을 꼼꼼히 살펴보는데 그중에는 노래를 인용해 '날아라 샐리 라이드Ride Sally Ride'라고 쓴 티셔츠를 입은 사람들도 있었다. 나는 내가 나사에 편지를 쓴 이후 20년 동안 얼마나 많은 변화가 있었는지를 보고 적잖이 놀랐다. 여성들도 우주 프로그램에 선발될 수 있을 뿐만 아니라 적극적으로 모집되어 우주로 보내졌다. 처음으로 문자 그대로 하늘만이 한계가 됐다.

하지만 그 과정은 쉽지 않았다. 샐리는 이후 글로리아 스타이넘과의 인터뷰에서 이렇게 털어놨다. "훈련중에 유일하게 안 좋았던 순간은 언론 때문이었어요. 나사는 여성 우주비행사들을 적극적으로 받아들이는 것처럼 보였지만, 언론은 그렇지 않았어요. 언론이 걱정하는 것과 제가 걱정하는 것들은 달랐어요…… 모든 언론이 내가 어떤 화장을 했는지 알고 싶어했어요. 내가 로봇팔을 조작하거나 통신위성을 배치할 준비가 얼마나 잘되어 있는지는 관심도 없었죠."(심지어 오늘날에도 세간의 이목을 받고 있는 여성 중에 이 문제에서 자유로운 사람은 언뜻 떠오르지 않는다.) 샐리는 우주 비행이 그녀의 생식기관들을 손상시키지는 않는지, 화장실에는 어떻게 갈 것인지 따위의 질문들을 견뎌냈다. 자니 카슨(미국의 심야 토크쇼 진행자—옮긴이)은 샐리가 구두에 어울리는 지갑을 찾느라 바빠서 우주왕복선이 연착될 수도 있다고 농담을 던지기도 했다.

"저는 롤모델이 되려고 물리학을 공부하거나 우주비행사가 된 게 아니에요. 하지만 첫 비행을 마치고 나서 제가 롤모델이 됐다는 걸 분명히 알게 됐죠. 그리고 나는 롤모델의 중요성을 이해하게 됐어요. 어린 소녀들은 자신들이 고를 직업이 무엇이든 간에 롤모델을 봐야 해요. 그래야 언젠가 자신들이 그 일을 하는 모습을 그려볼 수 있으니까요. 한 번도 보지 못한 것이 될 수는 없어요."

- 샐리 라이드

첼시

1986년 챌린저호가 발사 직후 폭발해 탑승자 7명 전원이 사망하는 사고가 일어난 뒤 샐리는 더이상 우주에 나가지 못했다. 챌린저호의 다음 우주선을 탈 예정이었지만, 나사는 일시적으로 우주왕복선 프로그램을 중단했다. 나사를 떠날 때 샐리는 우주에서 총 343시간을 머무른 기록을 가지고 있었다.

샐리는 계속해서 나사에서 일하며 여성들이 우주로 갈 수 있도록 지원했다. 챌

탐험가들과 발명가들

린저호 사고 조사 위원회에서 근무했고 나사의 장기적인 우주 비행 목표들을 설정하는 팀의 일원이기도 했다. 샐리는 모든 사람들을 위해 지구와 우주 사이의 거리를 좁히는 데 일생을 바쳤다. 동료 우주비행사인 보니 던바는 비행 승무원 혼성 소프트볼팀에서 샐리와 친구가 됐을 때를 떠올리며 "우주비행사가 되는 데 필요한 수학과 과학을 공부하도록 격려해준 선생님들과 부모님, 그리고 다른 조언자들이 있었던 게" 천만다행이었다는 이야기를 나눴다고 했다. 샐리는 모든 배경을 가진 젊은이들, 특히 어린 소녀들을 위한 이공계 교육을 주장했다. 또한 샐리 라이드 사이언스Sally Ride Science라는 회사를 설립해 학교용 과학 교과과정을 제공했고, 나사를 통해 중학생들이 우주에서 지구의 이미지를 촬영하고 다운로드할 수 있는 온라인 프로젝트도 시작했다. 샐리는 우주에서 샌드위치를 만드는 방법(날아가기 전에 후다닥!)과 같은 재미있는 주제들을 모아 우주에 관한 멋진 어린이책들을 썼는데 이 책들은 엄마이자 동화책 작가인 나에게도 매우 소중하다.

힐러리

2009년 3월 당시 국무장관이었던 나는 이스라엘에서 요르단강 서안지구로 건너가 라말라에 위치한 팔레스타인 자치정부 본부를 방문했다. 그리고 미국의 지원 프로그램을 통해 팔레스타인 학생들이 영어를 배우고 있는 교실을 방문했다. 학생들은 여성 역사의 달Women's History Month(미국에서는 매년 3월 경제적, 사회적으로 공헌한 여성들의 업적을 기림—옮긴이)에 대해 공부하고 있었고 마침 그때 수업의 주인공은 샐리 라이드였다. 학생들 중 특히 여학생들은 샐리의 이야기에 매료되었다. 내가 샐리와 샐리의 업적을 한 단어로 표현해달라고 요청하자, 한 학생이 대답했다. "희망찬Hopeful!"

첼시

    2012년 세상을 떠난 뒤에도 샐리 라이드는 계속해서 장벽을 깨부수고 있었다. 27년간 샐리의 파트너였던 탐 오쇼너시 박사는 부고를 쓰면서 요란스럽지 않게 샐리가 동성애자였음을 밝혔다. 샐리는 생전에 자신이 성정체성을 밝히면 나사에 해를 끼치거나 자신의 회사를 후원하는 기업들이 끊기거나 자신의 경력에 오점이 되지는 않을까 걱정했다. 샐리와 탐은 가족과 친구들에게는 그들의 관계를 숨기지 않았지만, 공개적으로 밝히는 시점은 가슴 아프게도 샐리가 세상을 떠난 후라고 생각했다. 샐리가 떠나고 얼마 되지 않아, 탐은 전화 한 통을 받고 깜짝 놀랐다. 당시 해군 장관이었던 레이 마부스에게서 걸려온 전화였다. 마부스 장관은 해양조사선에 샐리의 이름을 붙여 샐리를 기리고자 한다며 탐이 배의 후원자가 될 것인지 물었다. 그때까지 그 역할은 배 이름의 주인인 남성의 아내에게 돌아갔다. "선구적인 우주 탐험가이자 롤모델이었던 샐리의 공로를 기념하기 위해서는 샐리의 진정한 모습과 샐리가 소중하게 여기던 것들을 인정하는 것이 맞다고 생각해요"라고 탐은 말했다. 그리하여 2016년에 취역한 R/V 샐리 라이드는 여성의 이름을 딴 최초의 해군 해양조사선이 됐다. 샐리의 유산은 샐리가 계속해서 영감을 주고 있는 청소년들의 과학적 호기심, 샐리의 이름이 새겨진 배, 그리고 나사가 샐리의 이름을 붙여놓은 달 위의 한 지점 위에 계속 살아 있다.

메이 제미선
Mae Jemison

첼시

샐리 라이드가 최초로 우주에 다녀오고 몇 년 후, 메이 제미선은 나사의 우주비행사 프로그램에 합격했다. 1950년대와 1960년대에 시카고에서 자란 메이는 어렸을 때부터 줄곧 우주에 가는 꿈을 꾸었다. 메이는 과학을 좋아했고, 끊임없이 별들 사이에서 규칙을 찾아보았으며, 개미를 관찰하고, 심지어 손가락에 가시가 박히자 고름에 대한 정보를 샅샅이 찾아보기도 했다. 샐리처럼 메이도 과학 외에 다양한 취미를 가지고 있었다. 춤추기를 좋아해서 고등학교 때 전문적으로 무용을 택할지 대학에 갈지 결정해야 했다. 결국 메이는 후자를 선택하고 스탠퍼드대학에 진학했다.

대학을 졸업한 후에는 의과대학에 진학해 공부를 마쳤고 라이베리아 지역 평화봉사단에서 의사로 일했다. 이후에는 질병 통제 센터에서 백신 연구원으로 일했다. 하지만 전 세계를 다닐 때나 실험실에 있을 때나 메이는 우주에 가는 꿈을 포기하지 않았다. 1987년에 시작된 나사의 우주 비행 프로그램에 참가하게 된 메이는 초기에는 1988년 디스커버리호 비행을 포함한 발사 지원 활동을 했다. 1986년 챌린저호 사고가 일어난 후 나사가 다시 우주 업무를 재개한 것이다. 그러다 마침내 1992년, 메이는 우주를 여행하고 싶어하던 어린 시절의 꿈을 이루었다. 지구에서 수천 킬로미터 떨어진 우주에서 메이는 무중력상태와 멀미가 자신을 포함한 우주왕복선 승무원들에게 어떤 영향을 미치는지 조사하고, 골세포를 연구했다. 춤 애호가로서 나는 메이가 우주에 앨빈 에일리(세계적인 안무가이자 무용가—옮긴이)의 사진을 마이클 조던의 유니폼과 함께 가져가줘서 고마웠다.

"다른 사람들의 한정된 상상력에 얽매이지 마요. 그런 태도라면 가능성은 아예 없어요. 왜냐하면 여러분이 이미 다 막아버릴 테니까요…… 다른 사람들의 지혜에 귀를 기울일 수는 있지만 스스로 세상을 다시 봐야 해요."

– 메이 제미선

우주비행을 마치고 곧 나사를 떠나기는 했지만 메이는 여전히 과학 분야에서 다양한 일에 종사했다. 다트머스대학에서 환경 연구에 대해 가르쳤고 아프리카의 의료 공급 체계 개선을 목표로 하는 위성 회사에서 일했으며 실제 우주비행사들 가운데는 처음으로 텔레비전 프로그램인 〈스타트렉〉에 출연하기도 했다. 이후에는 나사의 '100년 우주선 프로젝트'를 주도하며 〈스타트렉〉이나 공상과학 소설에 등장하는, 별과 별 사이를 오가는 여행을 실현하는 데 필요한 연구를 발전시켰다. 샐리와 메이는 2017년 레고에서 처음으로 선보인 '나사의 여성들' 레고 세트에도 등장했다. 몇몇 부속품이 너무 작아서 내 아이들은 아직 그 세트를 가지고 놀기에는 너무 어리지만 우리는 그 레고를 사서 선반 위에 올려놓았다. 아이들이 크기만 하면 바로 꺼내올 준비가 되어 있다.

오늘날, 총 60명이 넘는 여성이 우주에 갔으며 그중 나사와 함께 비행을 한 미국인은 50명에 달한다. 30년 전에 비하면 무척 많아졌지만 여성들은 여전히 우주를 여행한 전체 미국인 수의 20퍼센트도 되지 않고 전 세계적으로는 겨우 10퍼센트 수준이다.

샐리와 메이를 비롯한 여성 우주비행사들 덕분에 미국 소녀들은 우주복을 입고, 우주선을 타고, 우주에 있는 자신의 모습을 상상할 수 있다. 우주비행사 가운데에는 최초의 라틴아메리카 우주인 엘런 오초아도 있다. 엘런은 총 네 번 우주선에 탑승했으며 우주에서 총 1,000시간이 넘는 시간을 보냈다. 이후에는 우주비행 관제센터로도 유명한 나사의 '존슨 우주 센터Johnson Space Center' 소장을 맡았다. 이 밖에도 우주에서 최초로 마라톤을 한 미국 우주비행사 수니타 윌리엄스가 있고(사실이다! 수니타는 지구에서 보스턴 마라톤이 열리는 동안 우주정거장 러닝머신 위에서 42.195킬로미터를 달렸다), 최초의 여성 우주정거장 사령관이자 우주에서 무려 665일을 보내 최장기 체류 기록을 세운 미국인 여성 페기 윗슨도 있다. 이 여성들의 이야기는 하나의 장벽이 깨지면 도미노 효과를 일으킬 수 있다는 사실을 증명해주었다.

"특별한 것들을 추구한 덕분에 우리는 오늘날 더 나은 세상을 만들었어요. 용기가 없었다면 지금 이 자리까지 오지 못했을 거예요…… 더 세게 밀어붙여봅시다."

– 메이 제미선

치료자들

HEALERS

플로렌스 나이팅게일
Florence Nightingale

철시

리틀록에 있는 제일연합 감리교회First United Methodist를 다니던 나는 주일학교와 예배 사이에 남는 시간을 이용해 교회 도서관에 가곤 했다. 바로 그 도서관에서 플로렌스 나이팅게일을 알게 됐고 그때 이후로 현대 간호학을 창시하고 병원을 획기적으로 개선했으며 데이터 시각화를 개척한 이 여성의 매력에 푹 빠져버렸다.

플로렌스는 1820년 그녀가 태어난 이탈리아 지역 이름이기도 하다 (플로렌스의 부모는 영국인이지만 신혼여행이 길어지면서 그사이에 플로렌스가 태어났다). 그녀의 부모, 특히 아버지는 플로렌스의 교육에 열성적이었다. 플로렌스는 수학, 역사, 철학, 문학을 배웠고 어린 나이부터 프랑스어, 독일어, 이탈리아어, 그리스어, 라틴어로 읽고 쓸 수 있었다. 그 당시에 플로렌스 정도의 사회적 지위를 가진 젊은 여성이 청소, 요리, 바느질과 같은 '가사일'을 배우는 것은 당연했기 때문에 그녀는 그것들도 배웠다. 그러나 플로렌스의 진짜 관심사는 다른 곳에 있었다. 바로 아버지와 활발하게 정치적 논쟁을 벌이는 것이었다(내 마음에 쏙 드는 여성이다!).

플로렌스는 10대가 되자 자신이 인간의 고통을 완화시키는 일을 돕기 위해 태어났다고 믿기 시작했다. 그래서 간호사가 되기를 바랐고 가족들의 강경한 반대에도 꿈을 접지 않았다. 결국 부모의 뜻을 어기고 교육을 받아 간호사가 되었고, 그후 런던의 한 여성 병원의 책임자가 되었다. 플로렌스는 행정 관리 능력을 기르고 병원 전체의 위생을 향상시키기 위해 일하며 콜레라와 다른 질병의 발생에 맞섰다. 그러다가 1853년 크림반도에서 전쟁이 발발하자 사람들에게 간호사가 되는 훈련을 실시하겠다고 마음먹었다.

당시 영국 신문들은 최전선에서 멀리 떨어진 병원으로 와서 치료를 받는 영국 병사들의 열악한 상황을 보도했다. 물품은 부족하고 환경은 비위생적이며 직원들은 미숙했는데 환자들은 턱없이 비좁은 시설로 꾸역꾸역 몰려들었다. 플로렌스는 영국 정부의 요청으로 간호사 서른여덟 명을 이끌고 당시 콘스탄티노플 근교의 스쿠타리에 있던 영국 기지 병원을 찾아가 환경을 개선하기로 했다.

하지만 군병원 직원들은 정작 플로렌스 일행을 반기지 않았다. 민간인 여성들에게 상황을 설명해야 한다는 사실이 영 못마땅했기 때문이다. 의사들의 적대감과 병원의 상황 때문에 플로렌스는 그 병원을 '지옥'이라고 불렀다. 다른 사람이라면 체념했을지 모르지만 플로렌스는 병원에서 건강이 나아지기는커녕 오히려 나빠지고 있는 병사들을 돕기 위해 할 수 있는 건 무엇이든 다 하기로 결심했다.

그리하여 플로렌스와 동료들은 순전히 인내심과 정신력만을 가지고 병원에서 기본적인 치료 기준을 지켜나가기 시작했다. 플로렌스의 지도 아래, 상처에 깨끗한 붕대를 감고 환자를 씻기고 건강한 식사를 제공하는 등의 절차가 일상화되었다. 플로렌스는 심리적 안정감이 회복의 중요한 요소라고 믿었기 때문에 군인들이 집으로 편지를 쓰고 사랑하는 사람들의 답장을 읽을 수 있도록 도와주기도 했다. 이는 1850년대에는 흔치 않은 생각이었다. 또한 밤마다 작은 등불을 들고 병동을 돌아다니며 환자를 돌보아서 '등불을 든 숙녀'라고 불렸다.

전쟁이 끝났을 때 플로렌스는 잔뜩 지치고 병에 걸려 고통받고 있었지만 영국에서 영웅으로 환영받았다. 하지만 플로렌스는 축하를 받기보다는 계속해서 일하고 싶은 마음뿐이었다. 그래서 영국 정부가 크림전쟁 동안 플로렌스의 공로를 인정해 수여한 상금으로 런던에 병원과 간호학교를 설립했다. 그리고 정부 당국자들을 만나 군병원과 민간 병원을 똑같이 개선할 수 있는 방법을 조사할 특별위원회를 만들어달라고 설득했다. 플로렌스는 터키에서 지내는 동안 자료를 꼼꼼하게 기록해두고 있었다. 세세하게 구분하고 자료를 다채롭게 시각화했을 뿐만 아니라 통계적인 분석까지 덧붙인 덕분에 의료서비스에서 위생이 얼마나 중요한지를 충분히 입증할 수 있었다. 또한 새로운 형태의 그래프인 '장미도표 Coxcomb'를 개발해 12개월 동안 사망 원인들이 어떻게 바뀌었는지 한눈에 보여주었다. 이 그래프는 오늘날까지도 사용되고 있다. 컬럼비아대 메일맨 공중보건대학에서 매년 플로렌스 나이팅게일에 대해 가르칠 때마다 나는 행복했다. 내 학생들은 오늘날 우리가 당연하게 여기는 많은 것들이 플로렌스와 연관되어 있다는 사실에 놀라고는 한다.

> "두려운 마음을 가지고 할 수 있는 일은 거의 없다."
>
> – 플로렌스 나이팅게일

플로렌스는 평생, 심지어 만성질환으로 병상에 누워 있으면서도 손 씻기, 적절한 환기, 영양가 있는 음식, 그리고 깨끗한 이불과 붕대와 같이 기본적인 보살핌이 병원에서 이뤄질 수 있도록 계속해서 일했다. 이러한 노력 덕분에 스쿠타리에 있는 영국군 야전병원의 사망률은 40퍼센트에서 2퍼센트로 크게 감소했다. 플로렌스는 간호 일의 전문성을 높였고, 영국 전역에서 다양한 계층의 여성들이 플로렌스를 본받고자 플로렌스의 학교를 찾아왔다. 가장 잘 알려진 플로렌스의 책 『간호론Notes on Nursing: What It Is, and What It Is Not』은 오늘날에도 여전히 출판되고 있다. 같은 시대에 살며 미국 적십자사를 설립한 클라라 바턴은 자신에게 영감을 준 인물 중 한 명으로 플로렌스를 꼽았다. 1910년 플로렌스가 세상을 떠나자 가족들은 플로렌스의 바람에 따라 국민장을 거절했다. 〈타임스〉는 이렇게 보도했다. "플로렌스는 처음에는 환자들을 친절하게 보살펴주고 그후에는 이 시대의 자랑거리인 숙련된 간호 체계를 세워 환자들의 고통을 줄이는 데 평생 헌신했다."

클라라 바턴

Clara Barton

힐러리

1861년 남북전쟁이 터졌을 당시, 친구들 사이에서 클라라로 불리던 39세의 클라리사 할로위 바턴은 워싱턴 D.C.에 있는 미국 특허청에서 복사 담당자로 일하고 있었다. 그전에는 10년 넘게 교사로 근무했는데 당시에는 교사 대부분이 남자였다(클라라는 뉴저지에서 가난한 아이들을 위한 무료 학교를 운영하기도 했다. 하지만 자신의 뒤를 이을 남자 교장이 자신보다 두 배나 많은 월급으로 채용되자 항의의 표시로 사임했다. "기꺼이 아무 대가 없이 가르치고 싶을 때도 있어요. 하지만 어쨌든 돈을 받는다면 남자보다 적게 받으면서 똑같은 일을 하지는 않겠어요.”라고 클라라는 말했다). 클라라는 단호하고 독립적이며 집중력이 뛰어났지만 평생 우울증에 시달렸다. 우울증을 털고 일어나기 위해 가장 좋은 방법은 골치 아픈 문제를 해결하는 것이었다.

남북전쟁이 발발하고 군대가 워싱턴 D.C.로 몰려들자 클라라는 많은 군인이 부상을 입고 굶주렸다는 사실을 금세 알아챘다. 그래서 옷과 음식, 붕대를 모아서 아직 완성되지 않은 미국 국회의사당 건물에 머물고 있는 군인들에게 가져다주었다. 클라라에게 그들은 ‘내 아들들’이었다. 클라라는 의약품을 모으는 것 외에도 군인들에게 책을 읽어주고, 요리를 해주고, 편지를 써주고, 고민을 들어주고, 함께 기도했다. 하지만 얼마 지나지 않아 자신을 가장 필요로 하는 장소는 바로 전쟁터라는 사실을 깨달았다.

클라라는 군과 협상해 최전방에 보급품을 지원하고 자원봉사를 하는 데 필요한 신임장을 받아냈다. 그리고 자신을 보내달라고 군을 설득했다. 1862년 어느 날 자정 무렵, 유난히 격렬한 전투가 끝난 버지니아 북부 야전병원에 클라라가 마차 한 대 가득 보급품을 싣고 나타났다. 그 병원에서 일하던 한 의사는 다음과 같이 썼다. “그날 밤 나는 하늘이 천사를 보냈다면, 그녀가 틀림없이 그 천사일 거라고 생각했다. 도움이 절실히 필요하던 순간 그녀가 나타났다.” 그 이후 클라라는 ‘전쟁터의 천사’로 알려지게 되었다.

클라라는 위험도 두려워하지 않았다. 하지만 군대 행렬 뒤쪽의 의료단에 갇혀 있어서 이따금 조치를 취해야 할 일이 며칠씩 늦어지는 것은 신경이 쓰였다. 남북전쟁 도중 겨울 동안 휴전이 되자 그녀는 일기장에 이렇게 썼다. “우울하고 내 자신이 불만스럽다.” 클라라는 사방에서 시시

각각 다가오는 '가늘고 검은 뱀들' 같은 슬픔과 싸웠다. 다시 전쟁이 시작되자 슬픔에서 벗어나 다른 일에 완전히 몰두할 수 있었다. 클라라는 심지어 자살도 생각했었다. 그녀는 공식적인 지원이 도착하기 전에 전쟁터에 있는 병사들을 돕기 위해서 앞질러 달려간 적이 한두 번이 아니다. "전 위험을 무릅쓸 수 있어요. 내가 총에 맞거나 포로가 되더라도 다른 사람들은 상관이 없으니까요." 하지만 그녀가 대담하게 나선 덕분에 목숨을 건진 병사들에게는 분명히 상관이 있었다.

전쟁이 끝나자 클라라는 해결할 문제가 없는지 찾아 나섰고, 1865년 한 가지를 발견했다. 그해 링컨 대통령은 이런 편지를 썼다. "실종자 가족들에게: 클라라 바턴 씨가 친절하게도 실종된 전쟁포로를 찾아주겠다고 합니다. 실종된 포로의 이름과 중대, 연대를 바턴 씨에게 알려

> "클라라는 항상 더 나은 것이 있으리라 믿었다. 그래서 늘 하던 식이라는 말을 들으면 짜증을 냈다."
>
> – 윌리엄 엘리어자 마턴(전기 작가)

주세요." 클라라는 미국실종군인후원회Friends of the Missing Men of the United States Army와 함께 서신 관리국을 만들었고 동료들과 함께 63,000통의 편지에 답을 하고 22,000명이 넘는 실종자의 신원을 확인했다. 이어 남부 연합군 최대 포로수용소였던 조지아주 앤더슨빌 교도소에서 숨진 연합군 병사들을 위해 국립묘지 건립을 도왔다.

1869년, 클라라는 유럽을 방문하는 동안 스위스 제네바에 본부를 둔 국제적십자위원회에 대해 알게 됐다. 그러나 자발적인 원조를 제공하기 위해서는 국제협약이 필요했다. 클라라는 미국에 돌아와 프레더릭 더글라스 같은 유명한 친구들과 함께 미국에도 적십자사를 설립해야 한다고 주장했고 결국 성공했다.

1881년, 클라라는 60세의 나이로 미국 적십자사를 설립했고 그후 23년 동안 총재를 맡았다. 그동안 미국 적십자는 미시간주에서 발생한 산불과 펜실베이니아주에서 발생한 댐 붕괴 사고로 인한 피해자들을 도왔다. 또 기근이 만연한 러시아에 옥수숫가루와 밀가루를 보냈고 사우스캐롤라이나주 시아일랜드의 홍수 수재민들과 텍사스주의 허리케인 생존자들에게 재난 구호품을 제공했다.

미국 적십자 총재직에서 물러난 후 클라라는 미국응급처치협회 National First Aid Association of America 설립에 힘을 보탰고 명예회장을 역임했다. 응급처치협회는 응급처치 교육 및 재난 대비 훈련에 역점을 두었는데 이 두 가지 활동은 이후 미국 적십자에서도 주요 활동으로 삼았다. 클라라는 교도소 개혁에서부터 공교육, 시민권이나 참정권에 이르기까지 수많은 운동에 참여했다. 그리고 엄청난 재난이 닥쳤을 때마다 앞장서서 구호활동을 주도한 공로를 전 세계적으로 인정받았다. 믿기지 않을지 모르지만 클라라의 타협하지 않는 단호한 성격은 의도치 않게 사람들을 불쾌하게 만들기도 했다.

클라라는 시대를 앞서갔고, 사회가 따라올 때까지 기다리기를 거부했다. 그리고 위기에 처한 상황에서는 미국이 자국민들뿐만 아니라 전 세계 사람들을 도와야 한다는 대담한 생각을 가지고 있었다. 클라라는 용감하게 앞으로 돌진했다. 그랬기 때문에 우리가 알고 있는 것보다 훨씬 더 많은 사람들이 안심하고 평화를 찾을 수 있었다. 심지어 정작 클라라 자신은 그렇지 못했을 때에도 말이다.

엘리자베스 블랙웰*Elizabeth Blackwell,*
레베카 리 크럼플러*Rebecca Lee Crumpler,*
메리 에드워즈 워커*Mary Edwards Walker*

엘리자베스 블랙웰

레베카 리 크럼플러

메리 에드워즈 워커

첼시

엘리자베스 블랙웰이 미국에서 여성 최초로 의학 학위를 받을 거라고는 어느 누구도 예상치 못했다. 엘리자베스는 자서전『여성들을 의료업에 진출하게 해준 선구자적 업적*Pioneer Work in Opening the Medical Profession to Women*』에서 젊은 시절에 원래는 '몸과 관련된 모든 것을 싫어했다'고 썼다. 하지만 제대로 된 여의사를 만나지 못해 과도하게 고통받으며 죽어가던 친구를 보고 의사가 되기로 결심했다. 엘리자베스는 특히 선입견과 편견이 아주 심할 때 의사들의 인생 경험이 환자들이 받는 보살림의 질을 좌우한다는 사실을 누구보다 먼저 깨달았다.

1840년대에는 의사가 되기로 결심했다고 해서 엘리자베스가 즉시 의학 공부를 시작할 수 있는 것은 아니었다. 비록 남동생들과 함께 가정교사에게 교육을 받고 교사가 되기는 했지만 엘리자베스는 여전히 여성이었다. 엘리자베스는 1847년에 필라델피아로 이사했다. 필라델피아에 사는 친구들이 의대 지원을 도와줄 거라는 희망이 있었기 때문이다. 엘리자베스는 모든 학교에서 떨어졌지만 딱 한 학교가 입학을 허가했다. 뉴욕주 시골에 있는 제네바의과대학이었다. 알고 보니 그 입학 허가마저 사실은 학교측의 '장난'이었던 것으로 밝혀졌지만 엘리자베스는 합격을 그대로 받아들였고 입학 등록을 했다.

1849년, 엘리자베스는 자신을 못마땅해하는 교수와 동급생들 사이에서 꿋꿋하게 의학 학위를 받는 데 성공했다. 그리고 더 많은 경험을 쌓기 위해 해외로 나갔으나 런던과 파리에서 일하던 중 세균에 감염되어 한쪽 눈의 시력을 잃고 말았다. 이로 인해 한때 꿈꿔왔던 외과의사가 될 수는 없었지만 엘리자베스는 의사라는 직업을 포기하지 않았다. 이후 뉴욕에 작은 여성 진료소를 개원했고 그 병원은 뉴욕 여성 및 어린이 병원New York Infirmary for Women and Children으로 성장했다.

시간이 흐르면서 엘리자베스는 여성 환자들이 더 좋은 치료를 받기 위해서는 여의사들이 꼭 필요하다고 더욱 확신하게 되었다. 그리하여 1860년대 후반, 미국 최초의 여성 의과대학을 설립하고 의사들이 가난한 여성과 아이들을 치료할 수 있도록 교육하는 데 중점을 두었다. 몇 년 후에는 영국에 최초의 여성 의과대학을 설립하는 데도 도움을 주었다.

나는 스탠퍼드대학 4학년 재학 시절에 룸메이트 세라 올드에게서 엘리자베스에 대해 처음 들었다. 세라는 캘리포니아 최초의 여의사 샬럿

블레이크 브라운에 초점을 맞춘 논문을 준비중이었다. 엘리자베스처럼 샬럿 역시 의학을 공부하기 위해 집을 나와야 했고 이후 샌프란시스코에 여성과 아이들을 위한 병원을 열었다. 19세기에 살았던 이 놀라운 여성에 대해 세라가 조사한 내용을 듣고 있던 바로 그 순간은 대학시절 내가 가장 좋아하는 추억 중 하나이다.

세라가 샬럿과 엘리자베스에 대해 관심을 가진 덕분에 우리는 의료계의 다른 여성 선구자와 영웅들을 찾아보게 됐고 미국 최초의 흑인 여의사 레베카 리 크럼플러 박사를 발견했다. 1831년 델라웨어에서 태어난 레베카는 펜실베이니아에서 자신의 이모가 주변의 아픈 사람들을 돌보는 모습을 보면서 자랐다. 그리고 커서는 간호사로 일하다가 의대에 진학했고, 1864년 뉴잉글랜드여자의과대학을 졸업한 후 보스턴에서 저소득층 여성과 아이들을 돌보는 의사가 됐다. 남북전쟁이 끝난 뒤에는 버지니아로 이주해 해방노예국Freedman's Bureau에서 해방된 노예들을 돌봤다.

레베카는 남부에서 동료들로부터 심한 인종차별과 성차별을 당했다. 동료 의사들은 레베카를 모욕했고 약사들은 그녀를 무시했다. 약 처방을 받지 못하면 환자들을 제대로 돌볼 수가 없었다. 결국 레베카는 보스턴으로 돌아가 일하며 엄마와 아이들을 위한 효과적인 치료 방법에 관한 책을 썼다. 그리고 1883년 『의학적 대화A Book of Medical Discourses: In Two Parts』를 출간했다. 아마 미국에서 의학 교과서를 종이로 출판한 최초의 흑인은 레베카일 것이다. 당시 대부분의 의료 서적이 성인만을 다루던 것과 달리 이 책은 어린이들을 위주로 하는 점이 커다란 특징이었다. 레베카는 이 책을 "어머니, 간호사 그리고 인류의 고통을 줄여주고 싶은 모든 사람들"에게 헌정했다. 레베카의 업적은 흑인 여성을 위한 최초의 의학협회인 레베카리협회를 통해 계승되고 있다.

세라와 나는 조사를 통해 1855년 시러큐스의과대학을 졸업한 유일한 여성인 메리 에드워드 워커 박사도 발견했다. 메리는 남북전쟁이 발발했을 때 개업의였다. 외과의사로 연합군에 입대하고 싶은 마음이 간절했지만 여성이라는 이유로 선발되지 않았다. 그래서 초기에는 사람들이 메리를 간호사로 불렀다. 대개 여성이 의사일 거라고 생각하지 못했기 때문이다. 여성들은 징집되지 않았기 때문에 메리는 임시병원에 자원해서 무료로 일해야 했다. 처음에는 워싱턴, 그다음에는 버지니아에 위치한 영연방 전역의 연합군 야전병원으로 옮겼다. 메리는 다른 외과의사들이 골절이나 다른 부상을 입은 병사들에게 위험하고 불필요한 절단 수술을 관례적으로 한다는 사실을 발견했다. 그래서 수술이 정당하지 않다고 여겨질 때면 절차를 어기고 환자들에게 조심스레 조언하기 시작했다. 전쟁이 끝난 후, 메리는 팔다리가 치유된 환자들로부터 감사 편지를 받았다. 그리고 마침내 의사 자격을 인정받은 뒤 테네시로 옮겨와 육군성 소속 외과의사로 복무하게 됐다. 중위에 해당하는 직책으로 급여도 지급되었다.

전쟁중 메리는 부상자들을 치료하기 위해 적진으로 들어갔다가 남부 연합군에게 간첩으로 체포되었다. 그렇게 몇 달 동안 억류되어 있다가 몇몇 동료와 함께 연합군의 의료 장교들과 일대일로 교환되어 풀려났다. 석방된 후에는 외과의사로서 계약을 맺었고 전쟁이 끝날 때까지 복무했다. 군에서 임명한 최초의 여자 외과의사였다.

메리는 외과의사일 뿐만 아니라 사회운동가이기도 했다. 메리의 목표 중 하나는 여성들이 편안하게 움직일 수 있는 옷을 입는 것이었다. 1832년 뉴욕 오스위고에서 태어난 메리는 어렸을 때부터 농장에서 남자아이들과 같은 옷을 입고 일했다. 육체노동을 할 때는 여성들이 입는 꽉 끼는 코르셋과 풍성한 치마보다 그런 옷들이 훨씬 편했다. 시간이 흘러 의대 동

기와 결혼할 때 메리는 바지
와 연미복을 입었다(또 결혼 서
약에서 '복종'이라는 문구를 뺐으
며 결혼 후에도 자신의 성을 그대
로 썼다). 남북전쟁 내내, 메리
는 '블루머'(무릎 길이의 헐렁한

"제복을 입은 여성들도 자유를 보장받았
다고 다음 세대에게 알려주세요."

– 메리 에드워즈 워커

바지—옮긴이)나 원피스와 바지를 함께 입고 다녔다. 공식적으로 군에 소
속되기 전에도 메리는 버지니아에 있는 동안 자신의 군복을 직접 디자인
했다. 전쟁터에서 남자 의사들이 입는 옷과 비슷하게 파랑색 옷에 녹색
띠를 둘렀다. 〈뉴욕 트리뷴〉은 기사에서 메리를 이렇게 묘사했다. "남자
옷을 입고…… 워커 씨는 수용소 안에서 군인들의 진심어린 존경을 받을
수 있을 만큼만 경쾌하고 위엄 있게 행동한다…… 숙련된 외과의사다운
기술로 팔이나 다리를 절단할 수 있고 투약도 잘한다. 그런데 이상하게
들리겠지만 워커 씨는 여러 번 의무대에 상근 복무 신청을 했는데도 정
식으로 어떤 특정한 임무를 부여받지는 못했다."

　전쟁이 끝난 후 메리는 전국을 다니며 의복 개혁에 대해 강의했고,
심지어 전국의복개혁협회National Dress Reform Association 회장으로 선출되
기도 했다. 메리는 남성용 바지와 모자, 나비넥타이를 매고 다녀서 남자
를 '사칭'했다며 여러 번 체포되기도 했다(키스 네글리가 쓴 멋진 제목의 동
화책 『메리는 입고 싶은 옷을 입어요Mary Wears What She Wants』는 메리의 이러
한 이야기를 다룬 책이며 우리집에서 가장 인기가 많은 책이다!). 메리는 남은
평생 동안 공식 석상에서 여성의 투표권을 비롯해 여성의 평등한 권리를
주장했다. 1865년에는 여성 최초로 명예 훈장Congressional Medal of Honor을
받았다. 믿기 힘들겠지만, 이 훈장을 받은 여성은 지금까지 메리가 유일

하다. 그런데 1917년, 의회는 전투 경험이 부족하다는 이유로 다른 수백 명과 함께 메리의 훈장을 취소했다. 그러나 메리는 훈장 반환을 거부하고 오히려 죽는 날까지 매일 그 훈장을 달고 다녔다. 수십 년 후, 이미 메리는 세상을 떠났지만 지미 카터 대통령은 그 훈장을 복권시켰다.

대부분의 의과대학이 여성 입학을 허가하지 않던 시절에 의사가 되는 것을 소명으로 여긴 여성들은 이들 말고도 더 많다. 그들은 세계 각국에서 여성 공동체를 이룩해 오늘날까지도 영향을 미치고 있다. 1886년 인도 여성 최초로 의사가 된 카담비니 강굴리Kadambini Ganguly, 1892년 일본 최초의 여성 의사이자 이후 도쿄여자의과대학Tokyo Women's Medical School을 설립한 요시오카 야요이Yoshioka Yayoi 같은 여성들이다. 그들은 모두 자신을 가로막는 장벽을 허물었을 뿐만 아니라 동료들과 자신의 뒤를 이을 여성들을 위해 싸웠다.

베티 포드
Betty Ford

힐러리와 첼시

힐러리

베티 포드는 20세기 후반 미국의 영부인으로서 영향력을 미쳤을 뿐만 아니라 한 사람의 국민으로서도 변화를 이끌었다. 베티는 우아하고 겸손했으며 따뜻하면서도 사나웠다. 베티는 남녀 불문하고 모든 미국인에게 동등한 권리를 보장하는 내용을 담은 성평등 헌법수정안ERA을 열렬히 지지했다. 하지만 이 수정안은 오늘날까지도 통과되지 못했다. 베티는 자신의 견해를 밝히기를 주저하지 않았다. "나는 성평등 헌법수정안이 모든 국민의 삶에 꼭 필요하다고 믿습니다. 그런데 내각은 제가 가끔씩 너무 솔직하다고 느끼나봐요."

첼시

베티는 1918년 시카고에서 태어나 미시간주 그랜드래피즈에서 어린 시절을 보냈다. 여덟 살 때부터 댄스 수업을 받았고, 고등학교를 졸업한 후 잠시 동안 전문적으로 춤을 추려고 했다. 버몬트주에 위치한 베닝턴대학에 재학할 당시에는 현대무용수이자 안무가인 마사 그레이엄과 함께 공부했다. 이후 베티는 자신의 인생을 '그 누구보다 많이' 구체화해준 사람은 바로 마사였다고 밝혔다. 대학 졸업 후에는 뉴욕으로 가서 그레이엄 무용단에 입단해 춤을 췄다. 그러다 다시 그랜드래피즈로 돌아가 패션 분야에서 일했고 장애아동들에게 춤을 가르쳤다. 베티는 어린 시절부터 알고 지낸 친구와 결혼했고 남편이 알코올에 중독되고 건강이 좋지 않아 고생할 때 곁에서 그를 보살폈다. 하지만 5년 후 끝내 이혼했다. 베티는 이후 제2차세계대전 참전용사이자 변호사인 제럴드 포드와 만나 결혼했다.

"영부인이라고 해서 내 의견을 감춰야 한다고 생각하지 않아요…… 내 남편이나 여러분 남편의 직업 때문에 왜 우리가 자신을 숨겨야 하나요? 입을 다물고 있어야만 여성스러운 건 아니에요."

– 베티 포드

힐러리

베티는 평생 내 삶에 지대한 영향을 끼쳤다. 특히 유방암과 관련한 여러 활동은 내게 개인적으로 큰 의미가 있었다. 1960년대에 우리 집 길 건너편에 내 어머니의 가장 친한 친구가 사셨는데 유방암 진단을

치료자들

받았다. 하지만 그 당시에는 다들 그 사실을 쉬쉬했다. 나는 매일 오후 어머니가 그 집에 간다는 것을 알고 있었지만, 어머니의 친구에게 무슨 일이 생겼는지는 전혀 몰랐다. 그분이 돌아가신 후에야 비로소 그간 있었던 일에 대해 알게 되었다. 그러고 나서 베티 포드가 나타났다. 베티는 자신이 겪었던 아픔에 대해 이야기하며 심지어는 1974년 수술 후 병실에서 찍은 사진을 공개하기도 했다. 무려 영부인이 암 투병 같은 사적인 이야기를 많은 사람들에게 솔직하게 이야기하다니, 안심이 되고 기운이 났다. 베티는 "아마 영부인인 내가 솔직하고 당당하게 이야기할 수 있다면, 다른 많은 사람들도 그렇게 할 수 있을 것"이라고 설명했다. 또한 조기 발견과 연구를 시행하고 치료를 더 쉽게 받을 수 있도록 해야 한다고 캠페인을 벌여 검사조차 꺼리던 많은 여성들이 갖고 있던 부정적인 인식을 날려버렸다. 베티가 용기 있게 자신의 병과 맞서 싸운 덕분에 직간접적으로 셀 수 없이 많은 사람들이 생명을 구할 수 있었다.

백악관을 떠난 후에도 베티는 약물 사용 장애 및 중독과 싸워 이겨낸 이야기를 허심탄회하게 털어놓았다. 나는 몇 해 전 베티와 함께 베티 포드 센터를 방문했고 환자들이 존중을 받으며 치료받는 모습을 보고 깜짝 놀랐다. 베티 포드 센터에는 부정적인 인식이 생길 만한 구석이 하나도 없었다. 베티는 그 시설에 그저 이름만 빌려주고 나 몰라라 할 수도 있었지만 당연히 그러지 않았다. 베티는 모든 직원과 환자들의 이름까지 외우고 있었다(내가 감탄하자 손사래를 치며 성은 모르고 이름만 안다고 했다. 그것만 해도 어딘가!). 베티는 늘 투지와 배짱을 몸소 보여주었다.

첼시

베티는 유방암과 약물중독의 부정적인 인식을 개선하고 치료를 확대하기 위한 운동을 벌이는 동시에 성평등 헌법수정안과 남녀 임금격차 해소를 주장했다. 또한 임신중절 합법화를 강력하게 지지했다. 남편 제럴드 포드는 로 대 웨이드의 판결이 지나쳤다는 뜻을 내비쳤지만 베티는 낙태를 합법화한 획기적인 대법원의 결정을 공개적으로 지지했다. 〈타임〉은 정치와 사회, 공중보건과 관련해 당당하게 입장을 표명하는 베티를 '싸움꾼 영부인fighting first lady'이라고 불렀다. 베티는 평생을 강철같이 굳건했고, 한결같이 헌법상에서의 완전한 평등과 여성의 재생산에 대한 자기 결정권을 지지했다. 심지어 남편이 이끌던 공화당이 그 두 가지 사안에서 멀리 도망가버렸을 때도 마찬가지였다.

마틸드 크림
Mathilde Krim

첼시

　고등학교 때, 나는 랜디 쉴츠Randy Shilts의 걸작인 『그리고 밴드는 연주를 계속했다And the Band Played On』를 읽고 미국에서 에이즈 전염병(인체면역결핍바이러스 HIV에 의해 야기되는 후천성면역결핍증후군)이 발병한 초기에 어떤 일들이 벌어졌는지 알게 됐다. 쉴츠는 1980년대 초 샌프란시스코와 뉴욕의 동성애자 집단이 에이즈로 인해 겪은 피해를 상세하게 묘사했다. 당시 에이즈는 '게이병'으로 인식돼 의료계와 정부의 각계 인사들은 그 고통을 무시했고 그로 인해 피해는 더 심각해졌다. 쉴츠는 그와 반대로 자신의 몸을 바쳐 에이즈 환자들을 돌보고 병의 원인과 치료법을 알아내기 위해 연구에 매진한 용감한 의사와 연구자들의 감동적인 이야기도 썼다. 마틸드 크림은 그 가운데 한 명이다.

1950년대 젊은 과학자였던 마틸드는 이스라엘에서 암을 유발하는 바이러스를 연구했다. 또한 세포유전학을 연구했고, 태아의 성별을 결정하는 산전 검사를 개발한 팀의 일원이었다. 뉴욕으로 이사한 후에는 코넬 의과대학과 메모리얼 슬로언 케터링 암 센터의 연구원으로 일했다. 1960년대부터는 평생에 걸쳐 미국의 시민권운동, 동성애자권리운동, 여성인권운동뿐만 아니라 짐바브웨의 독립운동과 남아프리카의 반인종차별운동을 지지했다. 또한 당시 비교적 신생국가였던 이스라엘을 지지했다. 마틸드는 논쟁의 여지가 있는 문제나 과학적으로 어려운 문제들이라 해도 피하지 않았다. 이러한 성격은 스위스에서 자라던 어린 시절, 제2차세계대전을 겪으며 형성됐다. 한 인터뷰에서 마틸드는 나치가 만든 죽음의 수용소가 해방되는 모습을 지켜본 경험을 이렇게 묘사했다. "인종차별은 살인과 같다는 것을 현실에서 목격했다." 마틸드는 이후에 어떤 식의 편견도 치명적일 수 있다는 사실을 깨달았을 것이다.

마틸드는 에이즈가 등장한 초기에 에이즈가 큰 재앙을 초래할 수 있는 새로운 질병이라는 것을 인식한 최초의 과학자들 중 한 명이었다. 1983년 마틸드는 연구 기금을 모으기 위해 동료들과 함께 에이즈의학재단AIDS Medical Foundation을 설립했다. 당시 이와 같은 노력은 특히 중요했다. 질병통제센터와 국립보건원의 몇몇 뛰어난 영웅들을 제외하고는 미국 정부가 대부분 에이즈를 무시하고 있었기 때문이다.

마틸드는 연구 기금을 마련하는 동시에 뉴욕시와 연방정부 모두에게 에이즈에 더 많이 투자하고, 에이즈를 언급하고, 무엇보다 에이즈 환자들을 존중하며 치료하라고 촉구했다. 또한 의료계 동료들도 설득했다. 〈뉴욕 타임스〉 기자가 에이즈에 관여하는 이유를 묻자 마틸드는 이렇게 대답했다. "왜냐하면 너무 화가 나니까요! 많은 젊은이들이 죽어가고 있어요…… 그리고 많은 사람이 가족과 연락하기가 두려워서 방치된 채로 홀로 외롭게 죽어갈 거예요." 마틸드는 온정을 베풀고 제대로 치료해주고 희망을 주는 일을 개인적인 사명으로 삼았다.

마틸드의 연구와 사회운동은 다른 연구자와 의료인들의 노력에 힘입어 실질적인 성과를 일궈냈다. 1985년 의회는 에이즈 연구 자금을 크게 늘렸고, 1987년 미국의학협회는 의사들이 무증상 환자를 포함하여 에이즈에 걸린 사람들을 돌볼 의무가 있다고 선언했다. 의회는 1980년대를 거치며 에이즈 연구에 점점 더 많은 예산을 할당했다. 1990년에는 라이언 화이트 치료법Ryan White Comprehensive AIDS Resources Emergency Act을 통과시켰는데, 당시에나 지금이나 HIV/에이즈에 걸린 사람들을 지원한 가장 큰 규모의 연방 프로그램으로 남아 있다.

의사들이 연구라는 무기로 에이즈와 전쟁을 벌이는 사이에 엘리자베스 글레이저 같은 운동가들도 싸움에 뛰어들었다. 엘리자베스는 1981년 딸 아리엘을 낳으며 수혈을 받다가 HIV에 감염됐다. 이후 엘리자베스는 자신도 모르게 HIV 바이러스를 모유수유를 통해 아리엘에게, 그리고 자궁을 통해 아들 제이컵에게도 옮겼다. 글레이저 가족은 서둘러 적절한 치료를 받기 위해 애썼으나 안타깝게도 아리엘을 구하기에는 너무 늦

> "대부분의 사람들이 '나 같은 개인이 공공 정책에 무슨 영향을 미칠 수가 있겠어'라면서 할 수 있는 게 아무것도 없다고 생각해요. 그런데 그렇지가 않아요. 누구나 무언가를 할 수 있어요."
>
> – 마틸드 크림

었다. 아리엘의 사망으로 충격을 받은 글레이저 가족은 소아 에이즈 연구를 위한 기금을 마련하기 위해 재단을 설립했다. 마틸드와 마찬가지로 엘리자베스의 노력 덕분에 그녀의 아들을 포함한 다른 사람들이 목숨을 구했다. 엘리자베스는 세상을 떠나기 몇 해 전인 1994년 자신의 책 『나의 작은 천사 아리엘*In the Absence of Angels*』에서 가족들이 에이즈와 벌였던 투쟁에 대해 썼다. 진저 할머니였다면 엘리자베스와 마틸드 둘 다 신의 일을 대신한 거라고 말씀하셨을 것이다. 그리고 어느 누구보다 천사에 가장 가까웠다고 말이다.

위대한 극작가이자 성소수자인권운동가인 래리 크레이머는 마틸드에 대해 언젠가 이렇게 말했다. "그런 사람이 우리와 함께 살았다는 사실만으로도 지독한 경외심과 고마움에 가슴이 벅차오른다." 나도 같은 마음이다. 2011년 미국에이즈연구재단amfAR이 주최한 행사에서 나는 영광스럽게도 마틸드에게 경의를 표할 수 있었다. 에이즈연구재단은 1980년대 초 마틸드가 창립한 재단을 계승한 기관이다. 그날 밤 나는 결단력, 적응력, 호기심, 지성, 그리고 따뜻한 마음을 가지고 수많은 사람을 구한 마틸드 같은 진짜 영웅들과 함께 이 세상을 살 수 있어서 얼마나 감사한지 이야기했다. 현재 미국과 전 세계에서 HIV/에이즈 연구, 예방, 치료 기금을 줄이려는 일들이 벌어지고 있다는 사실을 마틸드가 알게 된다면 아마 놀라는 정도가 아니라 경악을 할 것이다. 우리는 마틸드와 엘리자베스를 비롯한 많은 사람들이 그렇게 열심히 싸워 이뤄낸 발전을 지켜내야 한다. 또한 HIV/에이즈에 걸린 모든 환자들이 존중받으며 필요한 치료를 받을 때까지 계속해서 싸우고 백신과 치료법을 찾아야 한다.

가오야오제
Dr. Gao Yaojie

힐러리

세계적으로 에이즈 환자가 폭발적으로 증가하던 1996년, 중국의 은퇴한 산부인과 의사 가오야오제는 난소 수술 후에도 상태가 나아지지 않던 42세 여성과 상담을 했다. 진찰을 마친 가오는 그 여성에게 에이즈 검사를 해보라고 권했다. 지금까지의 경험으로 보아 자신이 살고 있는 허난성에 에이즈가 존재한다는 사실을 알고 있었기 때문이다. 동료들은 마약중독자나 성매매 종사자들만 걸린다고 알려진 '외국 질병'인 에이즈에 시골 농민이 어떻게 감염될 수 있다는 건지 의아하게 여겼다. 그러나 검사 결과는 양성이었고 가오는 무슨 일이 일어났는지 밝히기 위해 나섰다. 그리고 그 여성이 정부의 혈액은행에서 혈액을 수혈받고 에이즈에 걸렸다는 사실을 발견했다. 가오는 정부가 혈액을 공급했다면 그중 많은 양이 오염됐을 것이고 수혈과 혈액 및 혈장 판매로 인해 더 많은 사람이 감염될 수 있다는 사실을 즉시 알아챘다.

가오는 중국 시골 지역들을 찾아다녔고 그 결과 에이즈 감염률이 높으며 감염된 사람들은 자신이 어떻게 감염되었고 왜 아프고 죽어가는지 거의 모른다는 사실을 발견했다. 또한 부패한 지방정부 관리들이 공모해 가난한 농부들이 피를 파는 일을 눈감아줌으로써 1991년과 1995년 사이에 '혈장 경제'가 형성됐다는 사실도 알게 되었다.

가오와 동료 의사들은 헌혈과 수혈로 인해 에이즈에 걸릴 수 있다고 경고하고 당장 현체제를 중단할 것을 정부에 촉구했다. 그러나 정부는 아무런 조치도 취하지 않았고 결국 가오는 공개적으로 연설을 하고 경고문을 작성해 배포하기 시작했다. 심지어 언론에 호소하기 시작했는데, 중국 정부가 언론을 면밀히 감시하고 있는 상황에서 특히나 용기 있는 행동이었다. 그로부터 몇 년 후, 중국 정부가 혈액 스캔들에 연루되어 있다는 이야기가 중국 내 언론뿐만 아니라 해외 언론에서도 다뤄지기 시작했다. 세계 언론의 비판 보도로 인해 마침내 중국 정부는 무면허 혈장 및 채혈 센터들을 폐쇄했지만 이미 수천 명의 사람이 감염된 후였다.

힘없는 사람들이 부당하게 목숨을 잃는 모습을 보고 가오는 분노에 타올랐고 희생자들의 법적 권리를 보장하고 보상할 것을 계속해서 정부에 요구했다. 가오는 에이즈로 인해 고아가 된 아이들을 경제적으로 지원했고 '에이즈 할머니'와 '용감한 할머니'라는 별명도 얻었다. 가오가 피해자들을 널리 알리고 정부에 책임을 묻기 위해 끈질기게 운동을 이어나가자 혈액 센터를 통해 이득을 챙겼던 지방 공무원들은 격분했다. 그들은 가오뿐만 아니라 가족들까지 위협했지만 가오는 꿈쩍도 하지 않았다.

가오가 공산당 정권하에서 시달린 것은 처음이 아니었다. 교육을 받은 의사라는 이유로 엘리트 반혁명분자라는 비난을 받았고 1년간 강제 노동 수용소에 갇혀 있기도 했다. 가오는 1973년에 마침내 가족들을 다시 만날 수 있었고 다시 진료를 보기 시작했다.

나는 2007년 초반에 가오야오제 박사에 대해 처음 들었다. 내가 영부인이었던 당시 설립에 힘을 보탰던 기관인 '바이털 보이시스Vital Voices'가 에이즈 문제 해결을 위해 애쓴 공로로 가오에게 상을 수여하면서 미국으로 초대한 것이다. 그러나 중국 지역 당국은 수상 소식을 듣고 오히려 가오를 가택연금에 처했다. 가오가 집밖에 나갈 수 없다는 소식을 들은 나는 후진타오 주석과 우이 부총리에게 가오가 수상식에 참석할 수 있게 해달라고 요청하는 편지를 썼다. 당시 위생부장이자 공산당 정치국 위원으로 중국 정부에서 여성으로서는 가장 높은 지위에 있던 우이 부총리는 가오를 석방하고 미국행을 허락하는 데 중요한 역할을 했다.

2007년 3월, 당시 상원의원이었던 나는 사무실에서 가오 박사를 만나 오랜 시간 대화를 나눴다. 그리고 이 자그마한 여성이 얼마나 대단한지 직접 확인할 수 있었다. 어릴 적부터 전족을 한 탓에 절뚝거리며 걸었지만 가오에게서는 누구도 막을 수 없는 에너지가 쏟아져나왔다.

나는 2009년 2월 국무장관 자격으로 처음 중국을 방문해 가오를 다시 만나게 됐고 그 자리에서 이렇게 말했다. "변화는 실제로 개인의 결정들에서 비롯됩니다. 가오 선생처럼 일어서서 '아니, 가만히 있지 않겠어'라고 말하는 수백만 명의 결정들 말이에요. 그럴 수 있도록 우리가 용기를 줘야 합니다." 그후 세계 에이즈의 날 하루 전인 2009년 11월 30일,

국무부에 있던 내 사무실에서 우리는 다시 만났다. 당시 나는 "가오야오 제 씨는 중국에서 에이즈에 대해 공개적으로 이야기한다는 이유로 핍박을 받아왔습니다. 하지만 위기에 맞서는 데 도움을 준 공로로 오히려 정부로부터 박수를 받아야 마땅합니다"라고 말했다.

이후 가오는 나를 보면 자신의 어머니가 생각난다고 말했다(내가 자신보다 훨씬 어린데도!). 우리는 각자 다른 인생을 살아왔지만 서로 마음이 통했다. 우리 관계를 가오는 이렇게 말했다. "내가 많이 설명할 필요가 없었어요. 여든 넘은 할머니인 내가 그동안 중국에서 겪은 일을 힐러리가 얼마나 이해하고 싶어하는지 알 수 있었죠. 문화대혁명, 중국 최대의 혈액 오염 추문, 가택연금, 가족과의 생이별까지 말이에요. 나는 별일 아니라는 듯 농담까지 섞어가며 말했지만 힐러리는 나를 한 사람이자 엄마이자 의사로 이해했어요. 내가 진짜 겪은 일을 알고 있었죠." 최근에 나는 가오가 2010년 5월부터 살고 있는 뉴욕의 아파트를 방문했다. 꼼짝없이 침대에 누워 있었지만 가오는 자랑스럽게 서른한번째 책을 쓰고 있다고 말했다. 상상할 수 없는 어려움을 극복해내고, 그 누가 입을 막아도 진실만을 말하려는 가오의 고집스러운 모습을 보면서 우리는 굳은 결의를 가진 한 여성이 어디까지 해낼 수 있는지를 배울 수 있다.

치료자들

하와 압디

Dr. Hawa Abdi

힐러리와 첼시

힐러리

여러분 자신이 산부인과 의사라고 상상해보자. 당신은 전쟁으로 피폐해진 소말리아에서 당신 가족 소유의 땅에 살고 있는 난민 9만 명을 책임지고 있다. 그리고 2010년 5월 현재 수백 명의 이슬람 무장 세력이 당신의 사무실을 습격해서 이렇게 말한다. "여자들은 이런 일을 하면 안돼." 무장 세력은 당신을 집에 가두고 임시 수용소를 점령한다. 이런 상황에서 대부분의 사람들은 두려움에 무력해지거나 살아남기 위해 탈출을 시도할 것이다. 하지만 하와 압디는 두려워하지도 도망치지도 않았다. 그 대신 무장 세력에 맞섰다.

"나는 내 병원을 떠나지 않아. 만약 내가 죽는다면, 여기 있는 사람들과 품위 있게 죽겠어." 하와는 이렇게 말하며 한 걸음 더 앞으로 나아갔다. "너희들은 젊은 남자로서 사회를 위해 무슨 일을 했지?" 침입자들은 일주일 동안 머물렀고, 결국 유엔이 개입하자 떠났다. 하와는 즉시 진료를 재개했다.

첼시

하와가 던진 질문에 대한 대답은 그녀의 어린 시절로 거슬러올라간다. 하와의 어머니는 일곱째 아이를 임신했을 때 세상을 떠났고 열두 살 된 하와는 어린 동생들을 돌보아야 했다. 훗날 하와는 어머니의 죽음을 막을 수 없었기 때문에 의사가 되기로 결심했다고 말했다.

1983년 하와는 가족 농장에 처음으로 진료소를 열었다. 소말리아 내에 폭력이 늘어나면서 주로 여성과 아이들을 포함한 많은 사람들이 피난처를 찾아 하와의 농장으로 들어왔다. 하와는 최대한 모든 사람들을 보살피고 거처를 마련해주기 위해 수용소를 마련했다. 하와는 가정 내 폭력을 반대했으며 종족, 종교, 정치와 관계없이 모든 소말리아인을 돌봐주겠다고 시작부터 분명히 밝혔다. 하와는 수용소의 이름을 희망 마을Hope Village이라고 지었다.

수년간 폭력이 계속되면서 많은 가족이 자신의 땅에서 쫓겨났고, 가뭄으로 인해 또다른 많은 가족이 농사를 지을 수 없게 되었다. 이는 대기근과 광범위한 기근으로 이어졌다. 처음에는 소, 그다음에는 어린이, 그리고 노인들이 죽어갔다. 그러자 하와는 자신의 마음과 수용소의 문을 더욱 활짝 열었다. 더 많은 사람을 받아들이고 음식과 의약품을 비롯해 필수품들을 제공했다. 하와는 자신이 보살피고 있는 사람들뿐만 아니라 나라 전체를 구하기로 결심했고, 그 때문에 계속해서 숱한 위험과 장애물을 맞닥뜨려야 했다. 생명에 위협을 받기도 했고 잠시 소말리아를 떠나 악성 뇌종양을 제거하기도 했다. 하와는 수술에서 몸이 회복되자마자 집으로 돌아왔다.

> "여성들이 내전의 무력한 피해자이기만 한 건 아니에요. 우리는 해결할 수 있어요. 무엇이든 할 수 있어요."
>
> – 하와 압디

힐러리

하와는 계속해서 위협을 받았다. 절대 포기하지 않겠다는 하와의 용기에 힘입어 수용소에 있는 수백 명의 여성은 무장 세력에 저항하며 수용소를 떠나라고 요구했다. 여성들이 이렇게 용기를 보여주자 전 세계의 소말리아인은 무장 세력을 비난하게 되었고, 그들은 결국 물러났다. 하와는 그 무장 세력에게 서면으로 사과할 것을 요구했고 결국 사과를 받아냈다. 하와는 자신의 경험을 담아 『희망 지키기Keeping Hope Alive: One Woman, 90,000 Lives Changed』라는 책을 썼다.

첼시

2010년 하와를 만났을 때 가장 기억에 남은 것은 두 딸이 자신의 일에 동참했다며 하와가 자랑스러워하던 모습이었다. 역시 의사인 두 딸 아미나 무함마드와 데코 무함마드는 병원과 수용소를 유지하기 위해 기금을 모으는 하와 압디 재단의 운영을 돕고 있다. "나는 딸들에게 감사해요. 내게 와주었고 나를 도와서 사람들을 치료하죠…… 내가 딸들에게 해주고 싶었던 것들을 딸들이 제게 해주고 있어요." 하와가 말했다. 현재 하와 압디의 희망 마을에는 병원뿐만 아니라 그곳에 사는 만 명의 사람들과 마을 밖에서 온 사람들이 이용할 수 있는 초등학교, 고등학교, 여성 교육 센터, 무료로 마실 수 있는 식수가 있다. 하와의 용기는 세상을 향해 희망은 단순한 단어 그 이상이라는 것을 증명했다. 희망은 바로 목숨을 구한 무수한 사람들, 안전하게 태어난 아기, 교육을 받은 어린이이며 이제 막 시작된, 전과 다른 평화로운 미래다.

플로시 웡스탈

Flossie Wong-Staal

첼시

이칭웡Yee Ching Wong은 1950년대에는 중국 광저우에서, 나중에는 홍콩에서 자랐다. 가족 중 집밖에서 일하는 여자는 아무도 없었다. 그럼에도 불구하고 부모님과 선생님들은 이칭웡이 특히 과학과 같은 과목들에 흥미를 갖고 배울 수 있도록 격려해주었다. 공부를 잘했던 이칭웡은 미국 유학을 결심했다. 입시를 준비하는 동안 선생님들은 이칭웡에게 새로운 학교 친구들과 잘 어울릴 수 있도록 이름을 바꿔보라고 권했고, 이칭웡은 당시 그 지역을 강타한 태풍의 이름을 따서 자신의 이름을 플로시로 정했다. 처음 그 이야기를 들었을 때 나는 훌륭한 비유라고 생각했다. 플로시 덕분에 내 평생 가장 거대하고 가장 위협적인 공중보건 '폭풍'을 우리가 이해할 수 있게 됐기 때문이다.

플로시는 열여덟 살에 캘리포니아로 와 UCLA에서 세균학을 공부하기 시작했고 그때부터 과학자로서의 인생이 시작됐다. 타고난 재능도 있었던데다가 열심히 공부한 덕분에 플로시는 3년 만에 학사학위를 취득했다. 그리고 1972년 스물다섯 살이 채 되기도 전에 분자생물학 박사학위를 받았다.

플로시는 박사후연구원으로 연구한 성과를 인정받아 미국 국립암연구소에 들어갔다. 이후 그곳에서 그녀의 평생 연구 주제인 숙주세포 DNA에 자기 DNA를 삽입하는 바이러스 집단인 레트로바이러스에 대한 연구를 시작했다. 1983년 플로시와 동료들은 인체면역결핍바이러스HIV로 알려진 레트로바이러스를 에이즈의 원인으로 지목했다. 하지만 파스퇴르 연구소의 한 프랑스 연구팀 역시 동시에 바이러스를 확인했고, 두 팀은 각자의 연구 결과를 1년 간격으로 〈사이언스〉에 발표했다. 누가 먼저 발견했는지를 두고 몇 년 동안 논쟁을 벌인 끝에, 두 팀은 공을 나누고 당시 이미 전 세계 수만 명을 감염시킨 에이즈와 싸우기 위해 협력하기로 합의했다. 오늘날에는 대체적으로 프랑스 팀이 HIV 바이러스를 최초로 분리했고 플로시 팀은 HIV 바이러스가 에이즈의 원인이라는 사실을 인식했다고 받아들여지고 있다. 논쟁의 여지가 없는 것은 1985년에 플로시가 세계 최초로 HIV를 복제했다는 사실이다. 그 획기적인 발전으로 플로시와 동료들은 바이러스의 구조를 파악했고 HIV의 존재를 탐지하기 위한 혈액검사를 개발하는 길을 열었다.

플로시는 국립암연구소에서 거의 20년간 근무한 뒤 1990년 샌디에이고에 있는 캘리포니아대학으로 옮겨 HIV/에이즈에 대한 연구를 계속했다. 플로시는 질병의 치료나 예방을 돕기 위해 유전자 결함이 있는 세포에 유전자 전체 혹은 일부를 주입하는 유전자 치료법을 중점적으로 연구했다. 당시로서는 새롭게 시작되고 있던 분야였다. 플로시는 줄기세포에서 HIV를 억제하기 위해 유전자 치료를 이용하는 방법을 탐구했다. 특히, 단백질의 종류와 일부 HIV/에이즈 환자들에게서 발견되는 카포시 육종 간의 관계를 더 잘 이해하는 데 집중했다. 플로시는 과학을 위한 과학 이상을 연구했고 그것은 더 나은 치료법으로 이어졌다.

중대한 발견을 한 번 한 것에 그치지 않고 플로시는 또다른 과제에 도전하기로 했다. 이후 연구에는 HIV/에이즈에 대한 자신의 연구 결과를 C형 간염에 적용해보기 시작했다. C형 간염 역시 수혈이나 오염된 주삿바늘 그리고 성관계로 전염된다(그러나 HIV/에이즈와 달리 성행위로 전파되는 경우는 드물다). 치료하지 않고 방치하면 C형 간염은 간 손상, 간암, 간부전을 유발해 사망에 이를 수 있다. 플로시는 이 치명적인 질병을 치료하기 위한 약물을 찾고 개발하

> "자신의 일이 사람들의 삶을 변화시킨다는 사실을 알면 발견의 기쁨은 더 커진다."
> - 플로시 윙스탈

고자 회사를 설립했다. 전 세계적으로 C형 간염 환자는 7,000만 명 이상으로 추정되며, 매년 수십만 명이 조기 진단이나 적절한 치료를 받지 못해 목숨을 잃는다. 그러나 더욱 염려스러운 점은 C형 간염이 현재 미국에서 증가하고 있다는 사실이다. 플로시는 일흔이 넘은 나이에도 여전히 이 바이러스를 무찌르기 위해 열심히 일하고 있다. 나는 플로시가 HIV/에이즈에 그랬듯 간염 치료에도 지대한 영향을 미치길 기대한다. 플로시는 재능도 대단하지만 거기에 어떤 바이러스도 가만두지 않겠다는 의지와 끈기까지 갖추고 있다는 사실이 놀랍기 그지없다.

몰리 멜칭

Molly Melching

힐러리

1997년 3월, 첼시와 나는 아프리카 국가들을 순방하며 여러 도시와 마을의 정치 및 시민 지도자들과 만나 미국을 대표해 존경과 우정의 뜻을 전했다. 첫번째 목적지는 세네갈이었다. 수도 다카르 앞바다에 있는 고레섬을 통해 노예로 팔려간 아프리카계 미국인 수백만 명의 조상들이 살던 곳이다. 노예들을 붙잡아두던 작은 요새에는 퀴퀴한 냄새가 나는 감방 벽에 여전히 족쇄와 쇠사슬이 붙어 있었다. 아무 죄 없는 사람들이 집과 가족을 빼앗기고 남의 소유가 되어 요새 뒤편에 위치한 '돌아올 수 없는 문'을 통해 끌려갔다. 그들은 해변에 던져지고 배에 실린 뒤 정박해 있는 노예선을 향해 노를 저어 이송되었다. 이 모든 것이 인간의 잔악성과 미국의 원죄를 떠올리게 한다.

다카르에서 1시간 30분 정도 걸려 도착한 사암 은자이Saam Njaay 마을에서 나는 여성의 삶과 건강에 혁명이 일어나고 있는 것을 보았다. 일리노이 출신 미국인 몰리 멜칭은 우리의 가이드이자 선생님이었다. 몰리는 1974년 다카르대학에서 프랑스어를 공부하기 위해 세네갈에 왔다. 학업을 마친 후에는 세네갈에 남아 평화봉사단에서 봉사하며 아이들과 함께 일했다. 몰리는 책을 펴냈고 노숙생활을 하는 아이들을 돌보는 시설을 열었으며 노래와 연극을 통해 청소년들에게 건강에 대해 가르쳤다.

1991년 몰리는 민주주의, 지역사회 역량 강화, 아동 발달에 전념하는 비영리 기관 토스탄Tostan을 설립했다. 3년 후, 유네스코는 가장 혁신적인 교육 프로그램 중 하나로 토스탄을 꼽았다. 몰리가 첼시와 나를 사암 은자이에 데려갔을 때, 우리는 토스탄이 실제로 어떻게 일하는지 보았다. '토스탄'이라는 단어는 세네갈 언어 중 하나인 월로프어로 '돌파구'라는 뜻이다. 사암 은자이 마을 여성들은 서로 그리고 몰리와 함께 자신들의 힘으로 마을의 부당한 점들을 고칠 수 있다고 이야기하면서 말 그대로 문제점들을 '돌파'해나가기 시작했다.

애초 몰리는 논란이 되고 있는 관습인 여성 할례에 반대하는 운동을 할 계획은 없었다. 하지만 에이미 몰로이Aimee Molloy가 몰리의 업적에 대해 쓴 책『밤이 제아무리 길어도: 여성 할례 위기에 처한 수백만의 아프리카 소녀들을 구한 인권운동가 몰리 멜칭의 여정However Long the Night: Molly Melching's Journey to Help Millions of African Women and Girls Triumph』에 따르면 몰리는 소녀들로부터 들은 이야기와 자신의 딸 조이 때문에 생각을 바꾸게 됐다. 몰리는 세네갈에서 자라 아홉 살이 된 조이로부터 자신도 세네갈 친구들처럼 생식기를 자르게 되느냐는 질문을 받고 몹시 놀랐다. 몰리는 전통과 주변에서 받는 사회적 압박이 얼마나 강한 영향력을 미치는지 깨달았고 당시 경험을 이렇게 설명했다. "여성 할례의 힘을 직접 이해하게 된 매우 결정적인 순간이었어요. 이제 내가 무엇을 해야 할지 알게 됐죠." 몰리는 토스탄의 역량 강화 프로그램에 여성 할례 및 아동 결혼이라는 민감한 문제를 비롯해 여성의 권리와 인권을 추가했다.

토스탄이 추진한 일들과 그 임무를 제 일처럼 여기고 적극적으로 수행해준 지역 지도자들 덕분에, 세네갈 여성들은 여성 할례의 고통과 심지어 목숨까지 앗아가는 끔찍한 부작용에 대해 터놓고 이야기하기 시작했다. 토스탄은 마을 전체가 참여하는 토론을 마련했고 마을들이 하나둘 투표를 통해 관습을 없애기 시작했다. 이맘(이슬람교단 조직의 지도자—옮긴이)과 다른 마을 지도자들도 운동에 참여해 인근 마을을 찾아가 동참하도록 설득했다. 여성할례폐지운동 지도자들은 당시 세네갈 대통령 아브두 디우프에게 여성 할례를 전국적으로 금지해달라고 청원했다. 대통령과 영부인인 엘리자베스를 만났을 때 나는 풀뿌리운동을 칭찬하고 입법 요구를 지지했다. 대중의 요구에 따라 세네갈 정부는 여성 할례 금지법을 통과시켰고, 서아프리카 8개 국가에서 8,000개가 넘는 마을이 여성 할례뿐만 아니라 아동 결혼과 강제 결혼을 중지하기로 결정했다.

깊이 뿌리박힌 문화적 전통은 좀처럼 사라지기 어렵기 때문에 이와 같은 약속

"우리가 평화롭게 앞으로 나아가고 있다고 느낀다면 나는 결코 두려워하지 않고 당당하고 참을성 있게 계속 나아갈 것이다. 하지만 그것은 내게 용기가 아니다. 결단력과 인내심일 뿐이다."

- 몰리 멜칭

들을 잘 실천하기란 쉽지 않았다. 그러나 이맘과 마을 지도자들, 관료들의 결단력에 더해 마을 스스로 자신들이 원하는 변화를 추진할 수 있도록 권한을 준 토스탄의 노력 덕분에 수십만 명의 소녀가 여성 할례로부터, 소년 소녀들이 강제 결혼으로부터 해방될 수 있었다.

모나 해나아티샤

Dr. Mona Hanna-Attisha

첼시

이제 대부분의 사람들은 이 이야기가 어떻게 시작되는지 알고 있다. 2014년 4월, 미시간주 플린트시는 돈을 절약하기 위해 식수원을 휴런 호수에서 플린트강으로 바꿨다. 그러나 플린트 강물은 휴런 호수 물보다 부식성이 강한 탓에 적절한 화학물질을 첨가해야 안전하게 마실 수 있었다. 그러나 플린트시는 시민들이 수도에서 흘러나오는 물을 사용하기 전에 적절한 조치를 취하지 않았다.

식수원을 바꾼 직후부터 플린트 시민들은 걱정하기 시작했다. 새로

바뀐 물에서는 악취가 났고 색깔도 이상했다. 시민들은 시에 문제를 제기했지만 대부분 묵살되었다. 몇 달 후, 시 당국은 시민들에게 분변성 대장균군과 총대장균군을 제거하기 위해 물을 끓여 마시라고 권고했다. 또한 균을 죽이기 위해 물에 더 많은 양의 염소를 풀고는 문제가 해결되었다며 시민들을 안심시켰다.

소아과 의사 모나 해나아티샤는 자신의 병원에서 수백 명의 플린트 아이들을 진찰했다. 불안한 부모들이 수돗물로 마시고 씻고 요리해도 안전한지 물었을 때, 모나는 괜찮다고 대답했다. 도시와 주 보건당국이 플린트 시민들을 보호한다고 믿고 있었기 때문이다. 그때까지도 자신이 틀렸으리라고는 꿈에도 생각하지 못했다. "순진하게도 정부를, 시와 주와 국가까지 전부 믿는 바람에 나는 거짓말쟁이가 되어버렸다." 모나는 이후 〈뉴욕 타임스〉에 이렇게 썼다.

2015년 어느 여름날 저녁, 워싱턴 환경청에서 일했던 모나의 친구가 가볍게 술을 한잔 마시던 자리에서 물에 부식 방지 처리를 하지 않았기 때문에 물속에 납이 들어 있을지 모른다고 말했다. 모나는 환자들 사이에서 납 중독의 증상을 보지 못했지만, 그렇다고 이 위험한 신경독이 플린트의 아이들에게 아무런 영향을 미치지 않는다고는 할 수 없음을 알고 있었다. 납은 지능을 떨어뜨리거나 행동장애를 일으키는 등 아이들의 뇌 발달에 치명적인 영향을 미칠 수 있었다. 식수 속에 납이 들었다면 무조건 위험하다.

친구의 제안에 따라 병원에서 진찰한 아이들의 혈중 납 농도를 조사해본 모나는 환자들의 혈중 납 수치를 보고 심장이 철렁 내려앉았다. 그 수치들을 차마 이메일에 적기가 두려워서, 모나는 그날 저녁 딸이 연습하고 있던 축구장으로 친구를 불러냈다. 결과지는 출력해 가방에 집어넣어 가서 친구를 만나 함께 꼼꼼히 살펴보았다. 식수원이 변경된 뒤 혈액 내 납 농도가 높아진 아이들의 비율이 급격히 증가했다. 플린트의 아이들은 납에 중독되고 있었다. 그 순간 모든 것이 바뀌었다. "저는 달라졌어요. 운동가이자 탐정이 됐죠. 3번 축구장에 엘린과 함께 웅크리고 있자니 마치 내 삶이 〈스캔들〉(미국 ABC 채널의 정치 스릴러 드라마—옮긴이)의 한 에피소드가 된 기분이었어요."

모나는 주 보건부에 연락해 자료를 요청했지만 거절당했다. 나중에야 알게 됐지만 미시간 당국은 그때 이미 아이들에게서 납 수치가 급증하고 있다는 사실을 알고 있었다. 그렇지만 아무 조치도 취하지 않았다.

자신의 환자들을 보호하기로 결심한 모나는 기자회견을 열어 특히 어린이를 비롯한 가족들 모두 물을 마시거나 사용하지 말라고 경고했다. 모나는 자신이 발견한 사실이 정부의 모든 관리들에게 경고가 되길 바랐다. 또한 동료들의 심사를 받는 학술지에 실리기를 기다리지 않고 가공하지 않은 데이터를 그대로 공유함으로써(연구자에게는 위험한 결정이다) 그만큼이나 시급한 일이라는 사실이 강조되길 바랐다. 그러나 주정부는 모나의 의혹과 결론을 부인했다. 고통스럽기는 했지만 모나는 반박하고 나섰다. 자신의 연구 방법이 적절했고 플린트의 아이들이 우선이라는 확신에는 조금도 의심의 여지가 없었다. 모나는 자신이 공공보건에 닥친 재앙뿐만 아니라 플린트 사람들을 보호해야 할 민주주의 기관의 실패까지 목격하고 있다는 사실을 너무나 잘 알고 있었다.

1976년에 태어난 모나는 제너럴 모터스로 유명한 미시간주에서 자랐다. 모나의 부모는 사담 후세인이 집권한 후 두려워서 조국인 이라크로 귀국하지 못했다. 모나는 늘 사회정의와 민주주의의 원칙을 지켜왔고 그것이 제2의 고향인 미국의 근간이라고 믿었다.

그러나 모나는 인종차별과 수세대에 걸친 무관심으로 인해 플린트의 상황이 악화되었다는 사실을 알고 있었다. 높은 1인당 소득, 낮은 실업률, 강한 노조, 학군, 우수한 공공보건 지표를 가졌던 플린트시는 불과 수십 년 만에 정반대의 모습이 되었다. 2013년까지 미시간주에서는 전체 흑인 인구의 절반이 긴급 생계지원을 받고 있었는데 전체 백인 인구 가운데 그 수치는 2퍼센트에 불과했다. 원인은 분명했다. 주로 백인인 주정부 관리들은 플린트의 저소득 흑인 거주자들에게 일어나고 있는 일들을 외면해왔던 것이다. 그런데다가 2011년 미시간주에서 임명한 비상 재정 관이 플린트 시민들이 뽑은 시장을 제쳐두고, 파산을 피하기 위해 긴축 정책을 실시했다. 긴축을 위해 제일 처음 한 일은 바로 수원을 바꾸기로 결정한 것이다. 다시 말해, 주에서 긴축정책을 추진하라고 압박하지 않았다면 플린트시의 납 중독 위기는 일어나지 않았을지도 모른다.

모나가 기자회견을 하고 나서 몇 주 후, 미시간주 정부는 항복하고 휴론 호수의 물을 가져오기로 했지만 이미 파이프가 부식되어버렸기 때문에 물에 납이 들어가지 않으려면 새로운 파이프가 필요했다. 플린트 사태는 탐욕과 태만 때문에 탄생한 불필요한 인재였다. 모나의 적극성과 대담성이 없었다면 위기가 발견되고 부모들에게 알려지는 데 훨씬 더 오랜 시간이 걸렸을 것이다.

"플린트에서 일어났던 일은 어디서나 일어날 수 있습니다. 긴축에 대한 압박과 과학에 대한 무시가 유권자들의 투표권 박탈, 게리맨더링 그리고 주에서 임명한 위기 관리자와 같은 반민주적인 수단들과 결합된다면 말입니다. 플린트시 사태를 통해 배울 수 있는 교훈 중 하나는 민주주의가 작동하지 않으면 과학이나 공공보건은 우리를 구해주지 못한다는 것입니다."

– 모나 해나아티샤

현재 모나는 납의 영향을 완화시키는 프로그램을 위해 기금을 마련하고 최대한 많은 어린이들이 프로그램에 참여할 수 있도록 관심을 모으고 있다. 또한 여덟 살 때부터 플린트시의 위기를 세상에 알리고 있어서 '리틀 미스 플린트'라 불리는 마리 코페니처럼 플린트시의 희망과 회복력을 세상에 보여주고 있는 사람들의 목소리가 더 널리 퍼질 수 있도록 돕고 있다.

나는 영광스럽게도 2016년 모나를 직접 만날 수 있었다. 2019년 봄에 열린 '비전 & 저스티스' 집회에서 모나의 책과 업적에 대해 우리가 대화할 수 있게 자리를 마련해준 하버드대 미술사 및 아프리카계미국인학 부교수인 내 친구 사라 루이스에게 감사한다. 안타깝게도 육안으로는 보이지 않는, 더 안타깝게도 아이들의 뇌에는 극명하게 영향을 미치는 납의 문제는 정의의 문제이다.

나는 모나를 친구이자 롤모델이라고 부를 수 있어 자랑스럽다. 모나의 이야기가 주는 교훈은 오늘날에도 여전히 유효하다. 지도자들이 과학을 부정하고, 사실을 무시하고, 그들을 대표하는 사람들을 무시하면, 그 결과는 처참하다. 미국 내 수천 개의 지역이 여전히 페인트, 배관, 산업폐기물로 인해 안전하지 못한 납 수준을 유지하고 있는 지금 이 순간, 우리 중 어느 누구도 안심할 수 없다.

예방접종 종사자
Vaccinators

철시

　내가 처음으로 백신 접종을 한 때가 언제인지 기억나지는 않지만, 내 아이들이 처음 맞은 때는 확실히 기억한다. 아이들은 모두 태어나자마자 B형 간염 백신을 접종했으며 질병관리본부가 권고하는 일정에 맞춰 예방접종을 했다. 지난 몇 년간 샬럿과 나는 함께 독감 예방주사를 맞았고, 남편 마크는 에이든과 함께 맞았다. 소아과에 근무하는 훌륭한 의사와 간호사들의 도움을 받아 우리는 매년 계속 접종을 받을 예정이다. 그리고 우리는 이것을 당연하게 여기지 않는다.

전 세계적으로 의사, 간호사 그리고 백신 관련 종사자가 어른과 아이들에게 예방주사를 접종한다. 그런데 예방주사는 생명을 구하기도 하지만 동시에 종종 위험하기도 하다. 많은 나라에서 예방접종은 대부분 여성들이 담당하고 있으며 위험한 상황에서 접종하는 경우도 많다. 백신 관련 종사자들은 지역사회에서 거부당하거나 심지어 일하는 중에 살해당하기도 한다. 2013년 나이지리아에서는 소아마비 백신을 접종하던 여성 아홉 명이 처형당했다. 2013년부터 2017년까지 전 세계에서 100명이 넘는 백신 관련 종사자가 목숨을 잃었으며 거의 다 여성이었다. 2018년 파키스탄에서는 소아마비 예방접종을 실시하던 어머니와 딸이 살해당했다. 콩고민주공화국에서는 에볼라가 창궐중일 때 의료계 종사자들이 백신 투여를 서두르던 가운데 2019년 초부터 5개월 동안 무려 85명의 의료인이 죽거나 부상을 입었다.

전 세계 여러 나라에서 '정기 예방접종'은 결코 당연한 일이 아니다. 대부분의 아이들이 최소 하나의 질병에 대한 예방접종을 받은 반면, 다른 많은 어린이들은 여전히 폐렴과 같이 치명적이지만 예방 가능한 질병에 대해서 예방접종을 받지 못하고 있다. 매년 두 살 이하의 영아 수십만 명이 폐렴으로 사망하고 있다. 일부 지역에서는 백신이 불임을 일으킬까봐 두려워하기도 한다(사실이 아니지만). 또 어떤 곳에서는 의료계 종사자를 포함한 외부인들이 지역사회로 들어오는 것을 걱정하는 사람들도 있다. 백신과 의료계 종사자가 없거나 예방접종을 할 수 있는 체계가 마련되지 않은 곳도 태반이다. 파키스탄에서는 2019년 들어 5개월간 소아마비가 17건이나 발생했는데도 거짓 소문이 난무하고 공포감을 조성하는 가짜 영상들이 텔레비전에서 방영되다보니 대중의 의심이 고조됐다. 어느 예방접종자는 한 가족을 설득해 예방접종을 시키려다가 그 가족 중

한 명이 쏜 총에 맞아 숨졌다.

미국은 물론 유럽과 호주에서도 점점 문제가 증가하고 있다. 일부 부모들은 백신 접종의 이점이 백신의 위험성보다 크지 않다고 생각한다. 어떤 사람들은 백신 접종의 이점을 모르거나 믿지 못하고, 어떤 사람들은 종교적 혹은 문화적인 우려를 갖고 있다. 어떤 사람들은 주사를 맞을 때 아플까봐 걱정하고 어떤 사람들은 제약회사들이 아이들의 건강을 위해서가 아니라 이익을 얻기 위해서 백신을 강요한다고 믿는다. 위의 모든 이유들을 전부 걱정하는 부모들도 있을 것이다. 이런 경향이 두드러지는 국가들에서 정보가 잘못되어 있다고 알리고 백신의 혜택에 대해 이야기하는 간호사, 의사, 공공보건 종사자는 대부분 여성이다.

또한 여성들은 백신 연구를 선도해왔다. 1940년대에 펄 켄드릭Pearl Kendrick과 그레이스 엘더링Grace Eldering은 최초로 백일해 백신을 개발했고, 이어서 백일해 백신을 디프테리아 및 파상풍과 결합하여 오늘날에도 여전히 사용되고 있는 DTP 주사를 만들었다. 1970년대에는 의사 루스 비숍Ruth Bishop이 이끄는 연구팀이 유아와 소아에게 심한 설사를 일으키는 주요 원인인 로타바이러스를 최초로 찾아냈다. 로타바이러스는 심각한 탈수증을 유발해 치명적일 수 있다. 게다가 매우 흔한 바이러스여서 전 세계 대부분의 아이들이 유치원에 갈 나이가 되기 전에 로타바이러스에 감염된다. 나는 로타바이러스에 대한 백신은 접종받지 못했다. 최초의

"어린이들의 목숨을 구하는 백신을 거부하는 것은 가장 기본적인 도덕 원칙을 어기고, 인간의 품위라는 핵심 원리를 무시하며, 세대 간의 윤리적 책임을 위반하는 일이다. 모든 사람은 옳은 일을 할 기회가 있다."

– 클레어 포머로이 박사(앨버트 & 매리 래스커 재단 이사장)

로타바이러스 백신이 내가 대학에 다닐 때까지 미국에서 사용 승인을 받지 못했기 때문이다. 나는 내 아이들이 로타바이러스 예방접종을 받아서 감사하며, 깨끗하고 안전한 물을 마시기 어려운 곳에 사는 수많은 아이들이 예방접종을 받은 것에 더욱 감사하게 생각한다.

힐러리

작게는 지역에서부터 크게는 전 세계적인 노력에 이르기까지 여성들은 백신 접종을 지지하는 캠페인을 주도해왔어. 로잘린 카터 전 영부인은 35년 전 조지아 주지사의 아내였던 시절부터 지금까지 예방접종을 홍보해왔고, 여전히 '가족에게 예방접종을 합시다Vaccinate Your Family' 이사회에서 활동하고 있어.

우리는 질병 근절이 가능하다는 것을 알고 있다. 지난 몇십 년 동안 그래왔기 때문이다. 1980년 세계보건기구WHO는 천연두가 종식됐다고 공식적으로 선언했다. 지난 30년 동안 글로벌 소아마비 퇴치 이니셔티브 Global Polio Decutation Initiative가 엄청난 노력을 쏟은 덕분에 소아마비도 퇴치에 가까워졌다. 지금까지 2,000만 명이 넘는 백신 관계자가 25억 명 이상의 어린이에게 예방접종을 했다. 인유두종바이러스HPV 백신이 자궁경부암 발병률을 낮춘다는 결과를 보여주는 연구도 점점 많아지고 있다. 매년 전 세계 50만 명 이상의 여성이 시달리고 있는 질병을 물리칠 방법에 한 걸음 더 다가간 것이다.

이러한 성과들은 사람들이 실제로 백신을 맞아서 효과를 보았을 때 얻을 수 있다. 2000년 미국 질병통제예방센터CDC는 미국을 홍역 청정국으로 선포했다. 그러나 2019년 6월 초 1,000명이 넘는 홍역 환자가 발생하면서 이 예측이 지나치게 낙관적이었다는 사실이 드러났다. 많은 부모들이 자폐증을 유발할 수 있다는 우려에서 MMR(홍역, 유행성 이하선염, 풍진) 예방접종을 거부해오고 있지만, 이미 많은 연구를 통해 MMR 백신이 안전하고 자폐증을 유발하지 않는다는 것이 증명됐다. 오히려 내가 좋아하는 이 말처럼, '백신은 성장을 유발할 뿐이다'. 백신은 개인을 보호하는 데 도움이 되고 '집단면역'을 만들어내기 때문에 중요하다. 백신 접종 수준을 나타내는 집단면역은 질병이 퍼지는 것을 막는 데 필요하다. 또한 백신을 접종하기에는 너무 어린 아기들이나 면역력이 손상된 환자를 비롯해 백신을 접종할 수 없거나 아직 접종하지 못한 사람들을 보호하는 데에도 중요하다. 미국 내에서 부모에게 끈기 있게 백신에 대해 알리고 집단면역과 같은 개념을 설명해주는 사람들도 대부분 여성이다. 소아과 의사부터 간호사, 공공보건 요원에 이르기까지 이 여성들은 홍역과 같은 질병들을 퇴치하고 우리가 정상적으로 살아갈 수 있도록 해준다.

온갖 난관과 치명적인 위협에도 불구하고, 소아마비 퇴치 캠페인, 폐렴구균 백신 캠페인, 로타바이러스 백신 캠페인 등 다양한 접종 노력이 계속되고 있다. 매년 점점 더 많은 어린이들이 더 많은 질병에 대한 예방접종을 받는다. 아이들을 질병으로부터 지키기 위해 자신의 건강과 생명을 걸고 세계 곳곳에서 지칠 줄 모르고 일하는 용감한 여성들이 없다면 불가능한 일이다.

운동선수들

ATHLETES

앨리스 코치먼 $Alice\ Coachman,$
윌마 루돌프 $Wilma\ Rudolph$

앨리스 코치먼

윌마 루돌프

첼시

인종분리정책이 시행되던 1920년대와 1930년대 남부 지역에서 흑인 남자 운동선수들이 시합에 출전하기란 하늘의 별 따기였고, 흑인 여성 선수들은 그보다도 힘들었다. 1923년 조지아주의 소도시 올버니에서 태어난 앨리스 코치먼은 어릴 적부터 운동을 사랑했다. 처음에는 혼자 달리거나 남들이 버린 낡은 장비를 뛰어넘으면서 연습을 하곤 했다. 앨리스는 분리정책 때문에 정식 트랙에서 연습할 수가 없어서 맨발로 흙길을 달리며 훈련했다. 고등학교에 입학하자 청소년부 육상 코치가 앨리스의 타고난 재능과 투지를 발견하고 앨리스를 훈련시키기 시작했다. 정식 훈련이 시작되자마자 앨리스는 미국 고등학교와 대학의 높이뛰기 기록을 깨버렸다. 그것도 맨발로. 이상은 앨리스가 투스케지고등학교를 졸업하기 전의 일이다. 올버니주립대학에 입학한 뒤로 앨리스는 더 빨리 달리고 더 높이 뛰어 50미터와 100미터 경주, 높이뛰기의 전국 챔피언이 됐고 400미터 계주에서도 우승했다.

제2차세계대전으로 인해 올림픽이 중단되지만 않았어도 앨리스는 1944년, 어쩌면 1940년에도 당연히 대표팀의 핵심 멤버가 되었을 것이다. 스포츠 전문 기자 에릭 윌리엄스는 이렇게 썼다. "만약 올림픽이 취소되지 않고 앨리스가 출전했다면 우리는 아마도 앨리스를 역대 최고의 여자 선수라 부르고 있을 것이다." 1948년 올림픽이 재개되자 앨리스는 런던에서 미국 대표팀에 합류했다. 앨리스는 올림픽에서 흑인 여성 최초로 금메달을 땄고 올림픽 신기록도 세웠다. 그보다 40년 전에 존 테일러가 흑인 선수 최초로 금메달을 땄고, 그로부터 20년 후에야 여성들도 육상 경기에 출전할 수 있게 됐다. 앨리스는 메달을 받기 위해 시상대로 걸어가는 순간에야 방금 성취한 일의 무게가 실감나기 시작했다. "게시판에 쓰여 있었어요. A. 코치먼. 미국. 1위. 나는 계속 걸어가서 시상대 위에 섰어요. 미국 국가가 흘러나오기 시작했죠. 정말 듣기 좋았어요."

획기적인 사건으로 알려졌어야 할 이 금메달 소식은 미국 내 올림픽 보도에서 거의 언급되지 않았다. 백악관에서 해리 S. 트루먼 대통령의 축하를 받기는 했지만 앨리스는 결국 조용히 집으로 돌아왔다. 흔히 선수들이 돌아오면 퍼레이드를 벌이거나 축하 행사를 하는 것과는 극명하게 달랐다. 특히, 신기록을 세우고 금메달을 딴 사람이 백인 남성일 때와 비교하면 더욱 그렇다. 앨리스가 올버니로 돌아오자 마을에서 퍼레이드와 축하연을 열었지만, 여전히 인종이 분리되어 있었기 때문에 흑인 참석자들은 강당 한쪽으로 밀려났다. 시장은 앨리스와 함께 무대에 앉기는 했지만 악수는 거절했다. 행사가 끝나자 앨리스는 옆문으로 떠났다. 앨리스는 당시를 이렇게 회상했다. "분리정책이 있었지만 나한테는 아무 상관없었어요. 난 우승했으니까…… 그걸 받아들일지 말지는 그 사람들한테 달려 있었죠."

올림픽이 끝난 후, 앨리스는 선수생활을 은퇴하고 대학을 졸업했다. 신문들은 대체로 앨리스를 무시했고 앨리스의 고향은 인종을 분리한 축하연을 열었지만 코카콜라는 1952년 앨리스에게 홍보대사가 되어달라고 부탁했다. 코카콜라 최초의 흑인 홍보대사였다. 앨리스는 평생 어린 운동선수와 은퇴한 올림픽 선수들을 후원하고, 수많은 육상 기대주들에게 영감을 주었다.

앨리스가 올림픽에서 위업을 이룬 지 12년 후, 윌마 루돌프가 텔레비전 시대에 흑인 여성 최초로 금메달을 땄다. 당연히 앨리스는 윌마를 응원했다. 앨리스와 마찬가지로 윌마의 이야기도 분리정책을 실행하던 남부 지역에서 시작되었다. 윌마는 1940년 테네시주 세인트 베들레헴(오늘날의 클라크스빌)에서 미숙아로 태어났다. 네 살 때 소아마비에 걸려 다리 보조기를 착용해야 했고 회복을 돕기 위한 강도 높은 치료를 받았다. 동네 병원은 윌마가 흑인이라는 이유로 치료를 거부했다. 그래서 일주일에 두 번씩 어머니는 윌마를 내슈빌로 데려가 치료했다. 그리고 집에서는 매일 가족들이 윌마가 운동을 반복하도록 돕고 다리를 마사지해주었다.

윌마는 다리를 튼튼하게 하려고 노력했다. 걷고 뛰고 심지어 남매들과 농구도 했다. 그 덕분에 열두 살 무렵 다리 보조기를 벗을 수 있었고 이후 성홍열, 백일해, 홍역에 걸리고도 살아남았다. 보조기와 영원히 작별을 고한 후, 윌마는 걷거나 뛰는 것 이상의 것을 하고 싶어졌다. 달리고 싶었고 경쟁하고 싶었다. 그래서 언니와 함께 농구 연습을 시작했고 지역 여자 육상팀에 합류했다. 그리고 1956년 미국 올림픽 육상팀에 발탁됐다. 윌마는 당시 열여섯 살로 아직 고등학교에 다니고 있었고 보조기를 뗀 지 불과 몇 년 되지 않은 때였다. 그렇지만 그해 멜버른올림픽에서 400미터 계주에 출전해 동메달을 땄다.

열일곱 살에 윌마는 첫 아이를 임신했다. 그래서 고등학교 3학년 때는 어떤 대회에도 참가하지 못했지만 언니가 아기를 돌봐준 덕분에 대학에서 훈련을 재개할 수 있었다. 윌마는 테네시주립대학에서 전보다 더 빨리 달렸다. 1960년 로마올림픽에 출전한 윌마는 100미터와 200미터 달리기 그리고 자신이 마지막 순서로 달린 400미터 계주에서 모두 금메달을 획득해 미국 여성 최초로 올림픽 3관왕이 됐다. 그리고 총 세 개의 세계기록을 세웠다. 하계올림픽 경기가 처음으로 텔레비전으로 방영되었고 언론이 앨리스 코치먼을 외면한 지 12년 만에 윌마는 스타로 인정받았다.

올림픽이 끝난 뒤 윌마의 고향에서는 축하 퍼레이드를 열고 싶어했는데, 처음에 윌마는 그 제안을 거절했다. 클라크스빌 마을과 테네시주는 여전히 인종분리정책을 실시하고 있었기 때문이다. 테네시주 주지사 역시 분리주의자였지만 결국 흑인과 백인이 통합된 퍼레이드와 축하 행사를 갖는 데 동의했다. 그렇게 해서 클라크스빌 역사상 최초로 통합 행사가 열렸다.

윌마는 대학으로 돌아가 학위과정을 마쳤고 육상선수에서 은퇴했다. 졸업 후에는 자신이 다녔던 초등학교에서 아이들을 가르쳤고 이후에 고등학교에서 육상선수들을 지도했다. 윌마는 역사상 가장 빠른 여성인(적어도 2019년 현재로서는) 플로렌스 '플로조' 그리피스 조이너와 역대 최고의 여성 육상선수 중 한 명으로 꼽히는 재키 조이너커시를 포함한 수많은 선수에게 조언을 해주고 영감을 줬다. 나는 플로조가 100미터와 200미터 달리기에서 신기록을 세웠던 1988년 서울올림픽을 도러시 할머니와 함께 봤던 때를 기억한다. 할머니는 윌마가 한계를 깨부수는 모습을 보면서 여자들도 할 수 있다는 걸 왜 몰랐을까 하고 생각했다고 말했다. 다른 사람이 하기도 전에 앨리스와 윌마는 가능하다는 것을 알고 있었고 그 가능성을 이뤄냈다.

다베이 준코

Junko Tabei

첼시

    1950년대에 일본에서 자란 다베이 준코는 나이에 비해 왜소하고 허약했지만, 오히려 육체적으로나 정신적으로 힘든 활동에 관심을 갖게 되었다. 바로 등산이었다. 준코가 열 살이었을 때, 학교에서 닛코 국립공원에 위치한 나스산으로 여행을 갔다. 준코는 당시 산 정상에 오르는 순간, 자신이 얼마나 즐거운 시간을 보내고 있는지, 자신이 결코 접해 본 적 없는 세상이 얼마나 많을지 깨달았다고 회상했다. 준코는 그날 이후 기회가 될 때마다 산을 오르기로 결심하고, 고등학생 시절 내내 산을 오르고 하이킹을 했다. 쇼와여자대학에 진학해서는 등산 동아리에 가입했다. 하지만 졸업 후 들어갈 만한 산악회를 찾아보다가 준코는 놀라고 말았다. 거의 모든 산악회가 남자들로만 구성되어 있었다. 준코는 동료들에게 인정받기 위해 애썼지만 남자 동료들은 준코가 남편감을 찾으러 왔다고 생각했다.

준코는 포기하지 않고 계속해서 산에 올랐다. 취미생활을 하기 위해 끊임없이 일하고, 과학 잡지를 편집하고, 영어와 피아노 강사 생활을 했다. 몇 년 만에 준코는 일본에 있는 가장 높은 산들을 모두 올랐고, 바로 그 무렵 여자들로만 구성된 원정대와 함께 히말라야산맥에 가겠다는 꿈을 서서히 그려나가기 시작했다. 그리고 1969년 여성등반대Ladies' Climbing Club를 함께 설립했다. 등반대의 좌우명은 매우 탁월하고 직설적이었다. '우리끼리 해외 원정 가자.' 당시 일본에서는 여자는 가족들과 집에 있거나 사무 보조 업무에 종사해야 한다고 여겨졌다. 그러다보니 등반대의 활동을 보며 눈살을 찌푸린 사람들이 한둘이 아니었다.

1960년대 일본에서 히말라야 원정을 허가받기 위해서는 일본산악협회 회원으로 등록을 하고 이 단체의 승인을 받아야 했다. 처음에 준코의 여성등반대는 회원 가입을 거절당했다. 그러나 계속해서 신청한 끝에 결국 여성 산악회로서는 처음으로 이름을 올리게 됐다. 이들 여성등반대가 최초로 떠난 히말라야 원정은 1970년 네팔 안나푸르나 등정이었다. 그 전까지 안나푸르나 등정에 성공한 기록은 단 한 번뿐이며 여성 원정대는 한 번도 없었다. 준코와 대원들은 안나푸르나 남쪽을 통해 정상에 오르는 새로운 길을 만들며 등정에 성공했다.

준코와 대원들이 다음 목표를 에베레스트로 결정했을 때, 일본 등반계 안팎의 남자들 사이에서는 여자들끼리는 절대 세계 정상에 오르지 못할 거라는 예상이 압도적이었다. 1972년 드디어 에베레스트 등반 허가를 받은 준코의 원정대는 실패할 것이라는 항간의 예측이 틀렸다는 사실을 증명하기로 단단히 마음을 먹었다. 하지만 그 결심을 이루기 위해 에베레스트 탐험 자금을 조달하는 일은 또다른 문제였다. 국내 신문과 텔레비전 방송국의 후원금만으로는 필요한 자금을 다 채울 수 없었다. 준코는 다시 피아노 강습을 시작해 자신 몫의 탐험 비용을 모았다. 그리고 낡은 커튼을 잘라 등산용 바지를 만들어 비용을 절약하기도 했다. 수년 후, 잡지 〈아웃사이드〉의 한 기자가 준코에게 물었다. "에베레스트에 가기 전에 그만둘까 고민했던 순간이 잠시라도 있었나요?" 준코는 즉시 이렇게 답했다. "아니요. 포기할 생각은 단 한 번도 해본 적이 없어요. 등반 허가를 받느라 정말 고생했거든요."

1975년 준코의 원정대는 세계에서 가장 유명한 산봉우리를 향해 출발했다. 그냥 산에 오르는 것만 해도 충분히 힘든데 자정을 넘긴 시간에 눈사태까지 맞고 말았다. 당시 준코와 동료 대원들은 캠프의 텐트 안에서 잠들어 있었다. "아무 조짐도 없이 눈사태가 밀려와서 우리는 눈 속에 파묻혔어요. 점점 숨이 막혀오기에 우리가 당한 사고가 어떻게 보도될지에 대해 생각했어요. 그러다가 별안간 셰르파들이 나를 끌어올려줬고 덕분에 살아났죠. 우리 중 아무도 다치지 않아서 천만다행이었지만 정상적으로 걷고 움직일 수 있을 때까지 3일이나 걸렸어요." 베이스캠프에 있던 의사는 준코에게 산을 내려가야 한다고 설득했다. 그러나 준코의 대답은 분명했다. "절대 그럴 순 없어요."

1975년 5월 16일, 준코는 셰르파 가이드 앙 체링과 함께 여성 최초로 에베레스트산 정상에 올랐다. 정상에 올랐을 때 준코의 머릿속에 떠오른 생각은 딱 하나였다. '아! 이제 더 안 올라가도 되겠다.' 그 여행을 드디어

끝냈다는 이 단순한 소감은 준코가 산을 오르는 방식과 일맥상통했다. 바로 한 발을 다른 발 앞에 가져다놓는 것이다. 준코는 사진과 8mm 필름 영상을 찍고, 베이스캠프에 무전을 보냈으며 등정을 기념하기 위해 에베레스트산 정상에 커피 보온병을 묻었다.

힐러리

준코가 대성공을 거둔 후, 전 세계 여성들이 준코의 뒤를 따랐어. 그중 가장 감동적이었던 건 여성 산악회 어센드 아프가니스탄Ascend Afghanistan의 이야기야. 2018년에 어센드 아프가니스탄 대원 중 한 명인 스물네 살의 하니파 유수피가 아프간 여성 최초로 노샤크산에 올랐어. 하니파는 꽁꽁 얼어붙을 정도로 추운 날씨, 여성에 대한 기대치, 심지어 탈레반의 공격과 맞서 싸웠어. 드디어 등정에 성공한 다음에는 이렇게 말했지. "나는 모든 소녀들을 위해 이 산에 올랐습니다. 아프가니스탄의 소녀들은 강하고 앞으로도 강할 거예요."

준코는 에베레스트 등반 후에도 계속해서 한 발을 다른 발 앞에 내려놓으며 산을 올랐다. 준코는 서른다섯 살이 되어도 전에 한 번도 보지 못한 것들을 볼 수 있다는 생각을 하면 마치 열 살 때 그랬던 것처럼 아주 흥분된다는 사실을 알았다. 그 사실을 깨닫는 건 어렵지 않았다. 등산을 좋아하고, 여전히 즐기고 있었으니까. 1992년 준코는 여성 최초로 일곱 대륙 최고봉을 모두 정복했다. 일흔여섯 살이 되던 해, 총 일흔여섯 개 나라에서 가장 높은 봉우리를 오르는 기록을 세웠다. 준코의 등반은 암에 걸려 더이상 등반을 할 수 없을 때까지 계속됐다. 세상을 떠나기 불과 몇 달 전이었다.

준코는 산 아래에 있을 때에도 등산을 위해 헌신했다. 등반가들에게 자연환경을 존중하고 산을 내려올 때는 깨끗하게 정리해야 한다고 강조하고, 에베레스트산이 견딜 수 없을 만큼 스트레스를 받지 않도록 등반 허가를 제한해야 한다고 주장했다. 준코는 지극히 당연하게도 쌓여가는 쓰레깃더미와 수질 문제, 삼림 벌채에 대해 우려했다. 다녀간 흔적을 남기지 않으려는 생태 중심적인 마음가짐도 없이 에베레스트 정상이나 베이스캠프에 오르려는 사람이 많아지고 있었기 때문이다. 준코는 세상을 떠나기 얼마 전 어느 인터뷰에서 어릴 적 자신에게 이렇게 말해주고 싶다고 했다. "포기하지 마. 계속 찾아봐." 준코는 결코 포기하지 않았다. 등반을 포기하지 않았고, 인류가 자연을 해치지 않고 자연의 도전에서 이기는 방법을 찾을 수 있다는 믿음도 포기하지 않았다.

빌리 진 킹
Billie Jean King

힐러리

　1973년 9월 20일이었다. 나는 잔뜩 긴장한 채로 친구들과 텔레비전 앞에 옹기종기 모여 앉아 있었다. 우리 말고도 전 세계 9,000만 명의 관중이 '세기의 성 대결'을 지켜봤다. 이 경기는 역사상 가장 많은 관중이 지켜본 테니스 경기로 기록됐다. 텔레비전 화면에서는 건장한 남자들이 마치 왕좌 위에 있는 클레오파트라처럼 빌리 진 킹을 들어올려 휴스턴의 아스트로돔으로 입장하고 있었다. 상대 선수인 바비 릭스Bobby Riggs는 자신이 '바비의 절친Bobby's bosom buddies'이라 부르던 아슬아슬한

옷을 입은 여성들에 둘러싸여 인력거를 타고 등장했다. 늘 사람들의 이목을 즐기던 릭스는 서커스 같은 분위기에 취한 듯 보였다. 하지만 번뜩이는 빌리 진의 눈은 분명하게 말하고 있었다. '나는 테니스 경기를 하러 왔어.'

우리는 마치 평생 알고 지내온 친구처럼 빌리 진을 응원했다. 나는 숨 쉬는 것도 잊은 채 손에 땀을 쥐고 경기를 지켜봤다. 빌리 진의 어깨가 무겁다는 것을 나도 알고 빌리 진 역시 너무 잘 알고 있었다. 자칭 남성 우월주의자였던 릭스는 이렇게 말했다. "남성은 우월하다. 남성은 왕이다." 빌리 진은 만약 자신이 경기에서 지면 새로 통과된 타이틀 나인의 근거가 약해지고, 여자 테니스에게는 치욕이며, 여성해방운동의 위상을 족히 50년 전으로 되돌려놓을 게 뻔하다는 생각에 걱정스러웠다. 하지만 만약 이긴다면 세상 사람들에게 모든 사람은 평등하게 경쟁할 자격이 있다는 중요한 교훈을 줄 수 있을 터였다. 우린 정말이지 진심을 다해 빌리 진이 이기길 바랐다.

빌리 진은 이겼다. 릭스에게 6 대 4, 6 대 3, 6 대 3으로 완승을 거두었다. 휴스턴에서 지켜보던 관중들은 코트 위로 달려갔다. 릭스는 네트를 뛰어넘어가 빌리 진과 악수하며 이렇게 인정했다. "당신을 과소평가했네요." 평생 힘들게 얻었던 다른 많은 승리들과 마찬가지로 빌리 진은 이번에도 자신만을 위해서 승리를 따낸 것이 아니었다. 우리 모두를 위해서였다. 경기는 상징적이었을지 모르지만 이 경기는 특히 여성들이 자기 자신을 바라보는 시각에 대단히 실질적인 영향을 끼쳤다.

빌리 진 킹이 제일 처음 내 관심을 끌었던 때는 그보다 10년 전인 1960년대 초였다. 장차 테니스 선수가 되고 싶었던(그렇지만 실력이 썩 좋지는 못했던) 나는 이렇게 생각했다. '나랑 나이도 비슷한 여자 선수가 있

운동선수들

네. 그리고 내가 알기로 정말 어려운 일을 하는데, 그것도 아주 잘하고 있잖아.' 무엇보다도 빌리 진은 자신이 하는 일을 정말로 사랑하는 것처럼 보였다.

빌리 진은 운동선수 집안에서 자랐다. 어느 날 친구를 따라 교외에 있는 컨트리클럽에서 테니스를 친 빌리 진은 높이 뛰고, 달리고, 공을 치는 테니스가 마음에 들었다. 하지만 자신처럼 가난한 집 아이가 컨트리클럽에서 운동을 하기란 불가능하다는 사실을 알고 있었다. 그러던 중 누군가가 동네 공원에서 무료 테니스 수업이 열린다고 알려주었다. 빌리 진은 '그래, 그거야!'라고 생각했다. 그리고 이웃집에서 잔심부름을 해주고 8달러가량을 가까스로 모아 라켓을 샀다. 빌리 진은 처음부터 자신에게 높은 기준을 세워두고 있었다. 빌리 진은 어머니에게 차분하게 말했다. "나는 세계 1위가 될 거야."

빌리 진은 자라면서 세상이 자신과 자신의 오빠를 다르게 대한다는 느낌을 항상 받았다. "여자애들은 아무 힘이 없었어요. 사람들은 남자애들의 말은 들었지만 여자애들의 말은 듣지 않았어요. 그때는 그걸 뭐라고 표현해야 할지 몰랐어요. 하지만 이 모든 것이 내 안에서 부글부글 끓어오르고 있었어요." 빌리 진이 노골적인 성차별을 처음 경험한 것은 열한 살 때였다. 당시 치마 대신 반바지와 티셔츠를 입었다는 이유로 주니어 테니스선수 단체 사진에서 강제로 제외된 것이다.

얼마 지나지 않아 테니스계는 빌리 진을 주목하기 시작했다. 1966년 무렵 빌리 진은 이미 세계 1위였다. 1961년부터 1979년까지 윔블던 20회 우승, US 오픈 테니스 선수권대회 13회 우승, 프랑스 오픈 4회 우승, 호주 오픈 2회 우승을 기록했고, 그랜드슬램 대회에서만 총 39회나 우승했다. 빌리 진은 넘어지지 않고 발이 빨랐으며 강력한 백핸드와 경쟁심을 갖추고 있었다. 그전까지 테니스코트에서 빌리 진과 같은 사람은 아무도 없었다.

테니스계에서 빌리 진의 상승세는 미국 내에서 벌어지고 있던 사회 격변과 맞물렸다. 존 F. 케네디 대통령은 1963년에 동일임금법을 제정했지만 테니스계의 뚜렷한 임금 격차는 좁혀지지 않았다. 1970년 이탈리아 오픈에서 우승했을 때, 빌리 진은 600달러를 받았다. 우승을 한 남자 선수는 거의 여섯 배나 많은 금액을 받아갔다. 상금 차이는 무려 여덟 배에 달할 때도 있었다. 빌리 진과 다른 용감한 여덟 명의 여성 선수가 모인 '오리지널 나인The Original Nine'은 편집장 글래디스 헬드먼과 1달러로 계약을 체결하고 기존의 테니스계를 떠나 1970년 그들만의 테니스 대회를 만들었다. 그 일로 인해 자신들의 경력과 입지가 위태로워질 수도 있었지만 어쨌든 밀고 나갔다. 얼마나 중요한 일인지 알고 있었기 때문이다. 3년 후, 새로 설립된 여자테니스협회는 이 대회를 흡수했다.

"다들 여자는 부스러기만 받아도 감동해야 한다고 여긴다. 하지만 나는 여성들이 케이크와 아이싱 그리고 꼭대기의 체리 장식까지 가졌으면 좋겠다."

- 빌리 진 킹

세기의 성 대결은 평등을 얻기 위한 투쟁 가운데 가장 눈에 띄는 승리 중 하나였지만 빌리 진은 이것 말고도 많은 승리를 거뒀다. 빌리 진이 1973년 US 오픈에 참가하지 않겠다고 하자 US 오픈은 주요 대회 가운데 최초로 남성과 여성에게 동등한 상금을 주기로 했다. 또한 빌리 진은 〈스포츠 일러스트레이티드〉가 '올해의 스포츠인sportsperson'으로 선정한 첫번째 여성이었다. 이 밖에도 빌리 진은 남녀 공동 리그인 월드팀 테니스World TeamTennis와 여성 스포츠 재단Women's Sports Foundation을 설립했다.

운동선수들

1980년대에 빌리 진이 동성애자라는 사실이 공개적으로 밝혀지자 후원 계약이 줄줄이 파기되었다. 원치 않는 사생활 침해를 겪었지만 빌리 진은 침착하게 헤쳐나갔다. 어깨를 펴고 고개를 높이 들고 자신의 모습을 외면하지 않겠다고 결심했다. "솔직히 말하면 제게는 중요한 일이에요." 빌리 진은 커밍아웃을 했을 뿐만 아니라 성소수자의 평등을 강력히 주장하기 시작했다. 이번에도 침묵을 택하는 편이 훨씬 쉬웠을 텐데 빌리 진은 또다시 목소리를 높였다.

빌리 진은 결코 자신만을 위해 싸우지 않았다. 자신의 뒤를 이을 다음 세대 선수들을 위해서도 싸웠다. 여자 축구 대표팀 선수들은 낮은 연봉과 선수들에 대한 관심 부족을 고민하면서 빌리 진을 떠올렸다. 축구 스타 줄리 파우디는 자신의 우상을 찾아가 무엇을 할 수 있는지 물어봤던 때를 기억하고 있었다. 빌리 진은 줄리의 질문을 듣자마자 반대로 되물었다. "파우디, 당신 같은 선수가 지금 뭐하고 있는 거예요? 당신은 힘이 있어요! 당신이 바꿔야지요!" 빌리 진의 격려에 힘입은 줄리와 동료들은 여자 축구도 남자 축구와 동등한 보수를 받기 위한 싸움을 시작했다. 2019년 기준으로 지난 3년간 미국 여자 축구 경기를 통해 벌어들인 수익이 남자 축구 경기에서 낸 수익보다 더 많다는 사실에도 불구하고 이 싸움은 오늘날까지 이어지고 있다.

빌리 진 킹은 1973년 9월 세기의 성 대결이 열렸던 그날보다 지금 내게 더 큰 영감을 준다. 그녀가 살아온 삶, 그녀가 했던 싸움, 그리고 임하는 모든 일에 쏟았던 그녀의 진정성 때문이다. 빌리 진을 생각하면 항상 어느 누구도 오랫동안 쉴 수 없다는 생각이 든다. 테니스코트 안에서든 밖에서든 평등을 위해 싸울 때에는 해야 할 일들이 많기 때문이다.

다이애나 니아드

Diana Nyad

힐러리

여성 변호사이자 정치인으로 살아오면서 나는 상어떼 옆에서 헤엄치는 것 같은 느낌을 받은 적이 수도 없이 많았다. 그런데 다이애나 니아드는 실제로 상어들 사이에서 수영을 했다. 2013년에 다이애나는 사상 최초로 쿠바의 아바나에서 플로리다의 키 웨스트까지를 보호망도 없이 헤엄쳐 건넜다. 도중에 위험한 멕시코만류와 치명적인 상자 해파리, 그리고 악명 높은 백상아리를 만나기도 했다. 거의 53시간 동안 쉬지 않고 헤엄치느라 녹초가 된 것은 말할 것도 없었다.

다이애나는 1949년 뉴욕에서 태어나 플로리다에서 자랐다. 동트기 전에 집에서 나와 수영장에서 몇 시간이나 수영 연습을 하고 학교에 갔다. 10대 시절에는 아버지처럼 여기며 따르던 수영 코치에게 성적으로 학대를 당했다. 수치스럽고 괴로웠지만 다이애나는 이겨내고 수영에 몰두했다. 고등학교 시절, 팀 동료 한 명이 다이애나에게 손톱만큼도 더는 빨리 헤엄칠 수 없을 때까지 헤엄쳐서 완주하라고 조언해주었다. 다이애나는 자신의 자서전 『길을 찾아서Find a Way』에 이렇게 썼다. "탈의실을 걸어나오면서 내 미래를 위해 바로 그렇게 노력하기로 했다. 매일 손톱만큼도 더는 빨리 못 갈 정도로 최선을 다하는 것. 후회하지 않게 말이다."

다이애나는 남다른 의지력 덕분에 마라톤 수영을 하고 새로운 세상을 만나게 되었다. 다이애나는 호수, 강, 바다에서 수영을 했다. 세계 최초로 온타리오호를 북쪽에서 남쪽으로 가로질러 건넜고, 1975년에는 스물다섯의 나이로 맨해튼섬 주위를 헤엄쳐서 도는 데 성공했다. 그리고 스물여덟 살에 처음으로 쿠바 해안에서 플로리다 해안까지 헤엄치는 시도를 했다. 친구들이 배를 타고 함께 방향을 잡아 나아가며 다이애나를 응원하고 상어가 다가오는지 감시해주었고 다이애나는 2.5미터에 달하는 파도를 헤치고 나아갔다. 하지만 결국 바람과 조류 때문에 경로를 멀리 이탈해 도전을 멈출 수밖에 없었다. 그리고 2년 후 수영선수에서 은퇴했다.

그러나 그후 30년 동안 다이애나는 다시 해봐야 한다는 생각을 떨칠 수 없었다. 그래서 61세의 나이에 다시 한번 도전했다. 그리고 그해 말에 다시. 그리고 또 한번, 다시 또 한번. 그렇게 해서 2013년 64세의 나이로 다섯번째 도전을 감행했다. 세계적으로 유명한 해파리 전문가, 결연한 의지의 항해사, 상어 전문 잠수부팀 그리고 친구들과 가족이 힘을 보탰다.

다이애나는 오랜 시간 뱃멀미에 시달렸고 해파리를 쫓기 위해 특별히 제작된 거추장스러운 수영복 때문에 애를 먹었다. 하지만 집중력을 유지하기 위해 팔 회전수를 세고 자신이 좋아하는 노래들을 머릿속으로 떠올렸다. 그리고 마침내 도전에 성공했다. 비틀거리며 해변으로 올라온 다이애나는 기진맥진한 몸과 울컥하는 마음을 추스르며 그 자리에 모인 관중에게 이런 교훈을 가까스로 건넸다. "첫째, 절대로 포기하지 마세요. 둘째, 꿈을 이루기에 늦은 나이는 없어요. 셋째, 혼자 하는 운동처럼 보이지만 수영은 함께 하는 운동입니다."

미지의 바다를 항해하고 있는 모든 여성, 아니 모든 사람들에게 다이애나의 이야기는 여러 교훈을 준다. 위험을 감수하고 실패에 좌지우지되지 않는 힘을 가져야 한다는 교훈이다. 또한 세계적인 선수가 아니더라도 평범한 우리 모두도 각자 놀라운 힘을 가지고 있다는 교훈이다. 마지막으로 스포츠뿐만 아니라 인생에서도 단순히 결승점에 도달하려고 노력하는 것이 아니라 그 과정에서 맛보는 모든 실망과 좌절 그리고 고통까지도 즐기는 법을 배워야 한다는 교훈이다. 나는 다이애나와 동료들에게 항상 연대감을 느껴왔다. 그들이 수영하기 전이나 도중, 그리고 수영을 마치고 반복해 외치던 구호 덕분이었다. "앞으로!"

애비 웜백

Abby Wambach

힐러리와 첼시

힐러리

　애비 웜백은 미국 축구팀의 공동 주장이자 축구선수로서 수많은 기록을 갈아치웠다. 미국 여자 축구 국가 대표팀에서 가장 많은 골을 넣었고 남녀 통틀어 국제 경기에서 가장 많은 골을 넣었다. 이 기록은 현재까지 깨지지 않고 있다. 하지만 애비가 대단한 이유는 따로 있다. 애비는 강하다. 그리고 자신도 그 사실을 안다. 강한 여성들은 자주 그 점을 변명하게끔 교육받지만 애비는 당당하다. 그리고 그 힘을 이용해서 여자

운동선수들을 위한 공평한 경쟁의 장을 만들고 소녀들에게 그들의 가치와 가능성이 얼마나 큰지 이야기해준다.

2018년 바너드대학교 졸업식에서 애비가 한 졸업 연설을 아직 보지 못했다면 꼭 한번 찾아보길 바란다. 애비는 뉴욕 로체스터에서 보낸 어린 시절 이야기를 들려줬다. 당시 애비는 2001년 여자 국가 대표팀에 선발되기에 앞서 남자팀에서 축구를 하고 있었다. 나는 애비가 연설한 후에 그 연설문을 읽었는데 내용이 머릿속을 떠나지 않았다. 아직도 그렇다. 내가 대학을 다닐 때 누군가 내게 해줬으면 하는 조언이 가득했다. 냉정한 현실에 대한 이야기가 담긴 격려의 말들이었다. 나는 공동 주장이었던 애비가 라커룸에서 팀원들을 격려하며 했던 이야기들은 무조건 전설로 남았으리라 확신했다. 나는 심지어 애비에게 바너드 졸업생 '녀석들'(애비의 표현에 따르면)뿐만 아니라 나를 포함해 그녀의 연설을 접한 모든 사람들에게 영감을 준 것에 대해 감사하는 편지를 썼다.

"과거로 돌아갈 수 있다면 어린 나에게 이렇게 얘기해주고 싶어요. '애비, 너는 절대 빨간 망토를 입은 소녀가 아니었어. 너는 늘 늑대였단다.'"

– 애비 웜백

첼시

애비는 솔선수범이 가진 힘을 잘 알고 있다. 그로 인해 몇몇 사람들이 불편해진다고 해도 애비는 앞장서길 망설이지 않는다. 여자 축구 선수 메건 러피노가 트럼프가 주인인 백악관은 방문하지 않겠다고 밝히자 애비는 트위터에 이렇게 썼다. "반대는 가장 강력한 형태의 애국심이다." 이틀 후, 메건은 여자 월드컵 8강전에서 두 골을 넣어 프랑스를 2 대

1로 이겼다. 메건과 팀원들이 월드컵에서 우승한 뒤 애비는 이렇게 말했다. "이 팀은 우리에게 무엇이 가능한지 보여주었다. 아니, 우리에게 무엇을 피할 수 없는지 보여주었다. 바로 여성들이 우리를 이끌 것이라는 사실이다. 그리고 여성들은 이길 것이다. 우리는 더이상 불평등에 대해 입다물고 있지 않을 것이다. 이제 그들에게 임금을 지불하라."

애비는 경기장 안에서 뿐만 아니라 밖에서도 솔직하다. 자신의 결혼과 가족이 주는 기쁨 그리고 커밍아웃에 대한 복잡한 감정들에 대해서 감추지 않았다(언젠가 그녀는 이렇게 말했다. "(커밍아웃은) 제가 경기를 하는 데에는 중요하지 않습니다. 하지만 나라는 사람에게는 정말 중요합니다"). 애비는 아내 글레넌 도일과 함께 구조적인 인종차별이나 백인 여성이 더 나은 협력자가 되는 법과 같이 중요하지만 때로는 곤란한 문제들에 대해 이야기한다. "당신이 나를 좋아하지 않는다 해도 그건 내 문제가 아닙니다. 내가 걱정할 일도 아니고요." 애비는 〈타임〉과의 인터뷰에서 이렇게 말했다. 애비는 사람들을 편안하게 하기 위해 딱히 특별한 노력을 하지 않는다. 그러기엔 너무 바쁘고, 인생은 너무 짧다.

승리가 자신의 것이듯 실패 또한 애비 자신의 몫이다. 패배한 경기들도 있었고, 마지막으로 출전한 월드컵에서는 선발 라인업에 들지 못했으며, 심지어 음주 운전으로 체포되어 그 수치심에 술을 끊기도 했다. "실패는 부끄러워할 일이 아니다. 또한 실패는 우리가 하찮다는 증거도 아니다. 실패는 원동력이다. 실패를 두려워하면서 살면 위험을 감수하지 않게 된다. 자신을 오롯이 쏟아붓지도 않는다. 그래서 시작하기도 전에 실

> "여성들은 우리가 당연히 받아야 할 것들을 요구하면서 동시에 우리가 가진 것에 감사하는 법을 배웠어요."
>
> – 애비 웜백

패로 마무리하게 된다. 그러니 실패하면 어쩌느냐는 걱정은 그만두자. 그 대신에 스스로에게 약속하자. 실패해도 도망가지 않겠다고."

2015년 미국 팀이 월드컵에서 우승한 후, 애비는 곧바로 관중석으로 달려가 당시 아내였던 세라 허프먼에게 키스했다. 그것은 상징적인 순간이 되었다. 동성 커플이 공개적인 장소에서 사랑을 표현하고 서로의 성공을 축하하는 모습이 마치 혁명과도 같이 느껴졌기 때문이다. 이듬해, 애비는 이혼했고 약물 남용에 시달리다가 결혼생활을 망쳐버렸다고 공개적으로 털어놨다. 글레넌과 재혼한 후에는 육아의 어려움과 보람에 대해서도 그만큼 솔직하게 밝혔다.

힐러리

2015년, 애비는 프로 축구에서 은퇴했다. 은퇴는 운동선수들의 인생에서 두려운 순간일 수 있다. 애비에게도 분명 그랬다. 애비는 "축구가 없다면 난 뭐지?"라고 스스로에게 물었다.

그러던 어느 날, 애비의 후원사 게토레이는 은퇴 기념 광고 계획을 공개해서 애비에게 놀라움을 안겨주었다. 내용은 간단했다. '나를 잊어.' 후에 애비는 이렇게 소회를 밝혔다. "게토레이측에서는 내가 바라는 바를 잘 알고 있었어요. 내가 남긴 유산이 보탬이 돼서 내 인생을 바친 축구가 더 발전하기를 바란다는 걸요. 만약 내 이름이 잊힌다면, 내 뒤에 나온 선수들이 내 기록을 깨고, 선수권대회에서 우승하고, 경기를 더 높은 수준으로 끌어올리고 있다는 뜻이겠죠. 광고를 찍으면서 나는 울었어요."

'나를 잊어'라는 말이 아직도 내 머릿속에 맴돈다. 내가 첫 여성 대통령의 탄생을 기대하는 것만큼이나 애비도 사람들이 미래의 우승팀들을 응원하기를 바라고 있을 것이다. 남들이 나를 기억해주면 기쁘다. 하지만 애비가 맞다. 때때로 다른 사람들을 위한 길을 닦는 것이 더 중요하다.

미셸 콴

Michelle Kwan

힐러리

1992년 가을, 미셸 콴을 가르치던 피겨스케이팅 코치가 잠시 다른 도시에 다녀왔다. 일주일 후에 돌아온 코치는 놀라운 소식을 들었다. 자신이 자리를 비운 동안, 조용하고 규칙을 잘 지키는 열두 살짜리 제자가 자신의 허락도 없이 성인 대회에 출전하기 위해 시험을 치른 것이다. 프랭크 캐럴 코치는 미셸이 나이와 경험이 더 많은 선수들과 경쟁하는 대신 한 해 더 주니어 대회에 출전해 우승하기를 바라고 있었다.

"나는 주니어 대회에 남기로 되어 있었어요. 하지만 성인 대회에 출전하고 싶은 생각이 살짝 들더라고요." 미셸은 몇 달 후 〈로스앤젤레스 타임스〉 기자에게 미소를 지으며 이렇게 말했다. 미셸은 문제를 스스로 해결했고 코치조차도 미셸의 배짱에 감탄하지 않을 수 없었다. "미셸이 속으로 얼마나 단단한지 보여준 일화예요."

그해 피겨스케이팅 전미선수권대회에서 미셸은 대회 사상 20년 만에 최연소의 나이로 성인 대회에 출전했다. 그리고 이후 세계선수권대회 5회 우승, 전미선수권대회 9회 우승, 올림픽 2회 입상으로 미국 피겨스케이트 역사상 가장 많은 우승 기록을 남긴 선수가 됐다. 미셸은 10년 넘게 피겨스케이팅계에서 정상을 차지했고 트리플점프를 연달아 성공시켰으며 감동적인 연기로 관중을 사로잡았다. 빙판 위와 아래에서 미셸 콴은 우아함과 근성을 상징하게 됐다.

미셸은 로스앤젤레스에서 태어났다. 미셸의 부모는 1970년대에 중국에서 미국으로 건너왔다. 아버지 대니는 전화 회사에서 일했고, 어머니 에스텔라는 캘리포니아 교외에서 중국 식당을 운영했다. 미셸이 겨우 다섯 살이었을 때, 미셸과 여동생 캐런은 동네 스케이트장에서 스케이트 강습을 받기 시작했다. 두 소녀 모두 재능이 있었고 의지도 다부졌다. 일주일에 한 번 받던 수업은 얼마 지나지 않아 매일로 바뀌었다.

피겨스케이팅은 돈이 많이 드는 운동이다. 의상과 스케이트가 필요하고 빙상장 사용료에 교습비까지 든다. 콴 부부는 딸들에게 스케이트를 가르치기 위해 란초 팔로스 베르데스에 있는 집을 팔고 대니의 부모가 토런스에 가지고 있던 집으로 이사했다. 미셸과 캐런이 장학금을 받아 집에서 160킬로미터 떨어진 특별 빙상장에서 훈련하게 되자 대니는 딸들과 함께 이사했다. 에스텔라는 아들 론과 함께 토런스에 남았다.

"나는 다른 아이를 위해 제작된 중고 스케이트를 타고 전국선수권대회에 참가했어요. 그 스케이트는 아직도 가지고 있어요. 아버지가 아치 아래에 쓰여 있던 이름을 지우고 '미셸 콴'이라고 써주셨어요…… 하지만 전 불리하다고 느끼지 않았어요. 이런 기회가 주어졌으니 자신감이 붙었죠. 그래서 최대한 활용하려 했어요."

미셸은 열여섯 살에 기술적으로도 복잡하고 예술적으로도 아름다운 무대들을 선보이며 전미선수권대회와 세계선수권대회에서 처음으로 우승했다. 하지만 이듬해에는 그전만큼 좋은 성적을 거두지 못했다. 스케이트 유망주였던 타라 리핀스키에 이어 2위를 차지한 것이다. 그리고 그다음해, 몇 달 동안 부상과 급격한 성장 그리고 지나친 자신감 때문에 어려운 시간을 보내긴 했지만 미셸은 발에 피로골절을 입은 상태로 참가한 전국대회에서 역사상 여성 최초로 쇼트프로그램 만점을 받았다.

1998년 나가노올림픽에 참가한 미셸은 분명한 우승 후보였다. 기자들은 가장 강력한 라이벌인 열다섯 살의 리핀스키와 비교하면서 미셸을 성숙하고 노련한 베테랑이라고 표현했다. 그렇게 엄청난 압박감을 안겨주기에는 미셸 역시 겨우 열여덟 살의 어린 나이라는 사실은 안중에도 없었다. 피겨스케이팅에 대한 독특한 기대 때문에 더욱 어렵기도 했다. 사람들은 피겨스케이팅 선수들이 아름답고 예의바르며 침착할 것이라고 여겼다. 해설자들은 리핀스키가 점프했다가 착지하면서 기뻐하는 미소를 지을 때마다 좋아했다. 반면 미셸은 더 진지한 표정으로 스케이트를 탔다.

나가노의 빙판 위에서 자신의 차례가 되었을 때, 미셸은 그 모든 것을 간신히 지워버렸다. 그리고 아름답게 스케이트를 탔다. 하지만 리핀스키 또한 완벽하게 스케이트를 탔고 리핀스키의 프로그램은 기술적 난이도에서 더 높은 점수를 받았다. 그날 밤, 세계는 정상급 스케이트 선수 두 명이 올림픽 무대에서 경쟁하는 장면을 지켜봤다. 최종 경기 후 결과가 나왔고 미셸은 많은 사람들이 예상한 것과 달리 금메달을 따지 못했다. 리핀스키에 이어 2위였다.

틀림없이 크게 실망했겠지만 미셸은 또 한번 위기를 극복해냈다. 미셸은 품위 있게 상대방을 축하했다. 그리고 이렇게 말했다. "나는 금메달을 잃은 게 아니에요. 은메달을 땄어요." 그러고 나서 예상대로 다시 연습을 시작했다. 계속해서 자신을 몰아붙였고, 계속해서 훈련했고, 몇 달 후 세계선수권대회에서 두번째 금메달을 땄다. 그리고 2002년 다시 올림픽에 출전해 동메달을 땄다.

스케이트선수에서 은퇴한 뒤에도 미셸의 집중력은 사라지지 않았다. 그저 다른 분야로 옮겨갔을 뿐이다. 미셸은 대학에 이어 대학원까지 진학해 국제관계학 석사학위를 받았다. 그러고 나서 학위를 활용해 스포츠를 통한 외교를 추구하는 미국 특사로 일했고, 오바마 대통령 시절에는 대통령 자문 스포츠, 피트니스, 영양 위원회에서 일했다. 내가 국무장관이었을 때 미셸은 국무부의 수석 고문으로 일했는데 미셸의 훌륭한 지성과 놀라운 근면성 그리고 변함없이 쾌활한 성격이 무척 인상 깊었다. 그리고 몇 년 후인 2016년 나의 대통령 선거운동에 미셸이 함께해줘서 정말 기뻤다.

현재 미셸은 유니스 슈라이버Eunice Shriver가 설립한 국제스페셜올림픽위원회에서 일하고 있다. 그리고 세계를 다니며 스페셜올림픽을 통해 지적장애를 가진 많은 사람과 그 가족들이 얼마나 큰 희망을 갖게 됐는지에 대해 이야기하고 있다. 미셸은 심지어 빙판 위에 다시 올라가 자신의 인스타그램 팔로워들을 열광하게 만들기도 했다. 미셸은 최근 두번째로 대통령 선거운동에 참여하는 등 여전히 정치에도 관여하고 있다.

미셸이 모범이 되는 이유는 단순히 재능 때문이 아니다. 압박에 시달리면서도 품위를 잃지 않거나 국제무대에서 열린 중요한 경쟁에서 패배한 후에 침착하게 행동했기 때문만도 아니다. 그보다 훨씬 더 특별한 이유가 있다. 여성들, 특히 대중의 시선을 받는 여성들이 오직 한 가지로 분류되는 이 세상에서 미셸은 복잡하고 얼핏 모순적으로 보이는 존재였다. 미셸은 우리 모두가 한 가지 이상의 존재가 될 수 있다는 증거다. 힘차지만 우아하고, 치열하게 경쟁하지만 너그러우며, 학생이자 운동선수였고, 올림픽 참가자면서 공무원이고, 실용주의자이자 낙천주의자이다.

"시간을 돌린다 해도 아무것도 바꾸지 않았을 거예요." 올림픽 금메달을 따지 못해 기분이 어떠냐는 질문에 미셸은 이렇게 대답했다. "그보다 더 열심히 할 수 없었을 거예요. 운동에만 전념했거든요. 멋진 가족과 동료들이 있었고요, 마음가짐과 추진력, 동기부여, 근성까지 모든 게 다 있었어요. 그리고 무엇보다 중요한 한 가지가 있었어요. 항상 완벽할 수는 없다는 거죠." 그 말이 정답이다!

비너스*Venus* 와
세리나 윌리엄스*Serena Williams*

비너스 윌리엄스

세리나 윌리엄스

힐러리와 첼시

비너스와 세리나 윌리엄스는 소음이나 헛소리들을 차단하고 정말 중요한 것에 집중하는 특출한 재능을 가지고 있다. 그것이 기록 경신이든, 대회 우승이든 아니면 자신들과 같은 기회를 갖기 어려운 사람들을 응원하는 것이든 말이다.

지난 몇 년 동안, 윌리엄스 자매는 이 재능을 연마하는 연습을 정말 많이 했다. 이 두 명의 세계적인 선수는 수십 년간 테니스라는 운동의 역사를 다시 썼지만 성차별과 인종차별을 당했고 공개적으로 몸매를 비판당하기도 했다. 기자와 해설자들은 윌리엄스 자매가 여성이 아니라거나 경기력 향상을 위해 약물을 사용한다고 시사하면서 윌리엄스 자매의 운동 능력을 폄하하려고 애써왔다(다른 수많은 여성 운동선수들, 특히 흑인 여성 선수들에게 마찬가지로 일어나는 일이다).

2018년 US 오픈 결승에서 심판은 세리나가 오사카 나오미와 대결하며 부정행위를 저지르고 있다고 경고했고, 세리나는 코트 위에서 분노를 표출했다(세리나는 "나는 이기려고 속이지 않아요. 그러느니 차라리 지고 말죠"라고 항의했다). 호주의 한 신문은 그 사건을 묘사한 인종차별적인 만평을 실었다(이에 대해 『해리 포터』를 쓴 작가 J. K. 롤링은 트위터에 "살아 있는 가장 위대한 운동선수 중 한 명을 인종차별적이자 성차별적 비유로 만들고 두번째로 위대한 운동선수를 얼굴 없는 소품으로 전락시키다니 잘하는 짓이다"라고 썼다).

코트에서 보여주는 활약이 시사하는 것과 달리, 비너스와 세리나는 초인이 아니다. 윌리엄스 자매는 흉한 꼴을 보며 미움을 받아야 하는 일은 정말 고통스럽다면서 그로 인해 자신들이 가장 잘하는 일을 방해받지 않겠다는 결심을 공개적으로 밝혔다. 세리나는 〈하퍼스 바자〉 잡지에서 2018 US 오픈에서 겪었던 일에 대해 언급했다. "내가 사랑하는 스포츠에 패배하고 존중받지 못하는 기분이었어요. 내가 인생을 바쳤고 우리 자매가 환영을 받아서가 아니라 이기는 것을 멈추지 않아서 완전히 바꿔놓은 바로 그 테니스로부터 말이에요."

비너스와 세리나는 1980년대 초, 걸음마를 할 때부터 부모님의 지원 아래 로스앤젤레스 공영 테니스장에서 테니스를 배웠다. "비너스 언니는 나이가 더 많아서 토너먼트 시합에도 나가곤 했어요. 한번은 비너스 언니가 어떤 대회에 등록했는데 세리나 언니가 부모님 모르게 자기도 대회에 지원서를 보내 직접 등록을 했어요. 도대체 누가 그런 일을 하겠어요? 그렇게 어린데도 시합을 하고 싶었던 거예요." 여동생 아이샤가 말했다. 몇 년 후, 윌리엄스 가족은 플로리다로 이사했고 비너스와 세리나는 자신들의 재능과 투지에 걸맞은 최고 수준의 지도를 받을 수 있었다. 그리고 노력은 결실을 맺었다. 둘 다 고등학교도 졸업하기 전인 1990년대 중반에 프로로 데뷔한 것이다. 비너스는 솔선수범하면서 동생 세리나가 더 열심히 하게끔 몰아붙였다. 친선경기라 할지라도 결코 져주지 않았다. "내 첫번째 직업은 큰언니이고 나는 그 일을 중요하게 생각해요." 비너스는 이렇게 말했다.

비너스와 세리나는 끈기를 가지고 진심을 담아 테니스를 쳤다. 공 하나도 놓치지 않으려 애쓰고 강력한 서브를 날리며 날아오는 공을 맞받아쳤다. 그리고 1997년, 비너스는 사람들의 예상을 뛰어넘었다. US 오픈 여자 단식에서 시드 배정을 받지 못하고도 결승전에 진출한 최초의 선수가 된 것이다. 우승할 것으로 보이는 선수들이 시드를 배정받게 되는데 비너스는 순위가 매겨지지도 않았다는 뜻이다. 2000년, 비너스는 시드니올림픽에서 금메달 2관왕에 올랐다. 하나는 단식에서 받았고, 다른 하나는 세리나와 함께 복식에서 받았다. 비너스는 같은 해 US 오픈과 윔블던에서 우승했고, 다음해에도 마찬가지였다. 2002년에는 세리나

"우리는 열심히 연습하고 실패에서 교훈을 얻습니다. 코트 위에서와 마찬가지로 지다보면 이기는 방법을 알게 되니까요."

- 비너스 윌리엄스

"내 인종이나 성별처럼 다른 사람들이 내 결점이나 약점이라고 말하는 것들을 나는 성공의 연료로 삼아요. 절대로 그 누구든, 그 무엇이든 나를 그리고 나의 가능성을 판단하게 내버려두지 않아요. 내 미래는 나한테 달려 있어요."

- 세리나 윌리엄스

가 그 뒤를 이었다.

첼시

2000년 올림픽을 시작으로 그후 몇 년간 여러 주요 대회에서 윌리엄스 자매를 직접 응원할 수 있었던 것은 정말 행운이었어. 나는 비너스와 세리나가 테니스코트 위에서 집중하고 어디서든 서로를 응원하는 모습을 보면서 늘 감동을 받아.

그후 몇 년간 윌리엄스 자매는 힘든 시기를 보냈다. 이복 언니인 예툰디 프라이스가 2003년 캘리포니아 콤프턴에서 총격으로 숨진 것이다. 비너스와 세리나는 슬픔에 잠겼다. "예툰디는 멋진 사람이었어요. 우리는 어떻게든 받아들이려고 해요. 살다보면 더 좋은 날이 오니까요." 세리나가 말했다. 10여 년 후, 두 사람은 예툰디와의 추억을 기리고 윌리엄스 가족과 달리 지원을 받지 못하는 사람들을 돕기 위해 콤프턴에 예툰디 프라이스 리소스 센터Yetunde Price Resource Center를 열었다.

2008년, 비너스와 세리나는 다시 올림픽 무대로 돌아왔다. 이번에는 베이징올림픽이었다. 그리고 다시 한번 여자 복식 경기에서 금메달을 따냈고, 4년 후에는 런던올림픽에서 또다시 우승했다. 꾸준히 순위를 끌어올리던 세리나는 2017년 호주 오픈에서 비너스를 꺾고 그랜드슬램 23번째 우승을 따내며 세계 랭킹 1위를

"빌리 진 킹과 같은 시대를 살았던 여성들은 치열하게 경쟁했을망정 서로를 응원했어요. 우리도 그렇게 해야 해요. 나는 그런 흔적을 남기고 싶어요. 서로 온 힘을 다해 겨루되 계속해서 테니스를 발전시켜야 해요."

- 세리나 윌리엄스

운동선수들

차지했다(이후 15년에 걸쳐 300주 이상 1위 자리를 지켰다). 세리나는 이번에도 자신의 우승을 비너스의 공으로 돌렸다. "언니가 없었다면 스물세 번이나 우승할 수 없었을 거예요. 아니, 단 한 번도 불가능했을 거예요. 언니는 내게 힘을 북돋아줘요. 오늘날 내가 이 자리에 설 수 있고 윌리엄스 자매가 있을 수 있었던 건 모두 언니 덕분이에요."

같은 해, 세리나는 대회 도중 임신 소식을 발표했다. 그리고 2017년 9월, 딸 알렉시스 올림피아를 출산했다. 임신한 몸으로 앞서 호주 오픈에서 우승한 것이었다. 이후 세리나는 딸을 제왕절개로 출산한 뒤 겪었던 악몽 같은 합병증에 대해 용기 있게 털어놓았다. 혈전으로 인한 지병이 있던 세리나는 수술 후 응고 징후를 관찰하는 데 극도로 예민한 상태였다. 어쩐지 익숙한 느낌이 들자 세리나는 이 사실을 알렸고, 간호사는 진통제 때문에 헷갈릴 수 있다고 했지만 세리나는 무슨 일이 일어나고 있는지 정확히 알고 있었다. 그래서 정밀검사를 받겠다고 고집했고 그 결과 두려워하던 예측이 사실로 드러났다. 세리나는 결국 두 번의 수술을 더 받았다.

"무서웠어요. 전혀 겪어보지 못했던 두려움이었죠." 그때 이후로 세리나는 미국 내 산모 사망률에 관심을 모으는 일에 동참하고 있다. 미국은 임신이나 출산으로 인한 합병증으로 매년 약 700명의 여성이 사망하고 있다. 지난 몇 년 동안 전 세계의 산모 사망률은 꾸준히 감소해왔지만 미국 내에서는 오히려 증가하고 있다. 평생을 그래왔던 것처럼 세리나는 이 위기를 기회로 바꾸어 많은 여성들, 특히 유색인종 여성들에게 영향을 미치는 중요한 이슈가 사람들의 관심을 받을 수 있도록 돕고 있다.

또한 세리나는 특유의 솔직함을 이용해 여성들이 코트 안팎에서 직면하는 어려움에 대해 계속해서 목소리를 내고 있다. 한 경기에서 세리

> "어떤 사람들은 내가 건방지다고 말해요.
> 그럴지도 모르죠. 하지만 나는 여러분도
> 그래야 한다고 생각해요. 아무도 나를
> 안 믿어줘도 나 자신은 나를 믿어줘야
> 죠. 그래야 거기서 승리할 수 있어요."
>
> — 비너스 윌리엄스

나가 온몸을 감싸는 검정 캣슈트를 입자 프랑스테니스연맹 회장은 프랑스 오픈의 복장 규정을 바꾸기로 결정했다. 늘 변화하는 규칙에 맞춰야 했던 여성들이라면 그때 누구나 자기 일처럼 느꼈을 것이다. 세리나는 캣슈트를 입으면 슈퍼히어로가 된 기분이 들기도 하거니와 꽉 조여 주는 압박감 덕분에 혈전 예방에 도움이 된다고 설명했지만, 회장은 자신의 결정을 고수했다. "캣슈트는 더이상 허용되지 않습니다. 누구든 경기와 장소를 존중해야 합니다." 어째서 이 세상에는 여자가 바지를 입는 걸 못마땅해하는 사람들이 있는 걸까? 세리나는 이 논란을 웃어넘겼고 규칙을 받아들였을 뿐만 아니라 자축했다. 딸이 태어난 후, 세리나는 인스타그램에 사진 한 장을 올리며 자랑스럽게 선언했다. "내 딸은 팔다리가 나를 닮았어요! 나처럼 튼튼하고 근육질인데다가 힘이 넘치고 감각적이에요." 2018년 US 오픈에서 세리나는 테니스용 튀튀(발레할 때 입는 치마—옮긴이)를 입고 등장했다. 프랑스 오픈에 돌아왔을 때는 '어머니, 챔피언, 여왕, 여신'이라는 뜻의 프랑스어들이 뒤덮인 대담한 의상을 입고 있었다.

첼시

나는 세리나가 운동선수든 운동선수가 아니든 모든 여성이 공평한 보수를 받을 수 있도록 싸우는 모습을 볼 수 있어서 좋았어. 2016년 11월에 세리나가 공개적으로 쓴 기가 막힌 편지 한 통을 SNS에 올리고 친구들과 공유했지. "동등한 임금에 대한 이야기가 나오면, 나는 좌절합니다. 왜냐하면 우선 나도 여러분과 마찬가지로 남성들과 같은 일을 했으면서 다른 임금을 받아왔기 때문입니다. 나는 내 딸이 내 아들과 같은 일을 하면서 더 적은 임금을 받기를 결코 원하지 않습니다. 여러분도 마찬가지일 겁니다." 세리나는 우리 모두의, 그리고 우리의 딸과 아들들의 롤모델이야.

비너스는 여전히 최고 수준의 테니스선수로 활약하는 동시에 계속해서 자신의 창조적인 재능도 펼쳐가고 있다. 여성 의류 브랜드를 설립했고 인테리어 디자인 회사를 이끌고 있다. 비너스는 새로운 경력을 쌓는 일이 얼마나 어려운지에 대해서 이야기했지만 "나는 내가 싸우는 상대에 집중하지 않습니다. 내 목표에 집중하고 나머지는 무시하려고 노력해요"라고 말하기도 했다. 결국 윌리엄스 자매를 세계에서 가장 위대한 운동선수로 만든 것은 집중을 방해하는 것들을 무시하고 오롯이 꿈을 좇는 데에만 열중할 수 있는 능력이다.

이브티하즈 무함마드
Ibtihaj Muhammad

첼시

    1990년대에 뉴저지에서 이브티하즈 무함마드를 키우면서 이브티하즈의 부모는 아이들이 스포츠에서 경쟁하고 이길 수 있게 되기를 바라는 동시에, 가족의 종교적 신념에 따라 딸들이 머리에는 히잡을 쓰고 온몸은 완전히 가릴 수 있길 바랐다. 이브티하즈는 다른 스포츠도 시도해봤지만 항상 유니폼을 변형해야 했다. 하지만 펜싱은 전신 운동복과 마스크를 착용하기 때문에 유니폼을 바꿀 필요가 없었다.

    열세 살에 펜싱을 시작하면서 이브티하즈가 곧바로 펜싱과 사랑에 빠진 것은 아니었지만 어머니의 격려를 받아 계속하기는 했다. 앞으로 대학 지원서를 쓸 때 펜싱을 써넣으면 좋을 것 같았기 때문이다. 이브티하즈는 일찍부터 인종차별과 이슬람 혐오를 겪었다. 팀원들은 일반적으로 백인들이 하는 스포츠에서 흑인 여성이 성공할 수 있을지 미심쩍어했다. 이브티하즈는 다리가 너무 근육질이고 히잡을 쓴 사람은 결코 우승할 수 없을 거라는 말도 들었다. 그래서 미국펜싱연맹 약력에 이렇게 써넣었다. "대부분의 사람이 올림픽 펜싱선수를 상상할 때 나 같은 사람을 떠올리지는 않을 것이다. 다행히도 나는 대부분의 사람들과 다르다."

시간이 흐르면서, 이브티하즈는 자신을 향한 심한 편견들을 계속해서 극복했고 자신을 폄하하는 사람들이 틀렸다는 것을 증명했다. 듀크대학교 재학중에는 세 번이나 전미 최고 선수로 뽑혔고 2005년 주니어 올림픽에서 우승했다. 대학교 2학년 때는 복수전공인 아프리카학과 국제관계학 공부를 마무리하는 데 집중하기로 마음먹고 잠시 운동을 쉬었다. "학생 신분으로 운동선수를 하기는 너무 어렵고, 듀크 같은 학교에서는 더더욱 그래요. 그리고 그것은 옳은 결정이었어요." 하지만 결코 펜싱의 꿈을 포기하지는 않았다.

대학 졸업 후, 이브티하즈는 펜싱을 직업으로 삼기로 마음을 바꿨다. "제가 보기에 펜싱에는 소수집단이 너무 없어요. 여성의 펜싱 칼로 부숴야 할 장벽들이 있었죠." 이브티하즈는 올림픽 메달을 따기로 결심했다. 자신이 충분히 노력한다면 해낼 수 있을 것이라고 믿었다. 2010년 이브티하즈는 프랑스에서 열린 세계펜싱선수권대회에 출전할 자격을 얻었다. 그리고 그곳에서 처음으로 사인을 요청받았다. 파리는 오랫동안 경쟁적인 펜싱 세계의 중심이었다. 또한 이브티하즈가 출전한 세계펜싱선수권대회가 열린 해에 프랑스는 니캅이나 부르카라고 알려진 얼굴 전체를 가리는 옷을 공공장소에서 금지하는 법안을 통과시켰다. 유럽인권재판소 ECHR는 4년 후 이 금지법이 적법하다고 인정했다. 이후 대회 관련 인터뷰에 응한 이브티하즈는 이렇게 말했다. "히잡이라는 개념과 무슬림 공동체와 싸워온 프랑스지만 지금 이 순간만큼은 프랑스 시민들도 텔레비전에서 무슬림 여성을 보겠지라고 생각했어요."

세계선수권대회 이후, 이브티하즈는 2016년 리우데자네이루올림픽에 참가할 펜싱 미국 대표팀에 무슬림 여성 최초로 발탁되는 역사를 이뤘다. 그러나 이브티하즈가 성공하면 할수록 더 많은 사람들이 그녀를 비난했다. "사람들은 이유가 어찌됐든 내가 목표를 이룰 수 없을 거라고 말했어요. 특히 지금까지 없었던 위업을 달성하려고 할 때 말이에요. 그리고 그럴 때마다 의욕이 꺾였죠." 그럼에도 불구하고 이브티하즈는 자신이 받은 무시와 편협함, 증오 때문에 꿈을 단념하지는 않았다. 심지어 자신을 응원해야 마땅한 사람들이 비난할 때도 말이다. 이브티하즈의 팀 동료들조차 이브티하즈에게 '마법의 카펫' 위에서 기도했는지 물어보거나 의도적으로 단체 훈련 소식을 그녀에게 전달하지 않기도 했다. "그러자 정말 분명해졌어요. '우리는 네가 여기 있는 게 싫어'라는 메시지가요." 또한 살해 위협을 받은 적도 있지만 미국펜싱연맹과 올림픽위원회 둘 다 심각하게 받아들이지 않았다. "국가기관으로서 미국펜싱연맹이 나를 보호해주기를 바랐지만 그런 느낌은 조금도 못 받았어요."

이브티하즈는 항상 다른 젊은 이슬람 여성들과 유색인종 여성들, 특히 펜싱에 끌리는 여성들에게 자신이 중요한 롤모델이라고 생각했다. 하지만 그 책임감에 짓눌리기보다 오히려 그로부터 자극을 받았다. 이브티하즈는 종종 이렇게 말했다. "다른 사람이 당신의 길을 좌지우지하게 놔두지 마요." 리우올림픽에서 이브티하즈는 사브르 단체 경기에 참가해 동메달을 획득했고 이로써 히잡을 쓰고 올림픽 메달을 딴 최초의 이슬람계 미국인이 됐다. 나는 당시 거의 두 달된 아들 에이든에게 젖을 먹이며 이브티하즈와 그녀의 팀이 이기는 장면을 지켜봤다. 이브티하즈가 느낀 승리감과 기쁨은 수천 킬로미터 멀리서도 텔레비전 화면을 통해 또렷하게 느낄 수 있었다. 나는 나중에 이브티하즈의 주문이 "다 됐어. 준비됐어. 나는 강해. 할 수 있어. 나는 챔피언이야"였다는 것을 알게 됐다. 그 확신은 2016년 8월 메달을 따던 날 그대로 드러났고 그것은 지금도 마찬가지다.

올림픽이 끝난 후에도 이브티하즈는 계속해서 펜싱을 했고, 새로운 영역에 도전했으며, 불안 및 우울과 싸워온 이야기를 솔직하게 털어놓는 등 고정관념을 깨뜨렸다. 2018년 자신의 회고록 『프라우드 *Proud: My Fight for an Unlikely American Dream*』에서 이브티하즈는 2014년 미국 펜싱 국가대표로 선발된 후, 밤사이 푹 자고 난 후에도 아침이 되면 피곤한 상태로 일어나곤 했다고 썼다. 대회 기간 동안에는 종종 팔다리를 들지 못할 정도로 무기력함도 느꼈다. 이브티하즈는 단순히 긴장해서 그러는 것은 아니라는 생각에 소속팀 스포츠심리사를 찾아갔다. 스포츠심리사는 육체적으로 너무 피로한 이유는 수행 불안 때문이라고 설명했다. 이브티하즈는 그때까지 열심히 일하고 집중하면서 장애물들을 극복해왔던 것처럼 새로운 장애물도 극복했다. 매일 아침 사고 훈련을 하고 기도를 하거나 명상을 하면서 시간을 보냈다. 이브티하즈가 올림픽

"나는 무슬림 여성은 온순하고 고분고분하고 억눌려왔다는 말을 반박하고 싶었다. 무슬림이자 흑인이자 여성으로 당당하게. 당신이 좋아하든 아니든 나는 정말 상관없다."

– 이브티하즈 무함마드

에 출전하면서 겪은 이 이야기를 허심탄회하고 용감하게 공유해준 덕분에 다른 선수들이나 일반 사람들도 힘을 얻어 더 편안한 마음으로 자신들의 어려움을 밝히고 도움을 구할 수 있으리라 믿어 의심치 않는다.

2017년 이브티하즈는 또하나의 기록을 세웠다. 여성 영웅들을 가리키는 쉬어로Shero 시리즈에 이브티하즈를 본 뜬 바비인형이 나오게 된 것이다. 이브티하즈는 히잡을 쓴 최초의 바비인형을 함께 디자인했고 나는 2018년에 인형이 출시되자마자 샬롯과 에이든의 장난감 상자에 추가했다. 우리 가족은 2019년 출간 예정인 이브티하즈의 첫번째 동화책 『히잡을 처음 쓰는 날The Proudest Blue: A Story of Hijab and Family』을 애타게 기다리고 있다. 수년 동안 단정하면서도 유행을 앞서가는 옷을 찾지 못하던 이브티하즈는 2014년에 자신의 의류 브랜드를 설립했다. 그리고 여전히 미국 펜싱 국가대표팀의 주요 선수이고 인권과 민주주의를 위해 활발히 활동하는 사회운동가다. 선거에 출마할 생각이 없느냐는 질문에 이브티하즈는 이렇게 대답했다. "솔직히 여태껏 생각해본 적은 없어요. 하지만 나는 무엇이든 할 수 있다고 생각하는 사람이기도 합니다." 우리도 마찬가지다.

타티아나 맥패든

Tatyana McFadden

첼시

타티아나 맥패든은 태어나서 여섯 살 때까지 러시아 상트페테르부르크의 한 고아원에서 자랐다. 척추 이분열증을 가지고 태어난 타티아나는 하반신을 움직일 수 없었고 친부모는 타티아나를 돌볼 경제적인 여유가 없었다. 타티아나는 자신이 독립적으로 자랄 수 있도록 고아원의 직원들이 최선을 다해 격려해주었다고 회상했다("제가 손이 많이 갔었나봐요!" 이후 타티아나는 웃으며 말했다). 그리고 비록 휠체어는 없었지만 다른 아이들을 따라가기 위해 두 손으로 걷는 법을 배웠다.

데버라 맥패든은 대학원에 다닐 때, 길랭바레증후군이라고 불리는 자가면역질환에 걸려 목 아래 신체가 일시적 마비를 겪었다. 그때부터 4년간 전동 휠체어를 탔고 8년간 목발을 짚으며 서서히 회복했다. 장애 때문에 학교와 직장에서 차별을 받은 데버라는 다른 장애인들을 위해 사회운동을 하게 됐다. 타티아나가 태어난 1989년에 데버라는 미국의 장애인법을 작성하는 데 힘을 보태고 있었다.

5년 후, 미국의 원조를 제공하기 위해 러시아를 방문한 데버라는 고아원에서 타티아나를 만났다. 데버라는 그후 1년 동안 여러 차례 다시 돌아와 타티아나를 만났고 타티아나가 다른 고아원으로 옮겨질 것이라는 소식을 듣자 도저히 작별 인사를 할 수 없었다. "입양을 해야겠다는 생각을 해본 적은 없었지만 타티아나를 다른 곳으로 보낸다는 말을 듣는 순간, 정말 상상도 못할 정도로 끔찍한 악몽을 꾸는 것 같았어요. 그래서 '그건 안 돼요'라고 말해버렸어요." 1년 후, 타티아나는 메릴랜드주 클라크스빌에서 데버라와 데버라의 파트너 브리짓과 함께 살게 되었다.

의사들은 타티아나가 그동안 제때 필요한 치료를 받지 못했기 때문에 오래 살지는 못할 것이라고 말했다. 하지만 데버라와 브리짓은 암울한 예측을 받아들이지 않았다. 그 대신 자신들의 딸이 힘을 기를 수 있도록 운동을 가르치기로 했다. 수영 강습에 등록하려고 하자 모든 강사들이 외면했지만 단 한 명의 강사가 그들을 받아주었다. 처음 물속에 잠겼다가 다시 수면 위로 떠오른 순간, 타티아나는 소리쳤다. "야 사마!(난 할 수 있어!)" 그 순간부터 타티아나는 운동을 사랑하게 됐다. "나는 많은 운동을 해봤어요. 그리고 휠체어 육상에 푹 빠졌죠. 내가 엄청 빠르고 자유로운 기분이 들었어요." 몇 년 동안 팔과 어깨, 등에 근육이 생기면서 타티아나는 두각을 나타냈다. 타티아나가 가장 가파른 언덕으로 돌격하는

것을 보고 코치는 '야수'라는 별명을 지어
주었다.

　10대가 된 타티아나는 패럴림픽에 출
전하기로 목표를 정했다. 그리고 열다섯
살에 미국 육상팀에 선발되어 2004년 팀
의 최연소 선수로 합류했다. 그해 그리스
아테네에서 열린 패럴림픽 경기에서 타티

"내가 마음만 먹으면 뭐든 할 수 있다는
걸 알고 있었어요. 좀 다른 것들이어도
늘 어떻게 하는지 방법들을 찾아내요."

– 타티아나 맥패든

아나는 100미터 달리기 은메달, 200미터 달리기 동메달을 땄다. 이듬해
고등학교 육상팀에 합류하려던 타티아나는 뜻밖의 불쾌한 경험을 하게
됐다. 학교측은 타티아나의 휠체어가 다른 선수들에게 안전상 위험이 된
다고 주장하면서, 다른 학생들과 함께 달리는 것을 허락하지 않았다. 데
버라는 학교측과 논의를 거듭하다 결국 이렇게 요청했다. "타티아나에게
유니폼을 주고 트랙 바깥쪽에서 뛸 수 있게 해주세요." 그리고 데버라의
기억에 학교는 이렇게 답했다. "그럼 고소하세요." 그래서 데버라는 정말
학교를 고소했다.

　타티아나와 데버라는 메릴랜드 장애인법률센터 변호사의 도움을 받
아 학교를 상대로 소송을 제기했다. 타티아나는 다른 선수들과 함께 경
쟁할 수 있는 자신의 기본권을 지키려고 했을 뿐이지만 몇몇 선수들은
타티아나를 좋아하지 않았다. "항상 야유를 보냈어요. 하지만 나는 마음
속으로 이게 옳은 일이라는 것을 알았어요." 타티아나가 말했다. 타티아
나가 증언하던 날, 법정은 친구들로 가득차 있었다. 타티아나는 증언대
에 오르기 전 몸을 돌려 의족을 차고 있던 열 살짜리 동생에게 이렇게 약
속했다. "해나야, 넌 뛰려고 싸울 필요가 없을 거야." 그들은 승소했고, 타
티아나는 계속해서 경기에 참가할 권리를 부여받았다. 미국 지방법원 재

판장은 타티아나의 손을 들어주기 전 법정에서 이렇게 말했다. "이 소녀는 파란색 리본이나 금색 리본, 아니면 돈을 받고 싶어서 소송을 하고 있는 게 아닙니다. 그저 다른 사람들이 모두 밖에 있을 때 자신도 밖에 나가 있기를 원할 뿐입니다."

하지만 메릴랜드공립고등학교 육상협회는 계속해서 발목을 붙잡았다. 타티아나와 다른 휠체어 선수들이 시합하는 것은 허락하지만 그들이 우승해도 학교 대표팀의 점수로 인정하지 않겠다고 결정한 것이다. 타티아나는 어머니와 함께 장애 학생들을 위한 운동 및 육상 평등법을 주장했다. 이 평등법은 2008년 메릴랜드 주의회에서 통과되었다. 새 법에 따라 메릴랜드주 학교들은 장애를 가진 학생들을 차별적으로 대우하지 않고 학교 스포츠에 참여할 기회를 주게 됐다.

> "나도 다른 모든 고등학생들과 똑같이 희열을 느끼고 똑같은 경험을 하고 싶었어요. 혼자서는 경쟁을 할 수가 없잖아요. 외롭고 창피해서 그러고 싶지 않았어요. 다른 경쟁자들은 내게 와서 이렇게 말하곤 했어요. '좋은 경기였어.' 하지만 혼자 뛰는데 좋은 경기일 수는 없어요."
>
> – 타티아나 맥패든

고등학교를 졸업한 후, 타티아나는 일리노이대학에 진학했다. 그 이유 중 하나는 탁월한 휠체어 육상 프로그램 때문이었다. 타티아나는 2008년 베이징패럴림픽에 출전하여 200미터, 400미터, 800미터 달리기에서 은메달, 400미터 계주에서 동메달 등 총 네 개의 메달을 획득했다. 4년 후 런던에서는 세 개의 금메달을 땄다. 그해 타티아나와 동생 해나는 패럴림픽에서 최초로 자매간에 경쟁을 했다. 2014년 타티아나는 자신이 태어난 러시아에서 소치패럴림픽에 출전했다. 동계올림픽 출전은 처음이었지만 크로스컨트리스키에서 은메달을 따냈다. "정말 떨렸어요. 스키를 타기 시작한 지 1년도 안 됐으니까요. 온 정신을 집중해서 스키를 타야 했어요. 그래도 여기에 가족과 함께 있다는 게 정말 멋졌어요. 크로스컨트리를 수년간 해온 사람들과 경쟁할 수 있어서 나 자신이 정말 자랑스럽고요." 타티아나는 2016년 리우데자네이루에서 다시 네 번이나 시상대의 정상에 올랐고, 현재 여섯번째 올림픽인 2020년 패럴림픽에 대비해 훈련중이다. 또한 마라톤에서도 신기록을 세웠으며 마라톤선수 최초로 보스턴, 런던, 시카고, 뉴욕 등 4개의 주요 마라톤에서 모두 우승했다. 그리고 이후 세 번이나 더 4대 마라톤을 석권했다. 길가에서 마라톤 대회를 보든 스크린을 통해 올림픽 경기를 보든 나는 타티아나의 경주를 볼 때마다 집중력과 근면함, 그리고 운동신경에 경외감을 느낀다.

타티아나는 100미터 단거리 경주부터 마라톤에 이르기까지 다양한 거리의 휠체어 육상에서 훌륭한 성적을 거두고 있을 뿐만 아니라 장애인 선수들을 위해 치열하게 싸움을 하고 있다. 타티아나는 공평한 기회, 치료, 보수를 위해 의회를 설득했다. 일부 마라톤 대회는 휠체어 부문을 제외한 다른 부문의 수상자들에게 일곱 배나 더 많은 상금을 수여하기도 했다. 그리고 2018년이 되어서야 미국올림픽위원회는 투표를 통해 패럴림픽 메달 수상자에게 올림픽 선수들과 같은 상금을 주기로 결정했다. 타티아나는 '장애인들이 꿈을 이루고 건강한 삶을 살며 지구촌 사회에 동등하게 참여할 수 있는 세상을 만들기 위해' 재단을 설립했다. 타티아나는 지금껏 자신이 성공하고 다른 사람들을 위한 길을 개척하기 위해 많은 노력과 용기가 필요했다는 사실을 굳이 감추지 않는다. "여기까지 오는 데 오랜 시간이 걸렸어요. 그냥 어느 날 자고 났더니 이 모든 일이 이뤄진 게 아니에요." 타티아나가 말했다.

캐스터 세메냐

Caster Semenya

첼시

    캐스터 세메냐는 남아프리카공화국 림포포의 잔디 트랙에서 맨발로 뛰어다니며 자랐다. 일찍부터 가족, 코치 그리고 동료 선수 모두 캐스터의 타고난 재능을 알아보았다. 고등학교를 졸업하던 2008년에 캐스터는 세계주니어선수권대회 800미터 달리기에서 7위를 했다. 2009년 베를린세계선수권대회에서는 800미터에서 금메달을 획득하고 1분 55.45초로 개인 최고 기록을 세우며 국제무대에 초고속으로 등장했다.

    그해 11월 아리엘 레비 기자는 〈뉴요커〉에 캐스터를 이렇게 소개했다. "캐스터는 뛸 때 힘이 넘치고 놀라울 정도로 효율적으로 움직인다. 세계선수권대회 경기를 보면 다른 육상선수들은 뒤에서 허우적거리고 있는 반면에 캐스터는 근육이 탄탄한 팔을 위아래로 들어올리는 동안에도 몸통이 조금도 흔들리지 않았다. 별로 힘들이지 않고 우승한 듯했고, 우승이 당연해 보였다." 영상을 보고 결과를 알면서도 나는 캐스터를 응원하고 있었다. 캐스터는 중위권 그룹에서 치고 나와 선두 그룹으로 진출해 경쟁자들보다 훨씬 앞서 나갔다. 그리고 그저 누가 따라오지는 않는지(아무도 없었다) 어깨 너머로 슬쩍 돌아봤을 뿐이다.

탁월한 재능과 전년도 대회에 비해 극적으로 향상된 성적 그리고 근육질의 체구 때문에 캐스터는 집중적인 조사를 받아야 했다. 특히 유색인종 여자 선수들은 유난히 자주 이런 전개가 펼쳐지고는 했다. 경기가 끝난 뒤 자신만만하고 당당하게 인터뷰를 하고 트랙 위에서 축하 행사를 했을 때도 마찬가지였다(여성이 힘들게 승리해서 기념하면 왜 꼴사납게 여길까? 그들이 잘못한 것도 없고 그렇게 하는 게 당연한데 말이다). 국제육상경기연맹IAAF은 캐스터가 다른 여자 선수들과 경쟁하도록 허락할지 결정하기 위해 외과적인 '성별 검사'를 받게 했다. 표면적으로는 캐스터의 호르몬과 생리 기능을 평가하기 위한 것이었지만, IAAF의 심사를 마침내 통과할 때까지 11개월 동안 캐스터는 경기에 출전할 수 없었다. 그리고 싸움은 그것으로 끝나지 않았다.

그로부터 2년 뒤인 2012년 런던올림픽 개막식에서 캐스터가 남아프리카공화국 국기를 들고 입장하는 모습을 집에서 지켜본 기억이 난다. 캐스터는 800미터 달리기에서 은메달을 땄는데, 이후 금메달을 딴 선수가 금지 약물 복용 혐의로 유죄판결을 받아 금메달로 바뀌게 됐다. 캐스터는 모든 약물 검사를 통과했다. 2016년에 남아프리카공화국선수권대회에서 최초로 400미터, 800미터, 1500미터 경기 모두 금메달을 휩쓸었다. 뒤이어 그해 리우데자네이루올림픽에서도 800미터 달리기에서 금메달을 땄다.

2018년 IAAF는 성 발달에 차이가 있는 선수들을 겨냥한 새로운 규정을 내놓았다. 그에 따르면, 거리가 400미터부터 1마일(약 1.6킬로미터) 사이인 종목에 출전하는 여성 선수 가운데 남성호르몬 수치가 높은 선수들은 약을 복용하거나 외과 수술을 받아 남성호르몬 수치를 낮춰야만 여자 경기에 출전할 수 있다. 이 새 규정이 캐스터가 우승한 일부 경기에만 특별히 적용되는 것은 우연이 아니다. 캐스터는 남아프리카육상연맹과 함께 이 규정에 반발했다. 캐스터는 그 규정에 대해 "차별적이고, 비합리적이며, 명분이 없다"고 말했다. 맞는 말이었다. 불행하게도 2019년 5월, 스위스에 본부를 둔 스포츠중재재판소Court of Arbitration in Sports는 공식적으로 IAAF의 손을 들어주었고, 캐스터가 타고난 신체를 가지고 경쟁할 수 있다는 사실을 사실상 부인했다.

남아프리카 정부는 이미 항소할 계획이라고 밝히며 남성호르몬 수치가 높다고 해서 어느 거리에서도 부당한 이점이 된다는 과학적 증거가 없다고 지적했다. 사실 IAAF가 자신들의 주장을 뒷받침하기 위해 인용한 연구는 과학계에서 거듭 의문시되어왔다. 게다가 전 세계 100개 이상의 의사협회와 수백만 명의 의사들을 대표하는 세계의사회는 회원들에게 IAAF의 권고를 따르지 말라고 요구했다. 이 새로운 규정은 자신들의 핵심적인 윤리 기준에 모순되기 때문이다. 또한 공공보건 관계자들 역시 스포츠 관리 기구가 이제 성별을 정의하는 위치에 있는 것 같다며 이러한 충격적인 추세를 만드는 것을 멈춰야 한다고 경고했다. IAAF는 캐스터가 출전을 원하면 남성호르몬 억제 약물을 꼭 복용해야 한다고 밝혔지만 캐스터는 따르지 않겠다고 거듭 말해 왔다. 캐스터는 과학과 의사의 의학적 조언을 따르고 있다. 반면 IAAF는 그렇지 않다.

캐스터는 육상경기 관리 기구뿐만 아니라 언론으로부터도 자주 부당한 대우를 받아왔다. 작가 파커 몰로이Parker Molloy는 이를 심도 깊게 분석했다. "알았든 몰랐든 간에 기자들은 세메냐의 승리가 부당하다는 생각을 독자들에게 주입하고 있었다. 설상가상으로 많은 기사에 다른 선수들이 '캐스터는 여자가 아니다. 남자다'라고 하거나 무시하는 투로 '저 모습을 좀 보세요' 하는 말들이 포함되어 있다…… 세메냐의 자격을 언급하지 않거나 상을 받지 못해 화가 난 경쟁자들이 '공정성'을 언급하지 않은 기사는 찾아보기 힘들다." 성차별과 편견이 지나치게 대놓고 드러난다.

> "나는 그저 자연 그대로, 타고난 대로 달리고 싶어요. 나한테 바꿔야 한다고 말하는 건 불공평해요. 내가 누구인지 사람들이 의심하는 것도 불공평하고요. 나는 모크가디 캐스터 세메냐예요. 여자고, 빨라요."
>
> – 캐스터 세메냐

캐스터는 여전히 달리고, 경쟁하고, 자신의 삶을 살고 있다. 2015년에 아내 바이올렛과 결혼했고 아내가 응원해준 덕분에 대학을 졸업할 수 있었다고 밝혔다. 또한 캐스터 세메냐 재단을 설립해 어린 선수들을 가르치고 후원하기 시작했다. "여성들끼리 단결해서 서로를 응원해야 해요. 그렇지 않고서는 뭘 하든 계속해서 차별받고, 억압받고, 비난을 받는다고 느끼게 될 거예요. 그리고 여전히 인정받지 못한다고 느낄 테고요."

캐스터를 둘러싼 논란은 커다란 질문들을 불러왔다. 성별은 누가 정의하는가? 그리고 어쨌든 스포츠에서 완전히 공평한 경쟁의 장을 기대하는 것 자체가 허무맹랑하지 않은가? 결국 개인의 몸은 다 다르니까 말이다. 어떤 사람은 키가 더 크고, 어떤 사람은 키가 더 작고, 어떤 사람은 다른 사람에 비해 더 근육질이다. 아리엘 레비는 이렇게 물었다. "캐스터 세메냐에게 더 많다는 남성호르몬이 정말로 남들과 그렇게 다른가?" 대답은 분명히 '아니오'이다.

캐스터는 이 모든 과정에서 자신의 성공이나 자신감, 어린 선수들을 위해 싸우겠다는 결연한 의지를 누구도 훼손하지 못하도록 애썼다. 넬슨 만델라는 캐스터에게 이렇게 말했다. "누구나 말을 할 수 있어요. 자신이 하고 싶은 것은 무엇이든 할 수 있죠. 하지만 다른 사람들이 아니라 자신을 위해 사는 것은 나 자신에게 달려 있어요." 캐스터는 그 말을 이렇게 정리했다. "겁내지 말고, 용감하게, 대담하게, 자신을 사랑하라." 결국 누구나 할 수 있는 가장 배짱 두둑한 일은 바로 이거다.

알리 레이즈먼
Aly Raisman

첼시

올림픽, 패럴림픽, 그리고 스페셜올림픽에서 가장 내 관심을 끄는 것은 거창한 의식이 아니다. 눈물을 왈칵 쏟게 만드는 감동적인 뒷이야기도 아니다. 바로 운동선수들이 자신의 한계에 맞서서 끊임없이 훈련하고 또 훈련하는 모습을 지켜보는 것이다. 그저 선수들이 예술성과 어마어마한 힘, 속도, 집중력, 그리고 수년간의 연습으로 무엇을 할 수 있는지 보고 싶을 뿐이다. 때때로 미처 기억할 수 있는 나이가 되기 전부터 훈련을 시작하는 선수들도 있다. 1994년 매사추세츠주 니덤에서 태어난 알리 레이즈먼은 체조 훈련을 시작했을 때 겨우 두 살이었고, 열네 살이 되기 전에 이미 최고 선수로 손꼽혔다. 알리가 2012년에 고등학교를 졸업하면서 동시에 올림픽 대표팀에 합류했다는 사실을 듣고 놀라는 사람은 그녀와 가까운 친척 중에는 아무도 없었다. 알리는 런던올림픽에서 개비 더글러스와 맥카일라 마로니를 포함한 '피어스 파이브Fierce Five'로 알려진 체조팀을 이끌어 금메달을 따냈다. 그리고 알리와 동료들은 개비가 개인 종합 금메달을 딸 수 있도록 응원했다.

알리는 2016년 리우데자네이루에서 다시 한번 올스타팀을 금메달로 이끌었다. 알리와 개비 더글러스는 미국인으로서는 유일하게 체조에서 연속으로 단체전 금메달을 땄다. 나는 그들이 경쟁하고 역사를 창조하는 것을 보면서 짜릿했다. 또한 알리와 팀 동료 시몬 바일스가 마루운동을 연기하는 모습을 보던 때를 잊을 수가 없다. 나는 완전히 넋이 나가버렸다. 알리는 연기를 끝내자마자 피곤함과 안도감, 그리고 자부심이 한꺼번에 밀려와 울음을 터뜨렸다. 시몬이 금메달을 땄고, 알리도 은메달을 땄다.

어떤 선수들은 더이상 올림픽에 출전하지 않게 되면 대중의 기억에서 사라지지만 알리는 2018년 1월에 다시 한번 역사에 남을 일을 했다. 〈타임〉 기자에게 전 미국 체조팀 닥터 래리 나사르가 어린 시절과 선수 시절 내내 자신을 성적으로 학대했다고 폭로한 것이다. 그로부터 두 달 후 열린 재판에서는 150명이 넘는 다른 여성들과 함께 피해 사실을 증언했다. 그리고 용감하게도 올림픽에서 수많은 메달을 딴 운동선수라는 명성에 힘입어, 수십 년 동안 자신을 학대한 사람과 학대를 가능하게 했던 체제를 비난했다. 또한 피해 아동들에게 나타나는 성적 학대의 징후와 트라우마 증상들을 성인들이 알아차릴 수 있도록 가르치는 캠페인 '스위치를 켜요Flip the Switch'를 시작했다. 알리를 포함한 많은 체조 선수들의 용감한 증언 덕분에, 나사르는 300명 이상의 선수들이 연루된 자신의 혐의에 대해 유죄를 인정한 뒤 40년 이상의 징역형을 선고받았다. 또한 같은 해에 알리는 자신과 다른 선수들을 나사르로부터 보호하지 못했다며 미국체조협회와 올림픽위원회를 상대로 소송을 제기했다. 미국체조협회는 파산 신청을 했고 체조 관리 기관으로서의 자격을 박탈당할 위기에 직면해 있다. 협회의 과거 관행 또한 미국 상원이 면밀히 검토중에 있다.

알리는 미국 체조선수들이 훈련하는 과정에서 오랫동안 잘못되어온 관행들에 대해 지적하고 모든 선수가 존중받고 보호받기 위해 이뤄졌어야 하는 조치들을 계속해서 요구해나가고 있다. 알리는 ESPN의 미나 카임스 기자에게 이렇게 말했다. "세상에 피해자는 많지만 목소리를 내는 사람은 거의 없어요. 나는 사람들이 말을 들어주는 몇 안 되는 사람 중 한 명이에요. 그래서 그저 사람들을 공정하게 대하고 싶어요."

"나는 힘도 있고 목소리를 낼 수도 있어요. 그리고 이제 막 그 둘을 사용하기 시작했을 뿐이에요."

- 알리 레이즈먼

사회운동가들

ADVOCATES AND ACTIVISTS

도러시 하이트 *Dorothy Height,*
소저너 트루스 *Sojourner Truth*

도러시 하이트

소저너 트루스

힐러리

시민권운동의 전설인 도러시 아이린 하이트는 회고록 『자유의 문을 활짝 열어라*Open Wide the Freedom Gates*』에서 이렇게 선언했다. "나는 유명하고 성공하고 힘있는 사람들부터 이름 없고 가난한 사람들에 이르기까지 내 삶과 관련된 수많은 사람의 삶이 낳은 결과물이다."

만약 당신이 미국에 살고 있고 당신에게 투표권이 있다면 당신이 알든 모르든 도러시 하이트는 당신의 삶과 관련이 있다. 내가 처음으로 미스 하이트(우리는 도러시를 늘 그렇게 불렀다)를 만난 것은 막 로스쿨을 졸업한 후 아동보호기금에서 또다른 지독하게 용기 있는 여성 메리언 라이트 에덜먼Marian Wright Edelman을 위해 일하고 있을 때였다. 미스 하이트는 우아했지만 허세가 없었다. 뛰어났지만 오만함이라고는 찾아볼 수 없었고 열정적이었지만 결코 과하지 않았다. 그리고 비록 노후에는 많은 시간을 앉아서 보내게 됐지만 그전에는 한시도 가만히 있지 않았다. 도러시 하이트가 무언가를 결심했다 하면 그 무엇도 그녀를 막을 수 없었기 때문이다.

미스 하이트는 피츠버그 근교에서 자라면서 인종이 통합된 학교에 다녔다. 고등학생 때 웅변대회에서 우승해 대학 장학금을 받았지만 1929년 바너드대학에 도착했을 때, 대학측은 이미 흑인 학생을 두 명이나 입학시켰으니 받아줄 수 없다며 입학을 거절했다. 그해에 할당된 흑인 학생의 숫자가 둘이었던 것이다. 그래서 미스 하이트는 시내의 뉴욕대학에 등록했고 그곳에서 학사학위와 교육심리학 석사학위를 받았다.

대학 졸업 후, 미스 하이트는 YWCA에서 일하게 되었고, 미국흑인여성협회National Council of Negro Women에 가입하여 본격적으로 흑인과 여성의 권리와 평등을 위해 싸우기 시작했다. 그리고 1957년부터 1997년까지 40년 동안이나 흑인여성협회 회장을 역임했다. 마틴 루서 킹 주니어와 존 루이스 같은 전설적인 인물들인 '빅 식스Big Six'와 함께 인권운동을 하면서 미스 하이트는 '알려지지 않은 일곱번째'라고 불렸다. 여성 중에서 그런 인정을 받은 이는 미스 하이트밖에 없었다. 엘리너 루스벨트, 드와이트 아이젠하워, 린든 존슨뿐만 아니라 많은 이들이 미스 하이트의 활동을 관심 있게 지켜보았고 자문을 구하기도 했다. 미스 하이트는 양당의 대통령들에게 초당적인 조언자였다. 그리하여 1994년 내 남편인 빌 클린턴으로부터 대통령 자유 훈장을 받았고, 2004년에는 조지 W. 부시 대통령으로부터 의회 금메달을 받았다.

내가 상원의원이었을 때 미스 하이트는 전국흑인여성회National Congress of Black Women의 델로레스 터커 및 파예 윌리엄스를 비롯한 다른 시민권운동 지도자와 함께 쉴라 잭슨 리 텍사스주 하원의원과 나를 찾아왔다. 그들은 미국 국회의사당 건물에 다른 국가적 영웅들과 함께 선구적인 여성참정권론자였던 소저너 트루스의 동상이 진작 세워졌어야 했다고 주장했다.

어릴 적 이름이 이사벨라 바움프리였던 소저너 트루스는 1797년경 뉴욕에서 노예로 태어났다. 소저너는 뉴욕의 노예 해방법이 시행되기 1년 전인 1827년 젖먹이 딸 소피아를 데리고 도망쳤다. 그리고 이후에는 새로 생긴 법을 이용해 앨라배마주의 노예 주인에게 불법으로 팔려간 다섯 살짜리 아들 피터를 되찾기 위해 소송을 했다. 소저너는 관련 소송에서 이긴 최초의 흑인 여성으로 알려져 있다.

1843년 소저너는 감리교도가 되었고 소저너 트루스라는 이름도 그때부터 사용하기 시작했다. 그리고 친구들에게 이렇게 설명했다. "성령이 나를 부르니, 나는 꼭 가야 돼." 읽고 쓰는 법을 배운 적은 없지만 소저너는 노예제를 폐지해야 한다고 설교하며 전국을 돌아다녔다. 회고록인 『소저너 트루스 이야기The Narrative of Sojourner Truth: A Northern Slave』는 1850년에 출판되었는데, 같은 해 소저너는 매사추세츠주 우스터에서 열린 제1회 전국여성권리대회에서 연설했다. 1851년에는 애크런에서 열린 오하이오 여성권리협의회에도 참석했다. 사람들로 가득 들어찬 교회에서 소저너는 즉흥적으로 여성 인권에 대해 '나는 여자가 아닌가요'라는 유명한 연설을 남겼다. 우뚝 솟은 키로(키가 거의 183센티미터에 가까웠다) 소저너는 여성이 남성보다 열등하고 유약해서 투표를 맡길 수 없다고 주장했던 남성 연사들에게 응수했다. "하나님께서 만드신 최초의 여성은 홀로 세상을 뒤집을 만큼 강했습니다. 이 여성들이 모두 힘을 합친다면 함께 세상을 되돌려 다시 바로 세울 수 있을 겁니다." 소저너는 깊고 힘찬 목소리로 외쳤다. "그리고 지금 여성들이 그렇게 하자고 하고 있으니 남성들은 그냥 내버려두는 게 좋을 거예요."

소저너의 연설은 순식간에 돌풍을 일으켰다. 소저너가 어떻게 등장했고 심지어는 무슨 말을 했는지에 대해서도 엇갈리는 이야기들이 생겨났다. 1858년에는 연설 도중 한 방해꾼이 진짜로 여자가 맞는지 묻자, 소저너는 그 대답으로 블라우스를 열어 가슴을 드러내 보였다.

남북전쟁 동안, 소저너는 연합군을 도와 흑인 군인을 모집했고 워싱턴 D.C.에서 전미자유민구호협회와 함께 일했다. 1864년에는 백악관에서 링컨 대통령을 만났다. 워싱턴에 있는 동안 소저너는 마을 전차를 타고 다니며 전차 내에서 인종분리주의를 철폐하는 데 힘을 실었다. 한 차장이 소저너를 전차에 못 타게 하자 소저너는 그를 신고하고 고소해 법원에서 재판을 받게 했다. 소저너는 그 소송에서 이겼고 이는 클로뎃 콜빈과 로자 파크스가 버스에서 자리를 양보하지 않겠다고 했던 사건보다 무려 거의 100년 전이다.

남북전쟁이 끝난 후, 소저너는 율리시스 S. 그랜트 대통령을 만났다. 소저너는 노예 출신 흑인들이 가난에서 벗어나 새 삶을 꾸려나갈 수 있게 토지 보조금을 제공해달라는 청원서에 수천 명의 서명을 받았다. 그리고 그랜트의 재선운동을 했고, 1872년 비록 거절당하기는 했지만 심지어 투표를 시도하기도 했다. 소저너는 1883년 세상을 떠나기 전까지 계속해서 노예제도 폐지, 여성의 권리 보장, 감옥 개혁, 그리고 사형제도 반대를 주장하며 운동을 벌였다.

이 정도 이력이 있으면 미국 의사당 내 노예해방홀Emancipation Hall에 소저너 트루스의 조각상을 추가하는 데 이의가 없을 거라고 생각할 수 있을 것이다. 하지만 결국 의회가 어떤 일을 하도록 만드는 게 얼마나 어려운지 밝혀졌다. 일은 연거푸 미뤄졌다. 여성들이 더 적었다면 낙담하거나 부족한 결과에 만족하거나 아니면 그냥 포기했을 것이다. 그러나 그건 미스 하이트의 방식이 아니었다. 미스 하이트는 계속 압박하고 전화하고, 편지를 썼다.

수년이 걸렸지만, 우리는 마침내 소저너의 조각상을 세울 수 있었다. 그리고 2009년 4월 28일, 의사당 방문객 센터에 모여 조각상을 공개했다. 유명한 여배우 시실리 타이슨이 '나는 여성이 아닌가요' 연설을 암송했다.

소저너와 마찬가지로 시실리는 존재감만으로도 여성의 권리와 시민의 권리가 분리되지 않는다는 사실을 보여주었다. 당신은 둘 중에 한쪽에만 속할 수는 없다. 몇몇 여성에게만 투표권을 줄 수도, 몇몇 흑인에게만 줄 수도 없다. 우리의 민주주의는 우리 모두의 것이며, 모든 시민을 보호하고 도와야 한다. 개인이 자

"저기 저 남성이 말하네요. 여성은 마차에 올려드려야 하고, 도랑은 안아서 건너드려야 하고, 어디에서나 최고 좋은 자리를 드려야 한다고요. 하지만 누군가 나를 마차에 올려주거나 진흙탕을 지나도록 도와주거나 제일 좋은 자리를 내어준 적은 한 번도 없어요. 그렇다면 나는 여성이 아닌가요? 날 봐요! 내 팔을 보라고요! 나는 땅을 갈고, 곡식을 심고, 수확을 해요. 그리고 나보다 잘하는 남자는 없어요. 그래서 나는 여성이 아닌가요? 나는 남성만큼 일할 수 있고, 음식을 구할 수만 있으면 남성만큼 먹을 수 있어요. 남성만큼이나 채찍질을 견딜 수도 있다고요. 그래서 나는 여성이 아닌가요? 난 아이를 다섯이나 낳았고, 그 아이들 모두가 노예로 팔리는 걸 봐야 했어요. 슬픔에 빠진 어미가 울부짖을 때 하느님 말고는 아무도 내 말을 들어주지 않았어요. 그래서 나는 여성이 아닌가요?"

— 소저너 트루스

유로울 때 우리는 더 자유롭다. 모두에게 기회가 있을 때 우리 전체가 더 많은 기회를 가진다. 그것이 소저너 투르스의 사명이었고, 도러시 하이트의 사명이었다. 그리고 오늘날 우리의 사명으로 남아 있어야 한다.

아이다 B. 웰스

Ida B. Wells

힐러리와 첼시

2017년 여성 행진이 일어나기 한 세기 전인 1913년, 여성참정권 요구 행진이 열렸다. 우드로 윌슨 대통령의 취임식을 하루 앞두고 5,000명이 넘는 여성들이 워싱턴 D.C.에 모여 투표권을 달라며 행진했다. 행렬의 선두에는 백인 참정권론자이자 변호사인 이네즈 밀홀랜드가 하얀색 옷을 입고 백마 위에 올라타 있었다. 행렬 뒤편에는 흑인 여성들의 모임인 '델타 시그마 세타Delta Sigma Theta'의 창립자 22명을 포함한 흑인 여성이 한 무리 있었다. 하지만 모임의 일원이자 이날 여러 '시카고 알파 참정권

클럽Alpha Suffrage Club' 단원들을 데리고 행진에 참석한 아이다 B. 웰즈는 그 자리에 함께 있지 않았다.

뉴저지에서 온 28세의 앨리스 폴을 비롯한 행진 주최자들은 몇 주 전부터 흑인 여성들이 아무도 행진에 참가하지 않도록 은근슬쩍 말리고 있었다. 여성참정권을 지지할지도 모르는 남부 정치인들과 사이가 멀어질까 우려했기 때문이다. 당연히 아이다는 받아들일 수가 없었다. 델타 시그마 세타 단원들은 퍼레이드 뒤에서 행진해야 한다는 말을 들었을 때, 아이다는 분명히 밝혔다. 자신들이 다른 일리노이주 대표단과 함께 전방에서 행진할 수 없다면 자신은 참가하지 않겠다고 말이다. 결국 아이다가 선택한 것은 행진 당일 백인 참정권론운동 지도자들에게 저항하는 것이었다. 역사학자 알렉시스 코는 팟캐스트 '노 맨즈 랜드No Man's Land'에서 이렇게 말했다. "백인 참정권론자들이 행렬 맨 뒤에서 행진하라고 하자 아이다는 곧장 앞으로 나아갔습니다. 그리고 참정권을 위해 싸우는 최초의 흑인여성회를 조직했습니다."

아이다 B. 웰즈는 불의를 보면 참지 않고 온 힘을 다해 맞서 싸웠다. 키는 152센티미터로 왜소했지만 아이다는 미국에서 가장 용감한 여성 중 한 명이다. 아이다는 남북전쟁이 끝나기 3년 전 미시시피의 홀리 스프링스에서 노예로 태어났다. 열여섯 살 때 황열병으로 부모와 남동생을 잃은 아이다는 남은 동생들을 부양하기 위해 고등학교를 중퇴하고 멤피스로 이사해 나이를 속여서 교사가 되었다. 그리고 늦은 밤과 주말을 이용해 학업을 마쳤다.

당시 스물한 살이었던 아이다는 멤피스에서 테네시주 우드스톡 근처로 출근하기 위해 1등석 기차표를 샀다. 표를 확인하러 온 차장은 아이다에게 기차 칸을 잘못 탔다고 말했다. 아이다는 자신이 어느 칸에 타고 있는지 제대로 알고 있었다. 절대 칸을 잘못 타지 않았다. 차장은 아이다에게 흑인 전용 칸으로 옮기라고 강요했다. 웰스는 자서전에 이렇게 썼다. "그가 나를 좌석에서 질질 끌어내리려고 했다. 나는 그의 손등을 이로 꽉 깨물었다."

그 사건을 계기로 아이다는 언론계에 발을 들여놓았다. 아이다는 철도회사에 소송을 걸었고 승소해 500달러의 손해배상금을 받았는데, 이는 현재 가치로는 12,000달러가 조금 넘는다. 3년 후, 테네시 대법원은 이 결정을 번복하고 아이다에게 소송비용을 청구했다. 법원의 판결에 격분한 아이다는 지역신문 〈리빙 웨이Living Way〉에 그 사건에 대해 썼다. 아이다의 기사는 전국적인 관심을 얻었고, 1887년에 전국흑인언론협회는 아이다가 미국 흑인 언론계의 가장 뛰어난 기자가 될 것이라고 발표했다.

1891년 아이다는 흑인 학교의 열악한 환경을 폭로한 사설을 실었다는 이유로 교직에서 해고되었다. 그 이듬해 아이다의 삶은 다시 한번 송두리째 바뀌게 된다. 식료품 잡화점을 운영하던 친한 친구, 캘빈 맥도웰, 토마스 모스, 윌 스튜어트가 린치당한 것이다. 이들은 같은 지역에서 백인이 운영하는 식료품 잡화점과 경쟁 관계에 있었다. 1880년 후반까지 20여 년 동안 흑인 남성들이 선거에서 투표를 하고, 당선되고, 경찰이 되기도 했는데, 이에 멤피스의 일부 백인들이 백인의 우월성과 지배를 다시 주장하기로 결심한 것이다.

친구들이 살해당한 일로 경악하고 분노한 아이다는 린치에 대한 글을 썼다. 기사를 쓰기 위해 흑인 여성에게는 가장 위험한 지역까지 취재를 갔고 그곳에서 인종 폭력의 희생자들에 대한 이야기를 기사로 쓰고 그들이 잊히지 않도록 희생자들의 이름을 세상에 알렸다. 아이다는 자신이 공동 소유한 신문인 〈멤피스 프리 스피치 앤드 헤드라이트Memphis Free

Speech and Headlight〉에 기사를 실었다.

1892년 남부 전역에서 일주일 만에 여덟 명의 흑인 남성이 린치를 당하는 일이 벌어지자 아이다는 자신의 안전을 위해 필명으로 사설을 발표했다. 백인 여성들이 흑인 남성에게 매력을 느끼기 때문에 백인들이 흑인 남성들을 린치하는 것은 정당하다는, 오래되고 불쾌한 유언비어에 반박하는 내용이었다. 백인 언론들은 이 사설을 쓴 사람을 공격하고 나섰다. 한 신문은 불길하게 경고했다. "남부 백인 남성들이 절대 용납하지 않는 것이 몇 가지 있다."

린치에 반대하여 아이다가 쓴 사설로 인해 남부 전역에서 아이다를 죽이겠다는 위협이 쇄도했고 백인 폭도들은 아이다의 신문사를 파괴했다. 그후에도 아이다는 자신의 이름으로 『남부의 공포Southern Horrors』와 『붉은 기록 The Red Record』 같은 책자들을 출판해 린치는 흑인들의 경제적, 정치적 발전을 억압하기 위한 인종적 폭력이라고 비판했다.

아이다는 1894년 시카고로 이주해 페르디난드 바넷과 결혼했다. 페르디난드는 일리노이주 최초의 흑인 검사보이자 시카고 최초의 흑인을 위한 신문 〈시카고 컨저베이터Chicago Conservator〉의 편집장이었

"이 일로 인해 미국인들의 양심이 깨어나 모든 사람에게 정의를, 무법자들에게는 법에 따른 처벌을 내려줄 수 있다면 나는 내 인종에 이바지했다고 자부할 수 있을 것이다. 그보다 중요한 것은 없다."
– 아이다 B. 웰스. 멤피스에서 도망친 후

다. 고된 일을 하면서도 페르디난드는 결혼생활 내내 가족을 위해 거의 매일 저녁식사를 준비했고 아이들을 돌봤다. 인종차별뿐만 아니라 다른 부당함과도 맞서 싸우는 아이다의 역할이 중요하다고 인정한 것이 분명하다.

시카고에 사는 동안 아이다는 전미유색인지위향상협회의 설립을 도 왔고 흑인여성참정권협회를 최초로 세웠으며 시카고에 첫 흑인 유치원 을 지었다. 또한 백인 참정권론자들과 정치인들이 가지고 있는 흑인과 이민자에 대한 인종차별과 배타주의적인 견해를 계속해서 비난했다. 그 리고 흑인 아이들과 젊은이들을 위한 평등한 교육, 언론의 자유, 여성의 권리, 시민의 권리를 주장하고 린치를 반대했다.

아이다는 린치가 남부에서만 일어나는 범죄가 아니라는 것을 알고 있었다. 아이다와 다른 사람들이 수년간 치열하게 운동을 벌인 끝에, 일 리노이 주지사는 1905년 린치 금지법에 서명했다. 그러나 1909년 일리 노이주 카이로에서 한 폭도가 윌리엄 제임스를 린치했다. 윌리엄 제임스 는 백인 여성을 강간하고 살해한 혐의로 기소되어 있었다. 폭도들은 이 어 지역 교도소를 습격해 아내를 살해한 혐의로 기소된 백인 남성 헨리 살즈너를 린치했다. 아이다와 NAACP 그리고 다른 시민운동가들의 압 박을 받고 있던 차에 백인 피해자에 대한 대응까지 시급해지자 일리노이 주지사는 1905년 제정된 린치 금지법에 따라 수감자들을 보호하지 않는 교도관은 해고된다는 조항을 집행했다.

2018년 12월, 아이다가 사망한 지 거의 90년 만에 미국 상원은 드디 어 만장일치로 린치를 연방 범죄로 규정하는 법안을 통과시켰다. 그전까 지 의회는 200개 이상의 린치 금지 법안을 검토했으면서 단 한 건도 통과 시키지 않았다. 이미 너무 지체됐지만 분명한 진전이었다. 그리고 2019년 중순, 하원 역시 자신들이 발의한 강력한 린치 금지 법안을 통과시킬 것 으로 예상된다.

아이다는 아마도 19세기 독일 사회학자 막스 베버가 정치를 '두꺼운 널빤지를 강하게 그리고 천천히 뚫는 일'이라고 묘사한 데 동의했을 것이다. 하지만 그 모든 것을 보고 경험했음에도 불구하고 아이다는 냉소적으로 변하거나 진보의 가능성을 포기하지 않았다. 1930년 세상을 떠나기 얼마 전 아이다는 일리노이주 상원의원에 출마했다. 당시는 흑인 여성이 대부분의 주에서 투표를 할 수 있기 전이었다.

아이다는 평생 백인우월주의에 맞섰고 언론의 자유를 위해 지칠 줄 모르고 싸웠다. 아이다의 유산은 후대의 언론인과 운동가들이 물려받았다. 그들은 아이다가 그랬듯 권력자에게 책임을 물으며 "잘못을 바로잡는 길은 그 위에 진실의 빛을 비추는 것"이라는 아이다의 말을 증명해나가고 있다. 아이다의 증손녀 미셸 더스터는 10년 넘게 크라우드 펀딩을 진행한 끝에, 시카고에서 아이다가 살았던 집 근처에 아이다의 동상을 제작할 수 있는 자금을 마련했다. 미셸은 이렇게 말했다. "역사를 은근슬쩍 감출 수는 없어요. 증조할머니는 겁이 없다는 말을 들으셨지만, 나는 증조할머니가 겁이 없었다고는 믿지 않아요. 겁이 났지만 계속 앞으로 나아가기로 마음먹었던 거죠."

엘리너 루스벨트
Eleanor Roosevelt

힐러리

엘리너 루스벨트는 나에게 끊임없이 영감을 준다. 우리 같은 사람이었다면 대부분 이미 나가떨어졌을 정도로 강력한 개인적, 정치적 그리고 공적인 어려움들을 평생 극복했다. 존경하는 여성을 말해보라고 하면 나는 엘리너를 제일 먼저 떠올린다.

엘리너는 어린 시절부터 어려운 상황에서 회복하는 탁월한 능력을 보여줬다. 아름답고 사교적인 엘리너의 어머니는 못생기고 너무 진지하다는 이유로 자신의 어린 딸을 '할매'라 부르며 멀리했다. 엘리너가 사랑하던 아버지는 잘생기고 매력적이었지만 알코올중독자였고 엘리너를 무시했으며 엘리너에게 동생들을 돌보는 일을 시켰다. 엘리너는 열 살 무렵에 고아가 되었고 남동생 한 명도 병으로 잃었다.

외할머니 집에서 자란 엘리너는 사랑에 목이 말랐고 자신을 '미운 오리 새끼'라고 생각했다. 엘리너는 한동안 개인 교사에게 지도를 받다가 런던 외곽의 '예비신부' 학교에 들어갔다. 그곳에서 마리 수베스트레 교장의 지도를 받아 훌륭하게 성장했다. 수베스트레 교장은 학생들이 독립적인 사고를 할 수 있도록 격려했고, 훌륭한 학생이었던 엘리너에게 특히 조언을 많이 해주었다. 엘리너는 1902년 열여덟 살의 나이에 집으로 돌아가 사교계에 데뷔할 수 있게 됐다.

집으로 돌아온 엘리너는 먼 친척인 프랭클린 델라노 루스벨트와 연애를 시작했고 다음해에 약혼했다. 프랭클린의 만만치 않은 어머니 세라 앤 델라노는 결혼에 반대했지만 프랭클린의 결심은 단호했다. 그리하여 1905년 3월 17일 엘리너와 프랭클린은 결혼에 성공했다. 엘리너의 삼촌인 시어도어 루스벨트 대통령이 결혼식장에서 신부를 인도했다.

엘리너는 자녀를 여섯 명 낳았지만 그중 한 아이는 아주 어릴 적 세상을 떠났다. 여덟 살에 어머니를 잃은 엘리너는 시어머니 세라가 자신의 어머니 같은 존재가 되어주길 바랐지만, 시어머니의 끊임없는 간섭과 요구 때문에 결혼생활은 오히려 복잡해졌다. 세라는 모든 청구서를 지불하고 아들 부부의 삶을 통제했다. 심지어 자신의 집과 연결된 집을 내주며 살게 했고, 연결된 문은 잠글 수도 없었다.

세라는 엘리너의 자녀 양육 방식까지 통제하려고 했는데, 손주들에게 "네 엄마는 너를 낳았을 뿐이야. 너희에게 진짜 엄마는 나란다"라고 말하기도 했다. 여전히 불안했던 엘리너에게 그것은 또다른 충격이었다. 엘리너는 나중에 자신이 엄마로서 자격이 없다고 생각한다고 썼다. 마음 편히 쉴 수도 없고, 바라던 대로 아이들을 돌볼 자리조차 없던 엘리너는 결국 한계에 달했고 남편에게 시어머니가 군림하는 집에서 자신은 이방인처럼 느껴진다고 털어놨다.

1918년 엘리너는 자신의 사교 활동을 관리하던 비서와 남편 사이의 불륜을 목격했다. 엄청난 충격에 휩싸인 엘리너는 이혼하자고 했지만 프랭클린은 반대했다. 그 당시에는 여성들이 이혼 합의를 받아내기가 매우 어려웠다. 엘리너는 결혼생활을 유지하기로 결정했다(내가 너무 잘 아는데 '배짱 있는' 결정이다). 엘리너는 다시 목소리를 내게 됐고, 빈곤을 완화하고 평화를 추구하며 퇴역 군인들을 돕는 데 더욱 힘을 쏟았다.

그러나 또다시 역경이 찾아왔다.

1921년 프랭클린이 소아마비에 걸린 것이다. 엘리너는 남편을 보살폈고 어쩌면 프랭클린은 그 덕에 목숨을 구했을 것이다. 프랭클린의 담당의는 엘리너를 '남편의 무거운 짐을 용감하게 짊어진 보기 드문 아내'라고 칭송했고 '나의 영웅'이라 부르기까지 했다. 누군가 엘리너의 용기와 투지가 얼마나 대단한지 실제로 말한 내용이 기록된 것은 이때가 처음일 것이다. 엘리너는 프랭클린을 회복시키는 책임을 떠맡았다. 시어머니는 아들이 공직에서 물러나기를 바랐지만 엘리너는 프랭클린에게는 정치인으로 성공할 가능성이 있다며 맞섰다. 엘리너는 1920년대에 남편과 다른 민주당원들을 대표하여 뉴욕에서 정치에 입문했고 진보적인 의제를 지지했다. 1928년 프랭클린이 주지사에 당선되고 1932년에는 대통령으로 선출되자 엘리너는 사회운동을 하는 영부인이 됐다. 그리고 이후 남은 평생을 유능하면서도 동시에 논란이 많은 대중의 지도자로 살았다.

미국의 역사가이자 잡지 〈엘리너 루스벨트 페이퍼스The Eleanor

Roosevelt Papers)를 만든 편집자 알리다 블랙은 엘리너의 삶 가운에 이 시기를 다음과 같이 표현했다. "20대에 엘리너 루스벨트는 자신의 목소리를 찾았고, 프랭클린과 엘리너는 서로를 보완하고 돕고 보살필 새로운 방법을 발견했다. 그들은 배신과 소아마비, 외로움, 절망과 싸웠고 그 결과 둘 다 더 용감하고 더 희망적이고 더 노련하고 더 독립적으로 변했다. 그들은 서로 타협하면서 그들이 되고 싶었고 미국이 필요로 하는 지도자로 성장해나갔다."

엘리너는 영부인으로 지내면서 논란, 반발, 악랄한 인신공격을 겪었고 심지어 암살 음모에 시달리기도 했다. 1945년 프랭클린이 사망한 뒤 엘리너는 새롭게 펼쳐진 인생의 제2막에서도 사회활동을 이어나갔다. 해리 트루먼 대통령은 새로 창설된 유엔의 첫 미국 대표단 일원으로 엘리너를 초대했다. 초대를 수락하기는 했지만 엘리너는 자신의 역할에 확신이 없었고 자신이 유일한 여성이면서 유일하게 대학 학위가 없다는 것도 알고 있었다. 그러나 7년 후 엘리너가 유엔을 떠날 때 엘리너는 숙련된 토론자이자 현명한 협상가 그리고 든든한 지지자로 높은 평가를 받았다. 엘리너는 유럽을 찾아온 6,000만 명의 난민을 옹호했고 난민들이 수용되어 있는 캠프를 둘러보며 전쟁과 홀로코스트의 참상을 직접 보고 들었다. 또한 글이나 연설을 통해 미국인들이 다음과 같은 사실을 배워야 한다고 촉구했다. "우리는 혼자 살 수 없습니다.

> "용기를 내기란 두렵기보다 짜릿하며, 결국에는 훨씬 쉽습니다. 하루아침에 영웅이 될 필요는 없습니다. 한 번에 한 걸음씩, 눈앞에 나타나는 것들과 하나씩 대면하면서 그것들이 보기보다 그렇게 끔찍하지 않다는 것을 확인하세요. 그리고 우리에게 마주 노려볼 힘이 있다는 것을 발견해보세요."
>
> - 엘리너 루스벨트

우리는 다른 나라들에 의지하고, 다른 나라들은 우리에게 의지합니다."

엘리너는 유엔인권위원회UN Human Rights Committee 의장을 맡아 커다란 업적을 남겼다. 활발한 논쟁이 오고가는 토론들을 수천 시간이나 주재하고 50년 사이에 공포스러운 세계대전을 두 번이나 겪은 뒤 세계가 나아갈 방향을 밝혀줄 세계인권선언UDHR 개념을 논의하기 위해 수천 킬로미터를 오갔다. 그리고 회원국들이 UDHR를 받아들이도록 설득하는 데 많은 노력을 쏟았다. UDHR는 인류 역사상 사회, 경제, 문화, 시민, 정치적 권리를 가장 광범위하고 진보적으로 규정하고 있다. 엘리너는 이렇게 물었다. "결국 보편적 인권이 어디서부터 시작될까요? 집에서 가까운 작은 공간들입니다. 너무 가깝고 너무 작아서 세계 어느 지도에서도 볼 수 없을 정도이지만, 그곳들은 개개인에게는 세계입니다. 우리가 사는 동네, 다니는 학교나 대학, 일하는 공장, 농장, 사무실이요. 바로 그런 곳에서 남녀노소 누구나 차별 없이 평등한 정의, 평등한 기회, 평등한 존엄성을 찾습니다. 그런데 이 권리들이 그런 곳에서 의미가 없다면 다른 곳에서도 마찬가지일 것입니다. 집과 가까운 곳에서 이 권리들을 지키기 위해 관심을 가진 시민들이 행동하지 않는다면 더 큰 세상은 역시 발전할 수 없을 거예요."

엘리너는 1950년대부터 1962년에 사망할 때까지 자신의 인지도를 활용해 인종간 평등 실현과 학교 내 인종분리 철폐를 외치고 흑인 유권자들에게 투표권을 부여해야 한다고 주장했다. 거침없는 태도 때문에 백인우월단체인 KKK로부터 살해 위협을 받기도 했지만 엘리너는 멈추지 않고 대표정당의 정치인들이 미국의 건국이념에 부응할 것을 촉구했다. "마음속으로 옳다고 느끼는 것을 하세요. 어쨌든 비판은 받을 테니까요. 이래도 욕먹고 저래도 욕먹는 거예요." 언젠가 엘리너는 이렇게 말했다.

엘리너가 미국에 끼친 영향은 결코 쉽게 설명할 수가 없다. 엘리너는 특권층으로 태어났지만 교사, 언론인, 당대표, 시민운동가, 강연자, 작가, 외교관이 됐다. 인종차별에 맞서고, 노동조합 운동을 지지했으며 대공황 때에는 빈곤을 퇴치하고 일자리를 만들기 위해 노력했다. 또한 남편에게 뉴딜 프로그램에 대해 조언했고(남편이 원하든 원하지 않든!) 백악관에서 자신의 기자회견을 열기도 했다. 엘리너는 일본계 미국인을 억류해서는 안 된다고 조언하고, 여성들에게 민방위 활동에 참여하고 군에 입대할 것을 촉구했다. 또한 제2차세계대전 동안 대통령 사절로 태평양 전 지역의 미군 기지를 순방했다. 이와 동시에 매주 칼럼을 기고하고 수천 통의 편지에 답장을 썼다. 그녀는 무려 28권의 책, 580편의 기사와 8,000개의 칼럼을 써서 자신의 삶과 견해를 설명했다.

자신의 마지막 책인 『내일이 곧 지금이다Tomorrow Is Now』에서 엘리너는 미국의 위대함은 경제력이나 군사력이 아니라 아이디어의 힘에서 비롯되었다고 강조했다. 또한 나라를 걱정했고 마지막으로 이 책을 쓰는 목적은 미국인들에게 이런 말을 해주고 싶어서라고 서문에 썼다. "한 여성이 어떤 문제들을 해결해야 하는지 분석하길 시도했고, 한 시민이 어떤 방법으로 해결할 수 있을지 고민했다. 한 인간에게 상상력과 용기, 우리 자신과 모든 인류의 근본적인 존엄성에 대한 믿음만 있다면 그 문제들을 해결할 수 있다고 단언한다."

나는 영부인으로 지내는 동안 사람들에게 엘리너 루스벨트와 상상의 대화를 나눌 수 있다고 농담을 하고는 했다. 실제로 내 마음속 대화들은 큰 도움이 되었다. 나는 종종 스스로에게 물었다. "엘리너라면 어떻게 했을까?" 무언가를 하려고 하면 엘리너가 벌써 해봤다는 사실을 발견한 것만도 여러 번이었다. 그러다 마침내 영부인으로서 내가 최초로 한 것이 하나 있었다. 엘리너 루스벨트가 생전에 하지 못한 일이었다. 바로 1997년 내 책 『집밖에서 더 잘 크는 아이들It Takes a Village』로 그래미Grammy 시상식에서 최고의 낭독 앨범상을 수상한 일이다. 나는 깜짝 놀랐고 정말 기뻤다. 하지만 이내 깨달았다. 엘리너가 자신의 책들 가운데 어느 하나라도 녹음했다면 아마 그래미상도 나보다 먼저 탔을 것이라고.

나는 여전히 자주 엘리너를 떠올린다. 엘리너의 말들과 용감하게 살았던 삶은 늘 그랬듯 오늘날에도 우리에게 중요한 가치가 있다.

엘리자베스 페라트로비치

Elizabeth Peratrovich

첼시

역사 수업 시간에 마거릿 나이트와 마담 C. J. 워커를 알려주신 바로 그 훌륭한 엘리스 터너 선생님 덕분에 나는 여러 미국의 영웅에 대해서 배웠다. 아마 선생님이 아니었다면 특히나 1990년대 중반에 고등학교 수업 시간에 이들에 대해 들어볼 일은 없었을 것이다. 그리고 그 영웅들 가운데는 엘리자베스 페라트로비치가 있었다.

1920년대에 알래스카 틀링기트족의 일원으로 자란 엘리자베스는 어린 시절부터 인종분리정책의 잔인한 현실을 직접 겪었다. 아주 어렸을 적 학교에는 알래스카 원주민 선생님이 없었다. 틀링기트족 언어로 말하는 학생들은 뻔뻔하게 원주민어를 썼다는 이유로 벌을 받았다(1924년 제정된 인디언 시민권법으로 미국령에서 태어난 원주민과 알래스카 원주민에게 시민권이 부여됐지만 동등한 권리들을 보장하지는 않았다. 아니, 어림도 없었다).

엘리자베스는 남편 로이와 함께 세 아이를 키우기 위해 주노로 이사한 뒤 그 지역의 어딜 가든 차별을 받았다. 동네의 한 잡화점 간판에는 '원주민 출입 금지'라고 쓰여 있었고, 식당들은 '전 직원 백인'이라고 자랑스레 광고했다. 엘리자베스와 로이는 집을 구하러 여기저기 돌아다녔지만 세를 주려는 사람이 없었다. 알래스카 원주민도 미국 시민인데 이들이 투표권을 행사하지 못하게 하려고 종종 문해력 시험을 강요하거나 투표 관련 정보를 원주민어로는 제공하지 않는 일도 벌어지곤 했다.

겨우 살 곳을 마련했지만 엘리자베스는 아이들이 한 블록 거리의 학교에 갈 수 없다는 것을 알게 되었다. 그 학교는 백인 아이들만 다닐 수 있는 학교였기 때문이다. 엘리자베스는 더이상 참을 수 없었다. 자기 손으로 직접 문제를 해결하기로 결심하고 교장을 찾아가 자신의 아이들이 다니고 싶어하는 학교에 다닐 수 있어야 한다고 설득하고 교장실을 나왔다. 엘리자베스의 아들 로이 주니어는 주노에 있는 백인 학교에 다니는 첫 알래스카 원주민 아이가 되었다.

제2차세계대전 전후로 수년간 알래스카 원주민에 대한 적대감은 더욱 커졌다. 남녀노소 상관없이 알류산열도의 마을에 살던 수천 명의 원주민을 수용소로 강제 이주시키기도 했다. 그들 공동체의 지도자가 된 엘리자베스와 남편 로이는 차별 금지 법안 초안을 작성하는 데 동참했다. 이 법안은 주지사의 지원을 받아 1943년 입법부에 제출되었으나 입법에는 실패했다. 입법부가 격년으로 만났기 때문에 다시 시도하는 데는

2년이 걸렸다. 당시 30대 초반이었던 엘리자베스는 비행기나 개썰매를 타고 먼 마을로 이동해 다니며 차별 금지 법안이 왜 필요한지 설명하고 알래스카 원주민들에게 투표를 하거나 심지어는 출마를 해달라고 간청했다.

마침내 1945년 차별 금지 법안이 알래스카 하원을 통과했다. 이어 알래스카 상원에서 표결이 이뤄졌다. 상원의 청중석이 꽉 찼다. 엘리자베스는 어린 딸을 무릎에 앉힌 채 뒤편에 앉아서 뜨개질을 했다. 토론이 열기를 띠면서 상원의원들은 인종차별적 비방과 모욕적 발언을 쏟아냈다. 그때, 앨런 섀턱 주상원의원이 다음과 같이 물었다. "도대체 이 사람들은 누굽니까? 간신히 야만에서 벗어난 주제에 문명이 5,000년은 족히 앞서 있는 우리 백인들과 어울리고 싶어하다니요!" 미국독립혁명이 일어나던 시기에 백인 모피상들이 알래스카에 도착하기에 앞서 이미 수천 년 전부터 원주민들이 이 땅 위에 살고 있었는데도 불구하고 그는 이렇게 발언했다. 백인우월주의가 정면에 서 있었다.

토론이 끝날 무렵, 전통에 따라 추가로 발언하고 싶은 사람들을 위한 자리가 주어졌다. 한 사람이 앞으로 나섰다. 엘리자베스였다. 엘리자베스는 고개를 높이 들고 차분하고 신중하게 말하기 시작했다. "'야만'에서 아직 벗어나지 못한 제가 5,000년이나 앞선 문명을 가진 신사들에게 우리의 권리장전을 다시 한번 알려드려야 할 줄은 미처 예상하지 못했습니다." 객석에서는 우레와 같은 박수 소리가 터져나왔다(터너 선생님이 역사 속에서 있었던 이 대화를 읽어주었을 때, 우리 반 전체도 박수를 보냈다. 이 강인한 여성에게 남학생들이 박수를 보내서 나는 정말 기뻤다).

법안은 통과되었다. 민권법이 통과된 1964년보다 거의 20년이나 앞서 알래스카는 차별 금지법을 통과시킨 최초의 주가 되었으며, 이로써

'알래스카 영토의 관할구역 내에 있는 공공시설에서 모든 시민이 완전하고 평등하게 시설을 이용하고 특권을 누릴 수' 있게 됐다. 수십 년 후, 알래스카 의회는 법안이 통과된 2월 16일을 엘리자베스 페라트로비치의 날로 공인했다.

엘리자베스는 거기서 멈추지 않았다. 편파적인 보도를 하는 지역신문 편집자에 맞서 싸웠고 알래스카 소년법 개정에 동참했으며, 원주민 공동체가 의료서비스를 받을 수 있도록 촉구했다. 틀링기트 사람들은 대중 앞에서 연설하고 이야기하는 것을 중요하게 여긴다. 엘리자베스는 이러한 자신의 재능과 풍부한 문화적 전통을 이용해 불의에 맞서 싸웠다. 평등을 막는 가장 큰 장벽은 무지라고 믿었고 자신을 반대하는 목소리가 아무리 크더라도 진실을 말하는 데 주저하지 않았다. 그렇게 일생을 바쳤지만 엘리자베스의 일은 끝나려면 아직도 한참 멀었다. 지난 2014년에는 투표 정보를 유픽어, 이누피아크어, 그위친어로 제공받기 위해 알래스카 주정부에 소송을 제기했다. 엘리자베스의 아들 로이 주니어는 애니 부체버와 함께 어린 독자들을 위한 멋진 제목의 책『벨벳 장갑을 낀 전사: 알래스카의 영웅 엘리자베스 페라트로비치Fighter in Velvet Gloves: Alaska Civil Rights Hero Elizabeth Peratrovich』를 쓰는 등 어머니의 이야기를 사람들에게 들려주고 있다. 내 아이들이 좀더 커서 나와 함께 이 책을 읽을 날이 벌써부터 기다려진다.

"부자와 가난한 자, 강한 사람과 약한 사람 모두가 이 어려운 싸움을 도와주었습니다. 증오도 악명도 악의도 없었어요. 마침내 알래스카는 불필요한 깊은 잠에서 깨어났고 법이 바뀌기 시작했습니다. 왜냐고요? 사람들이 같은 인간을 위해 해야 할 의무를 깨달았기 때문입니다."

– 엘리자베스 페라트로비치

로자 파크스 *Rosa Parks,*
클로뎃 콜빈 *Claudette Colvin*

로자 파크스

클로뎃 콜빈

힐러리와 첼시

1955년 12월 1일 버스에서 일어난 일을 모르는 미국인은 없을 것이다. 그리고 아무도 없길 바란다. 몽고메리 페어 백화점에서 재단사 보조로 일하던 로자 파크스는 근무를 마치고 퇴근하는 중이었다. 그날은 어깨가 말썽이었다. 그래서 약국에 들러 보온 패드를 살까 잠시 고민했지만 너무 비싸서 그만뒀다. 마침 버스가 멈춰 섰고 로자는 버스에 올라탔다. 들고 있던 짐을 내려놓고는 흑인 승객들이 앉을 수 있는 버스 중간쯤에 자리를 잡고 앉았다. 금세 백인 전용 좌석이 꽉 차버려 백인 승객한 명이 서 있었다. 그러자 운전사가 로자에게 자리에서 일어나라고 소리쳤다. 하지만 로자는 침착하게 대답했다. "싫어요."

그날 일어난 일은 역사책 한편에 기록될 만한 그저 단 하나의 사건이 아니었다. 그것은 몽고메리의 조합원 조직을 포함한 다양한 사람들이 무수하게 용기와 희생을 보여준 결과였다. 또한 빙산의 일각이었다. 로자 파크스가 평생 했던 일들 가운데 가장 널리 알려진 행동이었을 뿐이다.

1913년 터스키기에서 태어난 로자 파크스는 인종분리정책을 실시하던 앨라배마에서 자랐다. 조부모는 이미 노예생활을 하고 있었다. 밤이면 KKK단이 말을 타고 마을을 지나다녔다. 아버지가 떠난 후, 어머니는 홀로 로자를 키우며 부커 T. 워싱턴과 조지 워싱턴 카버와 같은 흑인 영웅들에 대해 가르쳤다. 로자는 어릴 적에 책을 닥치는 대로 읽었다. 아프리칸감리성공회AME 교회에서 주일 예배

> "내가 먼저 탔고 똑같은 요금을 냈잖아요. 늦게 탄 사람이 앉을 수 있게 내가 일어나야 하는 건 옳지 않다고 생각했어요."
>
> - 로자 파크스

를 보는 게 행복했고 특히 찬송가를 좋아했다. 로자가 열한 살이었을 때, 어머니는 로자를 미스 화이트의 여학교에 입학시켰고, 학교 선생님들은 로자와 반 친구들이 큰 꿈을 꾸고 자립할 수 있도록 격려해주었다. 11학년 때 로자는 앨라배마주립교대 부속 고등학교를 중퇴하고 할머니를 보살폈다. 결혼 후 남편 레이먼드는 공부를 마저 하라고 로자를 설득했고 로자는 학업을 마무리했다.

레이먼드는 로자가 하는 모든 일을 함께한 동반자였고 로자에게 단 하나뿐인 사랑이었다. 로자는 그를 '내가 처음으로 만난 진짜 운동가' 라 불렀다. 레이먼드의 지원을 받아 로자는 유명한 하이랜더 포크스쿨

Highlander Folk School에서 흑인 역사를 공부하고 여러 연구회에 참석했다. 또한 풀뿌리 조직화와 비폭력 사회운동의 원리를 배웠다. 1943년 로자는 NAACP의 몽고메리 지부 회의에 참석했다. 그 자리에 있는 유일한 여자였다. 남자들은 로자에게 필기를 해달라고 하더니 결국은 지부의 총무를 맡아달라고 했다. 로자는 나중에 "너무 소심해서 거절하지 못했다"고 인정했다.

혼자 있는 것을 좋아하고 태어날 때부터 내성적이었지만 로자는 주변에서 부당한 일이 벌어지면 화를 참지 않았다. 1940년대는 시민권운동가가 되기에는 힘든 시기였다. 브라운 대 교육위원회 재판이 일어난 것이 그보다 몇 년 후였다. 로자와 NAACP 동료 회원들은 통과되지 않으리라는 것을 알면서도 린치 금지 법안을 지지하기 위해 의회에 편지를 썼다. 투표권법이 통과되기 20년 전이었던 당시에 로자는 몽고메리주에서 투표하려고 여러 번 시도했지만 매번 실패했다. 그리고 두 번이나 흑인 유권자들에게 요구되는 문해력 시험에서 '탈락'했다. 무슨 문제를 틀렸는지에 대한 설명도 없었다. 결국 로자는 세번째로 시험을 치르면서 나중에 참고하기 위해 질문과 답을 따로 적어두었는데 그 모습을 시험 감독관이 보았다. 그러자 이번에는 시험을 통과했다. 그러나 투표를 하기 전에 몇 년 치의 체납 인두세를 내야만 했다.

로자는 투표권 외에도 젊은이들과 소통하는 데 큰 관심이 있었다. NAACP의 청소년위원회는 거의 매주 일요일 로자의 아파트에서 모임을 가졌다. 로자는 젊은이들이 시민으로서 참여하고 인종차별에 반대의 목소리를 내도록 격려했다. 몽고메리에서 인종차별이 가장 뚜렷하게 보이는 곳 중 하나는 버스였다. 버스를 이용하는 사람의 대부분은 흑인이었지만 빈번하게 학대받고, 창피를 당하고, 백인 승객에게 자리를 양보해야 했다.

첼시

그 청소년위원회 모임에 참가하던 청소년들 가운데는 열다섯 살 클로뎃 콜빈도 있었다. 1955년 3월 2일, 클로뎃과 반 친구들은 학교를 마치고 집으로 가기 위해 시내버스에 올라탔다. 한 백인 승객이 탑승했을 때 이미 좌석은 꽉 차 있었다. 그러자 운전사는 클로뎃과 친구들에게 뒤로 가서 서라고 소리쳤다. 친구들 세 명은 시키는 대로 했지만 클로뎃은 거부했다. 인종분리법 때문에 그 백인 여성은 여전히 앉을 수 없었다. 클로뎃과 같은 줄에 앉아야 하는 상황이었기 때문이다.

엄밀히 말하면 클로뎃은 법을 어기지 않았고 클로뎃도 그것을 알고 있었다. 다른 좌석이 없다고 해서 흑인 승객들이 일어날 필요가 없었다. 클로뎃은 학교에서 막 몽고메리의 분리정책에 관해 작문을 한 참이었다. 클로뎃은 운전사에게 자신은 요금을 지불했으니 자리에 그대로 앉아 있겠다고 말했다. "우리는 미스 네스빗의 수업에서 전부터 헌법을 공부해왔어요. 그래서 나는 나한테 권리가 있다는 걸 알고 있었죠." 클로뎃은 나중에 이렇게 설명했다. 그리고 2017년 나와 함께했던 라디오 인터뷰에서 이렇게 말했다. "내가 자리에서 일어나지 않은 건 역사가 나를 자리에 붙들어놓았기 때문이에요."

"사람들이 내게 '버스 기사가 일어나라고 했을 때 왜 일어나지 않았나요?'라고 물을 때마다 나는 해리엇 터브만의 손이 내 한쪽 어깨를 누르고 소저너 트루스의 손이 다른 쪽 어깨를 누르는 게 느껴졌다고 말합니다. 선생님이 그분들에 대해 아주 자세히 가르쳐주셨기 때문에 나는 영감을 받았죠."

– 클로뎃 콜빈

버스 운전사는 경찰을 불렀다. 경찰관 두 명이 버스에 올라 강제로 클로뎃에게 수갑을 채우고 경찰차에 태웠다. 심지어 클로뎃을 조롱하고 음란한 발언도 했다. 클로뎃은 겁에 질렸다. 경찰관들은 클로뎃을 성인 교도소로 데려가 몇 시간 동안 작은 감방에 가둬두었다. 클로뎃의 어머니가 목사와 함께 보석금을 내려고 왔을 때 클로뎃은 덜덜 떨면서 분노하고 있었다. 아버지는 혹시라도 KKK단이 나타날까봐 클로뎃을 지키기 위해 엽총을 들고 뜬눈으로 밤을 지새웠다.

로자 파크스는 클로뎃의 재판을 지원하기 위해 모금 활동을 벌이며 당장 행동을 개시했다. 결국 법원은 몽고메리 인종분리법 위반을 포함해 클로뎃에게 제기된 세 가지 혐의 중 두 가지를 기각해 클로뎃이 이의를 제기할 수 없게 만들었다.

힐러리

클로뎃이 버스에서 저항한 지 9개월 만인 1955년 12월 1일, 로자 역시 더이상 참을 수 없다는 결론에 도달했다. 그로부터 불과 나흘 전, 로자는 에밋 틸 살해 사건과 남부 전역에서 일어나는 린치에 관한 회의에 참석했다. 경험 많은 운동가인 로자는 그날 버스 운전사가 자리를 옮기라고 요구했을 때 자신이 선택할 수 있는 방법들을 신중히 생각해보았다. "제가 살아서 버스에서 내릴 수 있을지도 장담할 수가 없었어요." 로자는 당시를 이렇게 회상했다. 그리고 마침내 결심했다. '만약 내가 자리에서 일어선다면, 그건 이런 대접을 받아도 된다고 허락하는 꼴이야. 난 절대 허락하지 않겠어.' 결국 로자는 자신의 자리를 지켰고 시민불복종으로 체포되었다.

로자가 체포된 날 밤, 여성정치위원회Women's Political Council는 로자가 법정에 서는 날짜인 12월 5일에 버스 탑승을 거부하자고 독려하는 전단지를 배포하며 행동을 개시했다. 그리하여 12월 5일, 수만 명의 흑인이 걷거나 차를 나눠 타고 출근했다. 많은 버스가 텅텅 비었다. 로자는 법정에 들어서던 때를 이렇게 회상했다. "특별히 긴장하지는 않았어요. 내가 어떻게 해야 하는지 알고 있었거든요." 로자는 유죄판결을 받았고 14달러의 벌금을 부과받았다.

그후 며칠 동안 지역사회 흑인 지도자들은 몽고메리발전협회 Montgomery Improvement Association, MIA를 결성하고 젊은 목사 마틴 루서 킹 주니어를 협회장으로 선출했다. 로자는 382일간의 버스탑승거부운동을 촉발시켰을 뿐만 아니라 유지하는 데도 큰 역할을 했다. 기금을 모았고, 지원단을 조직했으며, 심지어 한 달 동안 도시 전역의 자동차 함께 타기 운동을 위해 차량 배치 담당자로 일하며 참가자들의 출근과 등교를 도왔다. 버스 탑승 거부를 멈추기 위한 대책의 일환으로 주동자들을 체포할 것이라는 소문이 돌자 로자와 동료들은 가만히 앉아서 당하지 않기로 했다. 그래서 먼저 보안관을 찾아가 MIA의 많은 회원과 함께 자수했다. 말쑥하게 옷을 빼입고 침착한 모습으로 얼굴과 지문을 찍은 로자의 유명한 사진은 바로 그날 찍힌 것이다.

그해에 로자는 엘리너 루스벨트를 만났다. 엘리너는 로자를 '매우 조용하고 온화한' 성격이라고 표현했다. 그리고 신문 정기 기고문에 버스 탑승 거부 운동과 관

"사람들은 내가 그저 피곤해서 자리를 양보하지 않은 거라고 말하지만, 그건 사실이 아니에요. 몸은 힘들지 않았어요. 평소에 하루 일을 마쳤을 때만큼만 피곤했어요…… 맞아요. 내가 정말로 피곤하게 느꼈던 건 딱 한 가지, 바로 굴복하는 거였어요."

– 로자 파크스

련해 이렇게 썼다. "이런 일들은 별안간 일어나지 않는다. 오랜 세월 커져온 감정에서부터 자라나 어떤 지점에 도달한다…… '더이상은 못 참겠다.' 그리고 그때부터는 소극적인 저항일망정 결국 저항이 나타난다."

첼시

1956년 지방법원은 몽고메리와 앨라배마주 전역에서 시행되고 있는 버스 내 인종분리법이 위헌이라는 판결을 내렸고, 대법원은 그해 말에 그 판결을 확정했다. 클로뎃은 그 사건의 고소인 네 명의 여성 중 한 명이었다. 클로뎃측은 승소했다. 이는 로자의 승리이자 앨라배마에서 버스 내 인종분리에 맞서 싸울 용기를 냈던 모든 사람의 승리였다.

클로뎃은 이겼다는 사실이 무척 기뻤다. 하지만 그와 동시에 지역사회 지도자들에게 버림받았다고 느꼈다. 그들은 이 문제와 관련해 내세울 공식적인 인물로 클로뎃은 어울리지 않는다고 결론 내린 터였다. 클로뎃은 저소득층 출신인데다가 너무 거침없이 말하고, 너무 어렸고 통제가 불가능했다. 게다가 클로뎃이 임신했다는 사실까지 듣고 나니 자신들이 갖고 있던 최악의 편견이 사실로 증명된 것만 같았다.

로자는 클로뎃과 계속해서 연락을 주고받은 몇 안 되는 어른 가운데 한 명이었다. "로자는 매우 친절하고 사려 깊었어요. 내가 커피를 얼마나 좋아하는지 알고 있었고 땅콩버터와 리츠 과자도 주셨어요. 하지만 말은 별로 없었죠. 그리고 회의가 시작되었는데 저는 순간적으로 '같은 사람인가?' 하는 생각이 들었어요. 권리에 관한 한 매우 강경하셨거든요. '우리는 분리의 벽을 허물 것이다' 같은 말이 쓰인 전단지도 나눠주곤 하셨어요."

대법원의 판결이 나온 후, 클로뎃은 대학에서 공부하며 몽고메리에서 일자리를 찾기 위해 애썼다. 그러다 결국 뉴욕으로 이사했고, 그곳에서

30년 이상 간호조무사로 일했다. 수십 년
간 힘들게 지냈고 공로를 인정해주는 사
람도 없었지만 클로뎃은 1955년 그날 버
스에서 자리를 내어주지 않은 자신의 결
정을 절대 후회하지 않았다. 우리는 로자
의 이름으로 그 사건을 기억하지만 대법

원 판결에 올라 있는 것은 클로뎃의 이름이다. 따라서 클로뎃 역시 미국
역사에서 중요한 인물이다.

힐러리

클로뎃처럼 로자 파크스 역시 자신의 의견을 주장한 대가를 치
렀다. 낯선 사람들이 집으로 전화를 걸어와 죽이겠다고 협박했다. FBI는
그 지역 NAACP의 활동을 감시했다. 동료들은 로자를 피했고, 자리 양보
를 거절한 지 5주 만에 로자는 직장에서 '해고'당했다. 얼마 지나지 않아,
레이먼드 역시 일을 포기할 수밖에 없었고 가족은 모든 수입이 끊겨버렸
다. 로자는 불면증이 심해졌고 지독한 궤양이 생겨 병원에 입원까지 해
서 병원비를 내기 위해 고생해야 했다.

1957년, 로자와 레이먼드는 가족과 가까운 곳에서 지내며 일자리를
찾겠다는 희망을 품고 디트로이트로 이사했다. 그러나 여전히 로자가 시
민권운동을 하며 전국을 다녔기 때문에 계속해서 재정적인 어려움에 시
달렸다. 여성은 연단에서 연설할 수 없게 되어 있었지만 로자는 워싱턴
에서 1963년 행진에 참가했다. 또한 앨라배마로 돌아가 셀마에서 몽고메
리까지 행진했는데 '공식적인' 참가자가 아니었기 때문에 자꾸만 경찰에
붙잡혀 행렬에서 끌려나왔다.

로자는 디트로이트에서 계속 활동했고 1964년 '일자리, 정의 그리고 평화'를 주장하던 존 코니어스의 하원의원 선거운동에 자원했다. 애초 당선 가능성이 높지 않았던 존은 선거 결과 당선이 됐고 이후 로자를 고용해 디트로이트 사무실에서 행정업무를 맡겼다. 로자는 시내 곳곳을 다니며 병원이나 학교, 노인요양시설 등에서 유권자들과 만났다. 그뿐만 아니라 형사 사법제도 개혁에 헌신했고, 베트남전쟁 참전과 클래런스 토머스(미국 역사상 두번째 아프리카계 미국인 대법관—옮긴이)의 인준에 반대했고, 인종차별에 반대하는 시위를 했다. 또한 디트로이트에서 퍼지고 있는 헤로인을 근절하기 위한 회의와 저렴한 공공주택을 지지하는 행진에 참여하고 각 지역에서 재배된 농산물을 먹자는 운동을 하며 가정과 가까운 사안들을 제기하기도 했다.

역사에 길이 남을 업적을 남긴 지 수십 년이 지난 1999년, 로자는 워싱턴에서 열린 국정연설에서 나와 함께 앉아 있었다. 비취색 원피스에 길게 땋은 머리카락을 왕관처럼 머리에 두른 로자의 모습은 체포되던 그날의 모습처럼 아름다웠다. 의회 전체가 일어나 로자에게 오랫동안 열렬한 박수를 보냈다.

힐러리와 첼시

로자 파크스의 이야기는 어쩔 수 없었던 선택으로 치부되는 경우가 너무 많다. 하지만 그렇지 않았다. 로자는 오랜 시간 동안 비폭력 저항의 원리를 연구하고, 자신의 정치적 신념을 알리고, 운동 단체를 육성하는 것을 도왔다. 앞서 클로뎃이 그랬던 것처럼 로자가 버스에서 자리를 양보하지 않은 것은 어마어마한 용기와 확신을 가지고 한 행동이었다. 또한 그 행동으로 인해 로자는 버스탑승거부운동이 이어질 수 있도록 동분서주하며 일했고 평생 중요하다고 여기는 문제들을 해결하기 위해 헌신했다. 물론 전혀 인정받지 못하고 커다란 개인적 위험을 무릅쓰는 일도 많았다. 하지만 로자는 진보하기 위해서는 수십 년간의 노력과 끈기, 그리고 계속 밀고 나갈 용기가 필요하다는 것을 누구보다 잘 알고 있었다.

"나는 늘 자유롭기를 바라던, 그리고 남들 역시 자유롭길 바라던 사람으로 불리고 싶다."

– 로자 파크스

코레타 스콧 킹
Coretta Scott King

힐러리와 첼시

우리 두 사람은 코레타 스콧 킹이라고 하면 자신의 소명을 끝까지 다한 한 여성이 떠오른다. 코레타는 '나를 보내주세요'라고 말하며 부름에 응했다. 코레타는 자신의 믿음과 신념, 희망의 연장선상에서 인생을 살았다.

1930년대와 1940년대에 인종분리정책을 실시하던 앨라배마에서 자라면서 코레타는 인종차별과 빈곤이 무슨 연관이 있는지 이해하지 못했다. 그저 그 가운데서 살았을 뿐이다. 코레타의 증조할아버지는 노예가 되었고 종조부는 린치를 당했다. 열 살 때 코레타는 학교 수업료를 내기 위해 목화를 땄다. 열다섯 살 무렵 코레타의 집에 불이 났다. 당시 코레타의 아버지는 새로 개업한 제재소를 백인에게 팔지 않겠다고 거절했는데, 결국 그 제재소는 터만 남긴 채 다 타버렸다. 코레타가 직접 목격한 인종차별적 폭력은 이후 코레타가 평생 정의와 기회 그리고 평화를 위해 싸우는 씨앗이 되었다.

첼시

코레타가 첫사랑과도 같은 음악을 접하게 된 것도 이 시기였다. 코레타는 독창적이고 재능이 넘치는 마리안 앤더슨의 노래를 들으며 자랐다. 학교 합창단에서 독창을 했고 일요일에는 교회에서 찬송가를 불렀으며 매년 크리스마스가 되면 헨델의 메시아를 불렀다. 고등학교를 수석으로 졸업한 뒤 오하이오주 옐로스프링스에 있는 안티오크칼리지에서 음악과 교육학을 공부했다. 그리고 그곳에서 NAACP의 지부에 가입했다. 이후 코레타는 보스턴 뉴잉글랜드 음악원에 진학해 성악과 바이올린 학위를 받았다. "내가 있어야 하는 곳이 바로 거기라는 걸 알았어요." 코레타가 당시를 회상하며 말했다.

힐러리

보스턴에서 코레타는 친구를 통해 마틴 루서 킹 주니어라는 젊은 신학생을 만났다. 코레타의 사후 자서전 『나의 삶, 나의 사랑, 나의 유산My Life, My Love, My Legacy』에서 코레타는 처음 데이트를 하던 날 마틴이 녹색 쉐보레 자동차를 타고 자신을 데리러 왔던 때를 이렇게 떠올렸다. "첫 느낌은 예상했던 대로다. 마틴은 키가 너무 작았고 썩 내 맘에 들지는 않았다." 하지만 데이트가 끝날 무렵 코레타의 마음은 달라졌다. "내가 생각했던 것과 달리 실속 있는 사람이라고 느껴졌다. 이야기를 하면 할수록 키도 훌쩍 더 커 보였고 성숙해 보였다." 집으로 가는 길에 마틴은 단도직입적으로 코레타에게 말했다. 코레타가 개성과 지성, 인품 그리고 아름다움까지 자신이 아내에게 바라는 모든 것을 완벽하게 갖추고 있다고 말이다.

코레타가 순간적으로 '이게 무슨 일이지?' 하고 생각했을 법도 하다. 실제로 코레타는 6개월이나 지난 후에야 마틴에게 답을 했다. 자신이 단지 한 남자와 결혼하는 것이 아니라 그와 자신의 소명까지 함께해야 한다는 것을 확실히 받아들여야 했기 때문이다. 코레타는 자신에게 충실하며 매우 독립적인 사람이었다. 결혼식 날, 마틴과 코레타는 서로를 사랑하고, 존경하고, 소중히 여기기로 약속했지만 복종하지는 않기로 했다. "나는 혼인 서약에서 남편에게 '복종'한다는 낡은 문구를 삭제하기로 이미 마음먹고 있었어요. 그 문구를 들으면 마치 하인으로 계약하는 것 같은 기분이 들었거든요."

마틴과 코레타가 결혼생활과 동반자 관계를 시작한 후 모든 게 순탄했던 것은 아니다. 당시 둘 다 어렸고, 부모가 되었고, 목회 활동을 시작했다. 남들을 이끌도록 부름을 받은 역사적인 순간이었다. 부름을 받은 사람들 중에서도 많은 이들이 지도자의 자리를 받아들이기를 거부한다. 하지만 마틴과 코레타는 선택을 했고 함께 해냈다. 앨라배마주 몽고메리에 살고 있던 코레타는 목사의 아내로서 자신의 역할을 받아들였고 기회가 있을 때마다 자신의 활동도 계속했다. 또한 교회와 학교, 시민단체 등에서 연설했고, 성악가가 되고 싶은 꿈을 제쳐둔 채 자신의 음악적 재능을 쏟아 '자유 콘서트'를 연이어 기획해 시민권 보장과 인종차별 근절을 위한 단체인 남부기독교지도자회의SCLC를 위한 기금을 마련했다.

첼시

코레타는 이 일을 무턱대고 시작하지 않았다. 1955년부터 1956년까지 몽고메리에서 버스 탑승 거부 운동이 벌어지던 기간 동안 코레타의 집이 폭파됐다. 당시 코레타와 아기 욜란다가 집안에 있었다. 가족들은 그 도시를 떠나라고 강력하게 권유했지만 코레타는 그러지 않았다. 버스 탑승 거부가 한창일 때에는 낯선 사람들이 한밤중에 전화를 걸어와 증오에 가득찬 목소리로 바락바락 악을 쓰기도 했다. 그러면 코레타는 상대방에게 이렇게 말했다. "남편은 잠들었어요…… 대신 협박 전화가 오면 이름과 번호를 적어두라고 했어요. 그래야 아침에 상쾌하게 일어나서 전화를 드려 그 협박을 다시 받을 수 있다고요." 코레타는 케네디 대통령과 맬컴 엑스의 암살 소식에 마음이 아프고 불안했다. 이후 코레타는 밀리 에버스 윌리엄스와 친한 친구가 되었는데 밀리의 남편 메드거는 1963년 6월 12일 미시시피주 잭슨시의 집 앞 주차장 진입로에서 백인우월주의자들이 쏜 총에 맞아 사망했다. 메드거의 장례식에서 밀리가 우는 아들을 달래는 모습이 찍힌 사진은 끔찍한 폭력 앞에서도 강인함과 회복력을 보여주는 여성의 모습을 그대로 보여줬다. 나는 코레타가 아이들을 재운 뒤 폭력과 협박을 걱정하면서, 그렇지만 평범한 사람이라면 누구나 느꼈을 공포를 감추고 남편과 아이들을 지키기로 결심하던 수많은 밤들을 생각한다. 코레타는 하루하루 용감하지 않은 날이 없었다.

힐러리

결혼식 날에 분명히 드러났듯이 그 무렵 코레타는 이미 정치관

과 견해가 완전히 형성되어 있었다. 베트
남전쟁에 반대하라고 남편을 설득했고,
1962년 스위스 제네바에서 군축회의가
열리는 동안 평화를 위한 여성 파업에 참
가했다. 마틴이 워싱턴에서 예정된 평화
집회 참석을 취소했을 때에도 코레타는
그대로 참석했다. 누군가가 마틴에게 정치와 사회정의와 관련된 문제에
대해 코레타를 가르쳤느냐고 묻자 마틴은 이렇게 대답했다. "아내가 나
를 가르쳤죠."

남편이 암살된 지 나흘 후, 코레타는 멤피스로 가 환경미화원들을 응
원하고 마틴이 주도하기로 되어 있었던 행진을 대신 이끌었다. 나는 대
학생 시절 코레타에 대한 뉴스 보도를 들으며 무척 놀랐던 기억이 난다.
코레타는 세 아이를 데리고 남편의 투쟁을 이어받아 소외된 사람들을 대
표해서 싸웠다. 부슬부슬 내리는 비를 맞으며 멤피스 시청에 모인 5만 명
의 사람들에게 코레타는 모든 사람들을 진정으로 자유롭게 만들어주겠
다던 남편의 약속을 지키기 위해 여기에 나왔다고 말했다. 눈에 보이는
족쇄들에서 자유로울 뿐만 아니라, 법적인 인종분리로부터 자유로울 뿐
만 아니라, 외부의 억압으로부터 자유로울 뿐만 아니라, 우리들 각자가
신과 가까운 관계를 맺고 있기 때문에 어떤 어둠도 헤쳐나갈 수 있을 거
라고 믿으며 내면이 진정으로 자유로워지는 것이다.

나는 킹 목사의 장례식 동안 하얀 원피스를 입고 양 갈래 머리를 한
채 코레타의 무릎에 웅크리고 있던 버니스 킹의 사진을 결코 잊지 못할
것이다. 너무 어리고 너무 작은 버니스 킹의 얼굴에 담긴 표정이 내 마음
을 아프게 했다. 수십 년 후, 버니스 킹은 스스로 목사이자 인권과 시민

권, 평화와 정의를 위해 싸우는 운동가가 되었다. 코레타와 킹 목사의 손녀이자 버니스 킹의 조카인 욜란다 러네이는 버니스를 따라 2018년 열린 총기 폭력 반대 집회 '우리 삶을 위한 행진'에 참석했다. 버니스는 자신을 '매우 자랑스러운 이모'라고 말했다.

평생 동안 코레타는 전 세계를 돌아다니며 비폭력, 평화, 빈곤 퇴치, 시민권, 인권, 여성의 권리를 주장했다. 또한 비폭력 저항의 원칙하에서 수만 명의 사람을 이끌었고 세계 지도자들과 의견을 나누었다. 코레타는 1985년 남아프리카의 인종차별에 항의하다가 워싱턴 D.C.에 있는 남아프리카 대사관에서 자신의 세 아이들과 함께 체포되었다. 뒤이어 1990년대에는 가까운 지인들의 만류에도 불구하고 성소수자 평등을 주장하기도 했다.

첼시

1986년, 코레타는 스트롬 서먼드 상원의원에게 편지를 써서 제프 세션스가 앨라배마주 연방법원 판사로 임명되는 것에 대해 '진심어린 반대를 표명'했다. 아홉 쪽 분량의 편지에는 이렇게 쓰여 있었다. "세션스 씨는 판사라는 위력을 남용해 고령의 흑인 유권자들을 위협하고 겁박하는 부당한 시도를 해왔습니다. 이 행위는 비난받아 마땅하며 연방 법원 판사의 지위로 보상받아서는 절대 안 됩니다." 결국 세션스는 지명받지 못했다. 레이건이 지명한 인물이 상원 법사위원회에서 거부된 것은 처음이었다. 하지만 이 이야기는 그걸로 끝이 아니었다. 제프 세션스에게도 아니었고 코레타의 편지도 마찬가지였다.

10여 년이 지난 후, 제프 세션스는 미국 상원의원으로 선출됐다. 그리고 2017년 트럼프 행정부는 그를 법무장관으로 지명했다. 엘리자베스 워런 상원의원이 상원에서 코레타가 1986년 썼던 편지를 읽어내려가자 미치 매코널 공화당 원내대표는 발언을 끊었다. 워런은 "자리에 앉으라"는 말을 들었고, 매코널은 투표가 끝날 때까지 워런의 발언을 금지했다. 그날 밤 늦게 매코널은 자신의 행동을 정당화하며 변명을 늘어놨다고 한다. "워런 의원은 경고를 받았다. 게다가 이유를 설명해주었는데도 그녀는 끈질겼다." 이 말을 다르게 표현하면 '워런은 자기 분수를 알고 자리에 앉았어야 했다'와 같다.

나의 엄마는 8년 동안 상원에 있었지만 다른 상원의원에게 이런 일이 일어나는 것을 한 번도 본 적이 없다. 워런 상원의원에게 전례 없는 권력 과시와 성차별을 가하고 코레타 스콧 킹에게 무례를 범한 이 사건 때문에 엄마와 나는 격분했다. 워런 상원의원은 침묵하기를 거부했고 코레타 역시 수십 년 동안 마찬가지였다. 나는 그 두 사람에게서 영감을 받아 내 책의 제목을 『그녀는 끈질겼다She Persisted』로 지었다. 매코널 상원의원이 전 세계 여성들에게 시위 구호를 만들어주려 했다고는 생각하지 않지만 어쨌건 그렇게 된 셈이다!

힐러리와 첼시

코레타는 평생 자신에게 최대한 충실하기로 결심했다. "나는 청소기에 달린 부속품 같은 팔자처럼 보일 때가 많아요. 마틴의 아내, 그다음에는 마틴 목사의 과부까지, 그 모든 것이 자랑스럽긴 했어요. 하지만 나는 결코 아내나 과부이기만 한 것은 아니었어요. 나는 늘 수식어 하나로는 부족했어요."

매번 부름을 받을 때, 코레타를 떠올려보자. 그리고 코레타가 그랬듯 투지와 헌신하는 마음을 담아 대답해보자. '나를 보내주세요.'

　　　　　　　　　　　　　　　　　　　　　　　사회운동가들

돌로레스 후에르타
Dolores Huerta

힐러리

　　노동운동 지도자이자 페미니스트, 여성의 권리와 시민권 그리고 환경정의를 위한 운동가였던 돌로레스 후에르타. 내가 돌로레스에 대해 처음 알게 된 것은 1965년에 있었던 포도 불매운동 때문이었다. 캘리포니아에 살던 필리핀 노동자들이 시작한 이 불매운동은 이후 미국 전역으로 번졌다. 나는 교회에서 소개받은 이주 노동자 부부가 어느 정도 자란 자녀들과 함께 토요일마다 시카고 외곽의 농장에서 일하는 동안 그 부부의 어린 자녀들을 돌보았다. 그때의 경험으로 인해 나는 농장 노동자들의 삶에 관심을 갖게 되었고 농장 노동자와 관련된 뉴스 보도가 나오면 관심 있게 지켜봤다. 주로 아시아인과 라틴아메리카 사람이 대부분인 농장 노동자들은 이동식 주택단지에 살았다. 경제적인 어려움이 극심했고 신체적, 성적 학대가 난무했으며 유해한 살충제와 오염에 노출되어 있었다. 게다가 대개 고용주에게 더 나은 작업과 생활환경 또는 더 공정한 임금을 요구할 힘이 거의 없었다.

농장에서 채소와 과일을 심고, 기르고, 수확하는 노동자들을 돕기 위해 돌로레스는 1962년 세사르 차베스Cesar Chavez와 함께 미국농장노동자연합United Farm Workers Union, UFW을 설립했다. 노동자들은 조합에 모여 자신들을 고용한 주인과 흥정하는 데 필요한 집단의 힘을 키울 수 있었다. UFW는 캘리포니아 포도 불매운동을 지지했고, 나아가 전국적으로 확대하는 데 도움을 주었다. 1966년 돌로레스는 UFW와 셴리 와인 회사 사이의 계약을 협상했는데, 미국 내 농장 근로자들이 농업 회사와 계약을 맺은 것은 최초였다. 1975년 돌로레스가 지휘한 포도, 양상추, 와인 불매운동이 크게 힘을 발휘해 캘리포니아는 농장 노동자의 단체교섭권을 인정하는 법을 최초로 통과시켰다.

첼시

돌로레스는 내가 제일 처음으로 들어본 사회운동가 중 한 명이었어요. 엄마는 농장에서 일하는 이주 노동자의 아이들을 돌봤던 경험에 대해 말씀하시곤 했는데, 그때 내게 돌로레스 후에르타와 돌로레스가 농장 노동자의 권리, 노동권, 시민권, 여성의 권리를 위해 싸웠던 이야기들을 들려주셨지요.

돌로레스는 평생 편견과 불평등에 맞서 싸웠다. 돌로레스의 아버지는 뉴멕시코에서 농장 노동자, 광부, 노조 활동가, 주의회 의원으로 일했고 돌로레스도 1930년 뉴멕시코에서 태어났다. 부모님이 이혼한 후, 돌로레스와 두 남동생은 어머니와 함께 캘리포니아 스톡튼으로 이사했다. 어머니는 당시 작은 호텔을 운영하면서 시민 단체와 교회에서도 활발히 활동했다. 돌로레스는 어머니가 부지런히 일하는 모습을 지켜보며 자신도 어머니를 따라 학교와 지역사회의 일에 적극적으로 참여했다. 1940년대의 많은 여성들과 달리 돌로레스는 대학에 진학했고 나중엔 교사가 되었다. 그리고 몇 달 만에 평생의 천직을 발견했다. "나는 아이들이 굶주린 배를 부여잡고 맨발로 등교하는 모습을 차마 지켜볼 수가 없었어요. 배고픈 아이들을 가르치려고 애쓰기보다는 그 부모인 농장 노동자들을 조직하면 더 많은 것을 할 수 있을 거라고 생각했어요."

돌로레스는 최초로 노동자와 소비자 그리고 환경을 위협하는 독성 살충제 사용을 반대했다. 항상 시위의 최전방에 있었고 비폭력 시민불복종운동을 해오면서 총 스물두 번이나 체포되기도 했다. 1972년에 있었던 한 시위에서 돌로레스는 UFW의 좌우명인 '그래, 할 수 있어Si, se puede'를 처음 사용했고 이 주문은 버락 오바마가 2008년 선거운동에서 빌려 쓰면서 유명해졌다. 오바마 대통령은 2012년 돌로레스에게 자유의 메달을 수여하면서 돌로레스가 그 구호를 만들었다는 사실을 알게 됐고 사용할 수 있도록 해줘서 감사하다고 인사를 전했다.

또한 돌로레스는 선거인 등록 운동을 조직해 투표권이 있는 시민들이 유권자로 등록하고 투표하도록 설득했다. 선거 후보자들은 이러한 노력에 주목했고 돌로레스의 지지를 구하기도 했다. 1968년 6월 5일, 돌로레스는 미국 로스앤젤레스 앰배서더호텔에 설치된 연단 위에서 로버트 F.

케네디 상원의원과 나란히 서 있었다. 케네디는 그해 예정되어 있는 대통령 선거의 캘리포니아주 예비선거에서 승리 선언을 하고 소감을 밝히는 중이었다. 머리카락에 빨간 UFW 깃발을 단 돌로레스는 환한 미소를 띠고 있었다. 불과 몇 분 후 케네디와 다른 다섯 명의 사람은 호텔 주방 앞을 지나다 총격을 받았고, 케네디는 다음날 사망했다. 자신의 일과 삶에 대한 다큐멘터리 〈돌로레스Dolores〉에서 돌로레스는 케네디의 암살이 '미래의 죽음'처럼 느껴졌다고 말했다.

돌로레스와 차베즈가 함께 UFW를 조직하긴 했지만 농장 노동자들을 위해 정의를 구현하는 투쟁을 벌일 때 공식적인 대표는 대개 차베즈가 맡았다. 돌로레스는 경험이 풍부한 운동가로서 공정한 임금과 의료 혜택, 연금 수당, 노동자들의 생활 여건 개선을 위한 법제 변화를 위해 막후에서 로비를 했다. 언젠가 돌로레스와 차베즈가 함께 텔레비전에 출연해 인터뷰를 했는데 차베즈는 조합 대표로서의 역할이 무엇이며 시위중에는 어떻게 돌로레스를 보호하는지 등의 질문을 받았다. 반면 돌로레스는 어머니로서의 역할과, 하루 휴가를 내고 온천에 가고 싶은 적은 없었는지에 대해 질문을 받았다!

1988년 9월, 당시 58세였던 돌로레스는 샌프란시스코에서 대통령 선거에 출마한 조지 H. W. 부시 부통령에 반대하며 평화적으로 시위를 하고 있었다. 그러나 한 경찰이 돌로레스를 경찰봉으로 심하게 구타했고, 돌로레스는 심각한 내상을 입었다. 갈비뼈가 부러졌으며, 손상된 비장은 응급수술로 제거해야 했다. 돌로레스가 잔인하게 구타당하던 영상 한 편이 텔레비전에서 방송되었다. 돌로레스는 이후 샌프란시스코시와 경찰을 상대로 거액의 합의금을 받아냈는데, 농장 노동자들을 돕는 데 사용하는 한편 매달 조금씩 나눠 받아 수입으로 삼았다. 또한 이 사건을 계기로 군중 통제와 경찰 징계에 대한 경찰 정책의 변화가 더 빨라지도록 도왔다.

폭행 사건 이후 오랜 시간에 걸쳐 건강을 회복한 돌로레스는 UFW에서 잠시 떠나 여성의 권리 옹호에 집중하고 여성 라틴아메리카인들의 출마를 장려했다. 또한 글로리아 스타이넘과 손잡고 여성의 권리를 지지하는 운동을 함께 펼쳤다. 돌로레스는 자신을 '다시 태어난 페미니스트'라 불렀다. 노동운동을 하면서 무수한 성차별을 목격했기 때문이다. "노동운동을 하면서 갑자기 깨닫게 됐어요. 일단 상황이 어느 정도 해결되고 나면 그때까지 제일 앞에서 파업에 참여했던 여성들이 안 보여요. 문득 주위를 둘러보면서 '그 여자들은 어디 갔지?'라고 생각하는 거죠." 돌로레스가 말했다. 글로리아 스타이넘은 돌로레스가 자신의 생각과 행동을 구체화해주고 유색인종 여성들과 농장 노동자들의 힘을 페미니스트운동에 결집시키도록 도와주었다고 말했다.

이제 89세가 된 돌로레스는 변함없이 열정적이고 활기차며 단호하다. 2016년 선거 유세장에서 내 친구 돌로레스를 우연히 만날 때마다 나는(그리고 주변에 있는 사람들 모두) 항상 기운을 얻었다. 돌로레스는 늘 군중 가운데서 확성기를 들고 구호를 외치며 춤을 추거나 젊은이들에게 이야기를 들려주고 있었다.

최근 몇 년 동안, 돌로레스는 선거 후보들을 위해 전국 각지의 유권자

"전 그게 우리 여성들의 문제라고 생각해요. 여성들은 권력 구조에 있을 필요도 없고, 의사결정을 내리는 높은 자리에 올라갈 필요도 없다고 생각해요. 그 자리를 맡을 준비가 되어 있지 않다고 생각할 때도 많죠. 하지만 나는 [여성들에게] 이렇게 말합니다. '그냥 남자들이 하는 것처럼 하세요. 아는 척하면 돼요. 그런 다음 일하면서 배우는 거죠.'"

– 돌로레스 후에르타

를 만났고, 더 나은 공립학교를 만들기 위해 파업중인 로스앤젤레스 교
사를 응원했으며, 뉴멕시코에서 안전하고 합법적인 낙태를 허용해달라고
공개적으로 주장하기도 했다. "낙태 문제에 관한 한 고민할 수밖에 없었
어요. 내가 아주 오래된 천주교 신자이기 때문이죠. 그래도 그 고심을 마
쳐서 기쁩니다. 덕분에 라틴아메리카 여성들과 대화할 수 있었고 이 문
제가 어째서 중요한지 말할 수 있기 때문이에요."

돌로레스 후에르타 재단을 통해 돌로레스는 사회운동가들과 지도자
들을 훈련시킨다. 돌로레스는 활발하게 사회운동을 조직하면서 열한 명
의 아이들을 키웠다(그렇다. 무려 열한 명이다!). 자녀들은 어릴 때 어머니
가 왜 그렇게 오랫동안 떠나 있었는지 이해하지 못했지만 지금은 대부분
변호사나 민권운동가로서 직접 그 운동에 동참하고 있다. "자녀나 손자
들에게 남기고 싶은 유산을 고를 때 정의를 남긴다고 생각해보세요." 돌
로레스는 평생 그렇게 해왔다. 돌로레스의 유명한 구호 '그래, 할 수 있
어'를 들으면 우리는 모두 의견을 주장할 수 있고 우리 스스로가 생각보
다 강하다는 사실이 떠오른다.

평화중재자들

The Peacemakers

조이스 매카튼

모니카 윌리엄스

리마 보위

타우왁쿨 카르만

힐러리

우리는 지역사회와 평화 유지를 위한 여성들의 참여가 국가의 안보 및 평화와 긴밀한 관련이 있다는 사실을 점점 알아가고 있다. 여성들은 전통적으로 갈등을 끝내는 일에서 배제되어왔지만 배짱 좋은 여성들이 엄청난 차이를 만든 경우가 있다.

북아일랜드에서 수십 년 동안 가톨릭과 개신교 사이의 종파 간 폭력 사태가 계속된 가운데, 메어리드 매과이어Máiread Maguire와 베티 윌리엄스Betty Williams가 평화적 해결을 도모한 공로로 노벨평화상을 수상한 1976년부터 22년 후인 1998년에 성금요일 협정을 체결하기까지의 기간에도 여성들은 중요한 역할을 해냈다.

빌과 내가 1995년 처음으로 벨파스트를 방문했을 때, 나는 폭력이 난무하고 갈등이 첨예하던 시기에 모인 여성들을 만났다. 그중 한 명은 65세의 조이스 매카튼이었다. 가톨릭 신자였던 조이스에게는 아들이 있었는데 열일곱 살 때 개신교인이 쏜 총에 맞아 사망했다. 조이스는 북아일랜드 분쟁 기간 동안 열두 명의 가족을 잃었다. 하지만 조이스는 분노와 슬픔에 빠지는 대신 개신교와 가톨릭 양측의 여성들이 차를 마시며 이야기를 나눌 수 있는 안전한 장소를 마련했다. 그리고 그 자리에 함께 해달라며 나도 초대했다.

아홉 명의 여성이 램플라이터 트래디셔널 피시 앤드 칩스 레스토랑의 작은 탁자에 둘러앉아 차를 마시며 현재의 휴전이 계속되고 폭력 사태가 완전히 종식되기를 바라는 마음을 나눴다. 이들은 종교를 뛰어넘자 서로에게 다른 점보다 같은 점이 더 많다는 사실을 발견할 수 있었다고 내게 말해주었다. 일요일이면 서로 다른 장소에서 예배를 보았지만 남편과 아들이 출근할 때나 밤중에 외출을 할 때면 모두 간절한 마음으로 기도했고, 매일 아침 등교하는 아이들을 보며 걱정했다. 끔찍한 종파주의, 견디기 힘든 가난, 실업으로 인한 절망 등 뿌리깊은 폭력의 원인은 모두의 삶과 관련되어 있었다. 하지만 그 자리에 모인 여성들과 북아일랜드 전역의 다른 많은 여성들에게는 가족에 대한 사랑이 서로 증오하라는 외침보다 더 컸다.

그렇다고 이 여성들이 가톨릭과 개신교 신자이기를 포기한 것은 아니다. 그들의 신앙심은 더할 나위 없이 깊었다. 하지만 그들은 서로를 이해하고 함께 일할 수 있다는 것을 배웠다. 이 탁자 위에서 오간 대화는

사회운동가들

평화를 실현하는 과정에서 중요한 역할을 했고 조이스는 이렇게 말했다. "남자들이 정신을 차리려면 여자들이 필요하다." 그리고 이 여성들에게 거절하기란 쉽지 않을 것이다.

가톨릭 신자인 모니카 맥윌리엄스와 개신교 신자인 펄 사가르가 공동 창립한 북아일랜드여성연합Northern Ireland Women's Coalition은 북아일랜드 성금요일 평화협정을 이끌어낸 다자간협상에서 2석을 부여받았다. 당시 영국의 북아일랜드 담당 장관 모 몰럼Mo Mowlam은 교섭 단계에 여성들이 포함되어야 한다고 촉구했다.

노동조합원이자 아일랜드노동조합총연맹Irish Congress of Trade Unions, ICTU 최초의 여성 회장이었던 이네즈 매코맥Inez McCormack은 이 평화협정 내 평등과 인권 관련 조항을 지지하는 운동을 성공적으로 벌였으며 그 조항들이 이행될 수 있도록 계속해서 노력했다. 또한 사람들이 평화의 혜택을 느낄 수 있도록 경제적 혜택을 더 많이 공유할 것을 요구했다. 2011년 〈뉴스위크〉는 이네즈를 '세상을 뒤흔드는' 150명의 여성 중 한 명으로 선정했다.

이에 앞서 1995년 빌과 나는 북아일랜드의 아마라는 마을에 사는 열네 살 소녀 샤론 호히를 만났다. 샤론은 평화를 바라는 마음을 편지에 써서 내게 보내온 적이 있다. "양쪽 모두 다쳤어요. 서로 용서하기가 어려울 거예요." 빌은 크리스마스트리에 점등하기 전에 벨파스트 시청에 모인 사람들 앞에서 그 편지의 일부를 낭독했다. 나는 샤론과 계속 연락을 이어갔고 샤론은 자라서 내 상원 사무실에서 인턴으로 일하게 됐다. 샤론은 워싱턴에서 많은 것을 배웠고 다시 북아일랜드로 돌아가서는 정치에 뛰어들었다. 겨우 스물네 살의 나이에 샤론은 자신의 지역 의회에서 의원으로 선출되었다. 샤론은 열심히 일했고 결국 아마의 시장이 되었다.

2012년 내가 벨파스트를 방문했을 때 샤론은 점심식사 자리에 시장을 상징하는 목걸이를 걸고 나왔다. 그리고 자신은 곧 결혼할 예정이며 가정을 꾸리기를 희망한다고 말했다. 몇 년 후 더블린에서 우리가 다시 만났을 때, 샤론은 세 명의 아들을 데리고 나타났다. 이제 그 아들들은 북아일랜드 분쟁을 오직 역사책에서만 배우면서 자라고 있다.

전혀 다른 곳에서도 또다른 여성들이 평화와 정의를 위해 목소리를 높였다. 1989년 제1차 라이베리아 내전이 시작되었을 때 리마 보위는 열일곱 살이었다. 리마의 말에 따르면 '겨우 몇 시간 만에 아이에서 어른으로' 자랐다고 했다. 내전은 길어졌고 리마는 자녀들을 낳아 기르면서 사회복지사가 되어 생존자들의 트라우마를 상담했다. 리마는 여성들이 평화를 촉진시키는 데 필수적인 역할을 한다는 사실을 경험을 통해 확신했다. 나아가 라이베리아와 서아프리카 전역에서 자신의 의견에 공감하는 여성들과 네트워크를 구축하기 시작했다.

2003년 라이베리아 여성들은 서로에게 "더이상은 안 돼요Enough is enough"라고 말하기 시작했다. 리마는 이러한 불만의 목소리를 사회운동으로 바꾸고 여성들이 비폭력시위를 조직하는 데 도움을 주었다. 그해 봄, 기독교인과 무슬림 구분 없이 각계각층에서 수천 명의 여성이 거리로 쏟아져나와 행진하고 노래하고 기도했다. 여성들은 모두 흰옷을 입고 뜨거운 태양이 내리쬐는 어시장에 세워둔 현수막 아래 모여 앉았다. 현수막에는 이렇게 쓰여 있었다. '라이베리아 여성들은 이제 평화를 원한다.'

처음에 군벌들은 그 여성들을 무시하려고 했다. 그리고 다음에는 강제로 해산시키려고 했다. 하지만 여성들은 떠나지 않았다. 마침내 군벌들은 평화 협상을 시작하기로 합의했다. 그러나 회담은 길어졌고 여성들은 더이상 참을 수가 없었다. 리마는 이웃 가나에서 열린 평화 회의에 여성

대표단을 이끌고 찾아가 농성을 벌였다. 그들은 회의장 안에 있던 사람들이 합의에 도달할 때까지 서로 팔짱을 끼고 문과 창문을 막았다. 보안군이 리마를 체포하려고 하자 리마는 옷을 벗겠다고 위협했다. 라이베리아에서는 남성들에게 저주를 퍼붓는 것과 마찬가지 의미였다. 리마의 위협은 효과가 있었고, 결국 평화 협상 과정에서 중요한 전환점이 되었다. 이 이야기는 애비개일 디즈니의 다큐멘터리 〈악마여 지옥으로 돌아가라 Pray the Devil Back to Hell〉와 2011년에 출간된 리마의 책『강인함은 나의 힘 Mighty Be Our Powers』에 담겨 있다.

나는 2011년 국무장관 자격으로 예멘을 방문했다가 타우왁쿨 카르만을 처음 만났다. 리마가 태어나고 7년 뒤 타이즈에서 태어난 타우왁쿨 역시 정치적 격변의 시기에 자랐다. 열한 살이 되던 해 타우왁쿨은 남예멘과 북예멘이 통일되는 모습을 지켜보았다. 그후 양측 간에는 내전이 발발했고 그 결과 억압적인 정권이 탄생했다.

타우왁쿨은 자라서 기자가 되었고 자신이 목격한 인권 침해에 대해 보도했다. 2005년 타우왁쿨은 젊은 언론인들을 훈련시키고 언론의 자유를 옹호하기 위해 자유여성언론인Women Journalists Without Chains이라는 기구를 설립했다.

타우왁쿨의 주변에서는 폭력, 권위주의, 가난, 그리고 타우왁쿨과 같은 반대 목소리를 잠재우려는 시도들이 끊이지 않았다. 리마와 마찬가지로 타우왁쿨도 보

"우리와 같은 여성들 덕분에 폭정은 결코 성공하지 못할 것이며, 선함은 언제나 악을 이길 것이라고 믿습니다. 비록 내가 살아서 그 장면을 보지 못할지라도, 평화는 이길 것입니다. 나는 믿고 있습니다. 그리고 알고 있습니다. 여러분이 자신과 여성 동지들 그리고 변화의 가능성에 대해 흔들리지 않는 믿음을 가지고 있다면 못할 것이 없다는 사실을 말입니다."

- 리마 보위

면 볼수록 뭐든 해야만 한다는 생각이 점점 더 커졌다. 2007년 타우와쿨은 예멘의 수도 사나에서 매주 시위를 조직하기 시작했고 부패한 정부에 대한 조사를 요구했다. 혼돈 속에서도 타우와쿨은 운동을 이어가며 계속해서 비폭력 원칙을 유지해야 한다고 주장했다("정부가 무슨 짓을 해도 우리는 폭력을 쓰지 않을 겁니다." 타우와쿨은 2011년 한 기자에게 이렇게 맹세했다). 예멘 대통령은 자신의 말에 불복했으니 타우와쿨을 살해할 것이라고 그녀의 동생을 협박하기까지 했다. 그래도 타우와쿨은 물러서지 않았다. 계속해서 시위를 이어가던 타우와쿨은 2011년 동료 운동가들에게 '아랍의 봄Arab Spring' 운동에 힘을 모아달라고 부탁했다. 동료들은 타우와쿨을 '혁명의 어머니', '철의 여인'이라고 불렀다. 예맨 내전은 결국 아랍 국가들과 이란 사이의 대리전이 되었고 끔찍한 인도주의적 위기를 초래했다. 타우와쿨은 유엔안전보장이사회가 전쟁 중단을 요구하는 결의안을 통과시키고 이를 실행하기 위한 정치적 절차를 지원해야 한다고 줄기차게 주장해왔다.

2011년 리마와 타우와쿨은 '여성의 안전과 평화 구축 작업에서 여성들이 온전히 참여할 권리를 지키기 위한 비폭력 투쟁'의 공로를 인정받아 엘런 존슨 설리프 라이베리아 대통령과 함께 노벨평화상을 수상했다. 평화를 구축하고, 화합을 이끌어내고, 자국민의 권리를 지키기 위해 헌신한 그들은 박수받아 마땅하지만 유별난 일은 아니다. 리마와 타우와쿨의 예를 통해 우리는 사회와 국가의 미래를 결정할 수 있는 기회가 주어졌을 때 여성들이 어떤 발전을 이끌어내고 어떤 차이를 만들어낼 수 있는지 또렷이 알게 됐다. 리마는 자신의 책에서 자신을 버티게 해준 원동력에 대해 이렇게 썼다. "이 일은 힘들다. 해야 할 일들이 너무 많아서 엄두가 나지 않는다. 하지만 하루하루 힘겹게 싸우고 있는 주변 사람들을 보

라. 그들은 버티고 있다. 그들의 눈에 당신은 희망의 상징이다. 그러니 당신 역시 버텨야 한다. 포기할 자유는 없다."

미국의 첫 여성 국무장관이었던 매들린 올브라이트는 야만적인 보스니아 전쟁과 코소보에서의 인종청소에 대해 단호히 반대했으며, 두 분쟁을 종식시키기 위해 군사력을 사용해야 한다고 주장했다. 매들린은 이런 말을 한 것으로 유명하다. "지옥에는 서로 돕지 않는 여성들을 위한 특별한 장소가 있습니다." 매들린뿐만 아니라 내가 만난 다른 평화 중재자들도 전쟁을 끝내서 여성, 어린이, 그리고 남성을 돕고자 했다. 그 가운데 일부는 성공했고 일부는 성공하지 못했지만, 그들의 용기 덕분에 다른 사람들은 계속 시도해볼 용기를 얻었다. 매들린은 가장 최근 저서『파시즘*Fascism: A Warning*』에서 우리 모두가 한 번씩 생각해봐야 할 질문을 하나 던진다. "인권을 지킬 책임은 누구에게 있는가?" 그 질문의 정답은 바로 '모두'이다.

빅토리아 음젱게

Victoria Mxenge

힐러리

1997년 나는 첼시와 함께 남아프리카공화국을 방문했다. 넬슨 만델라 대통령의 취임식에 엄청난 규모의 미국 대표단 일원으로 참석하고 3년 만이었다. 그때보다 시간이 많았기 때문에 남아프리카공화국 여기저기를 더 많이 볼 수 있었다. 만델라는 로벤섬에서 자신이 18년간 갇혀 있던 감방을 우리에게 보여주었다. 우리는 데스몬드 투투 주교를 만났고 아파르트헤이트 폐지 이후 남아프리카공화국 치유를 위해 노력하는 진실화해위원회Truth and Reconciliation Commission가 하는 일을 살펴봤다.

사회운동가들

또 아이들이 영어를 배우는 교실을 방문했으며 케이프타운대학 학생들도 만났다. 그 방문에서 가장 잊을 수 없는 순간 중 하나는 케이프타운 끄트머리의 척박한 땅에서 여성들을 만났을 때이다.

우리가 만났던 여성들은 아파르트헤이트가 시행되던 시절 고속도로에서 멀리 떨어진 이 황폐한 땅에 집 없이 무단으로 거주하고 있었다. 그 여성들과 자녀들은 달리 갈 곳이 없었다. 그래서 함께 공동체를 만들기 시작했다. 그들은 인도에서 엘라 바트가 창립한 인도여성자영업자협회를 본보기로 삼고 자신들의 주택조합과 신용조합을 만들었다. 그리고 저축과 소액대출을 모아 삽, 페인트, 시멘트를 샀으며 토대를 쌓고 하수구를 설치하는 방법을 배웠다. 첼시와 내가 방문했을 때 그곳에는 이미 주택 열여덟 채가 서 있었다. 그리고 1년 뒤 내가 빌과 함께 국빈 방문으로 찾아갔을 때, 그 집들은 104채로 늘어나 있었다. 나는 그곳의 여성들이 작업하면서 불렀던 노래 한 구절이 정말 마음에 들었다. "힘, 돈, 지식 없이는 아무것도 할 수 없네." 이 세상 모든 여성들에게 해주고 싶은 훌륭한 조언이다!

이 여성들은 새로운 정착지에 남아프리카공화국의 아파르트헤이트 반대 운동가 빅토리아 음젱게의 이름을 붙이기로 했다. 빅토리아는 1964년 간호사로 일하다가 아파르트헤이트 피해자들을 변호하기로 유명했던 인권변호사 그리피스 음젱게와 결혼했다. 일을 하고 아이들을 키우면서도 빅토리아는 법학 학위과정까지 마치고 1981년 남편과 같이 일하기 시작했다.

그러나 그해, 그리피스는 집 근처에서 납치 후 살해당했고, 그의 시신은 아파르트헤이트 백인 정권에 의해 훼손되었다. 빅토리아는 남편의 업무를 이어받아 해방을 위한 투쟁을 계속하며 남편 살인사건의 진실을 밝히겠다고 맹세했다. 이후 빅토리아는 구금 시설에서 학대받는 청소년들을 대변했고 반역죄로 재판받는 반아파르트헤이트운동가들을 변호했다. 또한 넬슨 만델라 석방위원회의 일원이 되었다.

1985년 빅토리아는 보안경찰에 의해 살해된 젊은 운동가들인 '크라도크 포Cradock Four'의 장례식에서 연설했다. "사람들이 당신에게 전쟁을 선포하면 울고만 있을 여유는 없습니다. 맞서 싸워야 합니다. 내가 살아 있는 한, 나는 정의가 실현되는 것을 보기 전까지는 결코 쉬지 않겠습니다. 그리피스 음젱게의 살인자들을 벌할 때까지 말입니다."

장례식이 끝난 지 며칠 지나지 않아, 빅토리아는 자신의 집 주차장 진입로에서 아이들이 보는 가운데 살해되었다. 정부 보안군에 의해 살해된 것으로 추정된다. 수천 명의 사람들이 빅토리아의 장례식에 참석했고, 조문객들은 거리로 나와 경찰과 충돌했다. 몇몇 사람들은 죽었고 부상자는 더 많았다. 2006년 빅토리아는 아파르트헤이트의 탄압에 맞서 싸우고 법조계에 공헌한 공로를 인정받아 루툴리 훈장 은장을 받았다.

2009년 8월 국무장관 자격으로 케이프타운을 찾은 나는 빅토리아 음젱게 공동체를 다시 한번 방문했다. 그리고 조경하는 것도 살짝 도왔다(약간의 춤을 추기도 했다!). 빅토리아 음젱게 공동체의 책임자인 퍼트리샤 마톨렝게는 자신들이 얼마나 많은 발전을 이뤘는지 들려주었다. 빅토리아의 용기는 그들에게 두고두고 힘이 되었다. 그들은 한 지역에 주택 18채를 세운 것에서 시작해 남아프리카공화국 전역에 5만 채 이상의 집을 지었고 더 많은 주택을 짓기 위해 땅을 더 마련했다. 영광스럽게도 그들은 한 거리에 내 이름을 붙여주었다. 나는 기념품으로 받은 거리 표지판을 간직하고 있다. 그리고 당시 방문의 진정한 교훈은 가난하고 갈 곳 없던 여성들이 어떻게 다른 여성의 삶과 죽음을 본보기로 삼고 힘을 내어 더 나은 자신들의 이야기를 써내려갔는가이다. 1956년 아파르트헤이트 철폐를 요구하며 시위를 벌이던 수만 명의 여성들이 외치던 말이 떠오른다. "여성을 치는 건, 바위를 치는 것."

아이젠 푸
Ai-jen Poo

첼시

아이젠 푸는 자칭 미래학자다. 사회운동으로 시작해서 2007년 전국가사노동자연대National Domestic Workers Alliance를 공동 설립하기까지 아이젠이 하는 모든 일은 미국과 미국 노동인구의 인구통계 변화를 연구한 결과이다. 아이젠은 미국이 어디로 향해 가는지(아니면 적어도 어디로 향해야 할지) 그리고 모든 사람들에게 더 희망적이고 공정한 미래를 만들기 위해 우리가 무엇을 해야 하는지를 알고 있다.

아이젠의 부모는 대만에서 미국으로 이민을 와 1974년 피츠버그에서 아이젠을 낳았다. 아이젠의 어머니는 화학을 공부하기 위해 미국에 와서 이후 의사가 되었는데, 의과대학에 다니던 당시 반에서 유일한 여성이었고 역시 유일하게 어린 두 아이를 키우고 있었다. 흑색종 환자들을 치료하는 데 전념하는 어머니를 통해 아이젠은 암 환자와 그 가족들의 사연에 귀를 기울이고 모든 환자를 위해 최선을 다하는 의사의 모습을 보면서 자랐다.

아이젠은 컬럼비아대학에 다니는 동안 사회운동가가 되었다. "나는 아시아계 이주 여성들을 위한 가정폭력 피해 보호소에서 자원봉사를 시작했고, 이를 계기로 사회운동을 조직하게 됐어요. 어떻게 하면 세상에 영향을 미칠 수 있을지 알고 싶어서 사회 변화나 페미니즘, 정의를 위한 운동에 관한 수업은 전부 찾아서 들었죠." 1996년 4월 어느 날 밤, 아이젠은 다른 학생들과 함께 컬럼비아대학교의 로우 도서관을 점거했고 학교측에게 더 많은 민족학 교수들을 고용하고 뉴욕시와 미국의 다양성을 반영한 교육과정을 마련하라고 요구했다. 아이젠은 밤새 그 건물을 점거했고 다음날 아침 체포되었다. 침착하고 포기를 모르는 아이젠은 자신이 옳다고 생각하는 것과 필요하다고 생각되는 것을 계속 주장했다. 그래서 얼마 지나지 않아 또다른 학생들이 주도하는 시설 점거에 참여했다. 이번에는 학교의 주요 행정 건물들을 닷새 동안 장악하고 수업을 자신들이 직접 가르쳤다. 그 시위 덕분에 컬럼비아대학에는 민족성 및 인종 연구 센터Center for the Study of Ethnicity and Race가 세워져 오늘날에도 운영되고 있다.

졸업 후, 아이젠은 반아시아계폭력방지위원회에서 일하기 시작했다. 그 당시 경험을 통해 아이젠은 가정부, 보모, 돌봄 서비스 종사자 등 가사노동자들이 뉴욕에서 가장 낮은 임금을 받으며 착취당하는 사람들에 속

한다는 사실을 알게 됐다. 어린이와 노인을 돌보고 장애인들이 자립할 수 있게 도와주는 등 지극히 중요한 일을 하고 있음에도 불구하고 가사노동자들은 미국의 모든 노동자에게 제공되어야 할 기본적인 보호도 받지 못한 채 대부분 어두운 곳에서 일하고 있었다. 아이젠은 이 '보이지 않는' 노동자들을 소중하게 여기고 힘을 실어주어야 한다고 생각했다. 그래서 '가사노동자연대'라는 새로운 단체를 설립해 한참 뒤늦은 뉴욕시의 정책 변화를 이끌어낼 수 있도록 도왔다.

2007년 아이젠은 전국에서 모인 50명의 가사노동자 및 조직자들과 함께 전미가사노동자연맹을 설립했다. 지금까지 지역 내에서 해왔던 활동을 국가적으로 확대하고 '모든 다른 일을 가능하게 하는 일'을 찾아 지원하기 위해서였다. 2010년에는 뉴욕주에서 가사노동자권리장전Domestic Workers' Bill of Rights이 통과될 수 있도록 도왔다. 이 법은 시간 외 근무 수당, 유급 가족 휴가, 괴롭힘과 차별로부터 보호받을 권리 등을 부여했다. 250만 명에 달하는 미국 내 가사노동자들이 이러한 보호를 받게 된 것은 처음이었다. 나는 그 법이 통과된 후 도러시 할머니를 떠올렸다. 할머니는 10대 시절에 가정부이자 '어머니의 조수'로 일했고, 고용주의 친절이라고 여겨지는 것들에 항상 감사했지만, 매일 등교하기 전이나 하교한 후에 몇 시간씩 일을 해야 했다. 거의 90년 전 할머니의 근무 조건과 오늘날 수많은 가사노동자들이 처해 있는 상황이 크게 다르지 않았다.

뉴욕에서 이 법이 통과된 후, 일곱 개가 넘는 주에서 추가로 비슷한

"여성들, 특히 사회에서 가장 눈에 띄지 않는 여성들의 말을 들어보면 국가로서 우리의 가장 훌륭한 모습을 보여주는 놀라운 이야기들을 들을 수 있다."

– 아이젠 푸

법안을 통과시켰다. 아이젠은 2011년 요양원에서 할아버지를 돌본 경험에서 영감을 받아 노인들을 존중하며 더 잘 돌봐야 할 필요성을 주장하기 위해 '세대를 초월한 돌봄Caring Across Generations'이라는 새로운 법안 발의를 시작했다.

그로부터 3년 후, 아이젠은 획기적인 공로를 인정받아 맥아더 펠로우십MacArthur Fellowship을 받았다. 인정을 받아 기쁘기는 했지만 아이젠은 복잡한 기분이 들었다. "저평가된 여성 노동자들을 대변하면서 나는 정치의 가시성에 매우 민감해졌어요. 인정받을 자격이 있지만 한 번도 인정받아보지 못한 아주 많은 여성들과 함께 일합니다." '쨍하고 해뜰 날'이 왔으니 즐기라고 격려해준 한 멘토의 조언을 따라 아이젠은 자신의 공헌과 성공을 온전히 받아들이고 다른 이들과 나누기로 했다. 특히 권위 있는 이 상을 받은 이후, 가사노동자든 사무실 동료든 간에 자신과 함께 일하는 여성들에게 '쨍하고 해뜰 날'이 올 수 있도록 노력을 쏟았다.

"이 일 자체는 여성들이 역사적으로 해온, 우리 문화에서 믿기지 않을 정도로 눈에 띄지 않고 당연하게 여겨졌던 일과 관련이 있습니다. 하지만 이 세상의 다른 모든 일을 위한 기본입니다. 우리 삶의 가장 소중한 부분들이 잘 관리되어야 우리 모두가 매일 세상에 나가서 각자 일을 할 수 있으니까요."

– 아이젠 푸

힐러리

아이젠은 지칠 줄 모르는 사회운동가일 뿐만 아니라 연민과 공감을 쏟아내지. 우리가 국가정책을 논의할 때 더 필요한 게 바로 그 두 가지야. 아이젠은 또한 훌륭한 연설가이자 작가고 어떤 문제에든 도덕적 명확성을 가져다주는 탁월한 능력이 있어. 오늘날 아이젠은 여성들뿐만 아니라 양성평등을 믿는 남성들까지 함께하는 '슈퍼메이저리티Supermajority'라는 이름의 새 모임을 설립해서 생식권, 인종간의 정의, 경제적 기회 분야의 지도자들이 공동 의제를 위해 함께 일할 수 있도록 했어.

아이젠이 벌이고 있는 운동들은 주제가 다양하다. 아이젠은 한 가지 문제나 이슈에 자신을 국한하지 않는다. 아이젠은 대부분 간병인으로 일하고 있는 미국 내 불법 체류자들이 시민권을 얻을 수 있는 방법이 필요하다고 주장해왔다. 아이젠과 동료들은 국경에서 가족들이 함께 지낼 수 있게 해주기 위해 운동을 시작하며 우리가 국가적인 도덕적 비상사태에 처해 있다고 주장했다. 나는 전적으로 동의했다. 아이젠은 미국인들에게 촉구했다. "어떤 일이 있어도 나타나서 보살펴주는 가사노동자처럼 생각하세요. 어떤 일이 있어도 사랑과 연민을 선택하세요. 가사노동자처럼 나타나주세요. 아이들이 우리에게 의지하고 있으니까요." 아이젠의 말을 들은 순간부터 지금까지 하루도 빠짐없이 이 말이 마음에 생생하다.

세라 브래디*Sarah Brady*, 개비 기퍼즈*Gabby Giffords*,
넬바 마케즈그린*Nelba Marquez-Greene*, 섀넌 와츠*Shannon Watts*,
루시 맥배스*Lucy McBath*

세라 브래디

개비 기퍼즈

넬바 마케즈그린

섀넌 와츠

루시 맥배스

힐러리

내가 존경하는 사람들 가운데 많은 이들은 처음부터 사회운동 가였던 게 아니라 어쩌다보니 진심으로 운동을 지지하게 된 활동가들이다. 세라 브래디, 개비 기퍼즈, 넬바 마케즈그린, 섀년 와츠, 그리고 루시 맥배스도 마찬가지였다. 이 여성들 중 어느 누구도 총기 폭력 예방을 위해 싸우는 전국적인 지도자가 되겠다는 꿈을 꾼 적이 없었다. 하지만 이 문제가 삶에 갑작스레 끼어들었고 이들은 받아들였다. 자신이 무엇과 싸우는지 어떤 저항을 직면하게 될지 알고 있었을 뿐만 아니라 아무것도 하지 않는 고통이 힘든 일을 하는 고통보다 훨씬 클 것이라는 점도 알고 있었다. 각자의 사연은 다르지만, 충분히 막을 수 있는 총기 폭력으로 인해 사랑하는 사람을 잃는 아픔을 다른 이들이 겪지 않도록 모두가 최선을 다하고 있다.

1981년 3월 30일, 로널드 레이건 대통령 암살 미수 사건 당시, 대변인이었던 제임스 브래디가 머리에 총상을 입어 신체 일부가 마비되고 뇌손상을 입었다. 그후 제임스의 아내 세라 브래디는 총기규제운동가가 되었다. 목표는 단순했다. 총이 범죄자들과 어린이들, 그리고 정신 질환자들 손에 닿지 않게 하는 것이다. 세라는 '브래디 총기 규제법Brady Handgun Violence'을 통과시키기 위해 의원들에게 지칠 줄 모르고 로비를 했고 연설을 했으며 텔레비전에도 출연했다. 1993년 내 남편이 마침내 법안에 서명할 당시 세라와 제임스도 그 자리에 참석했다.

브래디 법에 따라 이후 총기를 구입할

"총기 관련 압력 단체는 대기 기간이 불편하다고 하더라고요. 휠체어가 얼마나 불편한지 가끔 저희 남편에게 물어봐주세요."

- 세라 브래디

사회운동가들

때는 5일간의 대기 기간을 두게 되었으며 총기 구매를 원하는 개인은 연방 면허를 소지한 총기 판매자로부터 신원 조회를 의무적으로 받도록 했다. 그리고 법은 효력을 발휘했다. 1994년부터 2014년 사이에 약 210만 명의 부적격자들이 총기를 구입하려다 실패했다.

세라는 브래디 법이 통과된 후에도 멈추지 않았다. '총기 폭력 예방을 위한 브래디 캠페인'과 '총기 폭력 예방을 위한 브래디 센터'의 회장을 역임했고, 총기법이 "치명적인 결과"를 만들어냈다고 지적하면서 총기법의 허점들을 공개적으로 비판하며 여생을 보냈다.

제임스 브래디가 총에 맞은 지 30년 후인 2011년 1월 8일, 애리조나의 삼선 하원의원인 개브리엘 '개비' 기퍼즈는 투산의 한 세이프웨이 슈퍼마켓 주차장에서 유권자들과 만남의 행사를 열고 있었다. 개비는 2000년부터 2005년까지 주의회에서 일했고 2006년 의원으로 선출돼 미국의 안보를 옹호하고 군에 복무하는 남녀를 지지해서 인기가 많았다. 그녀는 민주당의 떠오르는 스타였고 종종 미래의 상원의원과 대통령 후보로 점쳐지기도 했다. 나는 개비의 번뜩이는 재치와 대담한 생각, 그리고 정치적 견해에 관계없이 그 누구와도 이성적인 대화를 나눌 수 있는 능력을 존경했다.

그날 아침 개비는 자신을 보러 온 사람들을 맞이하고 있었다. 그때 한 남자가 개비의 머리에 총을 쏜 뒤 뒤이어 총을 난사해 여섯 명을 죽이고 열세 명에게 부상을 입혔다. 국내 언론들의 오보에도 불구하고(덕분에 사실 확인이 얼마나 중요한지 뼈저리게 느꼈다) 개비는 살아남았다. 그리고 체력을 회복하기 위해 재활 시설에서 몇 개월을 보냈다. 개비는 자신의 강점인 유머와 친절함, 그리고 끈질긴 낙관주의로 이 모든 것을 이겨냈다(2014년 1월 8일, 개비는 스카이다이빙을 하면서 총격 사건 3주년을 기념했다.

그리고 〈투데이 쇼〉에서 스카이다이빙이 "매우 재미있었다"며 "평화로웠다. 정말 평화로웠다"고 말했다).

2011년 8월 1일, 투표를 하기 위해 하원으로 돌아온 개비는 기립박수를 받았다. 그리고 이듬해 1월에 물리치료와 언어치료에 집중하기 위해 사임했다. 나는 개비가 언제나처럼 단호하고 용감한 모습으로 친구들과 동료들에 둘러싸여 하원 본회의장에 서 있던 모습을 결코 잊을 수 없을 것이다. 그 순간부터 개비는 훌륭한 남편인 전직 우주비행사 마크 켈리의 지원과 협력을 받으며 총기폭력예방운동을 지지함으로써 다른 사람들의 생명을 구하는 데 일생을 바쳤다. "우리는 총기 폭력 생존자들이 보여준 것과 같은 용기를 보여줄 정치인들이 필요합니다. 전미총기협회 NRA에 맞서고 더 안전한 총기법을 통과시켜야 합니다. 하지만 또한 우리는 강해져야 합니다. 그렇기 때문에 우리는 정치인들이 전미총기협회의 돈을 받고 우리 아이들과 지역사회의 안전에 반하는 투표를 한다면 책임을 물어야 합니다."

2017년 나는 미국 해군 함정인 USS 가브리엘 기포드호의 취역식에 참석했다. 배의 좌우명은 '준비됐다'였다. 개비다웠다. 개비는 상상하기 힘든 우아함과 신념으로 비극적인 경험을 극복했다. 우리라면 대부분 "왜 하필 나한테 이런 일이 일어났지?"라고 물었겠지만 개비는 그 대신 어떻게 하면 기적적으로 살아남은 사실을 최대한 활용할 수 있는지를 스스로에게

"슬퍼하면서도 이 두려움에 맞서 싸울 용기를 내야 합니다. 미국인들은 이러한 대학살이 일어나지 않는 나라를 상상할 용기를 내야 합니다. 우리 지도자들은 정치의 한계를 인정하고 평화와 안전의 도덕적 필요성을 추구할 용기를 가져야 합니다."

– 개비 기퍼즈, 2018년 플로리다 파크랜드 총격 사건 이후

사회운동가들

물었다.

개비가 총에 맞은 지 2년도 채 되지 않은 2012년 12월 14일, 코네티컷주 뉴타운에 위치한 샌디훅초등학교에서 스무 명의 학생과 여섯 명의 교직원이 살해되었다. 그 아이들 가운데에는 노래하고, 춤추고, 명랑한 여섯 살짜리 소녀 아나 그레이스 마케즈그린도 있었다. 아나의 어머니 넬바 마케즈그린과 아버지 지미 그린, 오빠 아이제이아는 상상도 못했던 충격과 슬픔 그리고 분노에 빠졌다. 그날 목숨을 잃은 이들의 가족 모두가 마찬가지였다.

부부와 가족 심리치료사였던 넬바는 자신이 겪고 있는 슬픔을 이해하고 있었지만 그렇다고 해서 견디기 쉽지는 않았다. 그후 몇 년 동안, 넬바는 우울증과 힘들게 싸웠고 심지어 자살까지 생각했었다고 털어놓았다. 하지만 자신의 가족이 겪었던 고통을 다른 어떤 가족도 받지 않아도 되는 나라를 만들기 위해 일하는 것이 고통을 이겨내는 데 도움이 됐다.

첼시

2013년 넬바는 아나 그레이스 프로젝트를 시작했어. 이 프로젝트의 목표는 공동체의식 강화, 전문성 개발, 음악 및 예술 기회 확대로 교내 따돌림 문제를 해결하는 거야. 영광스럽게도 나는 이 훌륭한 단체를 지원했고 넬바를 친구라고 부르게 돼서 기뻤어. 넬바는 자신의 슬픔과 샌디 훅에서 일어난 비극을 부정하는 사람들로 인한 이중 고통, 자신의 두 자녀를 향한 영원한 사랑을 용감하게 밝히고 있어. 넬바는 이렇게 말했어. "초반과 지금의 유일한 차이점은 충격이 무뎌진 거예요. 정말 사랑하고 늘 기도하던 아이를 총기 폭력으로 잃으면 솔직히 말해서 괜찮아지지 않아요."

나와 만난 자리에서 넬바는 아나 그레이스가 마지막으로 학교에 가기 전날 밤에 함께 읽었던 책을 내게 주었다. 『주니 B. 존스와 밸런타임 *Junie B. Jones and the Mushy Gushy Valentime*』였다. 넬바는 내 손녀에게 그 책을 읽어주라고 했다. 선물을 통해 자신과 또다른 수많은 가족이 견뎌야 했던 슬픔의 깊이를 다른 사람들이 이해하게 만들다니 정말 놀라운 경험이었다. 넬바는 최근 자신의 SNS에 오랜 세월 차고에 걸려 있는 분홍색 자전거 사진을 올리며 이렇게 썼다. "어떤 생존자들은 눈에 띄기를 원치 않습니다. 하지만 그렇다고 해서 그들이 용감하지 않다는 뜻은 아닙니다. 어떤 사람들은 반대로 눈에 띄고 싶어하죠. 어느 쪽이 맞고 틀리고는 없습니다. 어느 경우든 보살펴주어야 합니다. 아이들의 빈자리와 차고 천장에 매달린 헌 자전거들을 봐야 하는 한 말이에요."

또한 넬바는 총기 폭력에 반대하는 사람들이 흔히 하는 경험을 나에게 들려주었다. 인터넷상에서 조직적으로 괴롭힘과 협박을 받아 입을 다물게 되는 것이다(넬바의 생일날 누군가가 넬바의 트위터에 이렇게 썼다. "생긴 걸 보니 추방해야 되겠어"). 넬바와 그런 사악함을 견디는 그 밖의 모든 사람들(샌디 훅 사건의 가족도 이후 일곱 번이나 이사를 가야 했다)의 끈기와 회복력을 우리는 마땅히 응원해야 한다.

샌디 훅 총기 난사 사건이 발생한 다음날, 다섯 명의 자녀를 둔 엄마이자 전업주부이며 홍보 임원 출신인 섀넌 와츠는 페이스북 그룹을 결성해 미국인들에게

"나는 슬픔에 잠긴 백만 명의 어머니들에 대한 책임감을 가슴 깊이 느껴요. 달아나거나 무시해버릴 수도 없어요. 그래서 받아들이기로 결심하고 속삭이죠. '나는 네가 두렵지 않아. 내가 듣고 이해한 것을 사용하는 법을 가르쳐 줘. 도움이 될 수 있게.'"

- 넬바 마케즈그린

사회운동가들

총기 폭력을 줄이기 위해 더 많은 일을 해야 한다고 촉구했다. 그 단체를 바탕으로 섀넌은 나아가 '미국 내 총기 규제를 주장하는 어머니회Moms Demand Action for Gun Sense in America'를 창설하게 되었고, 50개 주 모두에서 500만 명의 회원과 지부를 가진 초당파적인 풀뿌리운동으로 발전시켰다. 이 어머니회는 상식적인 총기 개혁을 지지하는 후보들이 선출되도록 돕고 책임 있는 총기 소유자들과 함께 안전한 총기 문화를 만드는 데 힘을 보태고 있다.

첼시

섀넌은 소셜 미디어에서나 실제 삶에서나 겁이 없어. 가족들에게 성차별적 욕설과 폭력적 위협이 있어도 항상 그 자리를 지키며 총기 폭력 예방에 관한 사실을 침착하게 반복하고, 허위 사실을 밝혀내고, 총기 관련 압력 단체들을 분노케 만들지. 섀넌은 대단하고 그녀의 책인 『어머니처럼 싸워라Fight Like a Mother: How a Grassroots Movement Took on the Gun Lobby and Why Women Will Change the World』도 마찬가지야.

섀넌은 'NRA 최대의 악몽'이라고 불린 적이 한두 번이 아니다. 섀넌은 이 별명을 자랑스럽게 여긴다. 거의 매일 죽이겠다는 협박을 듣고 괴롭힘을 당하지만 결코 단념하지 않았다. 인스타그램에서 "당신의 다섯 아이들이 모두 총에 맞아 죽기를 바란다"거나 "한밤중에 불청객이 너희 집에 찾아가면 정말 재미있겠다"는 등의 메시지를 받았을 때 섀넌은 이렇게 답했다. "내가 생명의 위협을 받고 있는데도 불구하고 NRA는 인스타그램에 어서 더 많이 나를 협박하라고 부추기는 글들을 올리고 있다.

나는 그들이 중년의 아줌마를 무서워한다는 사실에 얼마나 신이 나는지 모른다."

샌디 훅 총격 사건이 있기 불과 몇 주 전, 조던 데이비스는 플로리다 잭슨빌의 한 주유소에서 총에 맞아 사망했다. 조던을 죽인 백인 남성은 조던이 차 안에서 듣고 있던 노래가 너무 시끄럽고 "불량배" 같았다고 말했다. 조던은 겨우 열일곱 살이었다.

나는 2016년 선거 유세장에서 조던의 어머니 루시 맥배스를 만났다. 루시는 트레이본 마틴의 어머니 시브리나 풀턴과 총기 폭력으로 자녀를 잃었거나 흑인 자녀가 비무장 상태로 경찰과 맞닥뜨렸다가 목숨을 잃은 다른 어머니들과 같은 탁자에 앉아 있었다. 루시는 뉴스에서 트레이본 마틴의 살해 소식을 듣고 조던을 다독였던 기억이 난다고 내게 말했다. 조던은 트레이본과 모르는 사이였고 플로리다에서 서로 다른 지역에 살았다. 하지만 그 소식은 조던에게 커다란 충격이었다. 조던은 이렇게 물었다. "엄마, 트레이본은 왜 죽은 거예요? 아무 잘못도 안 했잖아요." 그리고 9개월 후, 조던도 죽었다. 루시와 시브리나는 '어머니 운동Mothers of the Movement'이라는 단체를 결성해 미국 각지를 다니며 자녀를 잃은 경험을 함께 이야기하고 총기법과 경찰들의 행위에 변화가 필요하다고 호소했다.

부모로서 최악의 악몽을 경험한 루시는 개인적인 고통을 사회운동의

사회운동가들

원동력으로 삼고 사람들을 모아 힘을 합쳤다. 나는 2016년 선거에서 비통하게 패배한 뒤 루시가 공직에 출마하기로 결정했다는 소식을 듣고 희망이 가득 차올랐다. 루시는 주의회에 출마를 고려하고 있었지만, 2018년 2월 파크랜드 학교 총기 난사 사건 이후 연방의회 출마를 결정했다. 이미 사회운동가로서 훌륭하게 공적인 역할을 했지만, 더 많은 일을 하고 싶어서였다. 루시는 지역구에서 그다지 알려지지 않은 상태에서 재임 도전자와 대결했고, 무명으로 도전했다는 사실이 무색하게 예상을 뒤엎고 선거에서 승리했다.

첼시

예상대로 총기 규제에 반대하는 압력단체는 늘 루시를 쫓아다녔어. 루시는 험악하고 인종차별적인 공격을 받았지. NRA 협회장은 루시가 "여성인데다 소수자"라서 선거에서 이겼다고 주장했어. 1827년 이후로 그 자리에 있던 모든 전임자들이 딱 한 명의 백인 여성을 제외하고는 모두 백인 남성이었는데도 말이야. 루시를 반대하는 사람들은 루시의 연로한 시어머니까지 괴롭혔고 그 일에 대해서 거짓말을 했어. 애틀랜타의 한 라디오 진행자는 루시가 "주방으로 돌아가" 다시 "바느질"이나 해야 한다고 말했어("그런 건 어떻게 하는지도 몰라요." 루시는 그렇게 받아쳤지). 그러나 그 어떤 방해에도 굴하지 않고 루시는 주요 총기 규제 법안을 통과시키는 일을 도왔어. 브래디 법안이 미국 하원을 통과한 이후 처음이었지. 루시가 의회에서 성공한 건 다른 어떤 부모도 총기 폭력으로 아이를 잃어서는 안 된다는 루시의 확신과 용기의 증거야.

"난 그냥 마리에타 동네 아줌마였어요. 이 세상 그 무엇보다도 아들 조던을 사랑했죠. 조던이 살해된 후, 나는 아무도 우리를 위해 법을 바꾸지 않을 거라는 사실을 깨달았어요. 그래서 내가 직접 해야 했어요."

- 루시 맥배스

지난 몇 년간, 세라 브래디, 개비 기퍼즈, 넬바 마케즈그린, 섀넌 와츠, 그리고 루시 맥배스 같은 용감한 여성들과 총기 폭력 문제에 대해 목소리를 높이는 모든 사람들의 경험을 폄하하고 하찮게 만들려고 합심한 세력이 있었다. 우리는 희생자, 가족, 이웃을 탓하거나 심지어 샌디훅과 같은 총기 난사 사건이 거짓이라는 잔인한 유언비어를 퍼뜨리는 사람들을 봤다. 이미 오래전부터 세라, 개비, 넬바, 섀넌, 루시 그리고 다른 많은 사람들을 따라 진실을 인정했어야 했다. 이 나라에는 잘못된 사람들의 손에 너무 많은 총기가 쥐어져 있고 우리는 모든 아이들과 가족들을 위해 뭔가 조치를 취해야 할 책임이 있다는 사실을 말이다. 총기 폭력을 겪은 여성들마저 행동할 용기를 낼 수 있다면 나머지 사람들에게는 변명의 여지조차 없다.

은자아리 케프라*Nza-Ari Khepra*,
엠마 곤잘레스*Emma González*, 나오미 와들러*Naomi Wadler*,
에드나 차베스*Edna Chavez*, 자즈민 와일드캣*Jazmine Wildcat*,
줄리아 스푸어*Julia Spoor*

은자아리 케프라

엠마 곤잘레스

나오미 와들러

에드나 차베스

자즈민 와일드캣

줄리아 스푸어

첼시

개비 기퍼즈의 이름을 딴 기퍼즈 법률센터에 따르면, 매년 300만 명의 어린이가 총기 폭력에 노출된다. 1999년 컬럼바인고등학교에서 비극적인 사건이 일어난 이후 미국에서만 21만 5,000명이 넘는 학생이 학교에서 총격 사건을 경험했다. 미국의 10대들 중 60퍼센트가 학교에서 총격 사건이 일어날까봐 두렵다고 말한다. 총기 사망자의 3분의 2는 자살이다. 950명이 넘는 어린이와 10대 청소년을 포함하여 매년 거의 2만 2,000명의 미국인이 총기를 사용해서 자살한다. 실제로 총기 사건은 교통사고를 뒤이어 미국에서 어린이와 청소년의 주요 사망 원인 2위이다.

힐러리

초등학생처럼 보이는 어린아이들이 '다음 차례는 나인가요?'라고 쓰인 표지판을 들고 행진하는 것을 보면 오싹해. 그리고 텍사스주 산타페에서 일어난 총격 사건에서 살아남은 한 고등학생이 기자에게 "어디서나 이런 일이 일어나고 있어서", "언젠가는 이런 일이 여기서도 일어날 것만 같은 기분이 늘 들었다"며 놀라지 않았다고 말하는 모습을 보고 가슴이 아팠어. 우리가 행동하지 않는 매일매일, 젊은이들을 실망시키고 있는 거야.

이 모든 통계는 비극이다. 불가피한 것은 없다. 상식적인 총기 안전법을 통해 자살과 대규모 총기 난사 사건이 줄어들면 총기 사망자 수 역시 감소한다는 사실을 우리는 알고 있다. 차세대 운동가들은 자신이 직접 겪은 총기 폭력에 자극을 받아 바로 이런 미래를 꿈꾸며 일한다.

열여섯 살 은자아리 케프라가 다니던 시카고의 고등학교 근처 놀이터에서 그녀의 친구 하디야 펜들턴이 살해당했다. 그 일주일 전, 하디야는 오바마 대통령의 두번째 취임식에서 학교 밴드의 고적대장으로 공연을 했다. "하디야는 주변의 모든 사람을 끌어당기는 매력이 있었고, 누구든 한번 친구가 되면 특별한 존재처럼 대해주었어요." 은자아리는 더 트레이스 웹사이트에 이렇게 적었다.

총격 사건이 일어나고 한 달 후, 은자아리와 친구들은 '프로젝트 오렌지 트리'를 설립해 젊은이들에게 폭력과 그 근본 원인에 맞서는 법을 가르쳤다. "프로젝트 오렌지 트리의 설립 초기 단계에서 우리의 작은 목표 중 하나는 불우이웃을 위한 음식 기부 운동을 시작하는 거였어요. 왜냐하면 총기 폭력의 영향을 받은 지역은 신선한 음식을 구하기 어려운 지역들이었기 때문이에요. 총기 폭력과 맞서 싸우다보면 그게 중요하지 않게 보일 수도 있지만 그것은 우리가 해낼 수 있는 소소한 일이었죠."

이제 은자아리는 스물두 살의 컬럼비아대학 졸업생이다. 시카고로 돌아와 일을 시작했고 시카고와 미국에서 더이상의 비극을 막기 위해 프로젝트 오렌지 트리와 함께 사회운동을 이어가고 있다. 2018년 클린턴 글로벌 이니셔티브 유니버시티 회의에서 나와 만난 은자아리는 인종차별과 빈곤, 총기 폭력이 어떻게 만나는가에 대해 이야기했다. 이처럼 거대하고 중요한 문제와 부딪히면서 은자아리가 보여준 용기와 솔직함 덕분에 어린 학생들뿐만 아니라 우리처럼 젊지 않은 이들에게도 은자아리는 롤모델이 됐다. 은자아리는 누구에게나 이렇게 말한다. "누군가는 도시 폭력이나 총기 자살, 총기 사고보다 가정 폭력에 더 신경이 쓰일 거예요. 뭐든 제일 관심이 가는 걸로 하세요."

플로리다주 파크랜드에 있는 마저리스톤맨더글라스고등학교에서 벌어진 총기 난사 사건으로 같은 반 친구 열일곱 명을 잃은 엠마 곤살레스는 며칠 후 한 집회 연단에 섰다. "오늘 이 자리에 계신 여러분은 모두 집에서 슬픔에 잠겨 있어야 합니다. 하지만 그 대신에 우리는 이렇게 여기 함께 모여 서 있습니다. 왜냐하면 정부와 대통령이 할 수 있는 일이 위로의 말을 전하고 기도하는 게 전부라면, 이제 희생자들로 인해 우리가 변해야 할 때이기 때문입니다." 엠마는 뺨 위로 흐르는 눈물을 훔치며 계속해서 연설을 이어갔다. 연설이 끝날 무렵, 엠마는 수백만 명의 사람들에게 이번에는 다를지도, 총기법이 바뀔지도 모른다는 새로운 인식을 심어주었다. "사람들은 어떤 법으로도 지금까지 일어난 수백 건의 무의미한 비극을 막을 수는 없었을 것이라고 말합니다. 헛소리입니다. 우리가 지금 무슨 말을 하는지도 모르고 정부가 어떻게 돌아가는지 이해하기엔 너무 어리다고 하는데, 그것도 헛소리예요." 엠마는 전적으로 옳았다.

엠마는 수학 가정교사였던 어머니와 쿠바 출신 변호사 아버지와 함께 파크랜드에서 평생 살아왔다. 그리고 학교에서 동성애자-이성애자 연맹의 회장으로 일하면서 사회운동가로서의 역량을 쌓았다. 총격 사건이 있고 나서 며칠 지나지 않아 엠마는 파크랜드의 학생들뿐만 아니라 수년 동안 총기 폭력에 반대해온 전국의 다른 학생들과 함께 운동을 조직했다. 파크랜드 학생들은 어느 집 거실에 임시 본부를 설치하고, 다른 도시의 젊은 운동가들과 만나 '우리의 생명을 위한 행진March for Our Lives'을 준비하기 시작했다. 나는 당시 세 살배기 딸 샬럿을 데리고 뉴욕에서 열

사회운동가들

린 행진에 참가했다. 나는 샬럿에게 총기 폭력으로부터 다른 젊은이들을 구하기 위해 애쓰는 젊은이들을 보여주고 싶었다. 그들에게 일어나서는 안 되는 싸움이었다. 총알들이 파크랜드뿐만 아니라 학교, 쇼핑몰, 공원, 영화관, 길거리 또는 그 어느 곳에서든 학생들의 목숨을 앗아가지 말았어야 했던 것처럼 말이다.

파크랜드 총기 난사 사건이 발생한 지 6주 뒤, 워싱턴 D.C.에서 열린 '우리의 생명을 위한 행진'에서 엠마는 희생된 학생들의 이름을 열거한 뒤 총격이 지속된 시간인 6분 20초 동안 침묵하며 무대에 서 있었다. 엠마는 행사를 조직하는 기술, 연설가로서의 재능, 그리고 자신의 슬픔, 비탄, 열정을 행동으로 옮기는 비범한 능력을 가지고 있었다. 파크랜드에서 총기 난사 사건이 발생한 후, 엠마와 학생들은 하루 동안 총기 폭력에 항의하는, 역사상 가장 큰 규모의 행사를 조직했다. 1960년대의 프리덤 라이더스Freedom Riders(인종분리 정책에 반대하여 흑인과 백인 운동가들이 함께 버스를 타고 워싱턴에서 뉴올리언스까지 이동한 운동 — 옮긴이)에 영감을 받아, 여름 내내 총기 폭력 예방에 대해 이야기하면서 전국을 돌았다. 그 기간 동안 5만 명이 넘는 새로운 유권자들을 등록했다. 그리고 이 모든 노력 덕분에 2018년 중간선거에서 역사에 남을 만한 높은 청년 투표율을 이끌어낼 수 있었다. 그 결과 NRA가 후원하는 무려 33명이라는 기록적인 숫자의 후보들이 의석을 잃었다.

'우리의 생명을 위한 행진'에서 주목받은 또다른 학생은 버지니아주 알렉산드

"우리는 슬프고 화가 납니다. 그리고 격렬하고도 필사적으로 이렇게 외치고 있습니다. 다시 이런 일이 생기지 않기 위해 우리가 할 수 있는 일이 그것밖에 없기 때문입니다."

– 엠마 곤잘레스

리아에 사는 열한 살의 나오미 와들러였다. 파크랜드 총기 난사 사건이 일어난 후, 나오미의 어머니 줄리는 나오미에게 무슨 일이 일어났는지 들려주고 자신의 고등학교 친구인 프레드 구텐베르크가 그 사건으로 열네 살 된 딸 제이미를 잃었다고 말했다. 초등학생이던 나오미는 총기 난사 사건이 일어난 지 한 달 뒤인 3월 14일 전국의 고등학생들이 수업 거부를 계획하고 있다는 것을 알고 자신도 학교에서 수업을 거부하기로 계획했다.

워싱턴에서 열린 '우리의 생명을 위한 행진' 집회에서 무대 위에 선 나오미는 자신감이 넘치고 침착하며 단호했다. 그리고 중요한 관점에서 이야기를 들려주었는데 이런 시각은 전국적으로 총기 폭력에 대해 논의하는 자리에서는 대개 무시되고는 했다. "나는 이 자리에 아프리카계 미국인 소녀들을 대표하기 위해 나왔습니다. 우리들의 이야기는 전국 일간지 1면에 실리지도 않고 저녁 뉴스에 크게 보도되지도 않습니다. 나는 잠재력이 넘치는 활기차고 아름다운 소녀들이 아니라 총기 폭력의 희생자이며 단순한 통계 숫자에 불과한 아프리카계 미국인 여성들을 대표합니다." 나는 그날 최연소 연사였던 나오미의 용기에 감탄했다. 나오미는 목소리를 높여 시급한 이야기를 전했다.

사우스 로스앤젤레스에 사는 열일곱 살의 에드나 차베즈는 '우리의 생명을 위한 행진' 이전부터 정치에 참여해왔다. 에드나는 2016년 선거 전에 이웃들을 찾아가 이민 개혁 등을 포함한 주제들에 대해

"내 친구들과 나는 아직 열한 살이고 초등학생이지만 우리도 알고 있습니다. 우리는 삶이 모두에게 평등하지 않다는 것을 알고, 무엇이 옳고 그른지 압니다…… 그리고 7년만 지나면 우리가 투표권을 갖게 된다는 것도 압니다."

- 나오미 와들러

사회운동가들

서 함께 이야기하기를 권했다. 자신의 아버지가 불법체류자로 투옥되었다가 추방되자 이에 자극받은 에드나는 이민자들의 법적 권리에 대한 정보를 담은 전단지를 지역사회에 배포하고, 사람들이 법 집행 당국과 안전하게 상호작용할 수 있도록 돕기 위한 '권리 알기' 워크숍을 열었다.

"이건 당연한 일이에요. 마치 내가 글자 읽는 법보다 총알이 날아오면 엎드리는 법을 먼저 배운 것처럼요."

– 에드나 차베즈

에드나는 오빠 리카르도를 총격으로 잃은 희생자 가족으로 '우리의 생명을 위한 행진'에서 연설했다. 그리고 나중에 〈틴 보그〉와의 인터뷰에서 이렇게 말했다. "무대에 올라선 그 순간 나는 더이상 혼자가 아니었어요. 일상적으로 총기 폭력이 일어나는 시카고나 볼티모어같이 아주 여러 지역에서 온 사람들 중 하나가 됐죠. 우리는 저소득층 지역에서 총격 사건이 매일 일어난다는 사실을 사람들의 마음에 각인시키려고 했습니다." 행진에서 연설을 마치며 에드나는 이렇게 말했다. "제 이름을 기억하세요. 이 얼굴들을 기억하세요. 우리를 기억하고 우리가 어떻게 변화를 만들고 있는지를 기억하세요. 투쟁은 계속됩니다La lucha sigue!" 에드나의 말처럼 싸움은 계속되고 있다.

와이오밍주 리버튼에 살고 있는 자즈민 와일드캣의 가족은 주변의 많은 사람들처럼 총을 소유하고 있다. 그러나 북부 아라파호 부족의 일원인 자즈민은 비록 혈혈단신이라도 깊이 뿌리박힌 문화에 맞서기를 두려워하지 않는다. 2018년 당시 열네 살의 학생이었던 자즈민이 학교에서 수업 거부를 계획했을 때가 그랬다. "약 300명 중 50명만 참여했어요. 사람들이 와서 우리를 놀렸죠."

자즈민에게 이 싸움은 자신과 직접 관련된 일이었다. 할아버지가 자살하겠다고 하자 식구들이 할아버지의 총들을 모아 감추는 일을 자즈민도 도왔다. 할아버지는 베트남전쟁으로 외상후스트레스장애를 겪었다. 자즈민은 할아버지가 애초에 총을 만지지도 말았어야 한다고 믿는다.

보수적인 도시에서 자라왔기 때문에 자즈민은 자신의 의견에 동의하지 않는 사람들을 대하는 데 익숙하다. 또한 온라인 악플러들을 다루는 데도 이골이 나 있다. 악플러들은 자즈민에게 무식하고 나약하며 쓸모없다는 글을 남겼다. 그러나 자즈민은 흔들리지 않고 계속해서 의원들에게 합리적인 총기 규제 법안을 통과시킬 것을 촉구하며 편지를 쓰고 있다. 자즈민은 자신이 자라면 정치가가 될 수도 있고, 마음속에 가지고 있는 문제들을 위해 싸울 수도 있다고 말한다. 나도 그렇게 되길 바란다.

2009년 9월 25일은 줄리아 스푸어가 결코 잊지 못할 날이다. 줄리아의 여덟번째 생일을 열흘 앞두고 아버지가 자살했다. 아버지 스콧은 마흔세 살의 엔지니어였고 우울증에 시달렸다. 그에 앞서 1년 전에도 자살을 시도했었다. 스콧이 세상을 떠나고 몇 년 후, 줄리아는 마침내 자신의 아버지가 어떻게 죽었는지 알게 되었다. "다른 방법으로 자살을 하면 살아날 기회가 있어요. 행동을 저지르고 죽기까지 시간이 걸리니까 다시 살릴 수 있는 가능성이 있죠. 하지만 총이라면 그렇지 않아요."

줄리아는 아버지를 잃은 경험을 통해 가족이 우울증이나 또다른 정신 건강 문제로 고통받고 있는 사람들을 보호하고 총기 폭력에 맞설 수 있도록 돕고 싶었다. 그래서 열세 살 무렵부터 엄마와 함께 '미국 내 총기 규제를 주장하는 어머니회'에

"나는 내게 딱 맞는 일을 하고 있어요…… 우리는 그저 여기 앉아서 다음 폭력 사건이 생기기를 기다리고 있을 수는 없어요."

– 자즈민 와일드캣

사회운동가들

서 자원봉사를 하며 행진하기 시작했다. 그리고 마저리 스톤맨 더글라스에서 총기 난사 사건이 일어난 이틀 후에는 '총기 규제를 주장하는 학생회Students Demand Action'를 공동 설립했다. 이 단체는 고등학생과 대학생이 주도하는 전국 단체로 현재 회원수가 4만 명에 달하는 규모로 튼튼히 성장하고 있다.

이 젊은 지도자들과 총기 폭력 예방 문제를 연구하는 다른 많은 사람들은 각기 다른 경험과 고통을 겪었다. 그들은 자신이나 친구들의 삶보다 총을 더 소중히 여기는 사람들에게 맞서려는 용기로 함께 모였다. 그리고 적극적으로 다른 미래를 꿈꾸고 있다. 나는 그들이 분노, 비탄, 슬픔을 통해 만들어가고 있는 운동이 성공하여 미래 세대들이 더이상 화를 내거나, 두려움에 떨며 학교에 가거나, 총기 폭력으로 가족과 친구들을 잃고 애통해하는 일이 없을 그날을 손꼽아 기다린다.

"나는 많은 것에 열정을 느끼고 많은 것에 화가 납니다. 그리고 그것을 변화시킬 수 있는 내 능력을 결코 못 본 체하지 않을 겁니다."

- 줄리아 스푸어

베카 헬러
Becca Heller

첼시

국제적으로 인정받는 인권변호사가 되기 전부터 베카 헬러는 이미 논쟁에 뛰어났다. 1980년대에 캘리포니아에서 자라던 어린 베카 앞에서 부모님은 "그렇다면 그런 줄 알아"라는 단순한 말로는 결코 빠져나갈 수 없었다. 왜 부모의 말을 들어야 하는지 설득력 있는 이유를 제시해야만 했다. 고등학교 때 베카는 지루한 수업은 빼먹었다. 학교에서 토론 팀을 없애버리자 다른 학교 이름으로 토론 대회에 등록하기도 했다. 몇 년 후 베카의 친구 한 명이 〈뉴욕 타임스〉 기자에게 고등학교 시절에 베카는 '교사와 논쟁할 것 같은 학생'으로 뽑힌 적이 있다고 말했다. 그리고 지금은 "대통령과 논쟁할 것 같다"고 말했다.

베카를 이렇게 훌륭한 운동가로 만드는 원동력은 평생 베카를 이끌어온 힘과 같다. 베카는 눈앞의 상황을, 특히 제멋대로거나 불공평한 상황을 있는 그대로 받아들이기를 거부한다. 다트머스대학에 다닐 때는 지역 농장에서 남는 음식을 냉동식품으로 바꾸어 근처의 노숙자 쉼터에 제공하는 프로그램을 만들었고, 졸업 후에는 풀브라이트 장학금을 받아 말라위에서 영양 정책에 관한 일을 했다. 그리고 나서 놀라울 것도 없이 로스쿨에 진학했다.

예일대학 로스쿨에 다니는 동안 베카는 이스라엘의 한 인권 단체에서 인턴으로 일했다. 그 시기에 요르단을 여행하면서 이라크 난민 여섯 가족을 만난 뒤 베카의 삶이 바뀌었다. "모든 가족이 입을 모아서 가장 큰 문제로 법률 지원을 꼽았어요. 유엔과 미국이 그들의 문제를 처리하고 있었는데, 그 가족들은 그 과정을 전혀 이해하지 못했어요." 학교로 돌아온 베카는 친구인 조너선 파이너와 힘을 모아 이라크 난민에게 법률적 지원을 제공하는 이라크 난민 지원 프로젝트Iraq Refugee Assistance Project를 시작했다. 학생 활동 홍보 축제에서 이 계획을 소개하자마자 100여 명의 동기들이 돕겠다며 등록했다.

베카는 로스쿨에 다니면서 뉴헤이븐에서 중동과 워싱턴 D.C.를 여러 차례 오갔다. 졸업 후에는 뉴욕으로 이사해 자신이 설립한 단체에 전념했다. 그리고 단체를 확장하고 이름도 '국제 난민 지원 프로젝트IRAP'로 변경했다. 2014년까지 수십 개의 로스쿨에 지부를 만들었고 50개 이상의 로펌과 제휴했으며 요르단 암만과 레바논 베이루트에 사무소를 세웠다. 이 단체는 치료가 시급한 어린이부터 성적 지향 때문에 박해를 받는 사람에 이르기까지 가장 취약한 난민들을 돕는 데 초점을 맞추고 있다. 3년도 되지 않아 베카와 동료들은 200건이 넘는 사건을 해결했고 90퍼센트가 넘는 승소율을 기록했다. 그리고 전 세계 7개국에 1,000명에 달하는 이라크 난민을 다시 정착시켰다.

"난민들과 일할 때 내가 좋아하는 점은 그들은 매우 열심히 싸운다는 것이다. 다른 공공 서비스 업무를 할 때는 그 사람들에게 당신은 싸울 가치가 있는 사람이라고 설득하는 데 많은 시간이 걸리기도 한다. 자신을 위해 싸우는 사람들을 변호하는 것은 정말 기운나는 일이다."

- 베카 헬러

2016년 선거 이후, 베카는 자신의 일이 더욱 중요해졌다는 사실을 알게 됐다. 2017년 1월 행정부가 미국에 입국하는 이슬람교도들에 대해 잔인하고 차별적인 여행 금지를 발표했을 때 베카는 이미 준비가 되어 있었다. 베카는 '긴급: 공항에 도착하는 난민 보호 요망'이라는 제목의 이메일을 보냈고, 이틀 후 여행 금지 명령이 발효됐을 때는 이미 수천 명의 변호사가 대기하고 있었다. 베카와 지지자들은 뉴욕의 존 F. 케네디 국제공항으로 향했다. 베카는 그곳에서 미국으로 입국하려는 여행객들에게 법률적인 도움을 제공하는 변호사팀을 이끌었다. 〈뉴욕 타임스〉는 "사람들은 즉흥적인 대처가 아니라 목소리 크고 호전적인 한 35세 변호사의 치밀한 준비성을 확인했다. 베카는 지금 트럼프 대통령의 최대 정책 싸움 한가운데에 있다"고 썼다. 입국 금지와 관련해 IRAP의 고객 중 한 명이 최초로 승소 판결을 받아 당장 다음날 전국 어디든 체류할 수 있게 됐다. 이슬람교 입국 금지에 대한 반발은 그후 몇 주 동안 격화되어 전국적으로 시위가 일어났다. 마크와 나는 뉴욕에서 열린 최초의 입국금지반대, 장벽반대 NoBanNoWall 시위에 친구들과 함께 참석했고, 그다음에는 아이들도 데리고 갔다. 아이들은 그때를 기억하지 못하겠지만 더 크면 자기가 그 자리에 있었다는 걸 알게 될 것이다.

2017년 3월, 친구들이 자신들의 집에서 열리는 베카와 파라 마르콜라와의 대담 행사에 초대해주어 나는 그때 처음으로 베카를 만났다. 파라는 이라크 난민으로 IRAP의 전 의뢰인이었다. 나는 영광스럽게도 이 두 용감한 여성과 함께 그곳에서 IRAP의 주요 업무를 지원하기 위한 모금 활동을 도왔다. IRAP의 노력 덕분에 미국에서 안전하게 살 수 있었다는 파라의 이야기를 들으며 목숨을 살리는 조직을 위해 싸우고 트럼프 행정부의 차별적 정책에 반대하는 일이 더욱 시급하다는 생각이 들었다.

2018년, 베카는 공로를 인정받아 맥아더 펠로우십을 수상했다. 그리고 특히 지금과 같은 상황에서 이 일이 얼마나 중요한지에 대해 젊은 변호사들을 교육하면서 빠르게 증가하고 있는 전 세계 강제 추방자들을 지원하기 위해 계속 활동하고 있다. 우리 정부가 전 세계의 난민들과 취약 계층에게서 등을 돌리고 있는 이 시기에, 베카나 다른 사람들이 불공정한 법과 규칙들에 의문을 제기하고 있으며 심지어 그것들을 변화시키기 위해 노력하고 있어서 매우 기쁘다.

이야기꾼들

STORYTELLERS

마야 안젤루
Maya Angelou

힐러리

1969년 『새장에 갇힌 새가 왜 노래하는지 나는 아네*I Know Why the Caged Bird Sings*』가 출판되자마자 나는 그 책을 읽었다. 당시 미국은 혼란스러운 시기였다. 마야 안젤루 박사의 책은 10년간 벌어진 암살, 폭동, 전쟁 그리고 사회 변화에 딱 어울리는 마무리 같았다.

책에는 마야가 아칸소주 스탬스에서 자라며 겪은 잔인한 인종차별과 지독한 가난 그리고 세인트루이스에서 여덟 살이라는 어린 나이에 끔찍한 강간을 당하고 이후 5년 동안 말을 잃었던 이야기들이 담겨 있었다.

살면서 겪은 비극과 혼란에도 불구하고, 마야는 무적의 회복력을 몸소 보여주었다. 그 책을 읽을 때까지만 해도 나는 언젠가 내가 아칸소에 살면서 아칸소 주지사와 결혼을 하고 마야를 만나서 친구가 되리라고는 상상도 하지 못했다.

1992년 빌이 대통령에 당선된 후, 나는 대통령 취임식에 마야를 초대해 연설을 부탁하라고 권했다. 빌은 열렬히 동의했고 1993년 1월 20일, 마야의 목소리는 내셔널 몰 아래까지 가득 들어찬 많은 군중들 위로 울려 퍼졌다. 마야는 취임식을 위해 쓴 시 〈아침의 맥박On the Pulse of Morning〉을 암송했다. "기운을 내세요. 매시간 새롭게 시작할 수 있는 새로운 기회가 생기니까요."

마야는 새로운 시작에 관한 전문가이자 인간 정신의 수호자였다. 말을 잃었던 몇 년 동안, 마야는 흑인 학교 도서관에 있는 모든 책을 읽었고 백인 학교 도서관에서 최대한 구할 수 있는 만큼의 책을 읽었으며, 셰익스피어와 랭스턴 휴스, 롱펠로우, 제임스 웰던 존슨을 외웠다. 희곡, 시, 소네트 등 모든 글이 마야의 상상력을 자극했다. 마야는 지옥 같던 강간 사건에서 벗어나 새로운 자신을 창조했다. "나는 악에 맞서고 의지의 힘으로 악을 우리의 개인적인 그리고 집단적인 발전에 필요한 무언가로 바꿀 용기가 흥미롭고 고귀하다고 생각해요."

마야는 수필집, 시집, 그리고 6권의 자서전을 썼다. 대표작 중 하나는 마야가 전 세계에서 낭송하고 공연한 〈경이로운 여성Phenomenal Woman : Four Poems Celebrating Women〉이다. 그 시의 문구들은 해방과 용기의 찬가가 되었다. 그 시는 이렇게 시작한다. '예쁜 여자들은 내 비밀이 어딨는지 궁금해하지. 나는 귀엽지도 않고, 패션모델 같은 몸매도 아니니까.'

2008년에 내가 대통령에 출마했을 때, 마야는 자신이 1973년에 처음으로 강의했던 웨이크포레스트대학으로 나를 초대했다. 그리고 내 선거운동에 대한 시를 한 편 써주었는데 그중 한 구절이 특히 나의 마음을 울렸다. '여인이 되는 것과 늙은 여자가 되는 것은 하늘과 땅 차이다. 소녀로 태어나고 자라서 살 만큼 살면 늙은 여자가 될 수 있다. 하지만 여인이 되는 것은 중요한 일이다. 여인은 사용한 시간과 차지한 공간에 책임을 진다.'

마야는 훌륭한 시인이었을 뿐만 아니라, 마야를 아는 수많은 사람들에게 훌륭한 친구였다. 마야가 내 편이라는 것만으로도 슬픔은 반으로 줄고 기쁨은 배가 되는 기분이었다. 마야는 걷고 말하는 예술작품과 같았다. 같은 방에 있으면 마치 모나리자와 함께 있는 듯한 기분이 들었다. 마야는 우아하고 매력적이었으며 182센티미터가 넘는 키는 실제로는 더 커 보였다. 그리고 목소리까지! 마야가 입을 열면 그 놀라운 목소리가 울려퍼졌다. 그윽하고 매혹적인 목소리 때문에 마야는 더 위대해 보였다. 마야는 단어들을 신중하게 골랐다. 어리석은 일들을 참지 않았고 누군가 틀렸다고 생각하면 주저하지 않고 솔직히 말해주었다. 마야가 누군가를 믿는다고 말하면 그 사람은 그 말을 듣고 자신을 믿기 시작했다. 마야의 현명한 충고는 오랫동안 머릿속에서 떠나지 않는다. "누군가가 당신에게 자신을 솔직하게 보여주면 단번에 믿어주세요."

마야의 마술 가운데 하나는 이 세상에 마야와 똑같은 사람은 없는데도 어찌된 일인지 모든 사람이 마야의 이야기, 마야의 포부, 마야의 삶 속에서 자신의 모습을 발견할 수 있다는 사실이다. 당신은 이탈리아 사람인가? 마야는 이탈리아어를 할 수 있다. 춤을 추는 무용수라고? 마야도 춤을 췄다. 샌프란시스코 출신인가? 마야는 거기서 시내 전차를 운전했다. 마야는 모든 사람을 알고, 어디에나 살고, 모든 것을 읽고, 모든 것을 느꼈다. 전 세계가 마야의 고향이었다. 모두가 마야의 사람들이었다.

손턴 와일더의 희곡 『우리 읍내*Our Town*』에는 마야를 묘사한 듯한 장면이 있다. 에밀리 웹은 마지막으로 세계를 향해 작별 인사를 하고 무대감독에게 묻는다. "살면서 삶을 깨닫는 사람이 있을까요? 매 순간을 말이에요." 그 말에 무대감독은 이렇게 답한다. "없죠. 글쎄요, 성자와 시인라면 그럴 수도." 마야는 그랬다. 마야는 사는 동안 자신의 삶을 깨달았다. 그뿐만 아니라 매 순간을 1초도 빠짐없이 음미했다.

평생 마야는 여러 하위 범주로 구분되고는 했다. 흑인 작가, 시민권 운동가, 여성들의 지도자. 어쩌면 이것이 사람들이 마야를 이해할 수 있는 유일한 방법이었을지도 모른다. 그러나 사실 마야는 그 모든 꼬리표를 뛰어넘었다. 하지만 여전히 붙어 있는 꼬리표가 있다. 마야는 세계 어느 곳에서나 태어날 수 있었지만, 오직 미국에서만 지금의 마야가 탄생할 수 있었다는 사실이다. 지난 세기에 걸친 미국의 성공과 발전은 마야의 일생에 영향을 미쳤다. 아니, 그 이상이다. 마야는 그 성공과 발전에 힘을 보탰다. 오늘날 미국은 마야 덕분에 더 나은 나라가 됐다. 마야는 수많은 미국인들에게 더 친절하고, 더 용감하고, 더 명예로운 삶을 살라고 충고하고 요구하고 영감을 주었다.

이보다 좋은 예는 감히 상상할 수가 없다.

이야기꾼들

메리 비어드
Mary Beard

힐러리

2012년 영국의 한 유명한 텔레비전 평론가는 케임브리지의 저명한 고전학 교수이자 작가인 메리 비어드를 비난했다. 메리의 주장이나 메리가 BBC에서 진행한 고대 로마 다큐멘터리 시리즈의 내용 때문이 아니라 메리가 텔레비전에 출연하기에는 너무 못생겼다는 이유였다. 나중에 메리는 자신의 표현대로 이렇게 다시 말했다. "당신은 보기 흉해요. 이가 그 모양으로 났는데 어떻게 감히 우리집 거실에 나타나는 거요?" 미끼를 물지 말라는 친구들의 충고를 끈기 있게 들은 다음 메리는 정반대의 선택을 했다. 미끼를 물기로 한 것이다.

메리의 답장은 이렇게 시작했다. "나는 고전학자이기 때문에 복수에 대해 잘 압니다. 고대 그리스인들과 로마인들은 복수를 끔찍할 정도로 잘했죠. 하지만 상스럽게 앙갚음을 하지 않고 항상 지은 죄에 전적으로 합당한 응징을 했어요." 메리는 그 평론가의 말도 안 되는 주장(자신은 당연히 성차별주의자가 아니며 요점을 벗어나지도 않았다는 케케묵은 변명까지 더불어)을 조목조목 훌륭하게 반박했다. 메리는 평론가의 끔찍한 발언이 자신은 물론 자신과 비슷하게 생긴 전 세계의 수많은 여성에게 상처를 준다는 사실도 빼놓지 않았다. "나는 57세의 아내이자 엄마이자 학자입니다. 주름살과 눈가의 잔주름들, 심지어는 도서관 책상 앞에서 젊음을 소진하느라 굽어버린 어깨가 조금 자랑스럽습니다. 진짜 중요한 것은 내가 어떻게 생겼느냐가 아니라 내가 무엇을 하는가입니다." 메리는 당당하게 써내려갔다. '꺼져. 잔말 말고'라는 말을 대놓고 혹은 은연중에 듣고 비참한 기분을 느끼는 경험에 익숙한 전 세계 여성들에게서 환호성이 터져나왔다.

> "우선 여성으로서 어떤 노선을 택하는지는 중요하지 않습니다. 전통적인 남성의 영역에 과감하게 뛰어들면 어쨌든 비난을 받습니다. 여러분이 말하는 내용 때문이 아니라 말을 했다는 사실만으로 그렇게 됩니다."
>
> – 메리 비어드

메리는 1950년대에 영국 슈루즈베리에서 학교 교장인 어머니와 건축가 아버지의 딸로 자랐다. 고등학생 시절 여름방학을 맞아 고고학 발굴에 참여했던 것이 짜릿한 배움의 경험으로 남았다. 케임브리지대학을 졸업한 후에는 글을 쓰고 가르치기 시작했다. 로마 공화국의 국교를 연구해 박사학위를 받았고 1980년에는 고대 로마 베스타의 여사제들에 대한 획기적인 연구 결과를 발표했다. 미술사

이야기꾼들

학자 남편과의 사이에서 두 아이를 낳은 후, 메리는 연구에 필요한 시간을 마련하기 위해 고군분투했다. 그리고 1989년 자신의 이름으로 단독 저술한 첫번째 책 『훌륭한 워킹맘이 되는 법*The Good Working Mother's Guide*』을 출판했다. 경험에서 배운 실용적인 조언을 공유하면서 메리는 이렇게 말했다. "재밌을 것 같았어요." 그후 메리는 다시 역사로 돌아가 책을 출판하고, 케임브리지에서 강의하고, BBC에서 시청자들에게 고전을 소개했다.

2012년 속시원한 칼럼을 쓴 후, 메리는 여성들로부터 엄청난 지지를 받았다. 엘리자베스 2세 여왕은 메리에게 대영제국 훈장을 수여했다(책 때문이 아니라 메리가 공인으로서 공헌했기 때문이다). 메리는 계속해서 텔레비전에 출연했다. 그중 내가 가장 좋아했던 장면은 2016년 메리가 자선을 목적으로 한 프로그램에서 정치인 보리스 존슨과 그리스 대 로마에 대해 토론했을 때였다. 메리는 토론에 임하면서 자신이 이길 수 있는 유일한 방법은 '빈틈없이 준비하는 것'뿐이었다고 밝혔다. 이 점은 모든 여성이 공감하는 바이다. 과연 메리의 준비는 성과를 냈다. 메리는 토론에서 대성공을 거뒀다.

그러는 동안 메리에게는 그에 걸맞게 수준 있게 지켜보는 트위터 팔로워들이 생겨났다. 메리는 일상적으로 트위터를 이용해 사실들을 주장하고 악플러들에게는 분노가 아니라 '예의를 갖춘 공격'으로 맞섰다. 심지어 한 악랄한 트위터 사용자를 공개적으로 망신주고 결국 자신에게 점심을 사며 사과하게 만들었다(감히 덤비다니!). "나이가 들면 신경을 쓰지 않게 돼요. 나보다 젊은 여성들에게 당신도 이 남자들과 맞설 수 있다는 걸 보여줄 수 있어서 정말 기뻐요. 불러내서 한판 붙자고 하세요. 그래도 인생은 계속됩니다." (네, 맞아요!)

2017년 메리가 발표한 책을 읽고 나는 다시 한번 일어서서 박수를 보내고 싶은 심정이었다. 『여성, 전적으로 권력에 관한Women & Power: A Manifesto』은 『오딧세이』부터 2016년 대통령 선거까지 수 세기 동안 감히 말할 수 없어 침묵하던 여성들의 연대기이다. 그 안에서 메리는 오랫동안 사용되었던 여성들의 연설 방식에 대한 비판, 여성이 회의에서 목소리를 높이는 행동과 관련한 복잡한 역학 관계, 남성이 여성에게 '입 다물어'라고 하는 말을 최초로 녹음한 예 등을 이야기한다. 2017년 런던을 방문했을 때 메리와 한자리에 앉을 기회가 있었던 나는 내가 공감했던 글귀들을 메리에게 모조리 꺼내놓고 싶은 마음을 애써 참았다. 그러자면 하루 온종일도 모자랐을 것이기 때문이다. 메리는 책에서 다음과 같이 결론을 내렸다. "만약 여성들이 권력 구조 안에 온전히 있다고 여겨지지 않는다면 우리가 확실하게 재정의해야 될 것은 여성이 아니라 권력이 아닐까요?" 메리는 자신의 분야에서 지금까지 꾸준히 제 몫을 해오고 있다.

"남자같이 생긴 모습을 제외하고는 강력한 여성의 모습에 대한 본보기가 없어요."

– 메리 비어드

이야기꾼들

지네스 베도야 리마

Jineth Bedoya Lima

힐러리

"지네스 베도야 리마가 보고타에 있는 콜롬비아 국영 라디오 사무실에 출근한 첫날." 〈가디언〉에 실린 한 기사는 이렇게 시작한다. 그녀는 그녀의 '인생 기사'가 될 취재를 맡았다. 1996년 12월 그날, 지네스의 임무는 세계에서 가장 위험한 감옥인 라 모델로에 대한 기사를 쓰는 것이었다. 라 모델로는 국가와 카르텔 그리고 민병대 사이에서 마약과 무기 밀매의 중심지로 악명 높다.

1974년 콜롬비아에서 태어난 지네스는 오랜 내전의 여파 속에서 파블로 에스코바르와 그의 카르텔이 부상하는 가운데 자랐다. 에스코바르가 사망한 뒤 그가 세웠던 왕국은 조각이 나버렸고 콜롬비아는 끔찍한 혼돈에 빠졌다. 〈가디언〉과의 인터뷰에서 지네스는 라 모델로 감옥에서 "민병대들이 저지른 수많은 대량 학살을 군이 공모했고 군인들이 민병대를 무장시키는 방식"을 확인했다고 밝혔다. "일부 군인은 심지어 난폭한 반군 단체인 콜롬비아무장혁명군FARC에 무기를 팔고 있었어요." 지네스가 진실을 말하고 정부 내부의 부패를 밝히기 위해 전념하자 권력자들은 불편해졌다. "이제는 알 것 같군요. 내가 쓰는 글의 내용뿐만 아니라 젊고 예쁘고 자그마한 여자가 자기네 일에 참견한다는 사실에 화가 났던 거예요." 지네스가 말했다. 1999년 지네스는 암살당할 뻔했지만 꿋꿋하게 탐사 보도를 계속했다.

2000년 5월, 지네스는 라 모델로에 수감된 한 민병대 지도자와 인터뷰 약속을 잡았다. 그러나 감옥에 도착했을 때, 누군가 "콜롬비아 언론에 보내는 메시지"라며 총구를 들이밀고 지네스를 납치했다. 지네스는 강간과 고문을 당한 뒤 길가에 버려졌다. "내 몸은 완전히 망가졌어요. 온몸이 상처투성이였어요. 그들은 제 머리카락까지 잘랐어요. 죽지 않고 계속 살아가려면 계속해서 취재를 하는 방법 말고는 없다는 것을 알았어요."

지네스는 몇 주 만에 다시 업무에 복귀했다. 그리고 납치되어 성폭행을 당한 다른 여성들을 찾아다니기 시작했다. 기사를 쓰기 위해서가 아니라 자신을 위해서였다. "언론인으로서 당신에게 일어난 일과 여성으로서 당신에게 일어난 일 사이에는 차이가 있습니다"라고 지네스는 말했다. 2003년 지네스는 콜롬비아 무장 혁명군이 점령한 푸에르토 알비라 마을을 방문했다가 납치되어 다시 인질로 잡혔다. 석방 후에도 계속해서 협박을 받았지만 지네스는 폭력, 갈등, 마약 밀매, 조직범죄, 성폭력 등에 대한 취재를 멈추지 않았다.

6년 후, 지네스는 콜롬비아 분쟁에서 여성을 대상으로 한 폭력에 대한 인식을 높이기 위해 공공 캠페인을 시작했다. 지네스는 이 캠페인을 '지금은 침묵할 때가 아니다No Es Hora De Callar'라고 이름 붙였다. 내가 국무장관이었던 2012년, 영부인이었던 미셸 오바마와 나는 지네스에게 '용기 있는 국제 여성상International Women of Courage Award'을 수여했다. 2017년 지네스는 콜롬비아의 평화 협상 과정에서 여성 문제를 제기하는 데 꼭 필요한 역할을 했던 다른 몇몇 사람들과 함께 조지타운에서 힐러리 클린턴 상을 받았다. 나는 그날 지네스를 '자신의 눈앞에 닥친 공포 앞에서도 진실을 추구하며 성폭력 피해자들 편에 선 언론인'이라 소개하며 축하를 건넸다.

지네스는 여전히 언론인으로 일하고 있다. 경호원들의 보호를 받으며 어머니와 함께 살고 있고, 거의 끊임없이 납치와 폭력의 위협을 받으면서 방탄조끼를 입고 장갑차를 타고 출근한다. 그럼에도 불구하고 지네스는 단념하지 않는다. "나에게 일어날 수 있는 최악의 일은 이미 일어났어요"라고 지네스는 말했다. 전 세계의 많은 정치인과 정부 관료들이 언론을 맹비난하고 언론인 개인을 처벌하는 이 시점에 나는 무슨 일이 있어도 진실을 말하려는 지네스의 용기와 의지에 경외심이 든다.

"인생이 끝난 것처럼 보일 때 어떻게 두려움을 극복했을까요? 시커면 벽에 부딪혔을 때 내가 어떻게 여성으로 그리고 언론인으로 계속 살아갔을까요? 무슨 일이 있었는지 알아야 했어요. 내가 세상을 떠나기 전까지 나는 지네스 베도야와 내 동료들 그리고 다른 많은 여성들에게 무슨 일이 일어났는지 알아야만 했습니다."

– 지네스 베도야 리마

치마만다 응고지 아디치에

Chimamanda Ngozi Adichie

힐러리

치마만다 응고지 아디치에가 아홉 살이었을 때 선생님은 반 아이들에게 이런 제안을 했다. 시험을 봐서 1등을 한 학생이 반장이 되는 것이다. 그 말을 듣고 치마만다의 귀가 번쩍 뜨였다. 학급 반장이 되면 긴 지팡이를 손에 쥐고 반을 돌아다니며 자신의 눈에 띈 말썽쟁이들의 이름을 적을 수 있었다. 치마만다는 무척이나 반장이 되고 싶었다.

과연, 치마만다는 시험에서 1등을 했다. 하지만 놀랍게도 선생님은 여자아이는 반장이 될 수 없다고 말했다. 1980년대의 나이지리아에서 반장은 남자아이만 할 수 있었다. 선생님이 미리 그 이야기를 하지 않은 것은 그게 당연하다고 생각했기 때문이다. 결국 2등을 한 소년이 반장이 됐고 이 사건으로 인해 치마만다는 누가 출세하고 누가 발목을 잡히는지에 성별이 영향을 미친다는 사실을 알게 되었다. 치마만다는 이후 테드 토크에서 이렇게 말했다. "심지어 더 웃겼던 건 정작 그 남자애는 지팡이를 들고 반을 순찰하는 것에 전혀 관심이 없는, 상냥하고 순한 아이였다는 거예요. 반면 나는 그렇게 하고 싶은 야망이 가득했고요. 하지만 나는 여자였고, 그애는 남자였죠. 그래서 그애가 반장이 됐어요."

어린 시절부터 지금까지 치마만다는 인종차별과 성차별이 서서히 확산되는 역학관계를 관찰하고 이름을 붙였다. 어린 나이부터 글을 읽고 썼던 치마만다는 영국과 미국 소설을 특히 좋아했는데, 그래서 그 문체를 따라 자신의 어머니를 위해 크레파스로 그림을 그리고 연필로 글을 썼다. 이후 처음으로 치누와 아체베Chinua Achebe, 카마라 레Camara Laye 같은 아프리카 작가들을 발견하고는 세계에 대한 인식이 바뀌었다. "나는 나와 같은 사람들, 초콜릿 색깔의 피부를 가진 소녀들, 머리카락이 꼬불꼬불해서 찰랑거리게 뒤로 묶을 수 없는 사람들도 문학계에 존재할 수 있다는 것을 알았어요. 그래서 내가 잘 아는 것에 대해 쓰기 시작했죠."

치마만다는 나이지리아의 대학 도시 은수카에서 대학교수 아버지와 여성 최초로 대학 교무과장을 맡은 어머니와 함께 살았다. 부모님은 치마만다가 의사가 되기를 바랐고, 치마만다는 1년 동안 의학을 공부하긴 했지만 결국 자신이 정말로 하고 싶은 일은 글쓰기라는 것을 인정하게 됐다. 치마만다는 존스홉킨스대학에서 문예창작, 예일대학에서 아프리카 역사를 공부해 각각 석사학위를 받았다. 치마만다의 첫번째 희곡 『비아프라의 사랑을 위해For Love of Biafra』는 1998년 나이지리아에서 출판되

었다. 특유의 재미있고 솔직한 방식으로 쓴 그 작품을 치마만다는 "엄청
나게 과장된 희곡"이라며 대수롭지 않은 듯 이야기했다. 첫번째 책인 성
장소설 『보라색 히비스커스Purple Hibiscus』를 출판했을 때 치마만다는 26세
였다. 3년 후에는 나이지리아에서 일어난 비아프라전쟁을 바탕으로 한
역사소설 『태양은 노랗게 떠오른다Half of a Yellow Sun』를 발표했다. 그후
에 단편 소설집 『숨통The Thing Around Your Neck』과 미국에 온 나이지리아
인이 인종 문제에 대해 블로그를 쓰는 이야기를 담은 소설 『아메리카나
Americanah』를 출간했다.

2008년 치마만다는 맥아더 펠로우십을 수상했고 5년 후에는 입이 떡 벌어질 정도로 색다른 종류의 인정을 받게 됐다. 바로 또다른 대담한 여성인 비욘세가 치마만다가 테드 토크에서 한 연설 〈우리 모두는 페미니스트여야 한다We Should All Be Feminists〉의 일부를 자신의 노래 〈플로리스Flawless〉에 넣은 것이다. 같은 제목으로 된 치마만다의 책은 페미니즘에 대한 풍자와 현명한 논평이 가득 담겨 있다.

> "이야기는 중요해요. 많은 이야기들이 중요하죠. 이야기들은 빼앗고 비방하는 데 쓰여왔지만 또한 힘을 실어주고 인간답게 만드는 데 사용될 수도 있어요. 이야기들은 한 민족의 자존감을 무너뜨릴 수 있지만, 그 무너진 자존감을 다시 세워줄 수도 있죠."
>
> – 치마만다 응고지 아디치에

2016년 대통령 선거기간 동안 치마만다는 많은 지지자들, 특히 여성들이 온라인과 언론에서 침묵할 수밖에 없는 상황을 보고 좌절했다. 그래서 자신의 이야기를 할 수 없는 사람들을 대변하는 에세이를 썼다. 내가 2018년 치마만다를 처음 보았을 때, 치마만다는 『엄마는 페미니스트(아이를 페미니스트로 키우는 열다섯 가지 방법)Dear Ijeawele, or A Feminist Manifesto in Fifteen Suggestions』를 출간한 상태였다.

이 책 안에는 언론의 자유와 민주주의, 그리고 페미니즘 사이의 연관성에 대한 통찰력이 가득했다. 또한 나의 트위터 프로필에 대해 이야기하고 싶어했다. "프로필의 첫 단어가 '아내'예요. 그다음이 '엄마', 그리고 '할머니'고요. 그걸 보고 솔직히 살짝 화가 났어요. 그러고 나서 남편분의 트위터를 찾아봤는데 첫번째 단어가 '남편'이 아니더라고요." 치마만다가 옳았다. 나는 집에 가자마자 트위터 프로필을 바꾸겠다고 약속했고 실제로 그렇게 했다.

"우리는 소녀들에게 몸을 움츠리고 스스로를 작게 만들도록 가르칩니다. 우리는 소녀들에게 '야망을 가질 수는 있지만, 너무 많이는 안 돼. 성공하겠다는 목표를 세워야 하지만, 너무 성공해서도 안 돼. 그러면 남자를 위협하게 되니까'라고 말합니다."

— 치마만다 응고지 아디치에

첼시에게 이 이야기를 해주자 첼시는 말했다.

"치마만다 말이 맞아! 엄마한테 직접 와서 솔직하게 얘기해주다니 너무 멋지네. 엄마에게 꼭 필요한 이야기였잖아."

책 안팎에서 똑똑하고 신중하게 발언하는 것 외에도 치마만다에게는 또다른 엄청난 재능이 있다. 아무리 커다란 사회문제라 해도 빠르고 예리하게 파악하고 순식간에 해결책을 제시할 수 있는 보기 드문 능력이다. 2009년 테드 강연에서 치마만다는 '단편적인 이야기의 위험성'을 설명한 뒤, 타인을 인지하고 그것을 드러내는 새로운 방법을 제안했다. 치마만다가 앞으로 어떻게 계속 그 일을 해나갈지 너무나 기대된다.

아메리카 페레라
America Ferrera

첼시

　내가 아메리카 페레라를 만나 처음으로 받은 인상은 그녀가 정말 따뜻하고 재미있고 정직하다는 것이었다. 2008년 당시 우리는 네바다에서 나의 엄마를 위해 선거운동을 하고 있었다. 아메리카는 그보다 6년 전 독립영화 〈리얼 위민 해브 커브Real Women Have Curves〉에서 강렬한 역할을 맡아 열연한 뒤, 3년 전에는 〈청바지 돌려 입기The Sisterhood of the Traveling Pants〉에서 주연을 맡았고, 1년 전에는 텔레비전 쇼 〈어글리 베티Ugly Betty〉로 첫 에미상을 수상했다. 이 작품에서 아메리카는 자신의 이야기를 연기했다. 자녀에게 인생을 바꿀 기회를 주기 위해 미국으로 건너온 온두라스계 미국인 1세대의 이야기였다. 아메리카는 이민자 어머니를 둔 여섯 남매 가운데 한 명으로 자라면서 학교에서 주는 무상급식에 의존하며 사는 일이 얼마나 힘든지에 대해 솔직하게 말했다. 또한 유색인 여성이자 이민자의 딸인 자신이 더 정의롭고, 더 포용적이고, 더 친절한 세상을 만들 수 있도록 다른 사람들을 도와야 할 필요를 확신한다고 밝혔다. 아메리카가 보기에 정치에 참여하는 것보다 더 좋은 방법은 없었다. 우리는 그 선거운동 기간 동안 함께 다녔고, 곧 평생을 같이할 사이라 믿는 친구가 됐다.

힐러리

나도 아메리카가 나를 위해 전국을 돌며 선거운동을 해주던 당시에 처음 만났지. 항상 미국이라는 이름값을 하는 강렬한 인물이라는 느낌을 받았어.

아메리카는 일곱 살 때 연기를 시작했다. 그리고 학교 공연 작품인 〈햄릿〉과 〈올리버〉에서 주인공을 맡았다. 나도 그때로 돌아가서 그 공연을 볼 수만 있다면 얼마나 좋을까! 아메리카의 엄마는 딸을 걱정하는 마음에 연기를 못하게 하려고 온갖 방법을 다 썼지만 아메리카는 자신에게 열정과 재능이 있다는 것을 알고 있었다. "내 꿈은 배우가 되는 거였어요. 텔레비전이나 영화에서 나랑 비슷한 사람을 본 적이 없었죠. 당연히 가족과 친구들, 선생님들은 나 같은 사람은 할리우드에서 성공하지 못한다고 끊임없이 경고했어요. 하지만 나도 미국인이잖아요. 난 누구나 무엇이든 이룰 수 있다고 믿도록 배웠어요. 피부색과도 상관없고 부모님이 온

두라스에서 이민 왔다는 사실이나 내가 가난하다는 것도 다 상관없이 말이에요. 꿈을 쉽게 이룰 필요는 없어요. 그저 가능하기만을 바랐죠."

고등학교를 졸업한 후, 아메리카는 서던캘리포니아대학에 입학해 연극과 국제 관계를 공부했으나 얼마 지나지 않아 연기에 집중하기 위해 학교를 중퇴했다(몇 년 뒤 복학해 2013년에 학사과정을 마쳤을 때 아메리카와 그녀의 가족들이 얼마나 자랑스러워했는지 모른다). 어떤 면에서는 어머니가 걱정하실 만도 했다. 아메리카는 할리우드에서 인종차별과 성차별을 끊임없이 느꼈다. 하지만 자신이 누구여야 한다는 다른 사람의 생각에 순응하는 대신 자신의 길을 개척했다. 또한 자신이 자랑스러워할 만한 역할을 맡았고, 자신의 진심을 담아 온전한 모습으로 모든 작품에 임했다.

하지만 결코 쉽지는 않았다. 아메리카는 〈어글리 베티〉로 에미상 시상식 무대에 올랐던 경험을 이야기했다. "일곱 살 때 텔레비전에서 처음으로 에미상 시상식을 본 이래 내 손에 상을 거머쥐고 시상식장에 서 있는 모습을 상상했어요. 그리고 마침내 내가 시상대에 서서 상을 받는 모습이 텔레비전으로 방송되고 있었어요. 그때가 2007년이었고 내가 스물세 살이었죠…… 그때는 최고로 축하받는 순간이어야 했는데 그렇지 못했어요. 내가 무슨 말을 했는지는 기억나지 않지만, 머릿속을 스쳐갔던 말들은 생생하게 기억이 나요. '분수를 알아야지! 여기는 네가 낄 자리가 아니야. 네가 이 상을 받을 자격이 있다고 생각하는 사람은 아무도 없어. 얼른 무대에서 내려가!'" 아메리카가 마침내 '잔소리를 늘어놓는 마음속 비평가'를 떨쳐버리기까지는 거의 10년의 노력과 치료가 필요했다.

아메리카는 그 비평가를 침묵시키기 위해 노력하면서 자기에 대한 회의감과 씨름하고 미국의 정치가 그 회의감을 부추겼으며 그로 인해 미국에서 자신의 위치에 의문을 갖게 되었다고 공공연하게 이야기해왔다.

"우리 중에 정치와 상관없이 살 수 있는 특권을 가진 사람은 없어요. 사람들은 내 삶에 영향을 미치는 결정을 매일 내립니다. 내가 숨쉬는 공기, 안전하게 거리를 걸을 능력, 내가 일해서 벌 수 있는 돈 그리고 내 몸에 일어나는 일을 선택할 수 있는 권리까지 말이죠."

정치는 개인적이다. 아메리카는 그 사실을 깊이 이해하고 있으며, 자신의 이야기와 자신의 위치를 나눠 사람들, 특히 이민자들과 유색인종 그리고 여성들에게 선거권을 주고 보호할 책임을 느끼고 있다. 아메리카는 '보토 라티노Voto Latino' 및 다른 단체들과 협력해 시민 참여를 확대하고 자신이 지지하는 후보를 위한 선거운동을 벌였다. 아메리카는 당당하게 자신의 의견과 주장을 펼친다.

아메리카는 항상 미래를 생각한다. 그리고 불의에 맞서며 자신이 살고 싶은 세상을 만들기 위해 무엇을 할 수 있는지 스스로에게 묻는다. 2016년 선거 후, 아메리카와 영화 제작자인 남편 라이언 윌리엄스는 '하네스Harness'라는 단체를 설립해 다른 예술가들과 함께 일하며 사람들에게 투표를 독려하고 중요한 비화를 들려주었다. 또한 우리의 친구인 엘사 콜린스를 포함한 다른 활동가들을 지원하고 있다. 엘사는 2018년부터 샌디에이고와 티후아나를 오가는 버스를 운영해 부모와 떨어져 있는 아이들을 포함해 국경 양쪽에 사는 가족들에게 절실하게 필요한 물품들을 가져다주고 있다.

"나는 내 꿈을 이루기 위해서, 내 재능으로 세상에 기여하기 위해서, 진정한 나를 거부해야 한다는 말을 들어온 수많은 사람 중 하나일 뿐입니다. 나는 더이상 저항하지 않고 온전하고 진정한 나 자신으로 존재할 준비가 됐습니다⋯⋯ 나의 정체성은 장애물이 아닙니다. 나의 정체성은 초능력입니다. 왜냐하면 나는 세상의 모습이기 때문입니다."

– 아메리카 페레라

2017년 아메리카는 아홉 살 때 성폭행을 당했다는 사실을 용기 있게 털어놓았고, 수백만 명의 여성들과 함께 손을 들고 '미투Me too'를 외쳤다. 그리고 권력자들이 저지른 학대와 부정행위들이 심지어 아직까지도 전 세계적으로 심판받지 않고 있다는 문제 인식을 바탕으로 '타임즈 업TIME'S UP'이라는 단체를 세웠다. 그리고 연예계의 다른 사람들과 함께 모여 전 세계의 여성을 위한 변화를 일으키기 위해 무엇을 할 수 있는지에 대해 이야기를 나누었다. 오늘날, 타임즈 업과 타임즈 업 법률 보호 기금은 연예 산업부터 외식 산업, 기술 분야에 이르기까지 정의를 위해 싸우는 여성들을 지원하고 있다.

정치와 자신의 삶에서 아메리카는 겁이 나는 일을 하려고 끊임없이 자신을 채찍질한다. 2016년에 철인 3종 경기를 하기로 결심하고, 자신을 '뚱뚱한 아이, 미루거나 포기하는 아이'라고 말하는 부정적인 목소리들을 머릿속에서 지우며 훈련을 시작했다. 아메리카는 이후 이렇게 썼다. "스스로에게 회의감을 느끼고 나는 더 세게 나갔다. 내가 가진 모든 소셜 미디어에 철인 3종 경기에 참가하겠다고 발표한 것이다." 아메리카는 처음으로 바다에 들어가면서 주문을 외웠다. "너는 전사고, 너는 강해. 그리고 상어는 없어." 아메리카는 두 가지 목표를 달성했다. 끝까지 완주하고 긍정적으로 생각하기. 늘 그렇듯 아메리카는 다른 선수들을 응원하며 나아갔고 자신의 유일한 목표는 머릿속에 있는 비평가들보다 더 크게 소리를 지르는 것이라고 설명했다. 그리고 마침내 완주하면서 이렇게 말했다. "드디어 이 질문에 대한 답을 얻었어요. '도대체 네가 누구라고 생각하는 거야?' 나는 내가 말하는 대로예요." 배우이자 사회운동가, 작가, 운동선수 그리고 어머니로서 아메리카는 자신의 이야기를 만들어가는 것 역시 배짱 좋은 일이라는 것을 계속해서 증명해왔다.

알리 스트로커
Ali Stroker

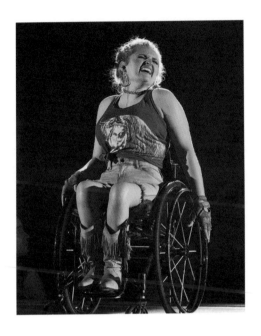

첼시

알리 스트로커는 뮤지컬 〈오클라호마!〉의 아도 애니 역으로 2019년 토니상을 수상했을 때, 자신이 역사에 한 획을 그었다는 사실을 깨달았다. 휠체어를 타는 배우로는 최초로 이 엄청난 상을 수상한 것이다. "이 상은 오늘밤 이 시상식을 보고 있는, 장애가 있거나, 제약이 있거나, 어려움을 겪고 있는 그리고 이 무대에 설 날을 기다리고 있는 모든 어린이들을 위한 상입니다." 알리는 수상 소감에서 이렇게 밝혔다. 어린 시절 뉴저지 리지우드에서 자란 알리는 누군가의 롤모델이 되는 게 어떤 기분인지를 너무나 잘 알고 있었다. "어렸을 적에 나 같은 사람은 보지 못했다는 사실을 잘 알고 있거든요. 그래서 어떤 일로 너무 지치거나 의욕이 꺾이는 날에는 일부러 그 생각을 하면 불끈 힘이 솟아요."

알리는 두 살 때 교통사고로 척수를 다쳐 가슴 아래로 모두 마비됐다. 그날 이후로 휠체어를 탔다. 알리의 부모는 처음부터 알리가 할 수 없는 것이 아니라 할 수 있는 것에 집중하도록 가르쳤고, 알리가 할 수 있는 것 중 하나가 바로 노래였다.

알리의 첫 뮤지컬 경험은 일곱 살에 이웃집 뒷마당에서 〈애니〉를 공연했을 때다. 알리는 주연을 맡았고, 자신에게는 무대가 어울린다는 사실을 바로 알아차렸다. "정말 특별한 여름이었어요. 내 인생이 시작됐죠." 알리는 고등학생 시절 내내 연기했고, 그곳에서 학년 대표를 맡기도 했다. 이후 뉴욕대학교의 티쉬 예술학교에서 학위를 받은, 최초의 휠체어를 탄 여배우가 됐다. 알리의 좌우명은 '한계를 기회로 삼아라'였다.

알리는 2012년 뮤지컬 코미디 텔레비전 쇼 〈글리〉의 배역을 캐스팅하기 위해 열린 리얼리티 텔레비전 오디션 프로그램 〈글리 프로젝트〉에 참가해 전국적인 관심을 끌었다. 그로부터 3년 후, 알리는 데프 웨스트 시어터에서 재공연된 뮤지컬 〈스프링 어웨이크닝Spring Awakening〉에 출연하며 브로드웨이에 데뷔했다. 이 역할을 통해 알리는 안무를 바꾸어 보여줄 기회를 얻었고 출연진 및 제작진들과 협력하여 자신만의 독특한 공연을 창조해냈다.

알리는 뛰어난 연기자일 뿐만 아니라 열성적인 사회운동가이기도 하다. 알리는 남아프리카공화국에 가서 에이즈에 걸린 여성과 어린이들을 위한 워크숍과 수업을 열어 '더 용감하게Be More Heroic'라는 괴롭힘 방지 운동을 시작했으며 '어텐션시어터ATTENTIONTheatre'를 설립해 장애를 가진 연기자들에게 더 의미 있는 기회를 만들어주었다. 이 단체의 강령에는 이렇게 쓰여 있다. "우리는 영감을 주거나 이 예술가들을 영웅으로 만들겠다는 의도는 없지만 그렇게 할 것이다. 우리는 우리 자신을, 욕망과 정체성을 얻기 위해 애쓰는 모든 사람들을 표현할 것이다."

"휠체어 타고는 춤이 안 된다고 누가 그래요? 허공에 팔을 뻗고 다른 사람의 팔을 잡으면서 무대를 가로지르는 게 춤이 아니라고 누가 그래요?"

– 알리 스트로커

토니상을 수상하던 역사적인 날 밤, 알리는 관객석이 아니라 무대 뒤에서 입장했다. 무대 앞쪽에 경사로가 없었기 때문이다. 이후 알리는 "브로드웨이 극장들은 장애가 있는 사람도 관객석으로 들어올 수 있도록 되어 있지만 백스테이지는 그렇지 않습니다. 극장주와 제작자들은 장애가 있는 배우들이 백스테이지에서도 다닐 수 있도록 방법을 찾아봐주시길 바랍니다"라고 호소했다.

관객, 제작진, 창작자, 공연자 모두가 진정으로 극장에 가닿으려면 아직 갈 길이 멀다. 하지만 알리는 강력한 본보기를 세우고, 공간을 마련하며, 어렵고 중요한 질문들을 기꺼이 제기해서 장애를 가진 배우 지망생들의 모습이 충분히 세상에 드러나도록 해주고 있다. 어쩌면 휠체어 위에 앉아서 〈애니〉 혹은 〈오클라호마!〉의 주연을 꿈꾸고 있을 어린 소녀까지도 말이다.

아마니 알카타베
Amani Al-Khatahtbeh

첼시

2001년 9월 11일, 아홉 살이었던 아마니 알카타베는 뉴저지에
살고 있었다. 아마니의 부모는 요르단과 팔레스타인에서 미국으로 이주
했다. 자녀들이 꿈을 마음껏 펼칠 수 있는 기회가 많은 곳에서 자라도록
하고 싶었기 때문이다. 그러나 9·11 사건 이후 아마니는 학교와 동네에
서 인종차별과 만연한 이슬람 혐오에 시달리게 되었다.

열일곱 살이 되던 해, 아마니는 온라인 잡지 〈무슬림걸MuslimGirl〉을 창
간했다. "우리들 목소리라고 주장하며 왜곡시키는 언론 기업들이 무슬림

여성들의 의견을 착취적으로 수집하고 이용하고 걸러내지 못하도록 개인적으로 거부하는 것입니다." 이후 아마니는 이렇게 이야기했다. "이 잡지는 이슬람 소녀들끼리 서로 연결되고 소통하는 방식으로 시작되었고 9·11 이후 이슬람 혐오와 편견, 오해가 만연하면서 우리 자신을 위한 공간을 도전적으로 개척하는 플랫폼으로 진화했습니다." 아마니가 2009년에 〈무슬림걸〉을 시작했을 때, 미국에는 이와 비슷한 매체가 존재하지 않았다. 아마니는 다른 젊은 무슬림 미국인 여성들과 자신에게는 이러한 매체가 중요하다는 것을 알고 있었고 다른 여성들이 자신처럼 큰소리로 의견을 주장할 수 있도록 돕고 싶었다. 매번 확인할 때마다, 사이트의 방문자는 계속해서 늘어났다.

아마니는 고등학교를 졸업한 뒤에도 〈무슬림걸〉을 계속 운영했다. 러트거즈 대학에서 온라인 사이트를 운영하며 아랍계 무슬림 미국인으로는 최초로 학보사에서 시론 편집자를 맡았다. 대학 졸업 후, 아마니는 워싱턴 D.C.의 비영리단체에서 일했다. 그러다 뉴욕에서 오랫동안 꿈꿔온 직장인 언론사에 취직했지만 아마니가 일을 시작하기도 전에 회사는 폐업했다. 하지만 아마니는 어쨌든 뉴욕으로 이사했고 〈무슬림걸〉을 더 키워서 전업으로 삼으며 집중했다. 그 한 해에만 〈무슬림걸〉은 트래픽이 90퍼센트나 증가했다. 그리하여

"사람들은 항상 나한테 〈무슬림걸〉을 어떻게 시작한 거냐고 물어봐요. 나는 도메인을 사고 몇 개의 호스팅을 이용해 '시작'했죠. 하지만 거기까지는 쉬운 부분이에요. 사람들이 내게 물어봐야 할 질문들은 이런 거죠. '친구들과 기숙사에서 쉬거나 공연을 보러 가고 싶은 마음이 굴뚝같았을 텐데 어떻게 대학시절 내내 〈무슬림걸〉에 붙어 있었나요?' '졸업 후에 진지한 것을 고민하기 시작해야 되지 않겠느냐고 아버지가 물어봤을 때 뭐라고 대답했나요?' 그때부터 훨씬 더 어려워지거든요."

– 아마니 알카타베

2017년까지 연간 170만 건의 페이지뷰를 기록했다.

현재 〈무슬림걸〉의 운영진에는 40명이 넘는 인원이 있으며 이들은 '이슬람과 페미니즘이 교차하는 지점'에서 콘텐츠를 제작하고 있다. 아마니는 이슬람과 페미니즘이 상호보완적이라고 여기며 다른 사람들도 그런 식으로 이해할 수 있도록 돕는다. 〈무슬림걸〉은 2016년 선거기간부터 이번에는 트럼프 대통령(당시 후보였던)이 부추긴 이슬람 공포증이 또다시 급증하면서 다시 한번 주목을 받게 됐다. 아마니와 운영진은 〈무슬림 여성을 위한 위기 탈출 안내서〉를 발간했고, 도널드 트럼프의 무슬림 공격에 대해 비판의 목소리를 높였다. "트럼프의 발언들 때문에 이슬람 혐오적인 태도들이 영원히 남게 됐어요. 이제 우리는 이슬람 여성들에게 항상 충전된 휴대전화를 소지하고, 증오범죄 신고 전화번호나 현장을 녹화할 수 있는 애플리케이션을 미리 알아두라고, 심각한 위협을 받는 지역에서는 눈에 덜 띄는 히잡을 쓰라고 충고하게 됐어요."

어려운 환경 속에서도 아마니는 무슬림 공동체를 알리는 매체로 〈무슬림걸〉을 지켜왔다. 최근 주요 뉴스들은 '하던 일을 멈추고 다음 이프타 파티(라마단 기간에 무슬림들이 일몰 직후 금식을 마치고 먹는 첫 식사—옮긴이)에 먹을 에너지바를 굽자'에서부터 '코란 문구는 내 외상후스트레스장애에 어떤 영향을 주나', '불규칙한 생리주기는 금식에 어떤 의미인가'에 이르기까지 다양하다. 아마니는 2017년 3월 27일을 '무슬림 여성의 날'로 정했다. 그 이후로는 매년 선출된 공직자들이나 사회운동가들, 예술가들이 이날을 축하하고 있다.

나는 2016년 클린턴글로벌이니셔티브대학에서 아마니를 만났다. 아마니는 '만들어낼 용기'를 갖는 것에 대한 토론에 참여해 훌륭한 아이디어를 가지는 데에서 시작해서 그 아이디어를 현실로 만드는 데 무엇이 필요한지를 살펴보았다. 아마니는 분명 용기는 필요하다고 말했다. 또한 자신이 〈무슬림걸〉을 만들며 그랬듯 누구에게나 의미 있고 획기적이며 강력한 무언가를 만들어낼 수 있다고 믿는 이유를 다른 사람들과 나누려는 열정도 필요했다고 덧붙였다.

나는 아마니가 그해 말에 펴낸 자서전 『무슬림걸*Muslim Girl: Coming of Age*』을 읽고 그 용기를 다시금 생생하게 느낄 수 있었다. 아마니는 이 연대기에서 성장기와 인격 형성기에 자신이 부족하다는 느낌과 힘들게 싸워야 했고 이는 심각한 이슬람 공포증과 인종차별 때문에 악화되었다고 적었다.

2017년 5월, 아마니와 나는 워싱턴 D.C.에서 열린 국제구호원조기구Cooperative for Assistance and Relief Everywhere, CARE 전국 회의에 함께 패널로 참가했다. 회의의 주제는 '그 어느 때보다 지금Now More Than Ever'이었다. 우리는 현재 소녀들과 여성들이 직면하고 있는 많은 문제에 대해 이야기했다. 그리고 지금까지 의견을 말할 수 없었던 사람들에게 목소리를 찾아주고 우리가 가진 매체를 통해서 그 의견들을 공유할 우리의 의무에 대해 논의했다. 아마니는 때로는 독자들을 포함한 모든 사람에게 그들의 견해를 의심하도록 만드는 것이 자신의 임무라고 생각했기 때문에 어려운 문제들을 계속해서 기꺼이 맡았다. 그 모습을 보며 나는 깊은 감명을 받았다. 아마니는 한 인터뷰에서 이렇게 말했다. "우리는 이슬람교로 개종한 트랜스젠더 여성과 그녀가 겪은 일들에 대해 나눈 대화를 게재했어요. 그녀는 글에서 신을 '그녀'라고 불렀고 우리는 다들 흥분했죠."

아마니가 하는 일들을 점점 더 많은 사람이 보게 되면서 그녀의 이야기를 크게 다루고 싶어하는 사람도 더욱 많아졌다. 그러나 그럴수록 아마니는 자신이 애초에 〈무슬림걸〉을 시작하게 되었던 원래의 목적에 충실하려 노력했다. 아마니는 글과 소셜 미디어에서 징표로 삼는 것을 포함해 자신이 사람들에게 알려지면서 발생한 새로운 문제들을 따진다. "여러 매체들이 나를 장식처럼 이용해 무슬림 여성이 포함되어 있다고 생색을 내려는 경우가 많았어요. 하지만 나한테는 중요하게 고려할 사항이었어요." 아마니는 자신이 받은 서구식 교육과 밝은 피부색, 좋은 외모로부터 오는 특권에 대해서 공공연히 이야기한다. 그리고 대중에게 유명해질 기회를 포기하게 되더라도 자신의 가치관에 따라 살고 있다. 그 예로 2018년 미국 화장품 기업 레브론Revlon이 제안한 상을 아마니는 다른 후보자의 견해에 반대한다는 이유로 거절했다.

아마니는 여론이 변하거나 우리의 정치 풍토가 나아지기를 기다리는 부류의 사람이 결코 아니다. 대신, 10대 때부터 무슬림은 물론 모든 소녀가 누려 마땅한 세계를 꿈꾸었고, 그 세계를 만들 수 있는 공간을 주도적으로 개척해왔다.

선출된 지도자들

ELECTED LEADERS

벨라 앱저그

Bella Abzug

힐러리

벨라 앱저그는 항상 솔직했다. 매일 오랜 시간 일하며 바쁘게 살면서도 한 번도 부화뇌동한 적이 없다. 무슨 일을 하든 자신의 원칙을 고수했고 열정을 바쳤으며 용감했다. 미국 여성들이 해온 일, 했던 말, 그리고 자립의 역사를 쓸 때 벨라의 이름과 업적은 가장 중요한 것들로 손꼽힐 것이다.

선구적인 정치인인 벨라는 1920년 브롱크스에서 태어났다. 여성들이 투표권을 얻게 된 바로 그해였다(벨라가 이렇게 말하던 모습이 떠오른다.

"아니. 나는 결정적인 순간이 될 때까지 등장하지 않아"). 벨라는 열한 살 때 지하철역에서 생애 첫 연설을 했다. 컬럼비아 로스쿨을 졸업한 후에는 변호사가 되어 여성, 유색인종, 성소수자, 그리고 노동자 등과 같이 그녀의 표현에 따르면 "권력의 밖에 있는" 이들을 위해 싸웠다. 벨라는 시민권을 지지했고 조지프 매카시 상원의원이 주도한 마녀사냥의 표적이 된 사람들을 대변했다. 1970년에는 하원의원으로 선출되었고, 세 번의 임기를 지냈다. 벨라의 구호는 아직도 생생하다. "이 여성이 있을 곳은 집House입니다. 하원The House of Representatives 말입니다."

나는 벨라가 하원의원으로 당선된 1970년에 벨라에 대해 처음 알게 됐다. 당시에 법대 도서관에 앉아 신문을 읽곤 했는데 신문에는 늘 벨라의 기사가 실려 있었다. 벨라는 여러 가지 이유로 눈에 띄었는데 늘상 모자를 쓰고 있어서이기도 했지만 특히 전쟁에 반대하는 입장을 취한 점에서 나는 벨라를 존경했다. 언젠가 벨라는 닉슨 대통령의 초대를 받아 백악관을 방문했다. 참을성 있게 줄을 서서 기다려 드디어 대통령과 악수를 할 차례가 되자, 벨라는 모든 사람들에게 들릴 정도로 우렁차게 자신은 자신의 유권자들을 대표해 이 자리에 왔으며 베트남으로부터 철수를 요구한다고 외쳤다. 당시에 나는 정치에 관심이 있기는 했어도 출마까지는 전혀 생각하지 못했는데, 벨라는 정치적, 정책적 결정이 한창 활발하던 시기에 활동하던 몇 안 되는 여성 중 한 명이었기에 나에게 영감을 주었다. 현재 우리의 상황과 소름 끼칠 정도로 비슷했던 민주주의의 위기 속에서 벨라는 하원의원 가운데 최초로 닉슨 대통령의 탄핵에 찬성하는 의견을 냈다.

정치인들은 그녀를 '싸움꾼 벨라'라고 불렀다. 그녀에게 아주 잘 어울리는 별명이었다. 〈라이프〉에 이런 글이 실렸다. "벨라 앱저그가 의회에

도착했고…… 그리고 고성이 오가기 시작했다." 사실이었다. 벨라는 남들에게 자신의 가지고 감정을 정확히 드러냈다. 버럭 고함도 지를 수 있을 정도였다. 하지만 그와 동시에 요령 있고 물밑 작업에도 능한 정치인이었다. 공개적으로는 자신을 짤막한 농담들을 던지면서도 다른 한편으로는 전형적으로 백인 남자들의 인맥을 과시하는 그런 의원들 중 몇몇과 친해지기도 했다. 벨라는 강하고 효과적인 존재감을 가지고 있었다. 그리고 게임의 방법을 잘 알고 있었다. 누구를 위해 싸우는지도 잊지 않았다. 벨라는 유권자들과 대변인이 필요한 모든 사람들을 위해 당당하게 일했다. 또한 끈기 있게 타이틀 나인, 정보의 자유법, 그리고 여성들에게 신용장 개설을 허가하는 최초의 법과 같은 역사적인 법들을 공동 작성했다. 의회에서 성평등 헌법 수정안 통과가 세 번이나 실패하자 벨라는 그저 뒷짐지고 앉아서 시간을 허비하지 않았다. 글로리아 스타이넘, 셜리 치점, 패니 루 해머, 밀드러드 제프리, 베티 프리댄과 함께 1971년 전국여성정치회의National Women's Political Caucus, NWPC를 창설했다.

하원의원으로 세 번의 임기를 보낸 뒤 벨라는 여성 최초로 뉴욕주 상원의원에 도전했다. 하지만 불과 1퍼센트도 안 되는 득표율 차이로 졌다. 그다음에는 여성 최초로 뉴욕 시장 선거에 출마했다. 벨라는 정치를 사랑했고 당당했다. "나는 정치인입니다. 공직에 출마하죠. 그게 내 직업이니까요."

영부인 자격으로 비정부기구NGO를 방문하거나 국제회의에 참여하면 나는 어김없이 벨라를 만났다. 벨라는 보통 이 회의들에서 여성들의 모임을 만들거나 여성들을 최소한 한 명이라도 더 참여시키려고 애썼다("먼저 여성의 해가 정해졌어요. 그리고 나서 여성의 해가 10년으로 늘어났고요. 조만간 전부 다 줄 거예요." 벨라가 말했다). 세상을 떠나기 몇 년 전부터 벨

"거칠고 시끄러운 여자, 프로 권투선수, 남성혐오자 등 나를 가리키는 말은 많습니다. 사람들은 나를 싸움꾼 벨라, 억척어멈, 포트노이(필립 로스 소설 『포트노이의 불평』의 주인공—옮긴이)보다 불평이 더 많은 유대인 어머니라고 부릅니다. 나보고 조급하고, 충동적이고, 건방지고, 무례하고, 불경하고, 성급하고, 고압적이라는 사람들도 있어요. 이중에 뭐가 맞는지 아니면 전부 다 맞는지 그것도 알아서 결정하세요. 하지만 내가 처음부터 분명히 밝히고 싶은 건 내가 매우 진지한 여자라는 사실입니다."

- 벨라 앱저그

라의 건강은 나빠지기 시작했다. 하지만 벨라는 포기할 생각이 없었다. 그리고 계속해서 활동했다. 1995년 베이징여성총회에서 만난 벨라는 휠체어 위에서도 여전히 투쟁하고 있었다. 중국 정부는 NGO 회의를 베이징에서 멀리 떨어진 화이러우에서 개최했다. 비가 억수같이 쏟아졌고 사방이 진창이었다. 하지만 벨라는 멈추지 않았다. 그곳에서 질병도 장애도, 그 무엇도 자신의 투지를 꺾을 수 없다는 것을 증명했다.

벨라는 계속해서 일을 조직했고, 계속해서 성과를 요구했다. 나는 벨라가 세상을 떠나기 얼마 전 성공적으로 소액 대출에 기여한 공로로 백악관에서 상을 수여한 자리에서 벨라를 만났다. 소액 대출은 베이징 회의에서 우리가 발표했던 공약으로 벨라는 깊은 관심을 쏟아왔다. 수상 후 벨라는 나에게 다가오더니 그렇게 열심히 싸워서 얻어낸 승리를 축하할 틈도 없이 숨을 한번 크게 들이마시고는 이렇게 말했다. "좋아요. 이제 우리가 다음에 해야 할 일은 이거예요." 벨라는 우리가 아무리 많은 것을 성취했다 하더라도 앞으로 할 일이 훨씬 더 많다는 것을 늘 기억하게 만들었다.

몇 년 후, 나는 벨라가 출마했던 상원의원 선거에 출마하게 되었다. 벨라의 딸 리즈가 내게 짚어주었듯 벨라는 상원의원 자리에 처음으로 도

선출된 지도자들

전한 여성이고 나는 그로부터 24년 후, 처음으로 성공한 여성이 됐다. 나는 벨라와 더불어 뉴욕의 다른 선구적인 여성들에 대해 많이 생각했다. 주 전체의 정치판에 끼어들기가 얼마나 힘들었는지, 그리고 여전히 얼마나 힘든지 생각해보았다. 하지만 가장 많이 한 생각은 벨라가 곁에 없어서 아쉽다는 것이었다. 선거운동을 하는 동안 거의 어디에서나 나는 이렇게 말하는 사람들을 만났다. "내가 처음으로 투표한 여자는 벨라 앱저그였어요. 나는 당신에게도 투표할 거예요." 중앙아시아든, 아프리카든, 다른 어느 곳이든 나는 여전히 자신을 이렇게 소개하는 여성들을 만난다. "나는 러시아의 벨라 앱저그예요." "나는 카자흐스탄의 벨라 앱저그입니다." "나는 우간다의 벨라 앱저그예요." 그들이 정말 하고자 하는 말은 자신들 역시 선구자라는 것이다. 그들 역시 여성의 평등한 권리를 요구하기 위해 기꺼이 그들 사회의 기득권과 대결하려고 한다는 것이다.

1998년 나는 벨라의 추모식에서 추모 연설을 했다. 그날 그곳에 있던 거의 모든 사람들은 벨라가 썼던 유명한 모자처럼 챙이 넓은 멋진 모자를 썼다. 벨라는 직장생활을 시작하면서 비서로 오해를 받자 그후로 모자를 쓰기 시작했다. "내가 젊은 변호사였을 때, 사람들의 사무실에 가면 그들은 항상 이렇게 말했어요. '여기 앉으세요. 변호사가 올 때까지 기다리죠.' 일하는 여성들은 모자를 썼어요. 사람들한테 진지한 대접을 받을 유일한 방법이었죠." 이후 의회에 입성한 벨라는 자신이 모자를 벗기를 남성 의원들이 바란다는 것을 알았다. 그래서 벨라는 결국 이렇게 결심했다. 모자를 계속 쓰겠다고.

벨라는 단지 법과 정책을 바꾼 것이 아니라 공직에 있는 여성들을 위한 기회를 바꿨다. 남성 정치인들은 각양각색의 모습을 보여주지만, 여성들은 여전히 기존의 틀에 맞추길 강요받는다. 하지만 벨라는 그 틀을 깼다. 자신만의 입지를 개척하고 그 과정에서 자신의 뒤를 이을 다음 세대 여성들에게 길을 열어주었다.

셜리 치점

Shirley Chisholm

힐러리

내가 공직에 직접 출마하겠다는 목표를 세우기 훨씬 전에 셜리 치점이 있었다. 셜리는 끈기와 독창성 그리고 자부심이 있는 여성이었다. 1972년 셜리는 여성 최초로 민주당 대선후보 경선에 출마해 선거 구호를 당당하게 외쳤다. "매수되지도 지배되지도 않는다Unbought and Unbossed." 1924년 뉴욕 브루클린에서 태어난 셜리는 여성들, 그중에서도 특히 흑인 여성들이 어딜 가든 할 수 있는 것보다 할 수 없는 것이 더 많았을 때에도 당당했다.

나는 대학에 다니면서 셜리에 대해서 처음 들었다. 그리고 열심히 셜리의 길을 뒤따라갔다. 이민자의 딸이었던 셜리는 1950년대에 유치원 교사로 시작해서 이후 보육시설 두 곳의 원장 자리까지 올랐다. 그리하여 교육 분야에서 전문성을 인정받아 뉴욕시의 보육 제도를 자문하기도 했다. 1968년 선거구가 조정되어 자신이 살던 브루클린의 베드퍼드스타이베선트 지역이 새로 하원의원 선거구로 추가되자 셜리는 선거에 입후보하기로 결심했다. 그리고 지역사회에 가지고 있던 오랜 기반을 이용해 선거운동을 했다. 선거운동 기간 동안 홍보 차량을 타고 선거구를 운전해 다니면서 이렇게 외쳤다. "여러분, 투지가 넘치는 셜리 치점이 지나갑니다." 셜리는 경선에서 세 명의 후보를 제쳤다. 그리고 총선에서는 베드퍼드스타이베선트에는 '하찮은 학교 교사'가 아니라 '미국 정치에 목소리를 낼 수 있는 남자'가 필요하다고 주장하는 경쟁 후보와 맞붙었다.

첼시

오히려 미국 정치에는 더 많은 선생님과 유아교육 전문가가 필요해. 그건 그때도 그랬고 지금도 마찬가지야.

선거운동을 하면서 셜리는 저소득층 주택단지를 집집마다 방문해 사람들을 만났고 유창한 스페인어로 이야기를 나누었다. 그리고 마침내 총선에서 승리하여 흑인 여성 가운데 최초로 하원의원에 선출됐다.

어떤 사람들은 그 장벽을 깬 것만으로도 충분하다고 말했다. 일단 의회에 입성하면 조용히 앉아서 풍파를 일으키지 말아야 한다고 말이다. 그렇지만 셜리는 그럴 생각이 눈곱만큼도 없었다. 자신은 맡은 일을 해내는 하원의원일 뿐이었다. 셜리의 이런 모습에 나는 그 당시뿐만 아니라 지금까지도 영감을 받는다. 사람들이 듣기 싫어할 소리를 해야만 하는 상황이었다면 셜리는 기꺼이 듣기 싫은 소리를 했다. 사람들은 셜리가 퉁명스럽고 거칠고 현명하지 못하다고 말했다. 강한 여성들이 귀에 못이 박히게 듣던 말이다. 하지만 그 어떤 말도 셜리를 막지는 못했다. "나는 그냥 조용히 앉아서 구경만 할 생각은 없습니다." 셜리는 이렇게 말했고 자신의 말을 지켰다.

취임 첫날부터 셜리는 노동자, 이민자, 빈곤 아동, 임산부의 권리를 위해 싸웠다. 1971년에는 벨라 앱저그 뉴욕주 하원의원, 월터 먼데일 Walter Mondale 미네소타주 상원의원과 함께 처음으로 아동보육을 위한 연방기금 제공을 위해 입법을 추진했다. 비록 리처드 닉슨 대통령이 이 법안을 거부했지만 시도 자체로도 큰 의의가 있었다. 이듬해 셜리는 '가난한 아기들은 우유를, 가난한 어린이들은 음식을' 먹을 수 있도록 여성, 영아, 아동을 위한 특별 영양 보조 프로그램Special Supplemental Nutrition Program for Women, Infants, and Children, WIC을 만드는 데 중요한 역할을 했다. 내가 로스쿨 재학 시절 일했던 어린이 보호기금Children's Defense Fund은 그 두 법안을 후원하며 셜리를 어린이들의 대변자로 여겼다. 나도 마찬가지였다.

셜리는 가사노동자들을 위한 실업보험과 최저임금 보장을 확대하기 위해 싸웠고 성공했다. 셜리는 브루클린에서 자라면서 '가사'노동자들이 얼마나 뼈빠지게 일하는지, 얼마나 빈번히 착취당하며 일자리를 잃고 궁핍하게 지내는지 보아왔다. 또한 셜리는 타이틀 나인을 위해 싸우

"현재 미국에서 여성의 이상주의와 결단력을 가장 필요로 하는 분야는 아마 정치일 겁니다."

– 셜리 치점

는 투사였다. 여성들이 교육을 받기 위해 얼마나 힘들게 싸워야 하는지 그간의 경험으로 잘 알고 있었기 때문이다. 그리고 교육자로서 교육이 모든 것의 열쇠라고 믿었다.

셜리는 단지 미국에 자신의 발자취를 남긴 것이 아니라 의회에도 발자취를 남겼다. 연방의회에 흑인 의원 모임인 '블랙 코커스Black Caucus'와 '여성 의원 모임Congressional Women's Caucus'을 공동으로 설립했다. 셜리는 의회에서 흑인이자 여성으로 일하는 것이 얼마나 힘든지 직접 겪어 알고 있었다. 그래서 다음에 올 사람들이 자신만큼 힘들게 싸우지 않기를 바랐다. 그리고 그것을 신성한 책임으로 여겼다. 셜리를 뒤따라온 사람들 중 한 명으로서, 나는 늘 그 점에 감사한다.

첼시

어렸을 적 엄마가 제일 처음 선거로 뽑힌 여성들에 대해 이야기 해줬는데, 그중 가장 기억나는 사람은 셜리 치점과 제럴딘 페라로 Geraldine Ferraro야. 엄마는 내가 여자도 당연히 무엇이든 될 수 있고 무엇이든 할 수 있다는 것을 알면서 자라길 바랐고 덕분에 나는 그렇게 자랐어.

1972년 셜리는 대통령 선거에 출마했다. 빈약한 선거자금, 전국적인 선거운동을 하기에는 조직적으로 어려운 상황, 게다가 흑인이자 여성이기 때문에 마주했던 저항 등을 감안할 때 놀랄 만큼 효과적이었다. 셜리는 마이애미 비치 컨벤션에서 152명의 최고 득표수를 얻었으며, 최종 후보자가 된 조지 맥거번에 이어 4위를 차지했다. 몇 년 후 셜리는 "전혀 될 가망이 없었지만…… 순수한 의지와 현상태를 받아들일 수 없다는 의지를 보여주기 위해" 대통령에 출마했다고 말했다. 또한 정치판에서 여성이기 때문에 직면했던 어려움들에 대해서도 매우 분명히 밝혔다. "대선에 출마했을 때 나는 흑인이기보다는 여성이라서 더 많은 차별을 받았습니다. 남자들은 어디까지나 남자입니다."

나는 선거 유세장에 나갔을 때 셜리를 자주 떠올렸다. 대통령 선거에 출마하는 것은 결코 쉬운 일이 아니다. 하지만 내가 가장 힘들었던 날들조차도 셜리에 비하면 아무것도 아니었다. 셜리는 상상조차 할 수 없는 온갖 방해 요소들과 적대감을 무릅쓰고 출마했다. 하지만 포기하지 않았다. 마치 그 모든 적대감이 오히려 더 셜리를 활활 불타오르게 만든 것 같았다. "만약 당신이 나를 후원할 수 없고 나를 지지할 수도 없다면, 내 앞을 막지 마세요"라고 셜리는 말했다. 많은 사람이 결국 셜리를 지지하게 되었다. 그들은 셜리보다 더 열심히 일할 사람은 없다는 것을 알고 있었다.

세상을 떠날 때쯤, 셜리는 자신이 역사에 남을 일들을 이뤘다는 사실을 알고 있었다. 하지만 단지 자신이 넘었던 장벽 때문에 기념이 되길 원하지는 않았다. 그것은 부수적인 것일 뿐이었다. "나는 의회에 진출한 최초의 흑인 여성으로 기억되고 싶지 않습니다. 심지어 어쩌다 대통령 선거에 출마한 최초의 흑인 여성으로 기억되고 싶지도 않습니다. 나는 20세기의 변화를 위해 싸웠던 여성으로 기억되고 싶습니다. 내가 바라는 것은 그거예요."

그렇다면, 치점 전 의원님, 바라던 걸 이루셨어요!

앤 리처즈

Ann Richards

힐러리

앤 리처즈는 직업 정치인의 길로 접어들기 전부터 이미 풍요로운 삶을 살고 있었다. 대공황 기간 동안 텍사스 와코에서 냉정한 어머니와 큰 꿈을 꾸라고 격려해주던 아버지 밑에서 자랐다("나는 항상 무엇이든 할 수 있을 것 같은 기분이었어요. 아버지도 나한테 할 수 있다고 말씀해주셨죠. 대학에 가서야 아버지가 틀렸을지도 모른다는 걸 알았어요." 앤은 이렇게 말했다). 앤은 집 근처에 있는 베일러대학에 진학했고 교사가 되었는데 이후 자신이 여태껏 가졌던 직업 중에 가장 힘들었다고 말했다. 앤은 밤을 새우며 정치 토론을 하곤 했던 고등학생 시절의 남자친구와 결혼해 네 명의 자녀를 키웠다. 앤은 체력과 지성 그리고 짓궂은 유머 감각을 모두 휴일을 열정적으로 보내는 데 쏟아부었다. 여성 잡지의 빤짝거리는 책장 위에 나와 있는 요리법들로 빵을 굽고 마을에 들어오는 모든 정치운동에 몸을 던졌다.

많은 여성들과 마찬가지로 앤도 보이지 않는 곳에서부터 시작했다. 봉투를 채우고, 전화하고, 골목골목 집집마다 돌아다니며 유권자들을 사로잡기 위해 힘들고 표나지 않는 일을 했다. "그 시절에는 남자는 결정을 내리고 여자는 커피를 내렸죠." 그러던 중 앤은 세라 웨딩턴 하원의원의 선거운동을 이끌 기회가 생겼고 큰 성공을 거뒀다. 세라는 스물여섯 살의 나이로 대법원에서 로 대 웨이드 사건을 변호해 미국에서 낙태를 합법화시켰고 선거에서도 이겼다. 앤은 덕분에 자신의 천직을 찾았다.

몇 년 후, 지역 민주당원들이 앤의 남편에게 접근해 지역 운영위원에 출마할 것을 권했다. 앤의 남편은 그 제안을 거절하고 대신 이렇게 물었다. "앤은 어떻습니까?" 그렇게 앤은 선거에 출마했고 당선됐다. 그리고 그 일을 할 수 있을 뿐만 아니라 그 누구의 예상보다 더 잘해낼 수 있다는 사실을 보여주었다. 주 재무장관에 출마하기로 결정했을 때 역시 마찬가지였다. 사람들은 앤에게 많은 기회를 주지 않았지만 앤은 자신이 할 수 있다고 믿었고 결코 흔들리지 않았다. 앤의 당선은 전국에 파문을 일으켰다. 별안간 이 유쾌하고 똑똑하고 굳센 여성이 텍사스주 전체를 아우르는 직위에 올랐다. 사람들은 텍사스에서 일어날 수 있는 일이라면 어디에서든 일어날 수 있다고 생각하기 시작했다.

앤은 사람들에게 자신의 묘비명이 '앤은 집 청소를 잘했다'라고 쓰여지는 게 싫어서 정치에 입문했다고 말하곤 했다. 대신 정부에 진출해 청소를 하기 시작했다. 1988년 민주당 전당대회에서 앤은 강렬한 기조연설로 국민들에게 강렬하게 눈도장을 찍었다. 나는 그 자리에 있었기 때문에 앤이 텍사스와 미국에 대한 희망적인 미래상을 제시해 전당대회에 참석한 사람들뿐만 아니라 텔레비전을 시청하던 수많은 사람들을 매니큐어를 칠한 고운 손안에 사로잡았다고 장담할 수 있다. 연설이 끝날 무렵, 앤은 한껏 부드러운 목소리로 '완벽에 가까운' 손녀 릴리의 이야기를 들려줬다. 그러다 앤이 바닥에 앉아 릴리와 공을 앞뒤로 굴리는 모습을 묘사했을 때, 당신이 누구고 어디 출신인지는 더이상 중요하지 않았다. 당신은 이미 앤 리처즈의 가족이었다. 수십 년이 지나 이제 나 자신이 할머니가 되고 보니 그 모습은 훨씬 더 의미가 깊어졌다.

그날 밤 앤이 연단에서 내려올 때쯤 사람들은 이미 앤에게 의원이나 심지어 대통령 선거에 출마하라고 외치고 있었다. 앤은 승산이 없는 주지사 선거에 출마했다. 여성, 청년 그리고 지나치게 오랫동안 정치에서 배제되어 있던 텍사스 전역의 유색인종 네트워크를 이용했다. 경쟁 상대는 전형적인 백인 남성 사업가인 클레이튼 윌리엄스로 강간과 관련해 농담을 했고, 앤의 얼굴에 손가락질을 하면서 위협했으며, 자신의 세금 내역을 공개하기를 거부했다. 2016년 나는 내 선거를 치르며 앤에게 전화 걸어 위로를 건네고 싶었던 적이 한두 번이 아니었다! 1990년 선거일에 앤은 자력으로 텍사스 주지사로 선출된 최초의 여성이 됐다.

앤은 주지사 선거에 출마한 이유를 "정부의 문을 열고 사람들을 들여보내기 위해서"라고 말했다. 그리고 정말로 그렇게 했다. 앤은 이전에 역임한 주지사들을 모두 합친 것보다 더 많이 여성과 라틴계 미국인, 아프리카계 미국인, 그리고 성소수자들을 임명했다. 나는 앤이 주지사직을 맡아 활동하는 모습을 매우 감탄하며 지켜보았다. 왜냐하면 여러분이 누구고 어디 출신이건, 피부색이나 억양에 상관없이 누구나 "새로운 텍사스"의 일부로 느낄 수 있어야 한다는 앤의 각오 덕분이었다. 그 각오는 아주 멀리까지 영향을 미쳤다.

앤은 모든 위기에 정면 승부를 택했다. 특히 대중에게 알려진 삶을 사는 많은 사람들이 두려워하는 사실을 인정했다. 자신 역시 인간이라는 점이었다. 이혼 후, 앤은 대중이 자신의 사생활에 대해 많은 억측을 하리라는 것을 알았다. 그래서 모든 모욕과 사생활 침해에 재치 있게 대응했다. 알코올의존증에서 악전고투 끝에 회복한 일도 공개적으로 이야기했다. 앤이 본보기가 되어준 덕분에 더 많은 사람들이 술을 끊고 자신의 삶에 책임을 지고, 심지어 직접 공직에 출마하기도 했다. 앤은 셀 수 없이 많은 사람들의 삶에 변화를 주었다.

1994년, 앤은 재선에 실패했다. 그러나 그후 몇 년간 앤과 같이 있으면서 나는 단 한 번도 '만약에 그랬다면', '그럴 걸 그랬다', '그랬어야 했는데' 같은 말을 들어본 적이 없다. 내가 들었던 것은 항상 다음 모험에 대한 이야기였다. 앤은 언젠가 이렇게 말한 적이 있다. "나는 힐러리가 삶을 이렇게 이끌어가야 한다는 생각이 들어요. 항상 앞을 보고, 결코 뒤돌아보지 않아야 해요." 살면서 상실이나 좌절을 겪을 때마다, 나는 앤이 내게 뭐라고 할지 알고 있었다. "극복해야죠. 그냥 넘어가요."

정치는 잔인할 때가 있다. 당파 간의 다툼, 대치 상태, 비열한 공격들이 큰 피해를 줄 수 있다. 앤은 나쁜 것을 웃어넘기고 좋은 것을 받아들였다. 그리고 공직생활을 아주 재미있게 만들었다. 당신이 앤을 가장 필

> "대중은 공무원들이 완벽하길 바라는 게 아니다. 그저 똑똑하고 진실하고 솔직하며 약간의 분별력이 있기를 바랄 뿐이다."
>
> - 앤 리처즈

요로 할 때 앤은 항상 그 자리에 있었다. 좋을 때든 나쁠 때든 의리 있는 친구였다.

앤은 또한 당신이 원하든 원하지 않든 충고를 아끼지 않는 친구였다. 1994년 나는 앤의 재선을 지지하기 위해 사우스 텍사스로 갔다. 공항 활주로에 서서 연설을 하는데 바람이 불어 연설 원고가 사방으로 날아갔다. 그후에 앤이 나를 옆으로 데리고 가서 이렇게 말했다. "힐러리, 이건 연설함이라는 거예요. 종이들이 날아다니는 것을 막아줘요. 당신도 이게 하나 필요해요. 사실, 내가 하나 보내줄 거예요. 방금 저 밖에서 연설 원고가 여기저기 날아다니는 사이에 힐러리가 얼마나 한심해 보이는지 차마 눈뜨고 볼 수 없었거든요." 과연 며칠이 지나지 않아 앤은 바로 나만을 위한 연설함을 보내왔다. 매번 연설함을 사용할 때마다(꽤 자주 사용하는데) 나는 첫번째 연설함이 어디에서 났는지 생각한다. 그리고 앤이 지난 몇 년 동안 내게 나눠준 지혜를 떠올린다. "절대 텔레비전에 나올 때 절대 무늬 있는 옷을 입지 마세요." "누군가의 이름이 기억나지 않으면 그냥 '자기'라고 불러요." "사람들 눈에 여자로 보이지 않으려면 헤어스타일을 하나 정해서 고수해요." 진작 그 충고를 따랐다면 내가 그 고생을 안 했을 텐데!

상원의원에 출마할지 말지를 고민할 때, 나는 앤에게 전화를 걸었다. 앤은 늘 그랬듯이 솔직하고 진심에서 우러나온 말을 했다. "출마하고 싶어요? 그렇다면 다른 사람이 그러라고 해서가 아니라 힐러리 마음속 깊은 곳에서 우러나온 것이어야 해요. 당신이 하고 싶나요? 상원의원을 하고 싶은 거예요? 그 책임을 원해요? 원하면 해요."

2006년 앤이 암으로 세상을 떠났을 때, 나는 작별을 고하기가 무척 힘들었다. 앤은 아직도 할일이 너무 많이 남아 있었다. 하지만 앤이 다른 많은 여성들에게 전한 메시지는 오늘날에도 여전히 마음속에서 크게 울리고 있다. '자신만의 길을 정하고, 자신만의 꿈을 꾸고, 아직 아무도 가보지 않은 곳이라 해도 가고 싶은 곳으로 가라.' 그리고 앤이 오스틴에 설립한 공립 여학교인 앤 리처즈 스쿨 포 영 워먼 리더스Ann Richards School for Young Women Leaders에도 살아 있다.

앤은 텍사스와 전국에 있는 차세대 공무원들을 위한 길을 닦았다. 여기에는 자신의 가족들도 포함된다. 앤의 맏딸인 세실 리처즈는 일어서서 의견을 밝히는 것이 무엇인가를 몸소 보여주고 있다. 세실은 미국가족계획협회Planned Parenthood의 회장으로서 거짓되고 악의적인 공격으로부터 조직을 보호했고 생식권을 지키고자 강력한 운동을 조직해왔다. 나는 가족계획협회가 수많은 가짜 뉴스를 비롯한 동영상 비방 운동의 피해자가 된 후 2015년 의회에서 세실이 증언하던 모습을 잊을 수가 없다. 다섯 시간 동안이나 의회의 남성 의원들은 세실을 얕보는 투로 이야기하고 세실의 연봉부터 태도에 이르기까지 모든 것을 비판했다. 성차별의 기미가 보였지만 세실은 내내 냉정을 유지했다. 나는 몇 주 후에 같은 사람들 앞에서 열한 시간을 보내면서 세실을 떠올렸다. 12년 동안 가족계획협회를 훌륭하게 이끌었던 세실은 이제 여성의 권력과 시민 참여에 전념하는 새로운 단체인 '슈퍼메이저리티Supermajority'를 설립하는 데 집중하고 있다. 앤은 분명 좋아했을 것이다.

2015년 내가 대통령 선거운동을 시작하면서 나와 앤은 옛날로 돌아

"당신이 기회만 준다면 여성들은 해낼 수 있어요. 결국 진저 로저스(프레드 아스테어와 댄스콤비로 1930년대부터 1940년대 뮤지컬 영화계를 빛낸 인물 ―옮긴이)도 프레드 아스테어가 했던 건 똑같이 다 했으니까요. 심지어 하이힐을 신고 역방향으로 말이에요."

- 앤 리처즈

간 것 같았다. 우리가 처음으로 고용한 사람 중 한 명은 다름 아닌 릴리 애덤스였다. 수 년 전 앤이 얘기했고 지금은 열정적으로 정치에 참여하고 있는 바로 그 손녀다. 나는 릴리가 어느 모로 보나 할머니만큼 재미있고, 강인하고, 재능이 있다는 것을 알게 되었다. 강력한 효과를 남기는 메시지를 전달하는 특별한 재능 역시 가지고 있다.

그 어느 때보다도 지금 우리는 앤의 윤리 기준, 배짱, 그리고 무한한 공감 능력이 필요하다. 하지만 만약 앤이 여기 있었다면 뭐라고 말했을지 나는 알고 있다. '막혀 있는 모든 문을 열고, 당신이 어디서 왔는지 기억하고, 다른 사람들이 당신과 함께 가고 싶어한다는 것을 잊지 마세요.' 앤은 당신이 그 장벽을 부수거나 유리천장에 닿을 수 있을 뿐만 아니라, 그렇게 해야 한다고 말할 것이다. '만약에', '그리고', '그런데'는 없다. 그 냥 일어나서, 시작하고, 자신을 믿어야 한다.

제럴딘 페라로

Geraldine Ferraro

힐러리

1984년 7월 19일, 제럴딘 페라로가 민주당 전당대회에서 마이크를 잡은 그 순간은 미국 역사에 길이 남았다. 제럴딘은 8분 동안 단 한 마디도 꺼내지 못했다. 군중이 환호성을 멈추지 않았기 때문이다. 나 역시 그날 밤 샌프란시스코의 모스콘 센터에 있던 수천 명의 여성 중 한 명이었다. 나는 활짝 웃으며 손이 아플 때까지 박수를 쳤다. 나중에 나는 당시 네 살이었던 첼시에게 제럴딘 페라로는 하원의원이고, 엄마이며, 방금 미국의 부통령 후보로 지명되었다고 설명해주었다.

그날 밤 자신들의 미래가 펼쳐지는 것을 본 수많은 여성에게 제럴딘 페라로는 선구자였다. 1984년 제럴딘 선거운동을 취재한 언론에게 제럴딘은 새 얼굴이었고, 떠오르는 주자였으며, 놀라움이었다. 그리고 적어도 한 명의 구식 정치인에게 제럴딘은 '젊은 여성'이었다. 무려 삼선의원이었는데 말이다. 그러나 자신에게 제럴딘은 항상 '퀸즈 출신의 주부'였다. 그것은 제럴딘이 사랑했던 것들, 즉 가족, 지역사회, 뉴욕시를 정확히 포착한 명칭이었다. 그리고 족히 수천 명은 되어 보이는 친구들에게 제럴딘은 놀랍게도 그저 '제리'였다. 샌프란시스코에서 짜릿한 데뷔를 했을 때, 제럴딘은 모든 여성에게 이렇게 말했다. "이것을 할 수 있다면, 우리는 무엇이든 할 수 있습니다."

제럴딘은 선거 유세를 위해 수천 킬로미터를 여행하며 딸을 어깨에 무등 태운 부모들로 가득한 군중 앞에서 연설했다. 제럴딘이 리틀록을 지나갈 때 나는 첼시를 데리고 가서 제럴딘을 만났다. 당시에 제리, 빌, 첼시, 그리고 나 이렇게 네 명이서 함께 찍은 사진을 우리는 소중히 간직하고 있다. 우리 세대의 여성들에게 제리는 우리와 우리의 미래를 위해 큰 의미를 지녔다. 하지만 우리의 딸들과 그 딸들의 딸들에게는 그보다 더 큰 의미가 있다.

제리는 아주 위대한 한 가지로 유명해졌다. 그러나 부통령 선거운동은 훨씬 더 많은 것을 아우르는 인생 가운데 고작 4개월간이었다. 제리는 교사이자 검사였으며, 여성과 어린이와 노인의 대변자이자 하버드대학 동문, 아내, 엄마, 이모, 할머니였다. 그리고 자신의 많은 친구들에게 가장 친한 친구였다. 제리는 현실적이고 개성적이며, 자신이 사랑하는 사람들에게 의리를 지켰다. 제리가 뒤를 지켜주면 보호받고 있다는 느낌이 들 정도였다. 아마도 제리가 항상 자신의 뒤를 든든히 지켜주던 어머니의

보호를 받으며 자랐기 때문일 것이다. 그
녀의 어머니는 가족의 성씨에 대해 이렇
게 말했다. "페로는 철이라는 뜻이야. 구
부릴 수는 있지만 부러뜨릴 수는 없어. 계
속해."

제리와 나는 여성 정치인들에 대한 기사에서 자주 함께 엮였다. 제리
는 미국 정부와 전국 주정부에서 일하는 수많은 여성들과 나를 위한 길
을 열어준 공로를 인정받고 있다. 2008년 대통령 선거운동을 마칠 무렵,
나는 유리천장에 1,800만 개의 균열이 생겼다고 말했다. 가장 세게 유리
천장을 두드린 사람 중 하나는 24년 전의 제리였다.

하지만 제리의 업적들 가운데는 인권에 관한 공헌과 같이 거의 알려
지지 않은 부분도 많다. 빌의 임명을 받아 제리는 미국 대표단을 이끌고
유엔인권위원회에 참석했고 여성의 권리가 인권으로 간주되어야 한다고
강력하게 주장했다. 우리는 둘 다 1995년 베이징에서 열린 제4차 세계여
성회의World Conference on Women에 참가했다. 그곳에서 제리는 전시에 여성
들에게 자행되는 폭력을 포함한 중대한 문제들을 제기했다. 제리가 태어
난 날이 미국 수정헌법 제19조가 비준되어 여성들에게 참정권이 부여된
날을 기념해 만든 여성 평등의 날Women's Equality Day이라는 것은 정말 잘
어울린다는 생각이 들었다(비록 실제로는 백인 여성들에게만 적용됐지만 말
이다).

베이징에서 확인한 사실은 또하나 있었다. 제리는 세계적인 문제를
개인적인 문제로 바꿀 수 있는 재능을 가지고 있었다. 세계여성회의에
서 가족을 어떻게 정의하느냐는 문제가 제기되자, 어머니와 아버지, 그리
고 그들의 자녀들로 이루어진 오직 한 가지 형태만이 존재한다고 주장하

는 사람들이 있었다. 제리는 자리에서 일어나 수첩에서 가족사진을 꺼내어 들고 탁자 사이를 걸어다니며 자신과 홀어머니, 오빠의 사진을 흔들어 보여주었다. "우리는 가족이 아니라는 말인가요?" 제리는 주장을 밝히는 방법을 알고 있었다.

제리가 다발골수종 진단을 받았을 당시 의사들은 제리에게 앞으로 3년에서 5년 정도밖에 살 수 없을 것이라고 말했다. 하지만 제리는 그로부터 12년을 더 살았다. 그리고 다른 모든 문제들을 해결했듯 힘겨운 암 투병도 해냈다. 어쩌면 제리는 이렇게 말해도 됐을지 모른다. "나는 살면서 꽤 많은 것을 해왔습니다. 많은 사람을 도왔고, 나라를 위해 봉사했어요. 이제 좀 쉬엄쉬엄 할 거예요." 그랬다 해도 아무도 제리를 원망하지 않았을 것이다. 하지만 제리는 그런 말을 하는 대신 암 투병 환자들의 열정적인 대변자가 됐다. 그리고 자신의 주치의실에서 〈투데이 쇼〉와 인터뷰를 했고, 워싱턴으로 가서 상원에서 증언하기도 했다.

나는 그날을 똑똑히 기억한다. 제리는 달변가이고 용감하며 재미있고 개성적인 사람이었다. 제리는 이렇게 말했다. "나는 운이 좋은 여자예요. 훌륭한 의사 선생님들이 곁에 계신데다가 조기에 진단을 받았어요. 그리고…… 항상 나에게 힘을 불어넣어주는 가족이 있으니까요." 하지만 제리를 괴롭힌 것은 자신이 받을 수 있는 치료를 이 나라의 모든 암환자들이 받지는 못하는 현실이었다. 모두가 치료를 받을 수 있어야만 했다. 그리하여 2001년 혈액암 연구 투자 및 교육법Hematological Cancer Research Investment and Education Act이 통과되었다. 정말 제리다운 일이었다. 자신의 투병을 다른 사람들을 도울 수 있는 또다른 기회로 바꾸고, 자신의 이름에 담긴 '철'의 정신을 보여주었다.

"우리가 이것을 할 수 있다면, 우리는 무엇이든 할 수 있습니다." 오래전부터 제리는 말했다. 여성이 미국의 대통령 또는 부통령으로 선출되는 날이 오면 우리는 제리 덕분에 그것이 가능하다는 것을 알게 될 것이다. 그리고 그날은 꼭 올 것이다. 그러면 우리는 이렇게 말할 것이다. "제리, 우리가 이걸 해냈어요. 그러니 우리는 뭐든 할 수 있어요. 당신 덕분이에요."

바버라 조던
Barbara Jordan

힐러리

1974년 초, 나는 매사추세츠주 케임브리지에 살며 어린이 보호 기금에서 마리안 라이트 에덜먼을 위해 일했다. 그 당시에 빌은 아칸소 대학교 로스쿨에서 강의를 했다. 어느 날 빌을 만나러 파예트빌에 갔는데 마침 빌이 존 도어로부터 전화를 받았다. 도어는 바비 케네디가 법무 장관이던 시절 인권 담당 부서에서 일했던 공화당원으로 구식 변호사였다. 도어는 하원 법사위원회의 탄핵 조사 위원단을 이끌며 리처드 닉슨 대통령을 조사하는 임무를 맡았다. 그는 빌에게 같이 일할 생각이 있는

지 묻기 위해 전화를 한 것이다.

빌은 사양했다. 정치에 입문할 방법을 찾고 있었고 아칸소주에 남고 싶었기 때문이다. 빌은 도어에게 다른 누구에게 전화할 계획인지 물었다. 도어는 힐러리 로댐을 포함해 다른 세 명의 예일대학 동창 중에 빌의 이름이 맨 위에 있었다고 답했다. 빌은 목록에 있는 다른 사람들이 가능할 것도 같다고 말했고, 도어는 그렇다면 다음으로 힐러리에게 전화하겠다고 말했다. 그리하여 나는 그 제안을 받아들였다. 그리고 워싱턴으로 이사해 말단 변호사로 일하게 됐다. 도어는 헌법과 법규에 충실했고 아래 직원들인 우리에게도 그럴 것을 요구했다. 또한 우리에게 맡겨진 중요한 업무들이 추측이나 음모, 당파심이 아닌 오로지 사실에만 근거해서 추진되어야 한다고 굳게 믿었다. 나는 도어와 그가 불러모은 경험 많은 수석 변호사들과 함께 일할 수 있어서 영광스러웠다.

당시는 미국 역사에서 뜻깊은 시기였다. 게다가 법사위원회에서 활동했던 텍사스주 하원의원인 바버라 조던만큼 유능하고 언변이 유창한 조사관은 없었다. 로스쿨을 갓 졸업한 스물여섯의 신참이었던 나는 바버라에게 완전히 빠졌고, 상당히 겁도 먹었다. 바버라와 이야기를 나누니 짜릿한 기분마저 들었다. 언젠가 한번은 그녀에게 서류를 건네주게 되었는데 나는 그것마저도 신이 났다. 하지만 대부분의 경우 나는 아무도 막을 수 없는 이 여성을 바라보거나 말을 듣기만 하는 쪽이었다.

1936년 휴스턴에서 태어난 바버라는 변호사이자 교육자, 민주당 정치인 그리고 시민권 지도자였다. 또한 '최초'라는 명칭 수집가이기도 했다.

국가 재건 운동 이후 텍사스 상원의원으로 선출된 '최초'의 흑인이었으며, 1972년 미국 하원의원에 선출된 '최초'의 남부 출신 흑인 여성이자, 1976년 민주당 전당대회에서 기조연설을 한 '최초'의 흑인 여성이었다. 바버라는 마틴 루서 킹 주니어와 자신의 친구이자 조언자인 린든 존슨 대통령이 인권 향상을 위해 이뤄낸 업적을 지키고 계속해서 이어나갔다. 특히, 바버라는 자신이 당선될 수 있도록 도와준 투표권법의 믿음직한 수호자였다. 거센 반대에 맞서면서 바버라는 히스패닉계 미국인, 원주민, 아시아계 미국인들이 투표권법의 특별 보호를 받을 수 있도록 투쟁을 주도했다. 나는 바버라가 1972년 하원의원 선거에 출마했을 때 그녀에 대해 처음 들었다. 당시 나는 텍사스에서 민주당 전국위원회와 조지 맥거번의 대통령 선거운동에 유권자들을 등록하고 있었다.

바버라가 법사위원회에 있었기 때문에 나는 바버라와 뉴욕에서 온 새내기 위원 엘리자베스 홀츠먼 같은 다른 위원들에 대해 철저히 연구했다. 나는 존 도어와 조 우즈와 함께 그들을 만나게 됐다. 조 우즈는 탄핵과 그에 따르는 절차 및 규정과 관련해 연방 헌법에서 언급되는 '중범죄high crimes와 경범죄misdemeanors'의 뜻을 연구하는 변호사로 당시 내 상사였다(나도 안다. 인생을 꾸며낼 수는 없다. 수년이 흐른 후, 나는 그를 보좌하며 썼던 메모를 읽었고, 지금도 그 분석에 동의한다).

바버라는 의회에 입성한 지 얼마 되지 않았지만 눈에 띄는 인물이었다. 단지 흑인 여성이어서만은 아니었다. 나는 한 청문회에 출석해 탁자에 앉아 있는 바버라를 본 적이 있는데 한눈에도 비범해 보였다. '존재감'이라는 단어가 흔하게 쓰인다지만 바버라에게 정말 딱 어울리는 단어였다.

바버라는 진지할 뿐만 아니라 독특한 유머 감각도 가지고 있었다. 이 유머 감각 덕분에 바버라는 가장 복잡한 정치 문제까지도 간단한 용어들로 분해하고 자신의 요점을 강조했다. 또한 절대 거부할 수 없는 목소리를 가지고 있었다. 낮게 울리며 의미심장함과 열정이 배어 있는 목소리였다. 내가 위원회에서 일한 지 수십 년이 지난 후 바버라와 앤 리처즈

선출된 지도자들

와 이야기를 나누게 되었는데, 그 두 사람 사이에서 대화에 끼어드는 것조차 잊어버렸다! 그들은 내게 텍사스대학 레이디 롱혼스 농구팀 경기가 얼마나 재밌었는지 이야기했다. 당시 바버라는 휠체어를 타고 있었고 앤은 바로 옆에서 이야기중이었는데, 바버라가 마치 코치처럼 큰소리로 지시를 내렸다고 한다. "왜 그러는 거야? 더 높이 뛰어! 그게 패스냐!" 앤은 이렇게 말했다. "바버라, 아직 어린애들인데 격려해줘요. 비난만 하지 말고요." 바버라는 앤을 돌아보며 말했다. "격려를 해줄 만하면 당연히 그럴 거예요!"

리처드 닉슨 대통령에 대한 탄핵 소추를 의원 총회에 권고할지를 논의하기 위해 법사위원회가 소집됐을 때 바버라는 미국 역사에서 길이 남을 일을 했다. 도어의 팀에 있던 우리들은 탄핵 소추에 설득력을 더해줄 증거를 취합했다. 도어는 정치가 아니라 엄정하게 사실관계와 법률에 근거해 권력 남용, 사법 방해, 의회 모독 등과 같은 혐의를 명시한 탄핵 소추 조항을 제시했다. 위원회의 투표 결과가 어떻게 나올지 아무도 확실히 알지 못했지만 1974년 7월 25일 바버라 조던이 연설한 후 어떤 결과가 나와야 하는지에 대해서는 아무도 의심하지 않았다.

바버라는 텍사스서던대학교 재학 시절 전국대회에서 정기적으로 아이비리그의 토론자들을 물리치는 최고의 토론자였던데다가 헌법을 공부했다. 바버라는 이렇게 말했다. "1787년 9월 17일 헌법이 제정되었을 때, '우리 국민들'에 저는 포함되지 않았습니다. 저는 어떤 이유인지 몇 년 동안이나 조지 워싱턴과 알렉산더 해밀턴이 실수로 저를 빼놓았다고 느껴야 했습니다. 하지만 수정과 해석 그리고 법원의 결정을 거쳐 마침내 저도 '우리 국민들'에 포함되게 되었습니다."

바버라는 말을 이어갔다. "저는 조사관입니다. 제가 지금 느끼는 엄숙

함은 조금도 과장되지 않았습니다. 헌법에 대한 제 믿음은 완전합니다. 무결하고 전부입니다. 그리고 저는 여기 앉아서 헌법의 축소, 전복, 파괴를 방관하지 않을 것입니다." 바버라는 뒤이어 헌법 제정 회의의 역사와 헌법 비준 여부를 둘러싸고 일어났던 논쟁을 근거로 '탄핵의 본질'과 그것이 견제와 균형이라는 체제에 어떻게 부합하는지를 설명했다. 그리고 탄핵 혐의와 증거를 검토한 후 이렇게 결론을 내렸다. "미국의 헌법 내 탄핵 조항이 이번에 기소된 혐의에 적용되지 못한다면, 아마도 18세기 헌법은 20세기 문서 파쇄기에 버려져야 할 것입니다!"

법사위원회 토론에서 바버라의 위엄 있는 언변과 열정, 그리고 도덕적 명확성을 보며 나는 눈물을 흘렸다. 미국은 바버라와 바버라가 제기한 주장에 긍정적으로 반응했다. 당시의 발언이 미국의 20세기 최고 연설 중 하나로 여겨지는 것은 놀랄 일이 아니다. 위원회는 6명의 공화당원들의 표까지 포함해 그 조항들을 통과시켰고, 그 결과 8월 9일 닉슨 대통령은 사임했다. 닉슨은 사라졌지만, 바버라 조던의 끈질긴 모습은 완벽한 본보기로 남아 있다.

바버라 미컬스키

Barbara Mikulski

힐러리

1930년대에 볼티모어에서 자란 바버라 미컬스키는 운동에는 소질이 없었다. 〈워싱턴 포스트〉는 당시를 이렇게 묘사했다. "'쌍줄넘기'를 하려다 무릎이 까지는 일이 허다했다. 지겨워진 바버라는 사촌동생과 친구들을 구슬러 집 차고에서 연극이나 공연을 했고 자신은 극작가 겸 제작자이자 감독을 맡았다." 비록 그 당시에는 아무도 예상할 수 없었지만 (적어도 바버라 자신은) 그러한 통솔력 덕분에 바버라는 노동자계급이 살던 동네에서 미국 상원으로 진출할 수 있었다.

바버라는 부모님이 운영하던 식품점에서 자그마한 빨간 수레에 식료품을 실어 배달하던 때를 여전히 기억한다. 아버지는 절대 팁을 받지 말라고 가르쳤다. 부모님이 손님들에게 "좋은 아침이에요. 뭘 도와드릴까요?" 하고 인사하는 모습을 보면서 바버라는 일찍부터 서비스 개념을 깨쳤다. 크리스토퍼운동을 바버라에게 가르쳐준 가톨릭 학교 수녀님들도 마찬가지였다. 크리스토퍼운동은 '어둠을 저주하는 것보다 촛불 하나를 켜는 게 낫다'라는 믿음에서 시작되었다. 이런 가르침들은 바버라의 세계관을 형성했고, 사회정의에 대한 열정을 심어주었다. "심지어 가톨릭 수녀가 될까도 생각해봤어요. 하지만 복종을 맹세해야 한다고 해서 망설였어요."

그 대신 바버라는 사회복지사가 되었고 특유의 '엄격한 사랑'이라는 접근법으로 위험한 환경에 있는 볼티모어의 젊은이들을 도왔다. 그리고 주로 이민자와 흑인인 집주인들에게는 아무런 보상도 하지 않은 채 볼티모어 인근 지역을 관통하는 16차선 고속도로를 건설한다는 계획에 대해 알았을 때, 뭔가를 해야겠다고 결심했다. 사납고 당당한 바버라는 '고속도로에 반대하는 동남위원회Southeast Council Against the Road'를 함께 설립하고 'SCAR(흉터)'라는, 머리글자마저 '전투적'인 이름을 붙였다. SCAR는 시 당국과 싸워 이겼고 볼티모어의 펠스포인트와 이너하버 지역 주민들을 구했다. 바버라는 그해 말에 시의원으로 당선되었다.

바버라는 여성들은 조용히 숨어 있는 게 미덕이던 시기에 정치에 입문했다. 하지만 시의회에 입성하고 3년 후, 메릴랜드주에서 열렬한 지지를 받고 있던 공화당 상원의원 찰스 마티아스에 도전할 계획이라고 발표했다. 어떤 이들은 무적으로 보이는 정치 기득권세력에 대항하여 출마하는 것을 어리석은 결정이라고 생각했다. 바버라는 '여자는 소수민족과 노동자 계층이 주로 사는 동네에서는 이길 수 없다', '정당 조직의 일부가 아닌 여성은 이길 수 없다'는 말을 수없이 들었다. 하지만 바버라는 그렇기 때문에 더욱 출마를 해야겠다고 생각했다. 잃을 것이 없으니 하지 않을 이유가 없었다. 결국 선거에서 이기지는 못했지만 바버라는 인지도를 높였고 지지자들도 생겼다.

1976년 바버라는 하원의원 선거에 출마했고 이번에는 이겼다. 백인 남성들의 네트워크는 바버라의 등장을 결코 예상하지 못했다. 하지만 메릴랜드의 유권자들은 바버라를 알아봤을 뿐만 아니라, 소중한 한 표를 던졌다. "나는 자원봉사자와 운동가들 때문에 공인으로서의 삶을 시작했습니다. 그들은 자원해서 자신의 시간과 돈을 들여 제가 당선될 수 있도록 도와주었을 뿐만 아니라 지역사회와 국가를 더 나은 곳으로 만들기 위해서 지역사회의 시민으로서 참여했습니다"라고 바버라는 말했다.

10년 후, 바버라는 다시 미국 상원을 목표로 삼았다. 인정사정없는 경쟁이었다. 바버라의 자신만만하고 단호한 스타일은 만약 바버라가 남성 후보였다면 박수를 받았겠지만 오히려 경쟁 후보와 언론에 의해 '골칫거리'라고 묘사됐다. 그래서 바버라는 비판을 잠재우기 위해 자신의 재능을 갈고닦아야 했다. 또한 '날카롭고', '거친', '반反남성 페미니스트'라고 불렸다. 자신을 향한 비판에 마음이 아프긴 했지만 바버라는 그 사실을 누구에게도 털어놓지 않았고 사과도 하지 않았다. "아무도 나를 '그윽하다'고 표현하지는 않을 거예요. '디카페인'도 당연히 아니고요."

바버라는 시간이 지나면서 자신의 외모를 바꾸기로 결심했지만(첼시와 나는 그럴 필요가 없다고 생각했다!) 자신의 성격을 바꾸는 데는 관심이 없었다. 〈워싱턴 포스트〉는 "한때 '부둣가 일꾼같이 통통하고 그에 걸맞은 목소리를 가졌다'고 묘사되던, 152센티미터의 키에 다부진 체격을 가진 다소 거친 이스트 볼티모어 정치인"이라고 바버라를 설명했다. 그러나 일단 상원의원에 출마하기로 결심하자, 바버라는 자신의 이미지를 바꿀 때라고 생각했다. 그래서 다른 일을 할 때와 마찬가지로 투지에 불타올라 이미지 변신에 착수했다. 실내용 자전거로 수 킬로미터를 달리고 열심히 운동을 했으며 선거 유세에서는 살을 빼려고 얼마나 고생중인지 농담을 했다. 이후 상대 후보였던 로널드 레이건 대통령을 만난 자리에서 바버라는 자신을 이렇게 소개했다. "제가 바로 대통령님께서 에드셀 포드와 훌라후프, 아스파라거스 다이어트처럼 한물갔다고 한 사람입니다. 대통령님, 저는 아스파라거스 다이어트중입니다." 바버라는 자신이 선택한 도전을 했지만 건전한 자기 인식을 가지고 있었다. "흑인이든 백인이든 여성이든 많은 미국인들이 항상 그 자리에 어울리지 않아 보인다는 말을 듣습니다. 정말 오래된 암호 중 하나예요"라고 인정하면서 말하기도 했다.

'에밀리의 리스트EMILY's List'라는 전도유망한 단체로부터 약간의 도움을 받고 자신의 용기로부터 엄청난 도움을 받은 바버라는 그 선거에서 승리했다. 그리하여 민주당에서 친족의 자리를 승계받는 것이 아닌 자신의 힘으로 미국 상원의원으로 선출된 최초의 여성이 되었다. 의원 초기부터 바버라는 '거시적 차원의 문제와 함께 먹고사는 문제'를 처리하기 시작했다. 전체적인 상황을 파악하는 것은 바버라에게 중요했다. 하지만 사람들의 일상적인 욕구를 충족시키는 것도 중

> "여성의 공직 출마가 생소하던 시절에 내가 선거에서 거물들을 이겼더니 이렇게 말하더군요. '그 자리에 어울리지 않는다'고요. 하지만 난 이렇게 대답했죠. '그 자리에 어울리는 사람은 바로 여기 있고 그 자리는 앞으로도 그럴 겁니다.'"
>
> - 바버라 미컬스키

요하기는 마찬가지였다. 상원의원을 다섯 번이나 연임하면서 바버라는 공립학교를 개선하고 고령자들과 퇴역 군인들의 복지를 향상시키기 위해 힘썼다. 또한 시민의 권리와 여성의 권리, 보편적인 의료보장, 과학과 연구를 위한 기금 마련을 위해 싸웠다. 여성 최초로 막강한 상원세출위원회 위원장직을 맡은 바버라는 끈기 있게 메릴랜드 주민과 미국 국민을 대표하여 일했다. 입법에 실패해도 결코 포기하지 않았다. 2012년 공화당이 '공정임금법Paycheck Fairness Act' 통과를 저지했을 때 바버라는 다음과 같이 외쳤다. "미국에 있는 여성들에게 말합니다. 우리는 이 싸움을 계속해야 합니다. 립스틱을 바르고, 어깨를 펴고, 정장을 갖춰 입고, 여성들이 동일한 노동에 대해 동등한 보수를 받는 미국의 새 혁명을 위해 싸웁시다. 그리고 금세기에 임금 차별을 완전히 끝내버립시다."

바버라의 많은 업적 중에서, 나는 개인적으로 1993년 국회의사당에서 했던 싸움에 감사를 느낀다. 주말이면 의회 남성 의원들은 사무실에서 평상복을 입을 수 있지만 여성들은 여전히 치마를 입고 스타킹을 신어야 했는데, 바버라는 납득할 수 없었다. 그래서 의회의 다른 여성 의원이었던 공화당 낸시 카세바움 상원의원과 함께 어느 토요일에 바지를 입고 나타났고 다른 모든 여성 직원들에게도 똑같이 하라고 말했다. "그날 내가 사무실에 들어갔을 때 인류 최초로 달나라에 간 사람같이 신기해 보였을 거예요"라고 바버라는 말했다. 바지 덕분에 여성 직원들은 모두 똘똘 뭉쳤고 바버라는 그 싸움에서 결국 이겼다.

나는 뉴욕 상원의원으로 선출되고 거의 바로 바버라의 축하 전화를 받았다. 통화 내용은 대충 이랬다. "축하해요. 나도

"내 키가 작기는 하지만 나를 그냥 지나치지는 못할 겁니다."

– 바버라 미컬스키

함께했어요. 정말 힘든 싸움이었어요. 이제 주 상원의원이 됐으니 미국 상원의원이 되는 방법을 찾아봐요." 바버라의 도움을 받아 나는 그 방법을 찾았다. 여성 상원의원 회장으로서 바버라는 어마어마한 전문성을 가졌고 그것을 기꺼이 공유했다. 바버라는 자신이 '유일한' 사람이면서 '최초'가 되는 것만으로는 충분하지 않다는 것을 늘 알고 있었다. 그래서 정치에 몸담고 있는 모든 여성을 위해 장벽을 깨부수는 데 평생을 바쳤다. 1984년 대선후보가(짐작건대 남자가) 여성을 부통령 후보자 명단에 놓을지를 두고 이야기하던 중, 바버라는 이렇게 말했다. "여성 후보를 찾는 게 일종의 유행 같네요. 마치 어디서 새로운 라이트 맥주가 출시되는 것처럼 말이에요…… 어쩐지 굴욕적인 기분이에요."(어떤 것들은 절대 변하지 않는다. 심지어 다수의 여성이 대통령에 출마하는 때라 할지라도!) 1977년 바버라가 의회에 진출했을 때, 의회에는 18명의 여성이 있었다. 오늘날에는 100명이 넘는다.

바버라는 2016년 민주당 전당대회에서 나를 공식적으로 지명해준 사람이다. "우리 건국의 아버지들 덕분에 우리는 위대한 출발을 할 수 있었습니다. 그러나 건국의 어머니들은 이렇게 말했어요. '여성들을 잊지 마세요. 왜냐하면 우리는 우리만의 혁명을 이뤄낼 거니까요.'" 이것이 바로 바버라가 평생 동안 지켜온 약속이다.

엘런 존슨 설리프

Ellen Johnson Sirleaf

힐러리

1985년 길고 피비린내 나는 내전이 계속되던 라이베리아에서 상원의원에 도전하며 선거운동을 하던 엘런 존슨 설리프는 군벌 출신인 새뮤얼 도의 군사정권을 비난했다. 엘런은 그로 인해 체포되어 중노동 10년을 선고받았다. 그러나 모든 역경을 극복하고 얼마 지나지 않아 감옥에서 풀려나 망명했다가 다시 돌아왔다. 그리고 아프리카 대륙의 첫 여성 대통령으로 총 두 차례나 대통령으로 선출됐다.

전기 작가인 헬레네 쿠퍼는 『마담 프레지던트: 엘런 존슨 설리프의

『놀라운 여정Madame President: The Extraordinary Journey of Ellen Johnson Sirleaf』에서 엘런의 정치적인 성장은 그렇게 놀라운 일이 아니라고 썼다. 1938년 라이베리아의 수도 몬로비아에서 엘런이 태어난 지 며칠 후, 도시를 떠도는 한 늙은 예언자가 찾아왔다. 예언자는 엘런을 단 한 번 쳐다보고는 이렇게 말했다고 한다. "이 아이는 위대한 사람이 될 것이다. 이 아이는 지도자감이다."

정치계에 발을 들이기에 앞서 엘런은 결혼을 해서 네 명의 아들을 낳았다. 하지만 남편은 엘런을 심하게 때렸고 그들은 결국 이혼했다. 엘런은 국내외에서 공부했고, 직장을 구했다. 그리고 라이베리아 정부의 재무부에 들어가서 결국 재무장관으로 승진했다. 이후 엘런은 새뮤얼 도의 독재정권을 비판하면서 상원의원에 출마했다. 새뮤얼은 엘런을 감옥에 가뒀고 엘런은 해외로 도망쳤다. 케냐와 미국에서 12년 동안 망명생활을 하면서 엘런은 세계은행과 유엔에서 일했다.

라이베리아 내전이 잠정 휴전 상태에 이르자 엘런은 1997년 라이베리아로 돌아와 군벌 출신 찰스 테일러를 상대로 대통령 선거에 출마했다. 원래 엘런은 새뮤얼 도에 대항해 일으킨 테일러의 반란을 지지했지만 나중에 등을 돌렸다. 이후 엘런은 "테일러의 진짜 의도가 밝혀졌다"고 설명했다. 엘런은 비록 경쟁에서 졌지만 라이베리아에 계속해서 헌신했다.

"그러니 나의 형제자매들이여, 두려워하지 마십시오. 수적으로 열세하긴 해도 불의를 비난하는 것을 두려워하지 마세요. 비록 목소리가 작더라도 평화를 찾길 두려워하지 마세요. 평화를 요구하길 두려워하지 마세요. 전 세계 모든 여성들에게 말할 수 있다면, 나는 이 소박한 초대장을 건네고 싶어요. 자매들이여, 딸들이여, 그리고 친구들이여! 자신의 목소리를 찾으세요!"

- 엘런 존슨 설리프

선출된 지도자들

엘런은 멈추지 않았다. 2005년 다시 대통령 선거에 출마했다. 부정부패와 싸우고, 무너지는 국가의 공공 기반 시설을 재건하고, 평화롭고 민주적인 라이베리아를 만들어나가겠다고 약속하며 선거운동을 했다. "만약 여러분의 꿈이 여러분을 두렵게 하지 않는다면 꿈이 충분히 크지 않은 겁니다." 라이베리아 여성들은 엘런의 뜻에 공감했다. 많은 사람들이 엘런의 뒤를 따라 행진했고, 며칠을 걷고 몇 시간 동안 줄을 서서 엘런에게 투표하는 사람들도 있었다. 선거운동 마지막날 엘런이 몬로비아 거리를 행진하자 사람들은 소리치고 환호하며, '엘런, 바로 이 사람'이라고 쓰인 피켓을 흔들었다. 1차 투표가 집계되었을 때, 엘런은 2위를 차지했고, 결선투표에 진출했다. 2005년 11월 8일, 엘런은 인기가 많은 라이베리아 축구 스타를 제치고 결선 투표에서 승리했다.

취임사에서 엘런은 내전 기간 동안 성인 여성과 여아들에게 가해진 폭력에 대해 지적하며 "아이들이 다시 웃을 수 있게" 하겠다고 약속했다. 그리고 취임 후에는 라이베리아에서 가장 악명 높은 감옥인 벨레 옐라를 폐쇄했다. 엘런은 경찰과 국제 안보 기관의 수장으로 여성들을 임명했고, 안보 분야에 여성의 참여를 확대하기 위해 비상한 노력을 했다.

2006년 엘런은 부패를 척결하고 여전히 분열된 라이베리아를 치유하기 위해 진실과 화해 위원회를 설립했다. 그리고

"라이베리아 국민을 섬길 수 있는 특권이 주어졌을 때 제 삶은 영원히 바뀌었습니다. 전쟁과 약탈로 거의 파괴되다시피 한 나라를 재건하는 놀라운 책임을 떠맡게 되었죠. 분쟁 후 변화에 대한 지침 같은 건 없었습니다. 하지만 우리는 우리 나라가 과거로 돌아가도록 내버려둘 수 없다는 것은 알았습니다. 평화를 지키는 것이 우리의 가장 큰 책임이라는 걸 배웠으니까요."

- 엘런 존슨 설리프

부패를 '공공의 적 1호'로 만들겠다고 약속했다. 그러나 그것은 뇌물이 삶의 일부였던 나라에서 불가능한 일로 판명되었다. 엘런은 정부 자금을 자기 월급처럼 쓰는 장관들을 해고했다. 이후 엘런이 라이베리아 국영 석유회사의 수장으로 은행가인 자신의 아들을 임명하자 비판가들은 족벌주의라며 비난했다. 엘런의 아들은 결국 사임했지만 엘런의 명성은 상당한 타격을 받았다. 엘런은 내전 초기에 찰스 테일러를 지지했던 사실을 공개적으로 사과했고, 찰스 테일러를 헤이그 국제사법재판소에 보내 전쟁 범죄로 재판을 받도록 했다.

원래 단 한 번의 임기만을 계획했지만 엘런은 2011년에 다시 대통령 선거에 출마했다. 라이베리아는 잔혹한 내전에서 회복하며 발전을 이뤘으나 아직 그것으로는 턱없이 부족했다. 엘런은 그 일을 계속하고 싶었다. 전쟁으로 피폐해진 국가에 평화를 가져다준 엘런의 용기나 리마 보위 같은 다른 라이베리아 여성들의 용기는 전 세계의 이목을 집중시켰다. 재선을 나흘 앞두고 엘런과 리마는 노벨평화상을 받았다. 엘런은 상을 받은 시기가 우연의 일치라 설명했다. 그리고 선거 유세장에서 단 한 번도 수상 사실을 언급하지 않았다.

그때 당시는 내가 엘런을 알게 된 지 이미 몇 년이 지났을 때였다. 나는 2009년 국무장관 자격으로 라이베리아를 방문했다. 엘런은 내게 의회에서 연설을 해달라고 또한 계속 진행중인 문제들을 해결하기 위해 통합의 필요성을 강조해달라고 부탁했다. 내가 연설하게 될 의회에는 유죄판결을 받은 전범 찰스 테일러의 전처를 비롯한 자신의 정적들과 전 군벌들이 있다고 했다. 나는 2012년에 다시 한번 라이베리아를 방문해 엘런의 두번째 취임식에 참석했다.

엘런은 두 번의 임기 동안 주목할 만한 업적들을 달성했고, 2018년에

퇴임하면서는 74년 만에 라이베리아 최초로 평화적 정권교체를 이뤘다. 자유롭고 의무적인 초등교육을 우선순위에 두었으며 서아프리카 최초로 정보공개법에 서명했다. 예산과 채무 구제 그리고 채무 말소를 개선해 국제기구와 다른 나라에 보유한 국가부채를 줄였다. 그러나 엘런은 부패 문제는 모든 국가가 앞으로 끊임없이 해결해야 할 문제로 남아 있다고 경고했다. 게다가 엘런 스스로가 부패 척결을 위해 더 노력했어야 하는 것이 분명해 보인다(또한 수년 만에 처음으로 미국에 있는 우리도 엘런의 말이 무엇을 의미하는지 너무 잘 알게 됐다).

라이베리아의 도전을 몇 년 동안 보아온 사람으로서, 나는 매우 어려운 상황에서 일해왔던 엘런을 존경한다. 엘런의 성장을 통해 단호한 경제정책 전문 일벌레가 배후에서 부지런히 일할 뿐만 아니라 선거에서 승리하고 나라를 이끌 수 있다는 사실을 확인했다. 엘런은 이렇게 말했다. "나는 늦게까지 열심히 일하고 양심에 거리낄 것이 없습니다. 그리고 잠자리에 들죠." 모든 공직자의 삶을 정말 잘 요약한 말이다.

윌마 맨킬러
Wilma Mankiller

힐러리

    윌마 맨킬러는 1945년 체로키 부족 보호구역인 오클라호마주 탈레코아에서 태어났다. 순수한 체로키족 혈통을 가진 아버지와 네덜란드계 아일랜드인 어머니 사이에서 11남매 중 여섯째로 태어났고 어린 시절의 대부분을 할아버지가 정부에서 받은 땅에서 보냈다. 이는 체로키족을 오클라호마에 강제로 이주해 정착시킨 데 따른 것이었다. 윌마가 열 살이었을 무렵 정부는 윌마의 가족을 캘리포니아로 이주시켰다. 윌마는 가슴이 찢어지는 것 같았다. 이후 윌마는 자서전에 이렇게 썼다. "체로키족으로서 내 마음 깊은 곳에서부터 눈물이 흘러나왔다…… 내 역사, 내 부족의 과거 때문에 흐르는 눈물이었다."

10대가 된 윌마는 샌프란시스코 인디언 센터의 집에서 멀리 떨어진 곳에 자신의 보금자리를 마련했다. 윌마는 열여덟번째 생일이 되기 한 달 전에 결혼했고 딸 둘을 낳았다. 남편은 윌마에게 전통적인 아내의 역할을 기대했지만 이는 1960년대 캘리포니아에서 윌마가 보아온 여성운동, 베트남전 반대운동, 시민권운동과 같은 사회 변화와 충돌했다. 그러던 중 1969년 미국 원주민 한 무리가 버려진 알카트라즈 감옥을 점령하고 샌프란시스코만의 알카트라즈섬에 '모든 인디언 부족의 이름으로' 소유권을 주장하자 윌마의 삶은 영원히 바뀌었다. "여성들이 의견을 주장하는 모습을 보고 놀랐던 것처럼, 6시 뉴스에서 원주민들이 섬을 점령하고 조약상의 권리와 교육 및 의료보장의 필요성을 주장하면서 미국 정부에 도전하는 모습을 보고 엄청난 충격을 받았죠."

원주민들이 감옥을 점령한 19개월 동안, 윌마는 보급품을 조달하고 기금을 마련했으며 대중의 관심을 촉구하는 일을 도왔다. 그 경험은 윌마의 인생에 전환점이 되었다. 일을 하면 할수록 북미 원주민 문제에 더 많이 관여하고 싶어졌다. "알카트라즈 사건이 일어났을 때, 나는 원주민들에게도 권리가 있다는 것을 전 세계에 알리기 위해 무엇을 해야 할지 알게 됐습니다. 알카트라즈 사건을 통해 인디언으로 사는 것에 대한 생각이 분명해졌어요." 윌마는 대학에서 사회복지 분야의 수업을 듣기 시작했다. 그리고 독립의 상징으로 첫 차를 샀다. 가끔 딸들과 함께 자신이 가장 좋아하는 노래인 아레사 프랭클린의 〈리스펙트Respect〉에 맞춰 춤을 추기도 했다.

윌마의 남편은 윌마에게 전통적인 가정주부로 남으라고 요구했다. 결국 갈등 끝에 윌마는 남편과 이혼하고 딸들과 함께 오클라호마에 있는 할아버지의 땅으로 돌아갔다. 체로키족 보호구역으로 돌아간 후 윌마는 두 번이나 크게 다쳤다. 1979년에는 교통사고로 중상을 입었는데 안타깝게도 윌마의 가장 친한 친구였던 상대 차량의 운전자는 사망했다. 윌마가 회복하는 데는 거의 1년이 걸렸다. 회복 기간 동안 윌마는 자신의 미래를 고민하면서 체로키 전통에 몰두했다. 또한 '좋은 마음 갖기'라는 개념을 받아들였다. 윌마에게 그것은 어려운 상황에서도 긍정적인 전망을 유지하고 봉사할 방법을 찾는 것을 의미했다. "그후, 제 인생에서 죽음과 도전에 대한 두려움이 사라졌다는 것을 알았어요." 사고에서 회복은 됐지만 윌마는 몸을 움직이기 어려운 신경 근육 질환 진단을 받았다. 그러나 자신의 부족을 위해 헌신하려는 결심은 흔들리지 않았다.

다시 일상으로 돌아온 뒤 윌마는 오클라호마주의 인디언 보호구역 안에 있는 벨이라는 작은 마을에 머무르면서 자립 계획을 수립했다. 지역사회가 스스로 문제점들을 파악하고 자체적인 노력을 기울이며 윌마가 모금한 기금을 가지고 그 문제들을 해결할 방안을 마련하도록 했다. 윌마는 벨에서 급수시설 건설과 열악한 주택들을 개선하는 작업을 감독했다. 잡지 〈Ms.〉는 이 작업에 대한 공로를 인정해 1987년 윌마를 올해의 여성으로 선정했다. 윌마는 또한 자신의 기량을 향상시키기 위해 아칸소 대학의 지역사회개발 과정에 등록했다.

이 시기에 윌마는 두번째 남편을 만났다. 체로키족인 남편은 윌마가 정치에 입문하도록 지지해주었다. 검증된 조직력과 관리 능력을 바탕으로 윌마는 1983년 여성 최초로 부족장 선거에 출마했다. "나는 내 정치 성향이 문제가 될 거라고 예상했어요. 그런데 아니었어요. 문제는 내가 여자라는 거였죠. 그래서 나는 이건 어리석은 문제고 난 바보와 싸우지

는 않을 거라고 다짐했어요." 결국 월마는 반대, 혹독한 비판, 살해 위협
을 모두 물리치고 선거에서 승리했다.

1985년 족장이 사임하자 월마는 족장으로 승진했고, 2년 후에는 자
신의 힘으로 당선되기 위해 족장 선거에 출마했다. 그리고 다시 한번 성
차별적 공격을 받았다. 전통적인 체로키 사회, 가족, 그리고 부족은 모계
를 중심으로 조직되었기 때문에 월마는 자신을 향한 적대감에 놀랐다.
성차별에 대항하기 위해 월마는 역사적으로 여성 고문단들이 부족의 사
회적, 정치적 결정을 내리는 데 참여했던 체로키 문화의 전통을 소환했
다. 월마는 자서전인 『맨킬러Mankiller: A Chief and Her People』에서 아메리카
원주민 부족이 정복되기 전에 체로키족과 아메리카 원주민 여성들이 어
떻게 존중을 받았는지, 그리고 정복 문화의 강요가 남성과 여성 사이의
균형을 어떻게 변화시켰는지에 대해 썼다.

체로키 정부는 월마의 지휘 아래 새 진료소들을 세우고 조기교육, 성
인 학습, 그리고 직업훈련 프로그램을 만들었다. 월마는 미국 정부와 협
상해 체로키족이 재정 관리를 스스로 할 수 있도록 합의안을 체결했으
며, 등록된 부족의 수를 늘렸다. 또한 공장 및 식당 개발, 빙고 운영 등을
통해 수입을 개선했다. 이 밖에도 환경보전의 중요성을 강조했다. 월마는
미국 전역 원주민들의 권익 향상을 위해 지칠 줄 모르고 일했다. 은퇴를
하고 나서도 여성의 권리, 부족의 주권,
암에 대한 인식 확대와 같은 문제들을 계
속해서 활발하게 홍보했다.

월마에 대해 쓰면서 나는 그녀의 끈
기를 떠올리지 않을 수가 없었다. 몇 번을
쓰러져도 월마는 다시 일어났고, 자신의

> "나는 인디언이 아니라 여자로서 더 많은
> 차별을 받았다."
>
> – 월마 맨킬러

부족을 위해 봉사하고 대변하는 데 방해가 되는 어떤 것도 용납하지 않았다. 그러면서도 늘 유머 감각을 잃지 않았다. 이따금은 영어로 '살인자man-killer'라는 뜻을 가진 자신의 성이 자신의 명성에서 유래했다고 농담하기도 했다(실제로는 마을 경비를 뜻하는 체로키족의 군사용어다). 1994년 4월 29일, 윌마는 미국 원주민 지도자들 간의 역사적인 회의에 참여하기 위해 백악관을 방문했다. 그리고 그곳에 모인 모든 부족을 대표해 나에게 도자기 한 점을 선물했다. 윌마는 체로키족과 미국 정부 사이의 관계를 강화하는 데 헌신했고, 1998년 빌은 윌마에게 대통령 자유 훈장을 수여했다. 나는 그곳에서 윌마에게 환호할 수 있어서 자랑스러웠다.

윌마는 그저 개인의 성공을 추구하는 데 만족하기보다는 후세에 영감을 주고 그들이 성공하도록 돕는 데 전념했다. 윌마는 미국대학여성협회American Association of University Women를 통해 체로키족 소녀들과 경력 조언자들을 연결시켜 소녀들의 자신감을 높이고 기회를 열어주는 프로그램에 참가했다. "조만간 여러분은 체로키족 소녀들이 스스로가 지도자가 되는 것에 대해 이야기하는 걸 듣게 될 거예요. 그리고 체로키족 가정은 딸들을 더욱 격려할 테고요." 윌마는 전통을 기리고 미래를 내다보는 일은 모두가 함께해야 한다는 것을 자신의 경험을 통해 배웠다.

"직업과 사회적 지위, 경제적인 상황과 상관없이 내가 지금껏 만났던 가장 행복한 사람들은 자신 주변의 세상에 충분히 참여하고 있는 사람들이다. 매일 아침 일어나 자신보다 더 큰 가치를 지지하는 사람들은 최고의 성취감을 느낀다. 그들은 다른 이들을 돌보고, 도움이 필요한 사람들에게 도움의 손길을 내밀며 불의를 보면 참지 않는다."

– 윌마 맨킬러

미첼 바첼레트

Michelle Bachelet

힐러리와 첼시

1975년 당시 스물세 살의 칠레대학 의대생이었던 미첼 바첼레트는 아우구스토 피노체트 군사 독재 정권의 비밀 정보국에 체포되어 투옥되고 고문당했다. 고고학자였던 어머니는 미첼과 함께 비밀 감옥으로 보내졌고 공군 장군이었던 아버지는 그 전해 감옥에서 사망했다. 그들의 죄는 살바도르 아옌데 대통령에 대항하여 쿠데타를 일으켜 권력을 잡은 피노체트에 반대했다는 것이었다.

몇 주 후, 미첼은 추방돼 처음에는 호주, 그다음에는 동독에서 망명생활을 했다. 하지만 계속해서 의학 공부를 이어갔고 다른 칠레 망명자를 만나서 결혼해 첫째 아이를 낳은 뒤 칠레로 돌아왔다. 미첼은 1982년 학교를 졸업하고 외과의사가 되어 일하기 시작했다. 부모가 고문을 받거나 실종된 아이들을 치료하는 일도 했다. 1984년에 둘째 아이를 낳았고, 그 후 남편과 헤어졌다.

첼시

1990년 칠레가 다시 민주주의국가로 돌아오자, 미첼은 공공보건 분야에서 다양한 역할을 맡았다. 또한 피노체트를 지지했던 내과의사와 셋째 아이를 낳았다(이 얘기는 좀 복잡하다!). 미첼은 4년 동안 보건부에서 일했고, 군사 전략을 공부하기 시작했다. 또한 워싱턴에 있는 미주 국방대학Inter-American Defense College에서 공부했다. 그리고 마침내 보건부 장관으로 임명된 미첼은 국가 전체의 불평등에 맞섰다. 미첼은 의료보험 혜택을 확대했고 공립 병원 체제를 더 효율적으로 바꾸었다. 또한 성폭력 피해자들을 위해 국영 병원에서 사후피임약을 무료로 보급하도록 허가했다. 이는 당시 남미에서 사회적으로 가장 보수적인 나라 중 하나였던 칠레에서 내린 배짱 있는 결정이었다.

힐러리

2002년, 미첼은 국방장관으로 임명되었는데 남미 국가들 가운데서는 최초의 여성 국방장관이었으며 당시 전 세계에서도 몇 안 되는 여성 중 한 명이었다. 국방장관이 된 미첼은 군과 피노체트 시대의 희생자들을 화해시키고 국방 장비를 현대화했다. 심각한 홍수가 발생했을 때는 직접 군 탱크 위에 올라가 재해민 구조 작업을 지휘했다. 나는 당시 가장 인상적이었던 그 장면을 결코 잊지 못할 것이다.

미첼이 사회당의 대통령 후보가 되었다는 소식을 들었을 때, 나는 무척 기뻤다. 미첼은 잔혹한 독재정권을 직접 경험했지만 자국민과 민주주의 국가에 대한 희망을 결코 잃지 않았다. 나는 한 여성이 자신의 장벽을 깨부수고 자신의 나라가 장벽을 돌파하는 것도 돕는다면 얼마나 멋진 일인가 하는 생각을 했다. 2005년 1월 선거운동을 하던 미첼을 만났을 때, 미첼은 군 현대화에서부터 의료보험 제도 정비에 이르기까지 칠레가 직면한 과제에 대해 깊은 열정뿐만 아니라 그보다 더 깊은 전문성을 가지고 이야기했다.

첼시

2006년 1월 15일 결선 투표 후, 미첼은 칠레의 첫 여성 대통령으로 선출됐다. 그리고 제일 먼저 한 일 중 하나는 남성과 여성의 수가 동일한 내각을 임명한 것이다. 첫 임기 동안 미첼은 빈곤층과 저소득층의 경제적, 사회적 행복을 강조했다. 동등한 임금과 임산부 진료를 위해 힘쓰고, 미성년자에게 부모의 동의 없이 응급 피임약을 구할 수 있는 권리를 제공하기 위해 애썼다. 가톨릭교회에서 거세게 항의했지만 미첼은 물러서지 않았다. 미첼은 단순히 "모든 사람이 평등한 것도 아니고 모든 사람이 같은 가능성을 가지고 있는 것도 아니기 때문"에 "모든 칠레 사람들이 다른 사람들과 마찬가지로 이 분야에서 진정한 선택권을 가질 수 있도록 보장하는 것"이 자신의 임무라고 설명했다. 그리고 위기에 처한 아이들에게 사회복지 서비스를 제공하는 체제를 구축했고, 성적이 우수한 저소득층 7학년 학생들에게 컴퓨터를 보급하고 책을 가득 담은 가방을 수십만 가정에 배포했다. 학생들이 더 나은 교육을 요구하는 대규모 시위를 조직하자 미첼은 교육을 개선하기 위한 개혁 조치들을 통과시키는 것으로 대응했다. 또한 칠레가 과거에 저지른 잘못을 결코 잊지 않았다. 2006년 피노체트가 사망하자 미첼은 장례식을 국장으로 치르지 못하게 하고, 자신이 장례식에 참석한다면 '양심에 위배'될 것이라고 말하며 참석을 거부했다. 그리고 2010년에는 피노체트의 오랜 독재정권에서 벌어진 잔혹한 학대를 기록하기 위해 산티아고에 '기억과 인권 박물관 Museum of Memory and Human Rights'을 열었다. 또한 과거만큼 미래도 살펴보겠다는 의지를 증명하며 국립인권연구소를 설립했다.

힐러리

미첼이 퇴임한 지 2주도 채 되지 않은 2010년 2월 27일, 규모 8.8의 강진이 칠레를 덮쳐 500명이 숨지고 막대한 재산피해가 났다. 나는 구호와 복구 작업으로 한창 바쁜 미첼을 방문해 미국 정부의 원조를 전달하고 대재앙 속에서도 지지를 보여주었다.

2013년 3월 27일 미첼은 대통령 선거에 다시 출마할 것이라고 발표했다. 당시 여론조사 결과에 따르면 유권자들은 미첼을 강력하게 지지하고 있었다. 결국 미첼은 선거에서 승리해 1932년 이후 칠레에서 재선에 성공한 첫 대통령이 되었다.

"우리는 더이상 인구 절반의 완전한 잠재력을 부정할 수 없습니다. 세상은 여성의 재능과 지혜를 활용할 필요가 있습니다. 사안이 식량 안보든 경제 회복이든 의료 또는 평화와 안보든, 지금은 그 어느 때보다 여성의 참여가 필요합니다."

– 미첼 바첼레트

첼시

두번째 임기에 미첼은 대학 무상 교육을 제안했다. 하지만 자금이 어떻게 조달될지를 알고 싶어하는 우파와 무상 교육만으로는 충분하지 않다고 주장하는 좌파의 대립으로 난관에 봉착했다. 결국, 미첼은 저소득층 가정 학생 20만 명에게 대학 등록금 전액을 지원하는 타협안을 만들었다. 그리고 조세 제도를 개혁해 개인에서 기업으로 세금을 전가하고, 새로운 국립공원과 해양보호구역을 만들었으며 탄소 배출에 세금을 부과했다. 또한 성소수자 커플들을 위해 시민결합법을 통과시켰고 비록 아직 통과되지는 못했지만 동성혼을 합법화하는 법안을 의회에 제출했다. 또한 특정한 상황에서 낙태를 합법화했다. 그러나 두번째 임기는 아들 부부의 사업과 관련된 비리 의혹으로 얼룩졌고, 미첼은 이들의 행적에 대해 아는 바가 없다고 선을 그었다. 그리고 이들의 혐의를 조사하고 부패로부터 칠레를 보호하기 위해 새로운 개혁안을 마련할 독립 위원회를 임명했다. 미첼은 개혁을 실행했지만 그녀의 지지율은 이전과 같은 수준으로는 회복되지 못했다.

힐러리

퇴임 후, 미첼은 유엔 인권 최고 대표가 되었다. 미첼은 이 자리에서 중국부터 사우디아라비아, 미국에 이르는 정부들이 저지르는 학대를 비판했다. 미첼은 첫 연설에서 이렇게 말했다. "나는 정치범이고 정치범들의 딸이었습니다. 나는 난민이자 의사였습니다. 고문과 부모의 실종을 경험한 아이들을 돌보는 소아과 의사이기도 했죠." 미첼에게 인권은 개인적인 일이다. 그리고 우리 모두에게도 마찬가지여야 한다.

대니카 로엠

Danica Roem

첼시

    2017년 대니카 로엠은 트랜스젠더임을 밝히고 당선된 첫번째 주의원이 됐다. 대니카는 버지니아주 의회 선거에서 승리를 확정한 후 탁자 위에 올라가 당선 소감을 밝혔다. 그리고 자신의 승리를 "한 번이라도 소외되고 오명을 썼고, 부적응자였고 한쪽 구석에 홀로 서 있는 아이였던 모든 사람에게" 바쳤다. 그리고 나서 자신의 선거 공약 중 하나에 대해 이야기했다. 바로 페어팩스 카운티의 28번 국도 교통 체증 해소였다. "그래서 내가 이 선거에 출마한 거예요. 고향의 이 뭣 같은 도로에 질려서요." 대니카가 이렇게 말하자 사람들은 열광했다.

선거운동 기간 내내 대니카는 헌신적인 자원봉사팀에게 자신의 이야기에서 핵심이 되는 부분을 되풀이했다. 자신은 서른세 살의 계모였고, 거의 평생을 마나사스 지역에서 살았고, 지역 공공정책 문제를 취재하는 기자로 일했다(자신이 메탈 밴드의 보컬리스트이기도 했다는 사실은 주요 사항 3위 안에 들지 못했지만, 대니카의 선거운동에서 사람들의 관심을 끄는 데는 분명 도움이 되었다). 자원봉사자들은 미래의 유권자들에게 대니카의 메시지를 전달했고, 지역구에 있는 75,000호 이상의 가구를 방문했으며 대니카가 경선에서 가장 중요하다고 꼽은 이슈에 대해 이야기했다. 바로 교통이었다. 대니카는 한 인터뷰에서 이렇게 말했다. "내가 출마한다는 얘기를 들으면 사람들은 이럴 거예요. 와, 트랜스젠더야, 난 이해가 안 돼. 헤비메탈 광이래, 난 이해가 안 돼. 그 여자 이상해, 난 이해가 안 돼. 그런데 그 여자 정말, 정말 내 출퇴근 시간을 줄여주려고 애써. 그건 진짜 이해가 가."

한편, 대니카는 25년 동안 버지니아주 하원의원직을 맡아왔으며 자칭 '버지니아의 최고 동성애 혐오자'인 현직 의원과 맞서고 있었다. 그 의원은 트랜스젠더 커뮤니티를 괴롭히고 수치심을 주기 위한 잔인하고 비열한 '화장실 법안'을 지지했고, 소수성애자들이 버지니아주 방위군에 복무

"내가 다른 사람인 척할 필요는 없잖아요. 나는 여전히 예전과 같은 음악을 듣고, 여전히 기타 치는 것을 좋아하고, 여전히 공연 보는 것도 좋아합니다. 사람들이 나를 볼 때, '그래, 저 사람은 트랜스젠더고, 정말 훌륭한 정책 광이야. 맞아. 저 사람은 트랜스젠더야. 그리고 28번 도로 문제를 해결할 진짜 훌륭한 법안을 만들었어'라고 말할 수 있게 하고 싶어요. '트랜스젠더야 그런데'가 아니라 '트랜스젠더야 그리고'가 되는 거예요."

– 대니카 로엠

하는 것을 금지하는 건의안을 지지했으며, 결혼을 남녀 간의 것으로 규정하는 헌법 개정안을 작성했다. 그는 대니카와 토론하기를 거부했고, 모욕적이게도 대니카를 남성 인칭 대명사로 지칭했다.

"나는 내가 출마한 것에 대한 국가적 의미를 이해합니다. 내 말은, 내가 멍청하지 않다는 거예요." 대니카는 똑같이 저급한 수준으로 대응하지는 않았다. 적의 규칙이 아닌 자신의 규칙에 따라 경쟁을 이끌어나가고자 했으며, 유권자들에게 이렇게 말했다. "나는 스스로 항상 공직자라고 생각했어요. 여기서 공직자는 내가 기자로서 10년 반 동안 일할 때와 같은 윤리와 청렴을 지킨다는 뜻이에요." 선거일 밤에 상대 후보에 대한 언급을 요청받았을 때, 대니카의 대답은 간단했고, 우아했으며, 명예로웠다. "나는 내 유권자들을 공격하지 않아요. 밥은 이제 내 유권자예요."

힐러리

대니카의 이야기에서 내가 가장 좋아하는 부분은 대니카가 초기에 '런 포 섬씽Run for Something'의 지지를 받은 후보였다는 거야. 런 포 섬씽은 2016년 내 선거운동에 참여했던 자원봉사자와 한 직원이 설립했지. 그들은 젊은 진보주의자들을 공직에 진출시키려고 열심히 일하며 미국 정치의 얼굴을 바꾸고 있어. 그런 사람들이 일찍부터 대니카의 잠재력을 발견한 거야!

2018년 1월 대니카와 버지니아주 하원의원들이 취임해 업무를 시작했다. 저소득층 의료보장제도 확대를 통과시켰고 교사 임금을 인상하는 투표를 했다. 하원의 두번째 회기 동안 대니카는 자신의 법안 세 가지를 통과시켰는데 그중 두 가지는 유권자들의 요청이었다. 대니카는 인터뷰에서 "하원의원의 가장 중요한 역할은 여전히 83,000명의 고향 사람들을 대표하고, 그들을 대표하여 입법하고, 그들을 대표하여 법안을 통과시키고, 그들을 대표하여 투표하는 것이라는 사실을 알아야 합니다"라고 말했다. 그리고 대니카는 교통혼잡을 해결하겠다는 핵심 선거공약을 결코 잊지 않았다. 28번 국도는 현재 공사 중이며, 4차선에서 6차선으로 넓어지고 있다. 그러나 대니카가 주민들과 동료들에게 상기시켜주듯이 여전히 할일이 많다.

> "나는 모든 사람이 우리의 승리를 보면서 트랜스젠더들이 공직에 선출되면 일을 정말 잘할 수 있다는 사실을 알게 되길 바랍니다. 우리가 정말 훌륭한 의원이라는 걸요. 공직에 있다는 것만으로도 우리의 존재가 상황을 근본적으로 바꾸어 놓습니다."
>
> – 대니카 로엠

대니카 로엠은 우리가 모든 공무원에게 요구해야 할 높은 집중력과 지혜를 가지고 있다. 또한 활기차고, 말재주가 좋으며, 냉정하다. 대니카는 이렇게 말했다. "어떻게 생겼든, 어디서 왔든, 종교가 무엇이든, 누구를 사랑하든, 정체성이 어떻든 좋은 아이디어가 있다면 제시해주세요." 이것이 바로 우리 모두가 세우고 지지해야 하는 정부와 국가이다.

개척자들

GROUNDBREAKERS

프랜시스 퍼킨스
Frances Perkins

힐러리

매달 6,400만 명의 미국인이 사회보장제도의 혜택을 받는다. 수천만 명이 하루 8시간 일하고 집으로 돌아간다. 실직한 사람들은 실업보험에 의지할 수 있다. 아이들은 공장에서 일하는 대신 학교에 간다. 화재경보기와 스프링클러 시스템은 필수이다. 그리고 여전히 너무 낮기는 하지만 연방 최저임금은 법으로 의무화되고 강제 시행된다. 현대 직장생활과 관련한 이 같은 모든 사실은 대부분 한 여성, 프랜시스 퍼킨스의 노력 덕분이다.

프랜시스는 많은 일을 '최초'로 해냈다. 여성 최초로 영향력 있는 뉴욕의 산업위원회에 위원으로 선정되어 매년 8,000달러의 연봉을 받으며 당시 주정부에서 일하는 여성 가운데 최고 연봉을 기록했다. 또한 프랭클린 델러노 루스벨트 정부의 노동부를 이끄는 최초의 '여성 장관'이 됐다.

1880년 매사추세츠의 중산층 가정에서 태어나 '패니'라 불리던 어린 프랜시스는 유복하게 자랐다. 마운트홀리오크대학에 다니던 시절, 미국 경제사 강의를 들으면서 대부분의 미국 노동자들이 어떻게 사는지 알게 됐다. 그들은 직장에서 조금이라도 실수를 하면 건강, 직업, 심지어 목숨까지 잃는 위험에 늘 노출되어 있었다. 대학을 졸업한 후, 프랜시스는 사회봉사가 제인 애덤스가 시카고에 설립한 혁신적인 복지시설인 헐 하우스Hull House에서 일했다. 또 필라델피아에서 젊은 여성들이 성매매에 희생되지 않도록 막는 위험천만한 일을 했고, 여성의 참정권을 옹호하기 위해 말 그대로 길거리에서 상자 위에 올라가 연설을 하기도 했다.

프랜시스와 비슷한 사회적 지위에 있는 다른 많은 젊은 여성들처럼 프랜시스 역시 자신이 결혼을 하게 되면 이사회의 이사진을 맡거나 자선기금을 모금하게 되리라고 생각했다. 그러나 그 생각은 1911년 3월 25일에 송두리째 바뀌었다. 프랜시스는 뉴욕으로 이주해 전국소비자연맹에서 일했으며 젊은 사회개혁가들과 친구가 되었다. 어느 날 프랜시스와 친구들이 워싱턴 스퀘어 공원 근처에 앉아 차를 마시고 있는데 별안간 요란하게 소방차의 사이렌 소리가 들렸다. 겨우 몇십 미터 떨어진 곳에 위치한 트라이앵글 의류 공장 건물이 화염에 휩싸여 있었다. 수많은 구경꾼 사이에서 프랜시스도 공포에 떨며 화재를 지켜보았다. 소방 사다리가 너무 짧아서 공장이 있는 고층에 닿지 않았고, 결국 노동자들은 창문가에 모여 있다가 불에 타 죽으니 하나둘씩 뛰어내리는 쪽을 택했다.

이 화재로 총 146명이 사망했는데 대부분이 이민 온 젊은 이탈리아인이나 유대인 여성들이었다. 직원들이 무단으로 휴식을 취하거나 자투리 재료들을 빼돌리는 것을 막기 위해 근무시간에는 공장 출입문을 잠그는 바람에 많은 이들이 사망했다. 이 화재는 뉴욕시 역사상 최악의 산업재해이자 미국 전체를 통틀어도 손에 꼽힐 만한 재앙이었다. 트라이앵글 의류 공장 화재는 미국 노동의 역사뿐만 아니라 프랜시스 퍼킨스의 삶의 방향도 바꾸었다.

프랜시스는 새로운 산업안전 시민위원회의 사무국장이 되어 비상계단, 건축구조, 보험 규정 등에 대해 열심히 배웠다. 그후 4년 동안 뉴욕주는 프랜시스의 손길이 닿은 수십 개의 법을 채택했다. 화재 비상훈련과 비상구를 의무화하고 자동 스프링클러를 요구했으며 공장 내 흡연 금지, 사용 인원 제한, 그리고 오늘날 우리가 당연하게 여기는 여러 상식적인 조치들을 마련했다. 프랜시스는 이 일들을 하면서 얻은 교훈을 이후 수십 년간의 공직생활 동안 늘 기억했다. 헌신적이고 창의력 넘치는 개혁가들이 몇 명 모이면 커다란 변화를 일으킬 수 있다는 사실이다.

이 시기에 프랜시스는 30대의 진보적 개혁가였던 폴 윌슨과 결혼했다. 프랜시스는 결혼 때문에 자신이 힘들게 쌓아온 인지도와 개인의 주체성을 잃게 될까봐 걱정했다. "내 생각에 그때 내 콧대가 상당히 높았던 것 같아요. 직접 편지에 서명도 하고 내 이름이 캘리포니아 노동정책관에게 영향을 미칠 수 있다는 사실 때문에 말이에요. 내 이름이 폴 C. 윌슨

부인이었다면 난 그저 누군가의 아내였을 뿐이니까요." 비록 가끔 사회적으로 자신을 폴 윌슨 부인이라고 칭하기도 했지만, 프랜시스는 자신의 성을 바꾸지 않았다. 이는 1913년 당시에는 무척이나 규범을 벗어난 결정이어서 신혼부부의 집 앞에 나타나 자초지종을 캐묻는 기자도 있었다.

그후 수년간 프랜시스는 뉴욕 주정부에서 여러 직책을 맡았고, 1919년에는 앨 스미스 주지사의 임명으로 뉴욕주 산업위원회 최초의 여성 위원이 되었다. 미국 전역의 여성들이 투표권을 얻기 1년 전의 일이었다. 1929년 뉴욕 주지사가 된 프랭클린 루스벨트는 프랜시스를 뉴욕주 산업정책관으로 임명했다. 그 기간 동안, 프랜시스는 직원이 1,800명이나 되는 기관을 감독했고 최저임금을 올렸으며 아동노동을 근절하기 위해 애썼다.

1933년 당시 미국은 대공황의 늪에 빠졌고 네 명 중 한 명꼴로 실업상태였다. 대통령 당선자였던 프랭클린 루스벨트는 프랜시스 퍼킨스에게 노동부 장관이 되어달라고 요청했다. 선거 유세에서 루스벨트는 "국민을 위한 뉴딜"을 약속했지만, 프랜시스는 구체적인 계획이 없다는 것을 알고 있었다. 그래서 많은 여성들이 그렇듯, 프랜시스는 목록을 만들었다. 공개 채용으로 수백만 명에게 일자리 마련, 극빈자를 위한 연방정부의 직접 원조, 주 40시간 근무제 실시와 연방 최저임금 책정, 아동노동 금지, 실업보험과 산업재해 보상제도, 사회보장제도와 보편적 의료보험 도입 등이었다.

프랜시스의 목록은 믿기 어려울 정도로 야심찼고 정부, 고용인, 노동자 간의 사회계약을 완전히 다시 썼다. 이 목록에는 경우에 따라서 프랜시스가 이전에 뉴욕에 도입했던 내용들을 미국 내의 좀더 비협조적인 다른 지역들로 확대하는 계획도 포함되어 있었다. 또한 전혀 검증되지 않은 방법들도 제안되어 있었다. 프랜시스는 '남성의 직업'을 가진 여성이라는 이유로 도를 넘는 비난에 직면할 것을 알고 있었기 때문에 연방 부서를 이끄는 최초의 여성이 되는 것에 대해 깊은 갈등을 겪었다. 그러나 자신이 제안한 정책 목록을 루스벨트가 승인하자 프랜시스는 마음을 정하고 루스벨트의 내각에 합류했다.

프랜시스가 제시한 항목은 하나하나 미국의 법이 되었다. 전국산업부흥법The National Industrial Recovery Act은 아동노동을 금지했고 최초로 국가 차원의 최저임금을 만들었다. 연방긴급구호국Federal Emergency Relief Administration, FERA은 빈곤층을 돕기 위해 연방 예산을 주정부로 이체할 수 있도록 승인했다. 시민자원보존단Civilian Conservation Corps, CCC과 공공사업진흥청 Works Progress Administration, WPA은 수십만 명에게 일자리를 주었다. 그리고 사회보장법Social Security Act을 통해 국가실업보험 제도와 노인연금을 동시에 도입했다.

> "나는 신과 루스벨트 대통령 그리고 잊힌 수많은 평범한 노동자들을 위해 일하러 왔습니다."
>
> – 프랜시스 퍼킨스

프랜시스는 미국인들을 대표해 맹렬한 속도로 일했지만 가정생활은 순탄하지 않았다. 프랜시스와 폴은 1916년에 딸 수재너를 낳았는데 수재너는 일생 동안 정신병으로 고생했다. 수재너가 태어난 직후, 폴은 여러 정신 건강 문제로 고통받기 시작했고, 조증 상태에서 가족으로부터 물려받은 돈을 낭비했다. 그러다가 깊은 우울증에 빠지면 시설로 보내졌다. 프랜시스는 뉴욕 주정부에서 승진을 계속해 노동부 장관 자리에까지 올랐지만, 수입의 대부분은 고가의 요양시설을 전전한 남편의 간병비로 쓰였다.

사회보장법이 제정되던 날, 프랜시스는 폴이 시설에서 탈출했다는 소식을 들었다. 대통령과 함께 사진을 찍는 서명식이 끝난 후 프랜시스는 남편을 찾기 위해 뉴욕으로 달려갔다. 그리고 몇 시간 후에 혼란스러워하며 거리를 헤매고 있는 폴을 발견했다. 프랜시스는 폴과 수재너를 부양하기 위해 평생 일해야 했다. 그리고 가족들이 대중의 시선을 받지 않도록 애썼다.

뉴딜 정책으로 미국 경제가 회복되고 유럽에서 파시즘이 득세하자 미국의 진보적 정치에 대한 의지는 서서히 빛을 잃어가기 시작했다. 프랜시스는 노동부 장관으로서 출입국 관리 사무소도 감독하면서 노동운동가, 유대인 그리고 독일이나 오스트리아에서 박해받던 사람들을 위한 비자 할당량을 늘리자고 주장했다. 프랜시스는 몇몇 개별적인 사건들에 개입할 수 있었지만, 국무부는 프랜시스가 구상한 더 큰 규모의 계획들을 저지했다. 1940년에 프랭클린 루스벨트는 이민국을 노동부에서 법무부로 옮기는 계획을 승인했고 프랜시스를 완전히 배제시켰다. 그리고 안타깝게도 우리 모두가 알고 있듯이 1933년 뉴딜 프로그램 목록 중 마지막 항목, 즉 의료보험은 그때 통과되지 못했다. 비록 건강보험개혁법 Affordable Care Act 덕분에 그 어느 때보다 우리는 한층 더 나아갔지만 80년이 지난 지금도 여전히 해야 할 일이 있다.

프랜시스 퍼킨스는 루스벨트가 대통령직을 수행한 12년간 루스벨트의 곁을 지켰으며 해리 트루먼 대통령 시절에도 노동부 장관직을 잠시나마 이어 맡았다. 프랜시스는 공산주의자라는 비난을 받았고, 의회 내 적들의 탄핵 시도 공격에서도 살아남았다. 또한 개인적으로도 남편의 병 때문에 고군분투했다. 하지만 그런 와중에도 미국의 사회안전망에 가장 튼튼한 여러 가닥을 엮어냈다. 사회보장제도의 창시자인 프랜시스는 1965년 세상을 떠나기 몇 주 전까지도 끊임없이 일했다. 개인으로서의 삶이나 직업에서 엄청난 어려움들을 직면했지만 프랜시스는 집념과 통찰력으로 세대를 초월해 수많은 사람들의 삶에 변화를 일으켰다. 나는 가장 이상적인 공직자상을 생각하면 늘 프랜시스가 떠오른다.

캐서린 그레이엄

Katharine Graham

힐러리

"잔뜩 겁에 질리고 긴장했던 나는 침을 꿀꺽 삼키고는 이렇게 말했다. '그렇게 하세요. 그렇게 하자고요. 합시다. 출판해요.' 그리고 전화를 끊었다. 결정은 그렇게 내려졌다."

캐서린 그레이엄은 바로 그렇게 미국 언론 역사상 가장 결정적인 한 순간을 묘사했다. 〈워싱턴 포스트〉의 발행인이었던 캐서린은 '펜타곤 페이퍼Pentagon Papers'라 불리는 베트남전에 관한 기밀문서들을 출판해 정부가 그때까지 공개적으로 발표했던 자료들 상당 부분을 반박하기로 했다. 이미 〈뉴욕 타임스〉가 펜타곤 페이퍼에서 발췌한 부분을 찍어내기 시작했지만 닉슨 행정부는 나머지 부분의 출판을 금지하는 법원 명령을 받아낸 상태였다. 〈워싱턴 포스트〉의 변호사는 물론 캐서린의 친구와 조언자들도 출판하지 말라고 캐서린을 설득했다. 정부가 스파이 방지법에 따라 신문사를 기소할 수 있기 때문이었다. 하지만 캐서린은 국가적 비상사태에는 헌법을 수호하고 최고 수준의 저널리즘을 장려할 의무가 있다는 것을 알고 있었다. 그 용감한 행동과 그 이후로도 계속된 여러 활동으로 인해 나는 2001년 미국뉴스편집자협회에서 언론 자유를 축하하는 연설을 하며 캐서린을 '용감한 어머니Mother Courage'라 불렀다.

캐서린은 대학을 졸업한 후 〈샌프란시스코 뉴스〉에서 기자로 잠시 일했고, 1939년 자신의 아버지가 소유한 〈워싱턴 포스트〉에 입사했다. 그리고 다음해, 대법원 서기였던 필립 그레이엄과 결혼했다. 얼마 지나지 않아 캐서린은 아내, 어머니, 그리고 자칭 사교계 명사로서의 본분을 다하기 위해 회사를 그만두었다. 캐서린은 당시에 즐거웠다고 늘 말했다.

캐서린의 아버지는 신문사를 물려줄 때가 되자 캐서린이 아니라 캐서린의 남편에게 넘겨주었다. "어떤 남자도 아내 밑에서 일해서는 안 된다"라고 아버지는 설명했다. 그 당시에 캐서린은 자신의 삶이 그 자체로 행복했었기 때문에 반대할 생각이 들지 않았다. 그러나 이후 남편의 외도, 우울증, 정신 건강 문제로 인해 오랫동안 힘든 시간을 겪었다. 캐서린은 그 와중에도 가정을 지키고 남편이 자신 혹은 남을 해치지 못하게 막아야 했다. 하지만 결국 남편은 1963년 자살로 생을 마감했다.

필립이 세상을 떠난 후, 캐서린은 〈워싱턴 포스트〉를 운영하게 됐다. 자신은 자질이 부족하다며 몇 번을 고사한 후였다("'나요? 말도 안 돼요. 내가 그걸 어떻게 해요.' 난 소리를 질렀죠." 캐서린은 당시를 이렇게 회상했다. 모든 세대의 여성들이 벅차고 낯선 일과 마주하면 이 익숙한 말을 여지없이 되풀이했다). 캐서린의 지휘 아래, 캐서린이 영입한 벤 브래들리 편집국장의 도움을 받은 〈워싱턴 포스트〉는 불굴의 탐사 보도 매체로 유명해졌다. 〈모두가 대통령의 사람들All the President's Men〉과 같은 영화들은 이 내용을 빠뜨리고 있지만, 밥 우드워드Bob Woodward와 칼 번스타인Carl Bernstein에게 통제 불능의 대통령에 대한 자료를 주며 워터게이트 사건에 대해 보도하라고 허락한 사람으로는 벤뿐만 아니라 캐서린도 있었다. 1972년 캐서린은 워싱턴 포스트 코퍼레이션의 CEO로 취임하면서 〈포춘〉이 선정한 500대 기업에서 최초의 여성 CEO가 되었다.

하지만 캐서린이 많은 사람들에게 용기를 준 데는 직업적인 성공 외에도 더 많은 이유가 있었다. 캐서린의 자서전 『캐서린 그레이엄 자서전 *Personal History*』은 미국 정치인 회고록의 정석으로 여겨진다. 이 책이 퓰리처상을 수상하기도 전에, 위대한 영화감독이자 작가인 노라 에프론은 〈뉴욕 타임스〉에 이 책의 서평을 썼다. "이 책이 얼마나 특별한지 이해했는가? 케이 그레이엄은 너무 제한된 세상에 살았기 때문에 그녀의 솔직함과 진솔함이 오히려 더욱 애처롭다." 캐서린은 남편의 불륜이나 정신질환과 싸우는 끔찍한 현실, 그리고 남편이 죽은 후 느낀 정신적 충격과 죄책감에 대해 상세히 밝혔다. 여성이 남성보다 열등하다고 여겨졌던 시대에 자라나 마흔여섯이라는 늦은 나이에 어쩔 수 없이 직업을 갖게 된, 남들과 다른 고충 역시 가슴을 울린다. 또한 캐서린은 주변 사람들의 마음가짐뿐만 아니라 자신의 마음가짐을 바꾸는 과정 역시 고통스러웠다고 털어놓았다. "예전부터 여성들은(또한 여전히 많은 사람들이) 남을 기쁘게 하려는 바람이 너무 커서 힘들었다. 이 증상은 나와 같은 세대를 살았던 여성들에게 너무 깊게 박혀 있어서 나는 오랜 시간 동안 내 행동을 제어했고 어떤 면에서는 여전히 그렇다." 캐서린은 글로리아 스타이넘과의 우정, 세상 속에서 자신의 자리에 대한 생각을 바꾸는 데 도움을 준 젊은 여성 동료들과의 관계에 대해서도 썼다.

캐서린은 민주주의에서 책임감의 원동력으로 언론의 중요성을 꼽았다. 그것이 항상 쉽지는 않다. 사실, 좋은 언론과 나쁜 언론을 겪어온 사람으로서 나는 그것이 완전히 불편할 수도 있다고 단언할 수 있다. 그러나 우리의 미래는 자유 언론뿐만 아니라 두려움 없는 언론에도 달려 있다. 우리는 진실을 폭로하기 위해 기꺼이 비판과 비난, 보복을 감수하는 언론이 필요하다. 캐서린이 그랬던 것처럼 말이다.

"내가 발표장 안에 있는 것에 대해 극심한 불편함과 자의식이 항상 있었어요. 모든 발표자들은 항상 '신사분들과 숙녀분' 또는 '신사분들과 그레이엄 부인'이라고 첫마디를 던진 후에 은근슬쩍 낄낄거리며 발표를 시작했어요. 너무 불편해서 사라지고 싶었고 최소한 혼자 지목되지만 않으면 좋겠다고 생각했죠."

- 캐서린 그레이엄

콘스탄스 베이커 모틀리

Constance Baker Motley

힐러리

1936년 열다섯 살의 콘스탄스 베이커 모틀리는 코네티컷주 밀 포드의 해수욕장에서 쫓겨났다. 흑인이기 때문이었다. 콘스탄스는 그때까지 한 번도 그 정도로 노골적인 인종차별을 겪어본 적이 없었다. 그래서 당시 사건은 평생 잊지 못할 기억으로 남았다.

콘스탄스는 카리브해의 네비스섬 출신 이민자 부모에게서 태어나 코네티컷주 뉴헤이븐에서 자랐다. 아버지는 예일대학교 학생식당 요리사로 일했다. 증조할머니는 서인도제도에서 노예로 살았는데 부모님은 그 이야기를 하길 극히 꺼렸다. 콘스탄스를 포함한 열두 명의 자녀는 뉴헤이븐의 백인 흑인 통합 공립학교에 다녔다. 콘스탄스는 어린 나이부터 공부를 아주 좋아했다. "가족들한테서 학교에 가라거나 숙제를 하라는 잔소리를 들어본 적이 없어요."

주일학교에서 W.E.B. 듀 보이스와 다른 흑인 작가들의 작품에 대해 공부했던 콘스탄트는 해변에서 쫓겨난 사건 후 본격적으로 흑인 역사에 관한 책들을 파고들기 시작했다. 콘스탄스는 "책을 읽으면 읽을수록 의식적으로 미국 흑인과 동질감을 갖기 시작했다"고 회상했다. 그러나 이내 시민권을 위한 투쟁에 대해서는 읽는 것만으로는 충분하지 않다고 결론을 내렸다. 함께 투쟁하고 싶었다. 콘스탄스의 어머니는 NAACP 뉴헤이븐 지부의 설립자였으며, 콘스탄스는 고등학교 재학 시절 뉴헤이븐 지부 청소년위원회의 회장이 되었다. 이 시기에 콘스탄스는 에이브러햄 링컨이 세상에서 가장 힘든 직업 중에 하나로 법조인을 묘사한 글을 읽었는데 이를 계기로 그 직업이 자신의 천직이라고 생각하게 됐다. 당시 흑인여성 변호사는 아주 소수였지만 콘스탄스는 단념하지 않았다. 부모님이 상대적으로 되기 쉬운 미용사가 되라고 거듭해서 권했을 때도 마찬가지였다. 하지만 대학 등록금을 낼 형편이 아니었다는 점이 더 큰 문제였다.

고등학교를 졸업한 후, 콘스탄스는 건물 재건축을 돕는 직업을 찾았고 사회운동도 계속해서 이어나갔다. 어느 날 밤, 표면적으로는 뉴헤이븐의 흑인들을 위해한 주민센터에서 공개 토론이 열렸다. 그 자리에서 콘스탄스는 "이사회에 있는 모든 사람이 예일대 출신이기 때문에 흑인

"응원해주는 사람이 없어도 단념하지 않았어요. 나는 쉽게 기죽지 않는 사람이거든요."

— 콘스탄스 베이커 모틀리

공동체는 현재 일어나고 있는 상황에 대해 실질적으로 아무런 의견을 제시하지 못하고 있다"고 지적해 '파문을 일으켰다'. 다음날, 회의에 참석했던 한 부유한 백인 남성이 콘스탄스를 만나 대학 등록금 지원을 제안했다.

후원을 받게 된 콘스탄스는 1941년 테네시주 내슈빌 소재 흑인 대학인 피스크대학에 입학했다. 처음 학교로 가는 길에 오하이오에서 켄터키로 기차가 경계를 넘었을 때였다. "나는 철도 직원들이 다른 객차를 엔진 뒤에 연결하는 동안 하차해야 했어요. 그 객차는 다른 객차들보다 더 낡고 녹이 슬어 있었죠. 내가 원래 타고 온 객차에 다시 올라타려는데 한 흑인 짐꾼이 방금 추가된 객차를 가리키며 내게 이렇게 말했어요. '이 칸에 타야 합니다.' 그 객차에는 '유색인COLORED'이라고 적혀 있었어요. 이런 일이 생길 거라는 건 진작 알고 있었는데도 겁도 나고 창피했어요." 이후 콘스탄스는 뉴욕대학교로 편입해 경제학 학사학위를 취득했다.

1944년 콘스탄스는 컬럼비아 로스쿨에 입학한 두번째 흑인 여성이 되었다. 참전 군인들의 가족을 지원하는 기관에서 일하고 있던 콘스탄스가 직장 상사에게 사직하는 이유를 말하자 상사는 비웃으며 이렇게 말했다. "여자들은 법조계에는 발도 못 담가…… 내가 평생 그렇게 바보 같은 소리는 처음 들어보네. 완전히 시간 낭비야." 이 말은 콘스탄스의 귀에 평생 울렸다.

> "나는 내 인종과 성별이 내 인생의 성공을 가로막을 거라는 생각을 거부했다."
> – 콘스탄스 베이커 모틀리

로스쿨에 다니는 동안 콘스탄스는 NAACP의 법률방어 및 교육기금Legal Defense and Education Fund에 가입했다. 졸업 후에는 당시 NAACP의 수석 고문이자 미래에 대법관이 된 서긋 마셜Thurgood Marshall의 서기로 고용됐다. 그리고 그곳에서 브라운 대 교육위원회 사건의 대법원 변론취지서 작성을 도왔다. 브라운 사건 이후 3년 만에 콘스탄스는 리틀록 나인 사건을 변호해 이전에 백인들만 다닐 수 있었던 센트럴 하이에 흑인들도 다닐 수 있는 권리를 확보했다. 그리고 1960년대 프리덤 라이드 시위에서 체포된 시위자들과 시위에 참가했다는 이유로 앨라배마 버밍엄의 학교에서 퇴학당한 학생들을 변호했다. 또한 제임스 메러디스라는 고등학생이 미시시피대학 입학 허가를 받기 위해 제기한 소송을 맡았는데 이 사건으로 대법원에서 변론을 펼쳤다. 아마 현대 들어서 흑인 여성 가운데는 최초였을 것이다. 사건이 진행되는 동안 콘스탄스는 미시시피주에 무려 스물두 번이나 다녀왔다. 이후에 콘스탄스는 메러디스가 미시시피대학에서 흑인 최초로 졸업장을 받은 날을 자신의 인생에서 가장 황홀했던 날로 꼽았다. 콘스탄스는 미국에서 가장 상위 법원인 대법원에서 열 건의 사건을 변호했으며 그중 아홉 건을 승소했다.

콘스탄스는 빈틈이 없고 항상 긍정적이지만 또다른 강점 중 하나는 논쟁할 때 한없이 우아하다는 점이었다. 한 기자가 콘스탄스가 법정에서 뭔가를 '요구'했다고 쓰자 콘스탄스는 다음과 같이 정정했다. "내가 법원에 요구했다니요? 요구하는 게 아니고 구제를 바라거나 몇 가지 조치를 신청하는 겁니다."

콘스탄스는 법원 안팎에서 조용하지만 활발하게 활동했다. 〈뉴욕 타임스〉는 훗날 콘스탄스의 부고에 "그녀는 감옥에 있는 마틴 루서 킹 목사를 방문했고 폭격을 당한 교회에서 자유의 노래를 불렀다. 또한 메드가 에버스와 함께 무장 경비들의 감시를 받으며 하룻밤을 지새웠다. 인권운동가였던 에버스는 이후 살해당했다"라고 썼다. 1964년 43세의 나이로 콘스탄스는 정치계에 입문했다. 뉴욕주 상원의원 후보로 지명받아 출마하게 된 것이다. 그런데 지명을 수락하는 데에는 한 가지 조건이 있었다. 공직에 재직하더라도 콘스탄스가 NAACP에서 하는 일에 방해가 되지 않는 것이다. 콘스탄스는 흑인 여성 가운데 최초로 뉴욕주 상원의원에 당선됐으며 그후 또다시 흑인 여성 최초로 맨해튼 자치구장에 선출됐다. 이때 시의회는 보궐선거에 공석을 채울 인물을 뽑는데 만장일치로 콘스탄스를 선택했다. 그 이후에는 초당적인 지지를 받아 재선출되어 온전하게 4년간의 임기를 마쳤다. 맨해튼 자치구장으로서 콘스탄스는 할렘 지역을 다시 살리고 주택과 학교를 개선하기 위해 일했다. 콘스탄스의 업적은 국민적 관심을 끌었고, 대통령 린든 B. 존슨은 콘스탄스를 연방 판사로 임명했다. 흑인 여성 중 최초였다. 거의 40년 동안 재판관으로 지내면서, 콘스탄스는 공명정대하다는 평판을 얻었다.

2005년 사망할 때까지 콘스탄스는 8개 대학에서 명예학위를 받았다. 콘스탄스는 어렸을 때 겪었던 부당함을 단순히 극복하기만 한 것이 아니었다. 개인의 부당함을 훨씬 더 큰 규모로 바로잡기 위해 일생을 바쳤고, 다른 유색인종 사람들 특히 여성들에게 자신이 어릴 적에는 꿈으로만 꾸었던 기회들을 마련해주었다. 〈뉴욕 타임스〉는 콘스탄스에 대해 이렇게 썼다. "콘스탄스의 특기는 소송을 할 때 더 조용히 공을 들여 준비해 보여주는 데 있었다. 이 소송들은 흑인이 사회적으로 더욱 활발히 참여할 수 있는 길을 열어주었다. 그녀는 우아하게 옷을 입고, 낮고 경쾌한 목소리로 말했으며, 모든 사건이 끝날 때마다 민권운동의 법정 최고 전술가라는 명성을 얻었다." 콘스탄스는 자서전 『법 앞의 평등한 정의*Equal Justice Under Law*』에서 시민권과 진보에 대한 투쟁이 좌절되는 것을 참을 수 없다고 적었다. "우리 모두는 우리의 시간이 왔고 앞으로 나아가야 한다고 믿었습니다." 수 세대에 걸친 변호사와 미국인들은 콘스탄스에게 감사한다.

개척자들

에디 윈저
Edie Windsor

힐러리와 첼시

첼시

에디 윈저는 미국 역사의 흐름을 바꾸려고 하지 않았다. 1929년에 태어난 에디가 자라던 시기는 일반적으로 여성이 결혼해서 정착해 남편의 부양을 받는 것을 당연하게 여겼다. 하지만 에디는 스물세 살에 이혼을 한 뒤 뉴욕에서 혼자 살며 스스로를 부양했다. 거기서 멈추지 않고 수학으로 석사학위를 받았으며, 1950년대와 1960년대에 IBM의 컴퓨터 프로그래머가 됐다. 회사 전체에서 여성의 숫자는 아주 적었다. 그래서 당시의 사진들을 보면 방을 가득 채울 정도로 커다란 컴퓨터 앞에 에디가 단호한 표정으로 서 있거나, 책상 뒤에 앉아 누가 봐도 뿌듯한 표정을 짓고 있는 모습을 볼 수 있다. "매번 한 여성이 자신을 위해 싸울 때는 자신도 모르게, 어쩌면 말만 하지 않았을 뿐, 모든 여성을 위해 싸우는 것이다." 마야 안젤루의 이 말은 어쩌면 에디의 이야기인지도 모른다.

에디는 일뿐만 아니라 개인의 삶에서도 새로운 역사를 써내려가고 있었다. 1963년, 테아 스파이어라는 이름의 대학원생을 만나 밤새도록 춤을 췄고, 그후 2년 만에 그들은 사랑에 빠졌다. 스톤월항쟁이 있기 전, 프라이드 퍼레이드가 열리기 전, 그리고 여성 커플이 전 세계 어딘가에서는 합법적으로 결혼할 수 있게 되기 전에, 그들의 서로를 향한 헌신적인 사랑은 그 자체가 조용하고 혁명적인 행동이었다. 그들은 슬플 때나 기쁠 때나 서로를 사랑했다. 테아가 진행성 다발경화증 진단을 받아 그 어느 때보다도 힘든 시기를 보낼 때에도 마찬가지였다. 수십 년 동안 에디는 테아를 기꺼이 돌보았다.

2007년 테아가 1년 이상 살 수 없다는 진단을 받자 테아와 에디는 캐나다로 날아가 합법적으로 부부가 됐다. 2년 후 테아가 세상을 떠났을 때 에디는 슬픔에 잠겼다. 그런데 그 슬픔이 더욱 깊어지는 일이 발생했다. 에디가 입버릇처럼 말하던, '테아가 아니라 테오와 결혼했다면' 내지 않아도 됐을 수십만 달러의 세금을 내야 한다는 사실을 알게 되었기 때문이다. 에디는 자신에게 두 가지 선택권이 있다는 것을 깨달았다. 이 괴로운 부당함을 받아들이거나 맞서 싸우거나였다. 에디는 싸우기로 결심했고 대법원까지 그 싸움을 이어갔다. 뛰어난 변호사인 로베르타 '로비' 캐플런과 함께 에디는 자신의 결혼, 그리고 사실상 평등을 위해 강력하고 절절한 주장을 펼쳤다.

힐러리

'미국 대 윈저'라고 인쇄된 자신의 이름을 보게 된 그날, 비록 순간적으로 공포심을 느꼈다고 고백하긴 했지만, 소송 과정 내내 에디의 용기는 흔들리지 않았다. 그 덕분에 에디는 법 앞에 평등한 권리와 존엄을 의미하는 기념비적인 결정으로 역사책에 남게 됐다.

에디의 싸움으로 진보는 엄청난 끈기를 필요로 한다는 사실이, 특히 미국과 같은 활기찬 다원주의 사회에서는 더욱 그렇다는 사실이 증명됐다. 예상대로 에디는 싸움에서 이긴 후에도 멈추지 않았다. 계속해서 다른 사람들의 권리를 위해 싸우고 기술 분야에 종사하는 여성들을 지도하고 지원했다. 또한 다발경화증에 대한 잘못된 정보를 부지런히 고쳤다. 그 질병을 안고 사는 사람이나 그들이 사랑하는 사람들에게 더 많은 두려움과 불확실성을 야기한다는 생각을 견딜 수 없었기 때문이다. 에디는 짐 오버거펠에게 영감과 우정을 나눠주었고 이후 오버거펠은 자신의 사건을 대법원으로 가져갔다. 그 결과 미국의 모든 주에서 동성 결혼은 합헌이 됐다. 성소수자 공동체 덕분에 에디는 진실한 삶을 살 힘을 얻었고 자신의 삶을 바쳐 선행을 실천했다.

첼시

나는 지난 2011년 뉴욕에서 동성 결혼 합법화를 위해 싸워 결국 성공을 이뤄낸 기억을 결코 잊지 못할 것이다. 우리는 앞서 2009년에 실패를 맛보았다. 마크와 나는 2010년에 결혼했고, 그날은 가장 친한 친구와 결혼한 내 인생에서 가장 행복한 날이었다. 그리고 나는 동성 결혼에 대한 나의 의지를 새롭게 가다듬었다. 모든 뉴요커들과 미국인들이 나와 같은 권리를 가지는 게 당연했다. 2013년 대법원이 결혼보호법Defense of

Marriage Acct, DOMA에 대해 위헌 결정을 내렸을 때 매우 뿌듯했다. 1996년 이 결혼법에 서명한 사람은 바로 내 아버지였다. 하지만 그 법은 결코 법이 되어서는 안 되었고 나는 그 법이 유지되지 않도록 도와준 에디에게 항상 감사할 것이다.

에디는 결혼이 필요하기는 하지만 그 자체만으로는 시작에 불과하다는 것을 강력하게 느끼고 있었다. 그리고 그 말은 옳았다. 에디는 미국 전역의 성소수자들이 단지 성소수자라는 이유만으로 토요일에 결혼하고 일요일에 집에서 쫓겨나고 월요일에 직장에서 해고되는 것이 얼마나 잘못된 것인지에 대해 이야기했다. 또 성소수자들을 이류 시민 취급하는 일부 법뿐만 아니라 성소수자 청소년 노숙자 문제, 이른바 전환 요법이라 불리는 아동학대와 다름없는 잔인하고 비인간적인 관행, 특히 트랜스젠더 공동체를 향한 폭력도 비난했다. "성소수자들에게 더 나은 세상으로 바뀌어가는 모습을 두 눈으로 볼 수 있다는 것이 평생의 기쁨이었습니다. 나는 더이상 그렇게 젊지 않지만, 싸움을 멈추고 싶지는 않습니다." 에디가 말했다.

힐러리

2017년 에디를 하늘로 떠나보낼 때 무척 힘들었다. 에디는 우리에게 많은 것을 남겨주고 떠났다. 에디는 우리가 더 나은 모습으로, 더 당당하게 서서, 더 큰 꿈을 꾸도록 이끌어주었다. 또 우리가 말만 하지 않고 행동하길 바랐다. 에디는 메리 올리버의 시를 몸소 행동으로 보여주었다. '지나친 신중함이 가장 한심한 순간은/ 무작정 뛰어들어야만 생명을 구할 수 있을 때/ 어쩌면 당신의 생명일지도.' 에디는 모든 것에 무작정 뛰어들었다. 다시 사랑에 빠진 것도 마찬가지였다. 두번째 아내 주디스 카센윈저를 만나기 전까지 에디 자신도 다시 사랑에 빠지는 일은 불가능하리라고 생각했다.

에디 덕분에 사람들은 성정체성을 밝히고, 최초로 프라이드 퍼레이드를 벌였고, 진정 사랑하는 사람과 결혼했다. 여성들은 이공계 분야에서 에디의 뒤를 따르며 고정관념을 깨뜨리고 각자 자신들을 가로막는 장벽을 부쉈다. 사회운동가들은 에디가 불의에 맞서 싸우는 모습을 지켜보면서 자신들만의 전투를 벌이겠다고 새롭게 다짐했다. 에디가 세상을 떠난 뒤, 친구에서 팬뿐만 아니라 한때 에디의 이력사항에 대해 사실 여부를 확인했던 사실확인팀에 이르기까지(사실확인팀 만세!) 모든 사람이 소셜 미디어에 자신이 가장 좋아하는 추억을 공유했다. 한 남자는 6번가에 있는 더 컨테이너 스토어에서 에디와 만났던 이야기를 공유했다. 현재는 약혼자가 된 당시 남자친구가 용기를 준 덕분에 그 남자는 에디에게 달려가 에디와 테아가 자신의 삶을 바꿨다며 감사 인사를 건넸다. 에디는 그 남자의 팔을 잡고 윙크를 하며 이렇게 말했다. "나한테 감사할 필요 없어요. 그냥 결혼하세요. 결혼하고 아침에 눈을 뜨는 것만큼 황홀한 기분은 없어요."

에디 윈저의 마술은 단순하지만 강력했다. 에디는 스스로에게 솔직한 것의 가치를 열렬히 믿었다. 친구들에게 '즐거움을 미루지 말라'는 자신과 테아의 신조를 알려줄 때나, 대법원에 섰을 때나, 에디 윈저는 언제나 그 누구도 아닌 바로 자신이었다. 변호사인 로비가 대법원의 호감을 사기 위해 테아와의 연애에 대해서는 많이 언급하지 말라고 조언했을 때 에디는 마지못해 동의하기는 했지만 한 가지 조건을 내걸었다. 로비와 에디 사이의 계약 관계는 재판이 끝나는 순간 함께 끝난다는 것이었다(그리고 로비에 따르면 실제로도 그랬다). 맨해튼의 한 병원에서 마지막 남은 며칠을 보내면서 에디는 비록 그날 방문객이 간호사와 아내밖에 없어도 손톱과 머리를 손질해야 한다고 고집을 부렸다.

에디는 용감했고, 변함없이 단호했으며, 누구나 항상 같은 편으로 삼고 싶은 그런 사람이었다. 내 선거운동을 에디가 지지해주었을 때 나는 세상을 다 가진 기분이었다. 선거중 가장 힘든 날과 그 이후 며칠 동안 나는 에디와 에디가 견뎌낸 오랜 투쟁에 대해 생각했다. 에디가 어떻게 낙담하지 않았는지 궁금했다. 어떻게 상실과 슬픔과 부당함을 견뎠는지, 어떻게 더 관대하고 더 개방적이고 더 두려움 없이 싸울 수 있었는지 말이다. 에디는 미국의 약속을 믿었고 자신이 꿈꾸던 미국에 적응하기 위해 자신의 일부분을 감추지도 않았다. 결단력과 순전한 의지의 힘으로, 그리고 가장 솔직한 자신의 모습으로 에디는 미국을 더 완벽한 나라로 한 발짝 더 다가가게 만들었다.

엘라 바트

Ela Bhatt

힐러리

1995년 처음으로 인도를 방문했던 나는 20세기의 가장 유능한 정치운동가이자 노동운동가 중 한 명인 엘라 라메쉬 바트를 만났다. 간디를 본받아 엘라는 1971년에 '자영업여성연합Self Employed Women's Association, SEWA'을 설립했다.

노동조합이자 여성운동단체인 SEWA는 내가 방문했을 당시 이미 회원수가 14만 명이 넘었다. 여기에는 인도에서 가장 가난하고, 교육 수준이 낮으며, 가장 천대받는 여성들도 포함되어 있었다. 이제 SEWA는 회원이 백만 명이 넘는 단체로 성장했다. 많은 SEWA 회원들이 중매결혼을 하고 이후부터 시어머니의 감시어린 눈초리 아래서 남편의 가족들과 함께 살게 된다. 일부는 남편이 죽거나 장애인이 되거나 떠날 때까지 푸르다Purdah에 얽매여 가족을 부양해야 했다. 푸르다는 남아시아에 사는 힌두교와 이슬람교 여성들을 집안에 강제로 격리하는 제도이다. 모든 여성이 생존을 위해 하루하루 고군분투했다. SEWA는 그런 여성들에게 스스로 수입을 마련할 수 있도록 소액 대출을 제공하고 기본적으로 읽고 쓰는 교육과 직업 교육을 제공했다. 내가 아흐메다바드에 있는 SEWA 본부를 방문했을 때, 엘라는 나에게 방 한 칸짜리 SEWA 사무실에 보관되어 있는 대출과 상환 내역이 적힌 커다란 장부들을 보여주었다. 이 소액금융 시스템을 통해 SEWA는 수천 명의 여성 개인에게 직업을 마련해주고 뿌리깊이 박혀 있는 여성의 역할에 대한 사고방식을 변화시키고 있었다.

엘라는 대학에서 영문학과 법학 학사학위를 받은 뒤 섬유노동협회의 법무팀에 들어가 여성들을 이끌었다. 수천 명의 여성이 섬유산업에서 일했지만 대부분은 공장에서 일하기보다는 집에서 자영업을 하고 있어서 노동법이 적용되지 않았다. 엘라는 더 나은 근로 조건과 수입을 위해 여성들을 조직하기로 마음먹었다. 엘라는 기업과 정부의 거센 반대에 부딪혔지만 자신의 임무를 밀고 나갔고 '순한 혁명가'로 알려지게 되었다.

엘라는 간디의 비폭력 투쟁을 실천하며 불의에 대항하는 평화적 투쟁의 중요성을 강조한다. 내가 국무장관이었던 시절 나는 엘라에게 글로벌 페어니스 이니셔티브의 페어니스 어워드Fairness Award를 수여했다. 인도에서 백만 명이 넘는 가난한 여성들의 자존감을 키워주고 독립과 자급자족을 할 수 있도록 도와준 공로 덕분이었다. 나는 본보기가 되어준 엘라의 삶과 SEWA의 성취 때문에 종종 나의 개인적인 영웅 중 한 명으로 엘라를 언급해왔다. 나는 엘라와 엘라의 후계자들과 수년간 연락을 해왔고, 인도에 가면 SEWA 회원들과 가게들을 방문한다. 하지만 여전히 처음 방문했을 때의 기억을 잊을 수가 없다.

당시 내가 방문했다는 소식이 구자라트 인근 마을들에 퍼졌고, 거의 천 명이나 되는 여성이 그 자리로 몰려들었다. 그들 가운데 몇몇은 덥고 먼지가 자욱한 시골길을 따라 아홉 시간에서 열 시간은 족히 걸어왔다. 커다란 천막 밑에서 나를 기다리는 그들을 보자 내 눈에는 눈물이 가득 차올랐다. 사파이어, 에메랄드, 루비색 사리를 입고 부채질을 하고 있는 모습은 마치 무지개색 인간 파도처럼 보였다. 그들은 이슬람교와 힌두교인들로 그 가운데는 힌두교의 가장 낮은 카스트인 불가촉천민도 포함되어 있었다. 연 만드는 사람, 고물 줍는 사람, 채소 행상인 등이었다. 내가 앞에 앉아 있는 동안 첼시는 다른 여성들과 함께 관중석에 앉았다.

여성들은 한 명씩 일어나서 SEWA가 자신들의 삶을 어떻게 바꿔놓았는지 이야기했다. SEWA가 소액 대출을 해주고 가게 일에 도움을 주었을 뿐만 아니라 고생하고 있는 다른 여성들과 연대감을 느끼게 해준 것이다. 한 여성이 시어머니가 더이상 두렵지 않다고 설명하자 모든 이들이 크게 공감했다. 그 여성들이 살아가고 있는 문화에서는 일반적으로 부부가 결혼한 뒤 남편 가족의 집으로 들어가고 시어머니가 며느리를 엄격하게 통제하는데, 자기 소유의 노점과 수입이 생기자 반갑게도 이 여성에게는 독립심이 생겨났다고 했다. 또한 더이상 경찰이 두렵지 않다고도 덧붙였다. SEWA가 후원하는 판매상들이 시장에서 고압적인 경찰관들에게 괴롭힘을 당하는 그녀를 보호해주었기 때문이다. 연설자들의 위엄 있는 태도, 조각 같은 얼굴, 그리고 까맣게 그려넣은 아이라인 뒤에는 그들의 고달픈 삶이 가려져 있었다.

"경제적, 사회적, 교육적, 정서적으로 가족을 돌보며 작은 땅을 가꾸고, 채소를 재배하고, 옷감을 짜 시장에 내놓고 가족을 부양하는 여성은 다기능 노동자이며 안정된 사회를 건설하는 일꾼입니다."

– 엘라 바트

마침내 내가 마무리 발언을 할 차례가 됐다. 내가 연설을 마치자 엘라는 마이크를 잡고 미국에서 온 내게 여성들이 감사를 표하고 싶어한다고 말했다. 눈부시게 반짝이는 색들의 움직임 속에서 여성들은 모두 벌떡 일어서서 구자라트어로 〈우리는 극복할 것이다We Shall Overcome〉를 부르기 시작했다. 그 순간 간디의 비폭력 원칙에서 시작해 미국 시민권운동으로 연결되었던 끈이 커다랗게 원을 그리며 다시 인도로 돌아왔다. 수 세기 동안 이어진 억압뿐 아니라 각자의 고난을 극복하기 위해 노력하는 여성들과 함께 있다는 사실에 나는 가슴이 벅차고 기뻤다. 나에게 그들과 엘라는 여성의 권리가 얼마나 중요한지 보여주는 살아 있는 증거였다.

템플 그랜딘
Temple Grandin

첼시

메리 템플이라 불리던 아기 템플은 걸음마를 할 무렵까지도 말을 하지 않았다. 고향인 보스턴에서 부모님이 템플을 데리고 의사들을 찾아가봤지만 의사들은 치료할 방법이 없다고 말했다. 부모님은 템플을 시설에 입소시키라는 권유를 받았다. 1950년대 당시에는 너무나 흔한 관행이었다. 그러나 어머니 유스타시아는 그 의견을 거절했다. 우선 언어치료를 제안하는 의사를 찾아갔고 그 치료는 효과가 있었다. 그러고 나서는 템플을 학교에 보냈다. 하지만 템플은 다른 아이들이 하는 식으로 배우거나 의사소통을 하지 않았기 때문에 때로는 교실에 앉아 있는 것조차 힘들었다. 템플은 열다섯 살 무렵 고모의 목장에 갔다가 그곳에서 인생이 뒤바뀌는 중대한 발견을 하게 됐다. 그곳에서 본 동물들이 자신과 마찬가지로 소리와 손길에 예민하며 강렬한 공포를 느끼고 있었던 것이다.

템플 그랜딘은 남성 중심 산업에서 가축의 생활환경을 개선하기 위해 일생을 보냈다. 스스로도 많은 어려움을 겪고 있었지만 자신의 임무와 훈련 그리고 남다른 재능을 의심하지 않았다. 대학에서 인간 심리학을 공부한 후, 템플은 축산학으로 석사학위와 박사학위를 취득했다. 템플은 동물들이 부상을 덜 입고 스트레스도 적게 받을 수 있는 시설들을 설계했고 동물들이 더 적은 고통을 느끼며 더 인도적인 방법으로 도살되도록 하는 효과적이고 훌륭한 기절 요법을 고안해냈다. 축산업계는 템플의 접근 방식에 회의적이었고 성차별주의가 팽배해 있었지만 템플은 서서히 그들을 자신 편으로 만들었다. 그리하여 결국에는 스테이크, 버거, 토막살, 베이컨 중 하나가 되는 동물들을 축산업계가 어떻게 다루는지를 평가하는 템플의 점수 체계가 이제 미국과 유럽의 축산업계 대부분에서 표준 평가 도구가 되었다.

나는 도러시 할머니한테서 처음으로 템플에 대해 들었다. 고등학생시절의 어느 연휴였는데 할머니는 템플의 책인 『나는 그림으로 생각한다 Thinking in Pictures』를 막 다 읽은 참이었다. 할머니는 템플의 명

"내가 70년대 초반에 일을 시작했을 때, 소 사육장에서 일하는 여자는 없었어요. 남자들은 내가 거기 있는 것을 좋아하지 않았지만, 나는 미묘한 사회적 신호를 알아차리지 못했어요. 동물들과 함께 일하고 소떼를 연구하는 것 말고는 관심이 없었거든요. 사람들의 적대감이 내게는 그다지 큰 영향을 미치지 않았기 때문에 자폐증이 도움이 됐어요."

– 템플 그랜딘

개척자들

석함과 그녀가 그림으로 생각하는 방식을 무척 잘 설명했다며 격찬했다. 나는 즉시 그 책을 빌려 읽었고 인터뷰와 다른 글을 통해 템플의 업적들을 따라가기 시작했다. 몇 년 후, 할머니와 나는 템플의 삶을 그린 영화를 보았다. 템플과 그녀의 업적에 대해 더 많이 알게 될수록 나는 템플에 대해 더 알고 싶어졌다. 템플은 그림으로 생각하는 자신의 능력을 자폐와 연결시켰다. 템플은 가축들을 인간답게 다루는 디자인을 종이에 미처 옮기기도 전에 마음속에서 이미 혁신할 수도 있었다.

템플은 직접 발로 뛰는 연구자였다. 울타리나 비탈진 홈통을 강제로 통과한 동물들이 갇히는 물리적 공간에 직접 들어가보고 심지어 동물들이 도축당하는 '기절 상자' 안에 서 있어보기도 했다. 직접 동물들이 가는 길을 경험함으로써 템플만의 고유한 두 가지 디자인이 생겨났다. 첫번째는 곡선형 가축적재용 미끄럼대인데 소들은 자신이 어디로 향하는지 볼 수가 없기 때문에, 스트레스를 받거나 탈출하려다가 다칠 가능성이 적다. 두번째는 소를 중앙에 고정시켜주는 것으로 소들이 도축당하는 동안 흔들리지 않도록 잡아주기 때문에 사고로 다치지 않고 기절할 수 있도록 해준다. 누군가의 아침, 점심, 저녁 식사가 되기 위해 동물이 고생할 필요는 없다. 심지어 맥도널드도 이에 동의한다. 맥도널드는 햄버거 고기를 공급하는 도축장의 동물복지를 개선하기 위해 템플을 고용했고, 템플은 새로운 기준이 반영될 수 있도록 제일 먼저 감사관들을 훈련시켰다.

템플은 오늘날 동물복지로 가장 잘 알려졌지만 사실 복지는 템플이 개척한 여러 분야 중 하나일 뿐이다. 템플은 대학에서 과학 교수 윌리엄 칼록의 도움을 받아 '포옹 상자'를 설계했다. 포옹 상자는 다른 사람에게 안기는 것을 견디지 못하는 과민한 사람들에게 압박을 가해 진정시키는 데 도움을 주는 기계다. 템플은 자신이 만든 포옹 상자를 수십 년 동안 이용해서 결국 사람들을 껴안는 게 편해졌다. 그 이후로 템플의 포옹 상자나 이와 비슷한 다른 기계들의 도움으로 자폐증 범위에 있는 수많은 사람들이 포옹을 하고 포옹을 받는 것을 편안하게 여길 수 있게 되었다.

자폐증뿐만 아니라 다른 방식으로 생각하고 배우고 소통하는 사람들을 지원하는 일의 중요성을 알리는 데 템플이 미친 영향은 가늠하기 어려울 정도다. 템플은 자폐증이 삶에 미친 영향을 숨긴 적도 없고, 다른 사람들이 불편해할까봐 자신을 제한한 적도 없다. 템플은 자신이 사고하는 방식을 "말 그대로 머릿속에 있는 영화"라고 묘사했다. 연구에 따르면 동물들도 그림으로 생각한다. 템플이 동물에게 공감하고 동물의 두려움과 고통을 줄이는 방법을 이해하는 특별한 재능을 가질 수 있었던 것은 이와 무관하지 않을 것이다. 템플은 이미 10대 시절에 동물들도 자신과 같은 방법으로 세상을 경험한다는 것을 깨달았다. 의사들도 포기했던 바로 그 두 살배기 여자아이는 이렇게 자라서 동물과 자기 자신을 생각하는 우리의 방식을 변화시키고 있다.

엘런 디제너러스

Ellen DeGeneres

힐러리

엘런 디제너러스를 생각만 해도 저절로 미소가 지어진다. 엘런은 정말 웃긴다. 나는 요거트나 약의 부작용에 대해 이야기하면서 사람들을 눈물이 날 정도로 웃게 만들 수 있는 사람은 엘런밖에 못 봤다. 게다가 엘런은 용감하고 인정도 많다. 그리고 무엇보다 인간답다. 불완전하고, 흠도 있고, 솔직하다.

엘런은 1958년 루이지애나주 메터리에서 보험판매원인 아버지와 언어병리학자인 어머니 사이에서 태어났다. 오빠 밴스는 네 살 위였다. 크

"어려움과 난관은 우리를 깊이 있고 재밌는 사람으로 만들어줘요. 그런 일을 겪을 때 재미있나요? 아니요. 하지만 우리를 특별하게 만들어주죠."

– 엘런 디제너러스

리스천 사이언스교를 믿으며 자란 엘런은 자신이 그곳과 어울리지 않는다는 느낌이 자주 들었다고 후에 말했다. 엘런의 가족은 가난에 시달렸고 부모님은 엘런이 10대였을 때 이혼했다. 엄마가 고통스러운 시간을 이겨낼 수 있도록 엘런은 엄마를 웃게 해주었다.

어릴 적부터 동물을 사랑한 엘런은 수의사가 되는 것이 꿈이었다. 하지만 자신은 '공부 머리'가 없다는 생각에 뉴올리언스대학을 한 학기만 다니고 중퇴했다. 그리고 건물 페인트 칠, 진공청소기 판매, 테이블 서빙, 굴 껍데기 까기 같은 일을 했다.

엘런은 20대 초반에 코미디 공연을 시작했다. 처음에는 친구들 앞에서, 그다음에는 동네 커피숍과 코미디 클럽에서 공연을 했다. 1982년 엘런은 채널 쇼타임에서 여는 '미국에서 가장 재미있는 사람' 경연 대회에 참가했다. 결과는 우승이었다. 이 대회가 엘런에게 돌파구가 됐다. 하지만 인정을 받는데도 엘런은 무대에 오를 때마다 불안과 싸워야 했다. "숨이 막히곤 했어요. 소재는 많았지만 제가 준비가 안 돼 있었거든요." 엘런은 계속해서 실력을 쌓았고 스물여덟 살에 조니 카슨이 진행하는 〈투나잇 쇼〉에서 모두가 탐내는 스탠드업 자리를 꿰찼다. 카슨은 쇼를 진행하면서 종종 공연이 끝난 코미디언들을 초대해 소파에 앉아 이야기를 나누곤 했는데 여자 코미디언은 초대한 적이 없었다. 그래서 엘런은 마음을 굳게 먹었다. 공연을 완벽하게 마친 후 관중으로부터 박수갈채를 받고 카슨이 자신을 자리로 초대할 수밖에 없도록 만들 셈이었다. 그리고 그 바람은 정말 이루어졌다!

엘런의 노력과 재능은 점점 주목을 받았다. 1994년 엘런은 텔레비전 시트콤 〈나의 친구들These Friends of Mine〉에서 엘런 모건 역으로 주연을 맡았다. 이 시트콤은 이후 〈엘런〉으로 이름이 바뀐다. 세 시즌 후, 엘런의 역할이 레즈비언으로 나올 예정이라는 소문이 퍼지기 시작했다. 실제 엘런도 레즈비언이었다. 엘런은 지난 몇 년 동안 사생활과 대중적인 삶을 분리하려고 애써왔다("나는 내가 어떤 사람이고 내가 누굴 만나는지 다른 사람들이 상관할 거라고는 예상을 못했어요. 그래서 이렇게 생각했죠. '사람들이 왜 알아야 하지?'" 엘런은 오프라 윈프리와 인터뷰를 하며 이렇게 말했다). 촬영분이 방송되기 전에, 엘런은 세간의 추측을 잠재웠다. 1997년 〈타임〉 표지를 장식하며 용감하게 선언한 것이다. "맞아, 난 게이야Yep, I'm Gay."

한편, 엘런은 방송사와 자신이 출연하는 쇼의 후원사들과 무대 뒤에서 싸움을 벌였다. 방송에 출연하는 성소수자가 많지 않은데다가 방송에서 커밍아웃하는 것은 무척 위험해 보였기 때문이다. 하지만 결국 엘런이 이겼다. 엘런의 쇼가 네번째 시즌을 맞았을 때 레즈비언임을 선언하게 된 것이다. 방송 역사상 기념비적인 일이었다. 그리하여 '강아지 편The Puppy Episode'은 약 4,400만 명이 시청하면서 이 쇼의 최고 시청률을 기록했다. 이후 엘런은 에미상을 수상했고 쇼의 다섯번째 시즌에도 출연하게 됐다.

첼시

근면하고 선구적인 여성이자 수많은 장벽을 깨온 오프라가 '강아지 편'에 엘런의 치료사로 특별 출연한 것은 완벽했어. 그 쇼가 방영된 후, 오프라는 자신이 전에는 결코 경험하지 못했던 역풍을 맞았다고 밝혔지. 하지만 오프라는 친구의 편에 서기로 한 결정을 조금도 후회하지 않았어. "엘런이 부탁했기 때문에 출연했어요. 응원해주고 싶었거든요. 자유로워지고 완전히 솔직하게 자신을 표현했더니 관객들은 다시 엘런을 사랑하게 됐어요"라고 오프라는 말했어.

엘런은 장벽을 무너뜨리는 것이 중요하지만 고통스러울 수도 있다는 것을 체험으로 배웠다. 오늘날 엘런의 커밍아웃 에피소드는 이제라도 텔레비전에서 성소수자들을 볼 수 있게 해준 계기로 인정받고 기념되고 있다. 하지만 당시 엘런은 거센 역풍을 맞았다. 광고주들은 해당 쇼에 내보내던 광고를 취소했고 종교 단체들은 시청 반대를 외쳤다. 시즌 5에서 ABC 방송사는 터무니없게도 일부 회차의 오프닝에 청소년은 부모의 주의가 필요하다는 경고를 내보냈는데, 엘런은 이에 강력히 항의했다. 방송사는 그다음 시즌에는 쇼를 폐지했고 엘런은 우울증에 시달렸다. 나중에 엘런은 '미어캣 벽장Meerkat closet'이라는 농담을 했다. 자신이 성소수자임을 밝히자 다른 성소수자 연예인들이 어떤 일이 벌어지는지 보려고 굴 안에서 머리를 툭툭 내밀었다가, 그 후유증을 목격하고는 다시 굴 안으로 들어가는 모습을 우스꽝스럽게 묘사한 것이다.

하지만 결국 마지막에 웃은 쪽은 엘런이었다. 2003년 엘런은 〈엘런 디제너러스 쇼〉를 진행하기 시작했고 그 토크쇼는 현재 16번째 시즌까지 이어져오고 있다. 토크쇼가 성공했을 뿐만 아니라 엘런은 베스트셀러 작가이자 성우가 됐고, 커밍아웃을 한 동성애자로는 최초로 2007년에 아카데미 시상식을 진행했다. 2012년에는 최고의 유머를 보여준 사람에게 주어지는 마크 트웨인 상을 받았다. 또한 〈엘런즈 게임 오브 게임즈 Ellen's Game of Games〉라고 불리는 새로운 텔레비전 쇼를 시작했고 'Heads Up!'이라는 게임도 출시했다(2016년 선거운동을 다니며 비행기 안에서 내가 제일 즐겨 하던 취미다).

나는 지난 몇 년 동안 상당히 많은 토크쇼에 출연했고 좋아하는 쇼
도 많았지만 〈엘런 디제너러스 쇼〉가 그중에서도 제일 좋았다. 내가 처음
이 쇼에 출연했던 것은 2005년 10월 뉴욕주 상원의원이었을 때였다. 나
는 엘런에게 스테이튼섬을 보여주겠다고 약속했고 한 달 후, 우리는 함
께 페리를 탔다. 내가 가장 좋아하는 에피소드 중 하나는 재주 넘치는 영
화배우 케이트 맥키넌이 나와 엘런의 성대모사를 했을 때였다. 정말 똑
같았다! 무엇보다도 엘런은 모든 쇼를 "서로에게 친절하라"고 격려하면
서 마무리한다.

또한 엘런은 좋은 목적의 활동에 적극적으로 동참해왔다. 2011년 국
무장관이었던 나는 엘런을 글로벌 에이즈 인식 특사U.S. Special Envoy for
Global AIDS Awareness로 임명했다. 엘런은 날카로운 재치와 너그러운 마음
뿐만 아니라 어마어마한 자신의 시청자와 소셜 미디어 팔로워들까지 활
용했다. 아픈 어린이와 그 가족을 후원하는 것에서부터 야생동물 보호에
이르기까지 사람들의 인식을 높이고 자선단체와 도움이 필요한 사람들
에게 수백만 달러를 기부했다. 또한 아내 포샤 드 로시와 함께 성소수자
젊은이들에게 그들 앞에 놓인 미래가 희망적이고 솔직한 세상일 거라는
메시지를 전달했다. 2016년 오바마 대통령이 엘런에게 대통령 자유 훈장
을 수여했을 때 엘런은 감격에 휩싸였고, 우리들도 마찬가지였다. 비록
쉽지는 않았지만 결국 공로를 인정받은 엘런을 보면서 단 하나의 목소리
가 어마어마한 변화를 촉발할 수 있다는 사실을 다시금 확인했다.

최근 몇 년 동안 엘런은 내키지 않을 때는 춤을 추지 않거나, 골치 아
픈 문제들을 따지거나, 인기에 연연하지 않는 등 복잡하고 솔직한 자신
의 모습을 대중에게 보여주는 일이 얼마나 힘든지 털어놨다. 최근 자신

"대부분의 코미디는 다른 사람을 희생해서 웃음을 이끌어내요. 그리고 나는 그게 일종의 괴롭힘이라는 걸 알게 됐어요. 그래서 나는 누군가의 감정을 상하게 하지 않고도 웃기면서 친절할 수 있다는 걸 보여주고 싶어요."

- 엘런 디제너러스

의 코미디쇼에 붙인 〈공감능력자Relatable〉라는 제목 또한 가장 용감하면서 어려운 모습은 솔직한 자기 자신이라는 사실을 유쾌한 방식으로 인정하는 듯하다.

개척자들

마야 린
Maya Lin

첼시

오하이오에서 자란 마야 린은 아버지의 도자기 공방에서 일하고, 학교 안의 주조소에서 청동을 주조하고, 마을 축소 모형을 만드는 것을 좋아했다. 마야는 그 열정을 이어가 대학에서 조각과 건축을 공부했다. 마야가 예일대 4학년이던 1981년, 베트남 참전용사 기념재단은 전사자들을 기리기 위해 워싱턴 D.C. 내셔널 몰에 세울 기념비의 디자인을 모집하는 전국대회를 열었다. 마야는 자신만만하게 출전했다. 심사 위원회는 1,400점이 넘는 전체 응모작 중에서 마야의 작품을 채택했다. 마야의 디자인은 단순했다. 각각 길이 76미터가 넘는 두 개의 거대한 화강암 벽이 3미터가량의 높이에서부터 양쪽 방향으로 발목 아래 높이까지 경사지게 내려가도록 세워져 있는데 모두 지면보다 아래에 있게 설계되었다. 두 벽에는 총 58,000명 이상의 이름이 새겨져 있다.

이후 베트남 참전용사 기념비Vietnam Veterans Memorial는 미국건축협회로부터 권위 있는 '25년상Twenty-five Year Award'을 받는 등 퇴역군인 단체들이나 건축 비평가들로부터 셀 수 없이 많은 찬사를 받았다. 하지만 처음 마야의 디자인이 선정되었을 당시에는 작품의 단순함과 색상에 더해 작가에 대한 논란이 일었다. 성차별주의와 인종차별주의뿐만 아니라 그렇게 젊은 사람이 그런 중요한 일을 맡을 수 있겠는가 하는 의구심이 뒤섞여 있었다. 그러나 마야는 자신의 디자인을 믿었고, 심사위원회는 자신들의 선택에 대한 입장을 견지했다. 1982년 말 베트남 참전용사 기념비가 공개되었을 때 마야는 스물세 살이었다. 이 기념비는 현재 워싱턴 D.C.에서 사람들이 가장 많이 방문하는 기념비 중 하나다. 벽 앞에 서면 자신의 모습이 비쳐 보이는데, 이는 내게도 잊을 수 없이 감동적인 경험이었다.

힐러리

기념비를 사진으로 봤을 때는 그 위력을 상상하기 어려웠지. 그런데 실제로 가서 보니 기념비의 힘이 온 사방에서 느껴졌어. 전몰장병들의 이름과, 잃어버린 친구나 가족을 찾는 방문객들에게 둘러싸여 있으니 벅찬 감정이 휘몰아쳤어. 가끔 아무도 못 알아보게 평상복에 야구 모자를 푹 눌러쓰고 백악관에서 나와 몰을 걷다가 기념비를 찾아가곤 했지.

대학원 공부를 끝낸 후, 마야는 계속해서 중요한 공공 예술 작품들을 만들었다. 예일대학교에 있는 '여성들의 탁자Women's Table'는 1701년 학교가 설립된 해부터 작품이 제작되던 해인 1993년까지 예일대학교에 다닌 여학생의 수를 기록한 것이다. 그리고 2년 후인 1995년에는 처음으로 예일대에 입학한 여학생의 숫자가 남학생의 숫자를 앞질렀다. 앨라배마주 몽고메리에 있는 시민 권리 기념관Civil Rights Memorial은 1954년부터 1968년까지 미국의 시민권을 위해 용감하게 싸우다 사망한 마흔 명의 이름을 기록한 기념 분수이다. 이 분수에는 마틴 루서 킹 주니어 박사의 이름과 그를 상징하는 인용문 "정의가 물처럼, 정의로움이 강물처럼 흘러내릴 때까지Until justice rolls down like water and righteousness like a mighty stream"가 적혀 있다. 나는 20대였을 때 역사학 박사과정을 계획중인 친구와 함께 남부를 가로지르는 장거리 자동차 여행을 떠났는데, 몽고메리에서 방문했던 시민 권리 기념관은 우리의 여행에서 가장 기억에 남는 감동적인 곳 중 하나였다.

마야는 가상 기념비인 '사라진 것은 무엇인가?What Is Missing?'가 자신의 마지막 기념물이라고 말했다. '사라진 것은 무엇인가?'는 전 세계적으로 멸종위기종이 증가하고 제6차 대멸종위기(인류가 스스로 자초한 대멸종 사건의 한가운데 있다는 주장)가 다가오는 것에 대한 경각심을 일깨우는 것이 목표다. 그리고 이 작품은 가슴이 아프지만 충분히 경각심을 불러일으킨다. 나는 더 나아가 이 작품이 사람들의 행동을 촉구할 수 있길 바란다.

힐러리

첼시는 어린 시절부터 고래와 코끼리 같은 멸종위기에 처한 동물들에게 무슨 일이 일어날지 걱정했어요. 일곱 살 때는 고래잡이 여행

에 대해 알게 된 다음 크리스마스 선물로 그린피스에 회원 가입을
해달라고 했지요. 그리고 2019년에는 멸종하는 동물들에 대한 어
린이책을 썼어요. 책 제목은『그들을 사라지게 하지 마세요Don't Let
Them Disappear』이고요.

마야는 어렸을 적부터 환경보전에 관심이 많았다. 초등학교 시절에는
고래잡이에 반대해 일본 물품 불매운동을 장려했고 동물학자가 되는 꿈
을 꿨다. 현재 마야는 '사라진 것은 무엇인가?'와 더불어 '융합 프로젝트
Confluence Project'에 참여하고 있다. 이 프로젝트는 원주민 공동체와 그들
의 목소리를 통해 태평양 북서부의 컬럼비아강 생태계와 사람들을 연결
한다. 마야는 더이상 지구가 훼손되지 않도록 보호하는 데 자신이 보탬
이 되길 바라며 예술을 통해 자연과 사람의 관계 그리고 그 책임감에 대
해 사람들의 사고방식을 바꿀 수 있다고 믿었다. 이 같은 마야의 확신은
'웨이브필즈Wavefields'라는 작품에서도 뚜렷하게 드러난다. '웨이브필즈'
는 이름 그대로 풀과 흙으로 만들어낸 무척 아름다운 파도 모양의 들판
이다. 뉴욕에 있는 스톰 킹 아트 센터를 방문했을 때 나는 거의 120미터
에 달하는 일곱 개의 파도를 넋을 잃고 바라봤다. 그저 궁금해질 뿐이었
다. 바다는 어떻게 단단한 땅과 합쳐졌을까?
　마야의 작품들은 세상을 바라보고 과거를 마주하며, 나아가 더 건강
하고 지속 가능하며 정의로운 다른 미래를 상상할 수 있는 방법들을 우
리에게 보여주었다. 배짱과 겸손, 연민을 가지고 마야는 우리 모두에게
질문을 던진다. '우리는 앞으로 무엇을 더 할 수 있는가? 무엇을 꼭 해야
하는가?'

샐리 예이츠

Sally Yates

힐러리

다른 많은 미국인들처럼, 나도 뉴스 속보를 통해 샐리 예이츠의 용기를 처음 확인했다.

"트럼프, '반反이민 행정명령 집행 거부한' 샐리 예이츠 법무장관 대행 경질."(CNN, 2017년 1월 30일)

순식간이었다.

그로부터 불과 열흘 전 도널드 트럼프가 대통령에 취임했다. 그리고 일주일 후, 백악관은 악랄하고 편협한 여행 금지를 명령했다. 이는 다수의 국민이 이슬람교도인 7개국의 218만 명에 대해 3개월간 미국 입국을 금지하는 조치였다. 그리고 특히 시리아 기독교인들과 같이 박해를 받은 소수 종교인들을 제외하고 전 세계의 모든 난민이 4개월 동안 미국에 들어오는 것을 금지시켰다. 트럼프는 후보 시절 "이슬람교도에 대해 전면적으로 입국 금지"를 하겠다고 위협했는데, 이제 공약들을 이행하고 있는 듯 보였다.

샐리 예이츠는 트럼프 행정부 초기에 법무부를 지휘하고 있었다. 그리고 이제 와서 보니 그때 그 자리에 미국이 필요로 했던 사람은 바로 샐리였다.

보통 검찰총장은 정치적으로 임명된다. 하지만 샐리는 그렇지 않았다. 샐리는 공직에 뛰어든 이후 거의 30년 동안 정부에서 일했다. 그전까지는 조지아주에서 변호사로 일하며 100년이 넘는 역사를 가진 유명한 법률 회사에 몸담고 있었다. 샐리는 그 자리에서 부와 명예를 누릴 수 있었지만 홀연히 그 자리를 떠났고 미국을 위해 일하기 시작했다.

미국 연방 검사보가 된 샐리는 화이트칼라 사기와 정치 부패 사건을 기소했고, 마침내 법무부 내 관련 부서의 책임자가 되었다. 샐리는 올림픽 경기장과 두 곳의 낙태 클리닉, 그리고 레즈비언 바에서 폭탄을 터뜨린 테러리스트 에릭 루돌프의 재판에서도 수석 검사를 맡았다. 샐리의 업무 능력은 탁월했다. 그리하여 공화당과 민주당 대통령들을 겪으며 승진을 거듭했다. 정치 성향은 중요하지 않았다. 중요한 것은 법, 그리고 무엇보다도 헌법이었다.

버락 오바마 대통령은 샐리를 조지아 북부 지방의 연방 검사로 지명했다. 이 자리에 여성이 지명된 것은 처음이었다. 몇 년 후, 오바마 대통령은 샐리를 법무차관으로 임명했다. 법무부에서 두번째로 높은 직위였다. 법무차관 자리에 대한 상원 인준 청문회에서 마치 앞날을 예언하는 듯한 대화가 오갔다.

제프 세션스: 만약 대통령이 부적절한 것을 요구한다면 법무장관이 거부할 책임이 있다고 생각하십니까?

샐리 예이츠: 저는 법무장관이나 법무차관은 법과 헌법을 따르고 대통령에게 독자적인 법률 조언을 할 의무가 있다고 생각합니다.

샐리는 얼마 지나지 않아 그 의무가 무엇을 의미하는지 세상에 보여주었다.

오바마 대통령이 퇴임하자 로레타 린치는 법무장관직에서 물러났다. 이에 따라 새 법무장관이 확정될 때까지 샐리는 법무장관 대행을 맡게 됐다. 샐리는 틀림없이 한 주 혹은 두 주 동안 자리를 맡아서 모든 일을 순조롭게 진행할 뿐 시끌벅적한 새 일을 시작할 생각은 없었을 것이다. 오랜 기간 성공적으로 해온 업무를 마무리하며 사임하고 어쩌면 고생한 기념으로 휴식을 위해 볕이 좋은 어딘가로 떠날 생각을 했을지도 모른다.

그런데 트럼프가 무슬림 입국 금지를 발표해버렸다.

금요일 밤, 트럼프 대통령의 행정명령이 발표된 뒤 샐리는 주말 내내 금지령에 대해 고민한 다음 합헌 여부를 가릴 준비를 마치고 월요일에 출근했다. 대통령의 행정명령에는 크게 두 가지 문제가 있었다. 첫째, 이 명령은 이슬람교도가 다수인 국가들에 대해 입국을 금지하고 시리아 기독교인을 우대함으로써 다음과 같은 수정헌법 제1조에 위배되는 것으로 보였다. '연방의회는 종교를 만들거나 또는 자유로운 종교 활동을 금지하는 법률을 제정할 수 없다.' 미국 정부는 특정 종교를 다른 종교보다 선호해서는 안 된다. 그러나 이 행정명령은 분명히 이슬람교인보다 기독교인을 더 선호하는 것처럼 보였다. 트럼프가 유세장에서 무슬림의 미국 입국을 금지하겠다고 거듭 다짐한 것도 이 행정명령에 담긴 종교적 의도를 더욱 분명히 보여주는 듯했다.

둘째, 합법적인 비자를 가진 사람들과 이미 미국에 합법적으로 거주하고 있는 사람들까지 포함해 7개 국가 모든 사람들의 입국을 전면적으로 금지함으로써 적법한 절차상의 문제를 나타냈다. 헌법은 두 곳에서, 어느 누구도 '적법적 절차 없이 생명, 자유, 재산을 박탈당해서는 안 된다'고 약속하고 있다. 그 조항은 시민과 비시민 모두에게 똑같이 적용된다. 다시 말해, 사람들에게서 멋대로 유효한 비자와 영주권을 빼앗을 수 없다는 뜻이다. 모든 사람은 정당한 절차를 보장받을 자격이 있다. 예를 들어, 사람들이 왜 자기 나라로 돌아가지 못하는지에 대해 주장을 펼칠 심리 같은 것이다. 하지만 트럼프의 금지령은 그러한 절차를 허용하지 않았다. 그냥 '들여보내지 마. 그리고 벌써 여기 들어와 있으면 내쫓아버려'일 뿐이다.

그 월요일에 법무부에서 샐리 예이츠는 이 모든 내용을 검토하고 행정명령을 주의깊게 읽었다. 그리고 트럼프가 임명한 여러 인사들을 포함해 정부 내 법률 전문가 회의를 소집하고 금지 명령에 대해 최대한의 변론을 해보라고 했다. 샐리는 헌법과 그것을 지키겠다던 자신의 맹세를 되돌아봤다. 그리고 미국 헌법의 국교 금지 조항이 종교의 자유를 기반으로 하고 있는 이 나라에 어떤 의미인가, 모든 국민이 평등하게 태어났으며 모두에게 평등한 정의를 약속한 이 나라에서 공정한 절차는 무엇을 의미하는가에 대해서 생각했다. 그리고 마침내 자신은 금지 명령의 적법성을 옹호할 수 없다고 결정했다.

그러고 나서 샐리는 이례적으로 용감한 결정을 내렸다.

그냥 사직을 해버릴 수도 있었다. 그 난장판에서 벗어나 자신의 후임이 그 일을 처리하도록 내버려둘 수도 있었다. 그래도 하고 싶은 말은 충분히 전달됐을 것이다. "내 양심으로는 하루라도 더 이 일에 참여할 수가 없다." 하지만 샐리가 평생 헌신했던 법무부에 그것이 무슨 의미겠는가? 나중에 샐리는 이렇게 말했다. "사직을 했다면 개인의 지조는 지킬 수 있었겠죠…… 하지만 나는 법무부의 지조도 보호해야 할 의무가 있다고 믿었습니다."

샐리는 법무부가 불법적이고 위헌적인 명령을 변호하는 모습을 보고 싶지 않았다. 그런 일이 일어나는 것을 언제까지고 막을 수는 없겠지만, 바로 그때 당시에는 막을 수 있었다. 샐리에게는 그 힘이 있었다. 왜냐하면 책임자였기 때문이다.

그래서 샐리 예이츠는 성명을 썼다. "제가 법무장관 대행으로 있는 한, 행정명령을 변호하는 것이 옳다는 확신이 들기 전까지 법무부는 행정명령에 대한 변론을 제기하지 않을 것입니다." 샐리는 그 성명서를 전국의 법무부 직원들과 백악관 앞으로 보냈다. 그러고는 가만히 앉아서 다음에 일어날 일을 기다렸다.

네 시간 후, 백악관에서 편지가 도착했다. 30년가량 미국 국민들을 위해 충실히 봉사하고 미국 헌법을 수호해왔던 샐리 예이츠는 해임되었다.

그날 이후로도 샐리는 계속해서 품위 있고 진실되게 행동했다. 몇 달 후 상원 법사위원회에 출석한 샐리는 공갈과 괴롭힘을 당하는 가운데에서도 침착하고 공손한 태도를 유지했다(한때 그 어려운 자리에서 11시간을 보낸 사람으로서, 나는 그 일이 얼마나 힘든지 안다). 샐리는 무슬림 입국 금지에 대한 자신의 결정뿐만 아니라 마이클 플린 백악관 국가안보보좌관이 러시아의 협박을 받아왔다는 사실을 백악관에 경고하려 시도했었다는 사실도 설득력 있게 증언했다. 책임자들이 국가안보와 기관의 원칙보다 자신들의 정치생명을 훨씬 더 신경쓰는 듯 보이는 시기에 샐리는 우리에게 다른 선택지가 있다는 사실을 일깨워주었다.

샐리를 보며 나는 수년 동안 함께 일했던, 나라와 헌법을 다른 무엇보다도 심지어 자신의 안위보다도 우선시했던 수많은 헌신적인 공무원들을 떠올렸다. 그들은 자랑스러운 미국인들이고, 우리에게 그들이 있었던 것은 행운이었다.

이제 공직에서 벗어난 샐리는 법률회사에서 파트너로 일하며 정부에서의 경험에 대해 공개적으로 이야기한다. 그래서 사람들은 자주 샐리에게 출마를 고려하라고 권한다. 지금까지 샐리는 그런 제안들을 거절해왔지만 아예 배제하지는 않았다. 나는 샐리가 선거에 출마하기를 바란다. 샐리는 공직에서 훌륭하게 일을 해낼 것이다. 그러나 그렇게 하든 하지 않든, 미래의 공무원들은 샐리를 항상 존경할 것이다. 그리고 그 덕분에 미국은 더 살기 좋은 나라가 될 것이다.

킴벌리 브라이언트*Kimberly Bryant,*
레시마 사우자니*Reshma Saujani*

킴벌리 브라이언트

레시마 사우자니

첼시

킴벌리 브라이언트는 어렸을 때 수학과 과학을 좋아했다. 킴벌리는 당당하게 자신을 '괴짜'라고 불렀다. '괴짜'라는 말이 때로는 누군가를 놀릴 때나 흉볼 때 사용되는 것이 터무니없다고 생각해왔던 사람으로서 나는 킴벌리가 그 말의 진정한 의미를 되찾아와서 너무 좋다. 1980년대 초, 킴벌리는 자신이 '괴짜' 과목들을 사랑한다는 사실을 받아들였고 테네시주 멤피스센트럴고등학교 수학팀에 합류했다. 항상 자신과 닮은 롤모델을 찾고 있었지만 쉽게 찾아볼 수가 없었다. 고등학교를 졸업한 후,

킴벌리는 밴더빌트대학에서 전기공학을 공부했다. 자신의 분야에서 일어나는 혁신들을 보며 무척 신이 났지만 킴벌리는 또 한번 수업이나 토론 중에서 자신은 몇 안 되는 여학생 중 한 명이며 유일한 흑인 여성이라는 사실을 깨달았다. "동기들 중에서 나처럼 생긴 사람은 거의 없었어요."

킴벌리가 샌프란시스코의 한 기술 회사에서 프로젝트 매니저로 일하고 있을 때 열 살 된 딸 카이가 스탠퍼드대학에서 열린 여름방학 코딩 수업에 등록했다. 카이는 수업 첫날이 되기만을 손꼽아 기다렸다. 카이는 비디오 게임을 좋아했고 커서 컴퓨터 프로그래머가 되고 싶어했다. 그러나 킴벌리는 카이를 차로 데려다주다가 깜짝 놀랄 만한 사실을 깨달았다. 자신이 대학을 졸업한 지 20년이나 지난 지금도 딸의 반에 여전히 흑인은 없었다.

킴벌리는 자신이 뭔가를 해야겠다고 생각했다. 그래서 2010년에 회사를 떠나 새로운 단체인 '블랙 걸스 코드Black Girls Code'를 설립했다. 현재 블랙 걸스 코드 캠프와 강의에는 미국 전역에서 8,000명에 이르는 흑인, 라틴계, 원주민 소녀들이 참여하고 있다. 또한 킴벌리는 남아프리카의 요하네스버그에 있는 소녀들도 프로그램에 포함시켰다. 킴벌리는 블랙 걸스 코드 프로그램에 참여하는 소녀들이 애플리케이션 제작 방법을 배우거나 로봇공학과 인공지능에 대해 더 많이 이해하면서 자신감이 자라는 것을 곁에서 확인할 수 있었다. 인재를 발굴하는 다양한 경로를 구축하는 일은 미래의 경쟁에서 승리하고자 하는 기업들에게 바람직하고도 현명한 선택이라고 킴벌리는 거듭 강조해왔다. "이 호기심 많고 창의적인 소녀들이 누군가에게는 당연하게 여겨지는 가르침과 격려를 받아 세상에 미칠 수 있는 영향을 상상해보세요." 얼마 있으면 우리는 그 영향을 상상할 필요가 없을 것이다. 블랙 걸스 코드 졸업생들이 대학과 대학원, 일터를 거치면서 무엇을 창조해내고 우리가 무엇을 상상할 수 있도록 도와주는지 직접 보게 될 테니까.

레시마 사우자니가 2010년 국회의원 선거에 출마했을 때, 그녀도 킴벌리가 스탠퍼드의 코드 캠프에서 경험한 것과 비슷한 경험을 했다. 뉴욕에서 선거운동을 하며 방문했던 IT기업들에서 여성을 거의 만나지 못했으며, 컴퓨터공학 수업을 찾아갔을 때도 마찬가지였다. 컴퓨터실은 코딩을 배우는 소년들로 가득했다. 레시마는 당시 선거에서도, 그리고 그다음 선거에서도 당선되지 못했다. 그러나 그 과정에서 새롭고 강력한 소명을 발견했다. 바로 기술 분야에서 성별 격차를 줄이는 일이었다.

나는 운이 좋게도 레시마의 여름 코딩 프로그램 중 하나를 방문할 수 있었다. 활기차고 열의가 넘치는 수업은 보는 사람마저 들뜨게 했고 온 사방에 긍정적인 분위기가 가득했다. 뉴욕시 전역에서 찾아온 소녀들은 새로운 아이디어를 실현하거나 문제를 해결하기 위해 애플리케이션을 만들고 있었다. 레시마는 초등학교에서 수학과 과학에 관심이 있던 여학생들이 열다섯 살이 되기 전에 흥미를 잃는다는 통계 결과를 알고 있었다. 또한 초등학교 저학년 시기가 앞으로의 삶을 형성하는 데 얼마나 중요한지도 잘 알았다.

1972년 우간다의 이디 아민 정부가 남아시아 혈통의 모든 우간다인에게 90일 이내에 나라를 떠나라고 명령한 후 레시마의 가족은 추방되었다. 부모는 일리노이로 이민을 갔으나 우간다에서 겪었던 심한 편견은 미국에서도 계속됐다. 중학교 때, 레시마는 인종 차별적인 괴롭힘을 견뎌야 했다. 그래서 모든 것을 완벽하게 해내기로 작정하고 열심히 노력했다. 그 목표로 인해 레시마는 중고등학교시절 여자아이들에게 일어나는 일에 대한 교훈을 얻었고 그것을 이렇게 표현했다. "우리는 여자아이들에게는 완벽해지라고 하고 남자아이들에게는 용감해지라고 합니다."

레시마는 3년 만에 대학을 졸업하고 야심찬 목표를 세웠다. 예일대 로스쿨에 진학하는 것이었다. 처음 지원했을 때는 실패했다. 그리고 두번째, 세번째 역시 떨어졌다. 하지만 레시마는 포기하지 않았고 마침내 네번째 시도에서 성공했다. 다시 한번 레시마는 모든 것을 완벽하게 하기 위해 애썼다. 그러나 유명 투자 회사를 그만두고 출마를 결심하면서 이러한 노력은 끝이 났다. 지금껏 두려워서 차마 도전하지 못했던 일을 마침내 마음 가는 대로 선택한 것이다. "한번 용감해지는 맛을 보면 멈추기가 어려워요." 그 깨달음은 또한 레시마의 책 『여자는 왜 완벽해지려고 애쓸까 *Brave, Not Perfect*』의 제목을 짓는 데도 도움이 됐다.

레시마가 설립한 프로그램인 '걸스 후 코드 Girls Who Code'는 2012년 여름 프로그램을 시작으로 그 이후 50개 주에 살고 있는 수만 명의 소녀들과 함께했다. 지금은 여름방학 프로그램과 더불어 방과후 프로그램도 운영하고 있으며, 누구나 어디서나 상상하고 코딩하고 만드는 법을 배울 수 있는 오픈 소스 커리큘럼과 안내서를 개발했다. 레시마는 거대한 문제를 해결하기 위해 거대 조직을 만들었다. 소녀들에게 미래의 직업에 필요한 기술들뿐만 아니라 위험을 감수하고, 일을 틀리고, 실수를 하고, 다시 시도해도 괜찮다고 가르치고 있다.

'블랙 걸스 코드'와 '걸스 후 코드'만이 소녀들에게 그런 교육을 하고 있는 것은 아니다. 또다른 수많은 조직이 여학생들에게 코딩을 가르치고 있다. 여학생들이 모여 자신만의 애플리케이션을 만드는 여름 캠프에서부터 각종 모임이나 해커톤을 조직하는 단체들, 그리고 기술, 기업가 정신, 사회적 영향의 교차점에 초점을 맞춘 프로그램에 이르기까지 내용도 다양하다. 걸스카우트에서도 로봇공학, 웹사이트 디자인, 사이버 보안,

개척자들

알고리즘 작성에 대한 배지를 만들어 코딩 교육을 응원하고 있다.

레시마와 킴벌리는 자신들의 열정과 혁신 및 문제 해결 능력을 발휘해 커다란 변화를 주도하고 있으며, 이 과정에서 우리 모두를 위한 밝은 미래를 구축하는 데 일조하고 있다.

여성인권운동가들

WOMEN'S RIGHTS CHAMPIONS

로자 메이 빌링허스트

Rosa May Billinghurst

첼시

고등학교 때, 우리는 역사 속 여성참정권에 대한 이야기를 배웠다. 1848년 세네카 폴스에서 열린 여성 인권대회의 감정 선언Declaration of Sentiments과 메리 울스턴크래프트의 유명한 선언문『여성의 권리 옹호 A Vindication of the Rights of Women』등이다. 하지만 참정권과 여성의 권리에 대해 내가 알고 있는 내용의 대부분은 엄마와 엄마 친구들, 그리고 여행을 통해 배웠다. 나는 우리가 그렇게 많은 빚을 진 전 세계 여성들에 대해 더 많이 배우지 못한 것이 이상하다고 생각했다. 그래서 그들의 이야기를 스스로 찾아보기로 결심했다. 전 세계 최초로 원주민 여성을 포함한 모든 여성에게 참정권을 부여한 나라인 뉴질랜드에서 여성들의 참정권운동을 이끌었던 케이트 셰퍼드부터 강인하고 단호했던 영국의 로자메이 빌링허스트까지 말이다.

런던에 살고 있던 메이는 어릴 적 소아마비에 걸렸다가 살아났다. 메이는 소아마비로 인해 다리를 쓰지 못하게 됐지만 그 이외에는 아무것도 빼앗기지 않겠다고 다짐했다. 하지만 19세기 후반 영국에 팽배했던 장애인에 대한 끔찍한 편견들에 맞서야 했다. 20대가 된 메이는 주일학교에서 아이들을 가르쳤고, 지역사회와 전국이 겪고 있던 빈곤의 고통을 사람들에게 알리는 데 힘썼으며, 금주운동을 지지했다. 그리고 젊은 시절 메이가 주장한 또 한 가지 목표는 인생의 중요한 부분이 됐다. 바로 여성의 참정권 보장이었다.

1910년, 어느덧 30대 중반이 된 메이는 영국과 아일랜드 내 여성 백만 명에게 선거권을 주려는 법안의 입법을 막은 허버트 헨리 애스퀴스 총리에게 항의하는 집회에 참여했다. 메이가 시위에 참가해 항의할 수 있었던 것은 손으로 세발 휠체어를 탄 덕분이다. 이 세발 휠체어 덕분에 앉거나 비스듬히 기대앉은 상태로 팔을 이용해 빠르게 앞으로 갈 수 있었다. 그러나 이날 시위에 참여했던 수백 명의 여성이 경찰로부터 잔인하게 폭행당했고, 이 사건은 이후 '블랙프라이데이'라 불리게 됐다. 메이 역시 폭행당한 여성들 중 한 명이었다. 이후 메이는 신문에 당시 사건에 대해 이렇게 설명했다. "처음에는 경찰이 나를 휠체어에서 끌어내려 매우 거칠게 땅에 패대기쳤다. 그다음에는 내가 휠체어 위에 다시 올라앉아 있을 때 경찰이 내 팔을 등뒤로 비틀어 나를 휠체어에서 밀어 떨어뜨리려고 했다…… 세번째로 경찰들은 나를 길옆에 떨어뜨려 훌리건 무리

가운데 남겨놨다. 그전에 바퀴에서 모든 밸브를 빼내 숨긴 바람에 나는 휠체어를 움직일 수가 없었다."

경찰에게 부당한 대우를 받은 뒤 메이는 전보다 훨씬 더 굳은 의지를 다지게 됐다. 메이는 곧이어 또다른 시위에 참여했고, 휠체어를 이용해 런던 의회광장에 있는 군중을 헤치고 지나가려 한 혐의로 체포되었다. 1912년에는 유리창을 깨는 시위로 또다시 체포되었는데 그때가 마지막은 아니었다. 여성에게 투표권을 부여하는 법안을 통과시키는 데 의회가 거듭 실패하자 항의하는 시위였다. 메이는 휠체어를 타는 몸으로 중노동형을 선고받았다. 거듭 체포를 당하자 메이는 세간의 상당한 주목을 받게 됐는데 언론은 물론 심지어는 동료 여성참정권 운동가들도 메이를 '절름발이cripple'라고 불렀다. 메이는 자신의 목적을 이룰 수만 있다면 남들의 시선을 받는 일도 피하지 않았다. 한번은 버킹엄궁전 앞 쇠울타리에 자신의 몸을 묶은 적도 있다.

기본적인 투표권을 보장받기 위해 항의하다가 체포된 다른 많은 여성참정권 운동가들처럼 메이는 감옥에서 강제로 음식물을 주입당했다. 그러나 그 어느 것도 메이를 막을 수 없었다. 메이는 참정권을 보장받기 위해 애썼고 드디어 1918년에 영국은 재산을 소유한 30세 이상의 여성들에게 투표권을 부여했다. 영국의 여성들은 21세 이상의 모든 국민에게 투표권이 확대된 1928년에서야 남성과 동등한 투표권을 가질 수 있게 됐다. 메이는 다른

"정부 당국은 현재 감옥에서 다른 연약한 여성들을 고문하듯 강제 급식으로 나를 고문하고 있다. 나는 더 불구가 될 수도 있고 약하기 때문에 그 과정에서 죽을 수도 있다. 하지만 자유로운 내 영혼과 이 싸움을 끝까지 하겠다는 내 굳은 의지는 절대 뺏기지 않을 것이다."

– 로자 메이 빌링허스트

많은 용기 있는 여성들과 함께, 그것을 가능하게, 심지어 그럴 수밖에 없도록 만들었다.

메이는 목표를 달성한 후 정치적인 활동을 줄였지만 평생 동안 다른 페미니스트들의 노력에 지지를 보냈다. 여성자유총연맹Women's Freedom League 게시판에 붙은 부고에는 메이를 "어쩌면 짓궂기까지 한 풍부한 유머 감각을 가졌으며…… 생기와 용기가 넘치고 유쾌하기 그지없었다"고 묘사했다. 환생을 강하게 믿었던 메이는 '이 삶은 그저 수많은 삶 중 하나일 뿐'이라고 생각했다. 그리고 자신의 신체적 안전, 심지어 생명까지도 신념을 위해서라면 희생할 준비가 되어 있다는 것을 계속해서 증명했다. 비록 참정권운동의 역사 가운데에서 메이는 잊히는 경우가 많지만, 그 불굴의 용기와 헌신을 보면 치열한 여성들의 시대에도 유난히 돋보이는 존재이다.

여성참정권론자들
The Suffragists

힐러리

　미국 역사에서 여성참정권을 이야기할 때면 몇몇의 용감한 여성들, 정확히 말하자면 소수의 용감한 '백인' 여성들의 이야기가 부각되고는 한다. 운좋게도 학교에서 '여성의 투표권' 획득을 위한 투쟁에 대해 배울 수 있었던 행운아들은 수전 B. 앤서니Susan B. Anthony와 엘리자베스 캐디 스탠턴Elizabeth Cady Stanton의 이름을 알고 있을 것이다. 어쩌면 심지어 의회가 흑인 남성들에게는 투표권을 주면서 인종과 상관없이 모든 여성은 제외했을 때 벌어진 여성참정권론자들과 노예해방론자 사이의 불화에 대해 배우고 심지어 제19번째 수정헌법이 1920년에 비준된 이후에도 유색인종 여성이 투표권을 얻는 데는 수십 년이 걸렸다는 사실에 대해 토론했을지 모른다.

그러나 미국의 여성들이 투표권을 어떻게 얻었는지에 대한 이야기의 시작은 제19번째 수정헌법이 비준되기 훨씬 전으로, 약 100년을 거슬러올라간다. 거의 천 년 전, 현재 뉴욕주 북부에 위치했던 이로쿼이 연맹 Iroquois Confederacy에서는 여성이 남성 지도자들을 뽑아 자리에 앉히고 또 물러나게 만들었다. 영국이 미국에 최초로 설립한 13개 식민지에도 애초에는 일부 여성의 투표할 권리는 계속 주어졌지만 미국의 헌법과 새로운 주 및 지방법이 그 권리를 체계적으로 박탈했다. 이는 앤젤리나 그림케 Angelina Grimké와 여동생 세라와 같이 저항하는 여성들 덕분에 더 가속화됐다. 세라는 이런 유명한 말을 남겼다. "나는 여성을 우대해달라는 게 결코 아니에요…… 내가 사람들에게 바라는 것은 그저 우리의 목을 짓누르고 있는 발을 떼고, 우리가 똑바로 서도록 해달라는 것뿐이에요." 북미 원주민들은 각 주에서 투표권을 얻기 위해 수십 년째 노력하고 있으며 투표권을 전국적·지역적으로 행사하기 위한 시민권운동의 노력도 계속해서 이어지고 있다. 그러나 2018년 중간선거 동안 노스다코타와 조지아 등지에서 투표권을 박탈하려던 시도들이 나타났듯, 투쟁은 오늘날에도 여전히 벌어지고 있다.

참정권 투쟁과 관련해 가장 주요한 사건 중 하나는 1848년에 벌어졌다. 뉴욕주 북부에서 열린 세네카 펄스 회의에서 독립선언문을 바탕으로 다시 쓴 '감정 선언서'에 100명의 여성과 남성이 서명했다. 감정 선언서는 이렇게 대담하게 주장했다. "우리는 모든 남성과 여성이 평등하게 창조되었다는 진리를 자명하게 여긴다." 그들은 비난과 조롱에 직면했고, 당시 참여한 여성들은 '남자 같은 여자들', '노처녀들', '광신도들'로 불렸다. 한 신문은 여성에게 권리를 부여하는 것은 "모든 인류mankind에게 거대한 상처를 줄 것"이라고 썼다. 당시 서명자 중 뉴욕 워털루 출신의 열아홉 살 장갑 제작공 샬럿 우드워드만이 유일하게 생전에 대통령 선거에서 여성들이 투표하는 모습을 보게 됐다.

남북전쟁이 끝난 후, 흑인 여성들은 인종과 성별의 평등을 달성하기 위한 투쟁에서 중요한 역할을 맡았다. 미국 여권을 열면 안쪽에 이런 문구가 쓰여 있다. "자유의 근거는 인종이나 종파, 정당, 계급의 근거가 아니다. 그것은 인간의 근거이며, 바로 인류의 타고난 권리이다." 그러나 이말을 누가 했는지 아는 사람은 거의 없는데, 바로 안나 줄리아 헤이우드 쿠퍼다.

1858년 노스캐롤라이나에서 노예로 태어난 안나는 교사이자 학자였으며 글과 연설을 통해 여성참정권을 지지했던 든든한 지지자였다. 노예에서 해방된 후 안나는 해방 노예들을 위한 학교에 등록했다. 그런데 같은 반의 남학생들이 여학생들보다 더 어려운 과목을 배우고 있다는 사실을 알고 정신이 번쩍 들었다. 그래서 반항의 의미로 남학생들이 듣는 수업에 등록했다.

안나는 오벌린대학에서 학사 및 석사 학위를 받고 졸업했다. 그후 흑인 여성들의 운동에 뛰어들어 여성인권 문제와 관련한 유명한 연설가가 됐다. 가장 유명한 연설 중 하나는 1893년 5월 시카고에서 열린 세계여성대표자회의World's Congress of Representative Women에서 있었다. 안나는 자신의 어머니처럼 노예가 된 여성들의 역경을 들려주고 정의를 요구하며 감동적으로 끝을 맺었다. "유색인종 여성은 여성의 목표는 보편적인 한 가지라고 느낍니다. 신의 모습은 희든 검든 신성하고 불가침이어야 하고, 인종, 피부색, 성별, 조건은 생명의 본질이 아니라 우연이며, 인류의 생명과 자유, 행복을 추구할 보편적인 권리는 누구에게서도 빼앗을 수 없다는 것을 인정해야 하고, 여자의 교훈을 가르치고 여자의 주장을 실현해야 합니다. 이것은 백인 여자, 흑인 여자, 홍인 여자의 목표가 아니라 거대한 불의 아래에서 소리 없이 고통받아온 모든 남자와 모든 여자의 목표입니다."

밋지 윌슨과 캐시 러셀이 쓴 『디바이디드 시스터스: 흑인 여성과 백인 여성 사이의 거리 좁히기Divided Sisters: Bridging the Gap Between Black Women & White Women』에서는 이렇게 말한다. "확고한 여성참정권론자였던 흑인 여성 가운데에는 안나 줄리아 쿠퍼가 있었다. 안나는 다음과 같은 성명서로 유명하다. '오직 흑인 여성만이 언제 어디서 폭력이나 특별한 보호 없이 조용하고 논쟁의 여지가 없는 여성으로서의 존엄성을 느끼게 되는지 말할 수 있습니다. 그러고 나서 흑인 전체가 나와 함께할 겁니다.' 특히 쿠퍼는 '흑인 남성'들의 경험과 필요가 '흑인 여성'들과 같다는 믿음에 반박하기 위해 투표를 해야 한다는 점을 흑인 여성들에게 효과적으로 강조했다." 1892년에 출판된 안나의 책 『남부의 목소리A Voice from South』는 최초의 흑인 페미니스트 출판서적으로 여겨진다.

스물한 살에 남편을 잃은 안나는 워싱턴 D.C.에 있는 미국 최초의 흑인 학생을 위한 공립 고등학교 M스트리트컬러드고등학교의 교장이 되었다. 안나는 학생들을 위해 학교의 기준을 높였고, 안나가 교장으로 있는 동안 여러 학생들이 아이비리그 대학에 합격했다.

안나는 흑인 학생들을 위해 종합적인 교육을 제공하려고 했지만 안나의 방식은 널리 인정받지 못했다. 부커 T. 워싱턴을 비롯해 유명한 비평가들이 흑인에게는 직업교육을 해야 한다고 주장하며 안나를 비판했다. 워싱턴 D.C. 교육위원회는 안나의 혁신적인 교육 방침 때문에 계약을 갱신하지 않았고 결국 안나는 미주리주로 떠나 학생들을 가르치다가 5년 후 M스트리트에 재임용되었다.

안나는 1925년 소르본대학에서 역사학으로 박사학위를 취득했다. 졸업논문은 노예제에 대한 내용이었으며 이로써 미국에서 박사학위를 취득한 네번째 흑인이 됐다. 안나는 성인 노동자들을 위한 프릴링하이젠대학의 총장으로 10년 이상 근무했다. 그리고 가난하게 사는 흑인들에게 있어 교육은 '의사이자 실패하지 않는 치료제'라 믿었다. 안나는 시민권법이 통과되기 불과 몇 달 전인 1964년 105세의 나이로 사망했다.

메리 처치 테럴Mary Church Terrell도 안나처럼 여성의 권리와 유색인종의 권리는 분리될 수 없다는 것을 알고 있었다. 1863년 멤피스에서 태어난 메리는 남부에서 최초의 흑인 백만장자가 된 노예 출신 로버트 리드 처치의 딸이었다. 메리는 1884년에 오벌린대학을 졸업했고 4년 후에 석사학위를 받았다. 윌버포스대학과 M스트리트컬러드고등학교에서 강의를 했는데 안나 줄리아 쿠퍼가 당시 동료 교사였다("당시 대부분의 여학생이 결혼을 하려고 집에서 도망쳤지만 나는 가르치려고 도망쳤다"고 이후 메리는 썼다). 로버트 헤버튼 테럴과 결혼한 후 메리는 어쩔 수 없이 사임해야 했다. 당시 기혼 여성은 학교에서 가르치는 것이 금지되어 있었기 때문이다.

이듬해, 메리의 어린 시절 친구이자 아이다 B. 웰스의 친구이기도 한 톰 모스가 멤피스에서 식료품 가게 운영을 두고 백인 소유의 가게와 경쟁을 벌이다 린치를 당했다. 메리는 프레더릭 더글라스와 함께 벤자민 해리슨 대통령에게 린치를 규탄해줄 것을 청원했다. 하지만 해리슨은 이를 거절했다.

1895년에 메리는 흑인 여성 최초로 워싱턴교육위원회에 임명됐다. 1896년에는 해리엇 터브먼, 아이다 B. 웰스 그리고 시인이자 운동가인 프랜시스 E. W. 하퍼와 함께 전국유색여성클럽연합National Association of Colored Women's Clubs을 설립하고 초대 회장이 되었다. 그들은 "우리의 목표와 관심사가 이 훌륭하고 야심찬 여성들과 동일"하다는 것을 "무지하고 의심스러운 세계"에 주장했으며 '올라가며 끌어주기Lifting as we climb'를 좌우명으로 삼았다.

1898년 메리는 '유색인종 여성의 진보'에 대해 열정적인 연설을 남겼다. 1900년 참정권운동 내부에서 백인우월주의가 팽배하자, 메리는 모든 여성에게 참정권을 부여하고자 하는 자신의 약속을 다시 한번 확인했다. "바로잡을 원칙을 오래전에 버렸다고 공언한 나라이면서 오늘 우리는 이 세상 앞에 시민들이 생명과 자유, 그리고 행복을 추구할 권리를 가진 정부인 척하고 있습니다. 하지만 그렇게 고결한 선언들과 숭고한 정서에도 불구하고 현재 정부의 정책은 국민들의 절반이 나머지 절반을 합법적으로 지배하기 위한 것입니다. 미국을 건국할 때 기초가 된 바로 그 원칙들을 노골적으로 위반하는 데 대한 합당하고 충분한 이유도 댈 수 없으면서 말입니다."

1940년, 메리는 자서전 『하얀 세상 속 흑인 여성A Colored Woman in a White World』을 출판했다. 또한 나이가 들어서도 인종과 성평등을 위해 계속해서 싸울 의향이 있다고 밝혔고, 실제로 그렇게 했다. 1950년 87세의 메리는 워싱턴 D.C.의 한 식당을 상대로 소송을 걸었다. 이 식당은 인종을 이유로 메리와 다른 사람들에게 음식을 팔지 않았다. 메리는 피켓 시위를 하고 식당 불매운동을 조직했다. 그리고 그 노력은 결실을 맺었다. 마침내 1953년 법원은 미국의 수도에서 벌어진 인종분리정책을 위헌으로 선언했다. 그리고 이듬해 브라운대 교육위원회 사건에서 대법원이 '분리 평등 원칙'을 폐지하기 직전에 메리는 세상을 떠났다.

역사에서 이름이 간과되는 또다른 배짱 있는 여성은 앨리스 폴Alice Paul이다. 앨리스는 1885년 뉴저지의 한 퀘이커교도 집안에서 태어났다. 그녀의 뿌리는 식민지 시대로 거슬러올라간다. 앨리스의 어머니는 여성참정권론자이자 전국여성참정권협회NAWSA의 회원으로 가끔씩 어린 앨리스를 참정권 투쟁 모임에 데려가 여성의 권리와 사회정의를 위한 투쟁에 대해 가르쳐주었다.

앨리스는 스와스모어대학에 진학했고 졸업 후 사회복지 업무를 하기 위해 뉴욕으로 이사했다. 앨리스가 집에 보낸 편지에는 불의에 맞설 방법을 찾고 있는 한 젊은 여성의 노력이 고스란히 담겨 있었다. 앨리스는 1905년 졸업 후 영국으로 여행을 가서 여성참정권론자인 크리스타벨 팽크허스트의 연설을 듣고 한 가지 방법을 발견했다(여성참정권론자를 뜻하는 '서프러제트Suffragette'가 당시 사용된 용어였지만, 나약하게 들린다는 이유로 미국 운동가들은 '서프러지스트Suffragist'를 선호했다). 크리스타벨의 연설을 듣고 감동한 앨리스는 크리스타벨과 그녀의 어머니 에멀라인 팽크허스트가 이끄는 전투적 참정권 단체인 여성사회정치연합Women's Social and Political Union, WSPU에 가입했다.

앨리스와 동료들은 끈질기고 창의적이었다. 1909년 11월 9일 런던 시장은 길드 홀에서 각료들을 위한 연회를 열었다. 앨리스와 또다른 여성참정권 운동가인 아멜리아 브라운은 청소부로 변장하고 그 행사에 몰래 들어갔다. 그들은 몸을 숨기고 있다가 총리가 일어나 연설할 때가 되자 브라운이 창문에 신발을 집어던지고 앨리스와 함께 "여성에게 투표권을!"이라고 외쳤다. 이들은 체포되었고 벌금과 손해배상을 거부한 뒤 1개월의 중노동형을 선고받았다.

1910년에 미국으로 돌아온 앨리스는 어느덧 여성을 남성과 동등한 시민으로 인정받겠다는 목표를 가진 유명한 여성참정권론자가 되어 있었다. 이후 펜실베이니아대학에서 '펜실베이니아 여성의 법적 지위The Legal Position of Women in Pennsylvania'라는 주제로 박사학위를 받았다. 앨리스는 이 논문에서 여성의 참정권 획득이 성평등을 이루는 데 있어서 핵심 목표라고 주장했다. 또한 연방 참정권 개정을 이루기 위한 캠페인을 벌였는데 이는 각 주별로 법안을 통과시키는 보다 점진적인 전략을 주장했던 당시 NAWSA의 전략에 정면으로 배치되는 방법이었다.

1913년, 윌슨 대통령의 취임식 전날, 앨리스는 대규모 여성참정권 요구 행진을 조직했다. 그 결과, 앨리스는 유능한 선동가일 뿐만 아니라 어마어마한 운동 조직가임이 입증되었다. 행진을 이끈 사람은 노동 변호사 이네즈 밀홀랜드였다. 흰옷을 입고 말 위에 올라탄 이네즈 뒤로 악단, 장식 차량 그리고 전국 각지에서 모인 5,000명 이상의 여성이 행진했다(아이다 B. 웰즈는 잘 알려진 대로 흑인 여성들은 뒤에서 따로 행진라는 앨리스의 지시를 용감하게도 거부하고 앞에서 행진했다). 윌슨의 취임식 때보다 더 많은 50만 명 넘는 관중이 나타났고 경찰이 곁을 지키고 있었지만 일부 행진하는 사람들이 공격당하고 부상을 입는 등 군중은 통제가 되지 않았다. 행진의 혼란스러운 상황은 앨리스의 목표가 더 잘 드러날 수 있게 해주었다.

앨리스는 결국 전미여성정치회의National Woman's Party, NWP를 결성했다. 그리고 1917년 NWP는 사상 최초로 백악관 앞에서 팻말을 들고 시위를 시작했다. 제1차세계대전이 시작된 후에도 논쟁적으로 시위는 계속됐다. 소위 '침묵하는 파수꾼Silent Sentinel'이라 불리던 이들은 미국 내에서는 여성의 권리를 부정하면서도 전 세계 민주주의를 위해 싸우는 대통령의 위선을 지적하는 플래카드를 들고 있었다. 한 플래카드에는 이렇게 써 있었다. "윌슨 황제이시여, 자립을 못한 독일인들이 더이상 안 불쌍한가요? 2,000만 명의 미국 여성이 자립을 못하고 있어요. 집안일이나 먼저 해결하세요."

이 모든 것 때문에 윌슨 대통령은 격분했다. 1912년 대통령 선거운동에서 시어도어 루스벨트와 경쟁하면서 루스벨트와 달리 윌슨은 여성의 참정권을 지지하지 않았다. 그러다보니 윌슨은 '대통령님, 여성들은 언제까지 자유를 기다려야 합니까?'라고 애원하는 백악관 밖 플래카드들을 그대로 지나쳤다.

1917년 8월 28일 백악관 앞에서 시위를 벌이던 여성참정권론자들이 체포되면서 마지막 전력 질주가 시작되었다. 새로운 여성 무리들이 피켓을 들고 시위를 이어가자 체포는 계속되었다. 그러던 중 1917년 11월 14일 버지니아주 오코콴 노역소에 구금되어 있던 33명의 여성참정권론자들이 간수들에게 몽둥이질과 구타를 당했고, 이 사건은 이후 '공포의 밤Night of Terror'으로 알려졌다.

앨리스 역시 체포되어 감옥에서 항의의 표시로 단식투쟁을 시작했다. 그러자 간수들은 앨리스의 코와 목구멍 안에 호스를 삽입해 강제로 음식을 주입했다. 이 과정은 고문에 가까웠다. 한번은 지역 병원의 관리자가 앨리스를 정신병원에 입원시키기 위해 인터뷰를 한 적이 있는데, 의사는 앨리스가 제정신일 뿐만 아니라 '완벽하게 침착하면서도 단호하다'는 것을 알게 되었다. 앨리스는 나중에 여성참정권론자들이 견뎌야 했던 잔인한 처우와 그 이면의 원인에 대해서 이렇게 썼다. "남성들로 이루어진 정부가 투표권과 같이 작고 단순한 것 외에는 아무것도 요구하지 않는 운동을 극도로 경멸하며 바라볼 수 있다는 사실은 충격이었다."

"여성들이 포함되지 않는 한 새로운 세계 질서는 결코 만들어지지 않을 것이다."
– 앨리스 폴

투옥된 여성참정권론자들에 대한 처우는 국가적으로 분노를 촉발시켰고 투쟁의 전환점이 되었다. 대중의 압력을 받은 윌슨은 마침내 참정권을 위한 개헌을 지지하기로 동의했다. 개헌은 1919년 5월 21일 하원을 통과했고, 1919년 6월 4일 상원을 통과했다.

개정안은 의회를 통과한 후, 주별로 표결해 48개 주 가운데 36개 주에서 비준을 받았다. 바로 그때 캐리 채프먼 캐트Carrie Chapman Catt가 본격적으로 활동하기 시작했다.

캐리는 1859년에 태어나 아이오와에서 자랐다. 고등학교를 졸업한 후 아버지의 반대에도 불구하고 대학에 입학했고, 이후 토론에서부터 군사훈련까지 모든 것에 여성의 참여를 주장하는 여성운동가가 됐다. 아이오와주립농업대학을 졸업한 후 캐리는 교사가 되었고, 그후 아이오와주 메이슨시의 첫 여성 교육감이 되었다.

캐리는 아이오와여성참정권협회에 합류하게 되었고, 1892년에 수전 B. 앤서니는 캐리에게 여성참정권 개정안에 대해 의회에서 연설해달라고 요청했다. 캐리는 NAWSA에서 점차 중요한 역할을 맡기 시작했고 1900년에는

여성인권운동가들

앤서니의 뒤를 이어 협회장이 되었다. 그러나 첫번째 임기를 마친 후 병든 남편을 돌보기 위해 사임했다. 1915년 다시 회장으로 선출된 후 캐리는 미국 여러 주에서 참정권론자들에 대한 지원을 얻기 위한 계획을 발표했다. 2년 후, 캐리의 지휘로 NAWSA는 뉴욕주에서 참정권을 위한 캠페인을 성공적으로 이끌었다. 일단 미국이 제1차세계대전에 참전하자 헌신적인 평화주의자였던 캐리도 전쟁을 지지하기로 어려운 결정을 내렸다. 애국심의 전시가 참정권을 획득하는 데 도움이 되리라는 희망 때문이었다.

각 주별로 참정권을 얻기 위해 노력하면서 캐리는 때때로 자신이 살고 있는 시대의 편견에(슬프게도 오늘날의 편견이기도 하다) 호소하기도 했다. 캐리는 원주민, 이민자, 흑인을 폄하하면서 그들의 시민권을 백인 여성의 시민권과 동등하게 봐서는 안 된다고 주장했다. 저명한 여성사학자인 샐리 로쉬 와그너Sally Roesch Wagner는 『여성의 참정권운동The Women's Suffrage Movement』에서 이를 적절히 요약했다. "이것은 용기와 비겁함, 원칙과 조건부 항복, 협력자들과 인종주의자들이 함께하는 여정이었다. 영웅들을 가까이서 살펴보는 일은 고통스러운 과정이 될 수 있다."

앨리스 폴이 시민불복종에 관여하는 동안, 캐리 채프먼 캐트는 수정안을 통과시키라고 의회에 압력을 가했고, 이를 비준해달라고 주정부를 설득했다. 35개 주가 수정안을 비준했다. 1920년 봄까지 수정안 비준 과정을 최종 설계했던 앨리스 폴과 캐리 채프먼 캐트는 1920년 8월 18일 테네시주 의회에서 결정적 투표가 실시되는 내슈빌에 집중했다.

일레인 바이스의 책 『더 우먼스 아워The Woman's Hour』에 따르면 테네시주에서 승리를 얻기 위해 했던 싸움은 젊은 국회의원 해리 번으로 연결된다. 투표 전날, 번은 여성참정권에 반대할 계획을 세웠다. 그러나 투표 당일 아침, 어머니 피비 엔스밍거 번으로부터 편지를 한 통 받았다.

"사랑하는 아들아. 의심하지 말고 여성참정권에 찬성표를 던지거라······ 꼭 착한 아이답게 캐트 부인을 도와야 한다······ 사랑을 듬뿍 담아, 엄마가." 편지를 읽은 번은 마음을 바꾸어 결정적인 표를 던졌다.

수정헌법 제19조가 비준되기 6개월 전인 1920년, 캐리 채프먼 캐트는 여성들에게 투표권을 사용하도록 교육하고 장려하기 위해 여성유권자연맹League of Women Voters을 설립했다. 앨리스 폴은 성평등 헌법 수정안의 초안을 작성했고, (성공하지는 못했지만)법안 통과에 힘쓰며 자신의 남은 인생을 보냈다. 앨리스의 이야기는 워싱턴에 위치한 벨몬트폴 여성평등기념관Belmont-Paul Women's Equality National Monument과 뉴저지에 위치한 앨리스의 가족 집에 있는 앨리스 폴 연구소Alice Paul Institute에서 기념되고 있으며 새로운 세대의 젊은 여성들에게 지도력이 무엇인지 가르쳐준다.

오늘날 수정헌법 제19조에 쓰인 글들을 읽어보면 이 법이 통과되기까지 왜 그렇게 오랜 시간이 걸렸는지 의아해진다. "미국 시민들이 투표할 수 있는 권리는 미국 어느 주에서나 성별 때문에 거부되거나 제한되어서는 안 된다. 의회는 적절한 입법을 통해 이 조항을 집행할 권한을 가진다." 물론 그것은 단순히 여성이 투표할 수 있는 권리를 뛰어넘는 더 큰 의미를 지니기 때문에 투쟁이 길어질 수밖에 없었다. 그것은 인종, 계급, 그리고 남성에게 종속되어 있던 여성의 역할에 대한 오랜 문화적, 종교적 관점에 대한 투쟁이었다. 그리고 남성들과 일부 여성들의 불안과 미지의 것에 대한 두려움에 관한 투쟁이기도 했다. 이러한 도전들은 오늘날에도 여전히 존재한다.

시민권의 기본권인 선거권을 두고, 모든 시민이 투표할 수 있어야 하고 그 표가 유효해야 한다고 믿는 사람들과, 인종에 따라 경계를 세워 투표를 제한하려는 사람들이 여전히 싸우고 있다.

오늘날 우리의 임무는 보이는, 혹은 보이지 않는 여성참정권론자 영웅들이 시작한 이 일을 계속해나가는 것이다. 우리는 더 잘할 수 있는 방법을 자문해보아야 한다. 어떻게 하면 권리와 기회를 계속 확대하고 단순히 문서 위에서만이 아니라 실제로도 완벽하게 행사할 수 있을지 말이다.

소피아 둘리프 싱

Sophia Duleep Singh

첼시

소피아 둘리프 싱은 영국의 명문가 출신으로 인도 아대륙 시크 왕국의 마지막 공주이자 빅토리아여왕의 대녀로 태어났다. 소피아는 엄청난 특권 덕분에 비록 완전히는 아니어도 여러 면에서 보호를 받았다. 왕이었던 소피아의 아버지는 영국의 인도 통치로 인해 인도 북부에 있는 왕국에서 강제로 퇴위되어 영국으로 추방되자 몹시 불행해했고 가족을 버렸다. 어머니는 알코올의존증으로 고통받았고 건강이 좋지 못했던 열한 살 무렵의 소피아를 돌보다가 세상을 떠났다. 그러나 소피아의 재산과 지위를 고려할 때 당시에 소피아 공주가 여성참정권운동의 지도자가 될 것이라고는 누구도 상상하지 못했다. 아마 소피아 공주 본인이 가장 그랬을 것이다.

1880년대 후반 영국에서 자란 소피아는 개인 교사와 함께 공부에 몰두했고 여가시간은 가장 좋아한 두 가지, 패션과 반려견에 푹 빠져 보냈다. 젊은 시절에는 반려견들을 데리고 해외여행을 하겠다고 고집하며 개들에게 '고급 살코기 한 조각과 브랜디 조금'을 먹였다. 신문사 사진기자들을 위해 포즈를 취하고, 사교계 데뷔 무도회에서 춤을 추고, 공공장소에서 자전거를 탔다. 당시 그렇게 할 수 있는 몇 안 되는 여성 중 한 명이었기 때문에 다른 귀족들은 분개했다.

하지만 아니타 아난드가 쓴 책 『소피아: 공주, 여성참정권론자, 혁명가Sophia: Princess, Suffragette, Revolutionary』에 따르면, 그러다 무언가 달라졌다. 1903년 스물일곱 살이었던 소피아는 인도로 여행을 가게 됐고 처음으로 영국 통치하의 참혹한 삶을 목격했다. 그리고 인종차별, 기근, 빈곤에 충격을 받았다. 비록 소피아는 인도에 사는 대부분 사람들의 삶이 어떤지 이해하지 못했지만, 소피아의 할머니 진드 카우르는 독립적인 여성으로서 영국 통치에 대한 시크교도들의 저항을 조직하는 데 일생을 보냈고, 심지어 정치활동 때문에 투옥되기도 했다. 아난드는 소피아가 "자기 안에 타오르는 불꽃을 가지고", "피부색이 갈색이거나 여성이라는 이유로 동등한 사람들을 하층 계급처럼 대우하는 것은 옳지 않다"고 결론을 내린 후 영국으로 돌아왔다고 썼다.

당시 영국 참정권론자들은 여성의 투표권을 요구하며 창문에 돌멩이와 벽돌을 던지고, 길 위 차량들의 타이어 아래에 못을 뿌리고, 정치인들의 연설을 방해하는 등 공격적인 전술을 폭넓게 펼쳤다. 1908년 소피아는 다섯 해 전에 여성참정권론자인 에멀린 팽크허스트가 설립한 여성 사회정치연합의 회원 우나 더그데일을 만났다. 그리고 그날 당장 자신도 회원으로 가입했다. 1년도 채 되지 않아, 소피아는 여성들의 대의권을 부인하는 정부에 세금을 내는 것을 거부하면서, 그 단체의 '조세 저항자' 중 한 명이 되었다(조직의 구호는 아주 단도직입적이었다. '투표권이 없으면 세금도 없다'). 그 결과, 소피아의 재산 가운데 일부는 압류되고 팔렸지만 소피아를 위해 동료 참정권론자들이 다시 사들였다.

소피아는 에멀라인과 다른 수백 명의 참정권론자들과 힘을 모아서 1910년 하원의사당에 쳐들어갔다. 그날은 이후 '블랙프라이데이'로 불리게 되었다. 그 명칭이 붙은 것은 참정권론자들의 행동 때문이 아니었다. 경찰과 구경꾼들이 6시간 동안이나 참정권론자들을 공격했고 최소 24명의 여성이 성폭행을 당한 것으로 보도되었다. 소피아는 한 아담한 여자와 경찰관 사이에 뛰어들어 그 경찰관에게 그녀를 놓으라고 소리쳤다. 자신에게 소리를 지르고 있는 여자를 알아본 경찰관은 군중 속으로 빠져나가려고 했다. 소피아는 그를 쫓아가 신분증 번호를 알려달라고 요구했다. 그는 거절했지만, 소피아는 번호를 보고 외웠다. 그리고 당시 내무장관이었던 윈스턴 처칠에게 편지를 써서 그 경찰관의 해고를 요구했다. 여러 통의 편지를 주고받은 후, 처칠은 소피아의 서류철에 쪽지를 남겼다. '향후 답신 금지.'

다른 참정권론자들이 체포되어 수감되는 사이에 소피아는 계속해서

"대표가 없으면서 과세를 하는 것은 횡포입니다…… 나는 지출에 대한 어떠한 통제권도 행사할 수 없으므로 국가에 돈을 지불할 수 없습니다."

– 소피아 둘리프 싱

여성인권운동가들

시위에 참여했지만 범죄로 기소되지는 않았다. 아마도 왕족과의 관계 때문인 듯했다. 1911년 소피아는 '여자에게 투표권을 달라'는 플래카드를 들고 총리 차에 뛰어들어 체포됐지만 빅토리아여왕의 대녀를 함부로 대하는 위험을 감수하려는 경찰관은 없었다. 소피아는 대의를 위해 목숨을 걸고 감옥에서 단식투쟁을 하는 다른 참정권론자들과 합류하고 싶은 마음이 굴뚝같았지만 계속해서 기소되지 않고 풀려났다.

소피아는 투표권을 얻기 위한 싸움을 자신의 집에서도 했다. 종종 (빅토리아여왕이 선물한) 자신의 햄프턴 코트 아파트 밖에 서서 〈더 서프러제트The Suffragette〉의 복사본을 팔았다(잡지에서 소피아의 사진을 본 후 한 고위 귀족은 '그녀를 멈출' 방법이 과연 있을지 궁금해했다). 다른 참정권론자들은 공주를 회원으로 두어서 얻을 수 있는 잠재적인 홍보 효과를 알아차리고 소피아에게 더욱 두드러진 역할을 해달라고 촉구했지만, 소피아는 거절했다. 자신의 특권이 자신이나 자신의 명성을 더 보호하느라 여성참정권론자들의 목표가 가려지는 것을 바라지 않았다. 호화로운 참정권운동 기금 모금 행사에서 연설을 요청받았을 때는 주최측이 거듭 요청한 후에야 겨우 동의했다. "나는 9일 회의에 기꺼이 올게요. 결의안을 지지할 다른 사람을 찾았기를 바랍니다. 그러지 못했다면 제가 하겠지만, 진심으로 제가 하지 않았으면 좋겠어요. 그리고 나는 딱 다섯 마디만 말할 거예요!" 소피아는 평생 목표를 위해 헌신했지만 사람들의 주목을 받지 않고 군중 속에서 함께 있기를 선호했다. 1918년 2월, 국민투표법Representation of the People Act이 통과되었을 때 소피아는 바로 그 자리에 있었다. 국민투표법으로 재산을 소유한 30세 이상의 영국 여성들에게 투표권이 주어졌고, 1928년 다시 한번 관련 법안이 생겨 21세 이상의 모든 영국 시민에게 투표권이 부여됐다.

소피아의 사회운동은 참정권에 국한되지 않았다. 제1차세계대전 동안에는 인도 군인들의 권리를 주장했고 양질의 군복을 지급하기 위해 모금 활동을 했다. 또한 간호사로 자원해 국내에서 부상자들을 돌봤다. 그러나 전쟁이 끝나고 투표권을 성공적으로 확보한 이후 '참정권론자 동지들'이 각자 자기의 일상으로 돌아갔을 때, 소피아는 목적을 상실한 기분과 외로움을 느껴 또다른 목표를 찾게 됐다. 이후에는 수십 년 동안 우울증과 싸우다가 제2차세계대전이 발발한 후에야 또다른 사명을 찾았다. 자신이 데려온 대녀(가정부의 자녀)와 세 명의 난민 아이들을 돌보기 시작한 것이다.

소피아가 대중의 주목을 받지 못하거나 역사책에서 찾아볼 수 없는 것은 소피아가 원치 않았기 때문만은 아니다. 영국 정부는 왕가를 난처하게 하지 않기 위해 소피아의 이름이 기사의 제목에 오르지 못하도록 애썼고 영국 참정권운동의 대부분은 백인 여성을 위해 백인 여성들이 주도했다. 그렇다고 해서 소피아가 영국에서 투표권을 위해 투쟁한 유일한 인도계 영국인 여성인 것은 아니다. 그리고 일생 동안 사회운동을 했음에도 불구하고 인정받지 못하는 경우가 많았지만 이제 소피아의 이름은 동료 참정권론자들의 이름과 함께 의회 광장에 위치한 기념비에 새겨져 있다. 이 기념비는 영국 여성이 최초로 투표할 수 있게 된 지 100년, 소피아와 다른 참정권론자들이 인근에서 구타와 폭행을 당한 지 108년 만인 2018년 공개됐다.

프레이디 리스
Fraidy Reiss

첼시

최근까지 미국에서는 아동 결혼이라는 재앙에 대해 이야기하는 사람이 거의 없었다. 심지어 결혼 최소 연령을 18세로 올리고 소녀들과 아동 신부였던 여성들을 보호하기 위해 적극적으로 캠페인을 벌이는 사람들은 그보다 더 드물었다. 프레이디 리스는 강제로 결혼했다가 남편에게 학대를 당한 뒤 살아남아 아동 결혼을 없애기 위해 노력하고 있다. 프레이디가 결혼에서 탈출한 후 설립한 단체 '언체인드 앳 라스트 Unchained At Last'는 미국에서 종교적이든 세속적인 맥락에서든 강제 결혼을 끝내는

데 주력하고 있다. 프레이디는 미성년자의 결혼은 무조건 강제 결혼으로 간주한다. 아이는 법적으로 동의가 불가능하기 때문이다. 옳은 말이다.

어떤 아이도 결혼해서는 안 되지만, 여전히 전 세계적으로 수많은 아이들이 결혼을 하고 있다. 현재 이 땅 위에 사는 6억 5,000만 명 이상의 여성이 18세 이전에 결혼했으며, 매년 1,200만 명이 결혼하고 있다. 어디서 일어나든, 이는 아이들의 인권과 건강권, 교육권, 자기 결정권을 침해하는 일이다. 결혼한 소녀들은 학교를 졸업할 가능성이 낮고, 미처 몸이 준비가 되기도 전에 출산할 가능성이 높다. 또한 산모는 분만 과정 등에서 더 일찍 사망할 가능성이 높고, 아기들은 저체중으로 태어나서 생후 한 달 내에 죽을 가능성이 평균보다 높다. 일부 국가에서는 대부분의 여성이 18세 이전에 결혼한다. 니제르에서는 4명 중 3명 이상, 방글라데시에서는 절반 이상이다.

일부 지역에서만 아동 결혼이 성행한다고 해서 아동 결혼이 전 세계적 문제가 아니라고는 할 수 없다. 어린 신부는 미국을 포함한 전 세계에서 찾아볼 수 있다. 아동 결혼은 다른 곳에서, 다른 사람에게만 일어나는 문제가 아니다. 프레이디가 자주 지적하듯이, 미국에서 불가피하게 자녀 결혼이 강요되는 원인 중 하나는 어린 신부가 남편을 떠나면 가출한 것으로 여겨진다는 것이다. 많은 보호소들이 만약 혼자 여행하는 미성년자가 찾아온다면 심지어 강제 결혼에서 탈출했다고 해도 받아주지 않을 것이다. 형사상의 책임에 대한 우려 때문이다. 많은 주에서 아이들은 스스로 계약을 체결할 수 없다. 즉, 어린 신부가 이혼 소송을 제기하고 싶어도 혼자서는 변호사를 고용할 수 없다. 강제로 결혼해도 될 만큼 나이가 들었다고 하면서도 이혼을 결심할 만큼 나이가 들지는 않았다고 여기는 것은 근본적인 학대라는 생각이 든다.

2000년부터 2015년까지 미국에서 약 20만 명의 아이들이 결혼했다. 대부분이 열여섯 살이나 열일곱 살이었지만 열한 살이나 열두 살 정도의 어린 아이들도 있었다. 남자아이들도 있었고 일부는 미성년자 사이에 결혼이 이루어지기도 했지만, 아동 결혼 가운데는 성인 남자와 여자아이 사이의 결혼이 압도적으로 많았다. 열한 살이건 열일곱 살이건 절대로 아이들이 결혼해서는 안 된다. 이 관행이 근절은커녕 여전히 논의되고 있다는 사실 자체가 부끄럽다.

프레이디는 토론이나 시위를 결코 피하지 않는다. 프레이디는 결혼하지 않고 스스로 인생의 방향을 결정할 수 있는 다른 선택권이 있다는 말을 주변에서 어느 누구도 해주지 않았다는 이야기를 용기 있게 털어놨다. 그리고 자신이 고통을 겪으며 알게 됐듯이, 종교적으로나 세속적으로나 미성년자들을 강제로 결혼시킬 수 있는 법은 없었다(프레이디는 열아홉 살에 결혼했다). 정통 유대교에서는 프레이디가 의지할 곳이 없었다. 남편만이 아내와 이혼을 결정할 수 있었으므로 프레이디는 이혼을 청구할 수 없었다. 프레이디는 폭력을 행사하고 자신을 학대하는 남편을 떠나기로 결심했다. 자신의 공동체를 떠날 수밖에 없다 하더라도 말이다. 그러기 위해 프레이디는 럿거스대학에 진학하고 취직하는 것까지 포함해 5년간의 계획을 세웠다(프레이디는 졸업생 대표로 대학을 졸업했다). 경제적으로 독립한 덕분에 프레이디는 마침내 아이들까지 데리고 탈출할 수 있었다. 몇 년이 지난 후에도, 프레이디의 가족 대부분은 계속해서 프레이디를 피하고 있다. 그러나 프레이디는 자신이 옳은 선택을 했다는 사실을 단 한 번도 의심하지 않았다. 즉, 강요된 결혼을 끝내고, 비슷한 처지의 다른 여성들이 결혼생활을 끝낼 수 있도록 돕고, 언젠가 미국에서 어린 소녀들이 아닌 성인 여성들만이 결혼할 수 있도록 노력하는 것이다.

2018년까지 그리고 프레이디가 최소 결혼 연령을 올리는 운동을 시작하기 전까지는, 조혼을 금지한 주는 단 한 곳도 없었다. 오늘날에도 여전히 많은 주에서는 최소 결혼 연령이 없으며, 있다고 해도 부모나 법원의 동의가 있으면 열두 살이나 열네 살가량의 어린아이들도 결혼할 수 있도록 허용하고 있다. 그러나 부모가 강요하는 경우라면 그들의 동의가 아이들을 보호한다고 할 수 없다. 21세기에 왜 아직도 현실이 이토록 쓰라린 것일까? 미혼모에 대한 오명이 미치는 영향 때문이기도 하고, 조혼이 소녀들에게 얼마나 치명적인지를 인식하지 못했기 때문이기도 하고, 부분적으로는 보수적인 종교 세력에 대한 존중 때문이기도 하고, 아울러 이 모든 것들의 바탕에는 성차별의 횡포가 자리잡고 있다고 나는 주장한다. 감사하게도 2018년 프레이디의 노력에 크게 힘입어 델라웨어가 아동 결혼을 금지한 첫 주가 됐고, 몇 달 뒤 뉴저지가 뒤를 이었다. 이것은 어떤 부모도 그들의 아이를 결혼시킬 수 없고 어떤 아이도 결혼하도록 강요받지 않는다는 것을 의미한다. 프레이디는 수년 동안 그 두 법안이 통과되도록 애썼다.

　　대개 결혼은 주 차원에서 관리되기 때문에 아동 결혼을 금지하는 연방법은 없다. 연방정부가 할 수 있는 일은 외국인 배우자와 혼인하기 위한 연방 차원에서 최저 연령을 정하는 것이다. 프레이디가 여러 주에서 동시에 입법자들을 설득하며 성인이 되기 전에 아동들이 결혼하면 안 된다고 주장하고 있기는 하지만 아직까지는 해결되지 않은 문제이다. 프레이디는 물론 법도 바뀌어야 하지만 소녀들을 소중하게 여기고 어느 부모나 그 누구도 아이의 결혼을 용납할 수 없도록 우리의 문화를 바꿔야 한다는 사실을 잘 알고 있다. 그래서 프레이디는 '체인인Chain-ins' 행사를 주도한다. 신부 의상을 입은 사람들의 입 위에는 테이프가 붙어 있고 손목은 쇠사슬로 묶여 있다. 이러한 행사를 통해 아동 결혼이 소녀들의 목소리와 힘을 빼앗아간다는 강력한 메시지를 보내는 것이다. 우리가 이 부끄러운 관행에 맞서 싸워 근절할 때까지 적지 않은 소녀들이 학교, 친구, 그리고 미래를 위해 자신의 꿈에 집중해야 할 시기에 강제로 결혼하게 될 것이다.

마날 알샤리프
Manal al-Sharif

힐러리

2011년 사우디아라비아에서는 여성의 운전이 엄밀히 말해서 불법이 아니었다. 하지만 사우디아라비아의 관습에 의해 '금지되었고' 종교경찰이 이를 집행했다. 마날 알샤리프는 32세였고, 차와 면허까지 다 가지고 있었지만 운전을 할 수 없었다. "사우디아라비아의 여성들은 주로 외국 국적의 남성 기사를 고용하는데 그중에 어떤 사람들은 한 번도 운전면허 시험을 본 적이 없거나 사람들을 여기저기로 실어나르는 전문적인 교육을 받은 적이 없어요. 우리는 그런 사람들한테 휘둘리는 거죠."

어느 날 저녁, 마날은 병원에 갔다가 집에 돌아가는 길에 택시를 잡기 위해 길가를 걷고 있었다. 차에 탄 남자들이 마날을 희롱했다. 그중 한 사람은 너무 오래 따라와서 마날은 공포를 느꼈다. "왜 내가 망신을 당해야 하지?" 마날은 스스로에게 묻기 시작했다. "자동차와 면허가 있는데 왜 나는 운전을 하지 못하지? 왜 내가 동료들이나 오빠에게 태워달라고 부탁하거나 내 차를 운전할 기사를 찾아야 해?" 그런 질문을 제기하는 것만으로도 도전 행위였다.

마날은 자신이 1980년대 학교에서 "규칙을 따르고 남자의 말을 잘 듣도록 교육을 받으며 자랐다"고 말했다. 스물다섯 살에 결혼했고, 아들을 낳았다. 남편은 억압적이고 폭력적이었다. 남편에게서 폭행을 당한 뒤 마날은 이혼했다. 그리고 다시 사이버보안 기술자로 일하게 되었고, 고용주는 마날을 미국으로 파견했다. 그곳에서 마날은 다른 세상을 발견했다. 은행 계좌를 개설했고 자신이 원하는 곳으로 갈 수 있었으며 자동차 운전대를 잡을 수 있었다. 마날은 도로 규칙을 배웠고 운전면허를 땄다. 마날에게 운전은 경제적 기회로 가는 길이었다. 운전을 할 수 있으니 스스로 식료품을 사고 볼일도 보고 병원에도 갈 수 있었다. 그래서 사우디아라비아에서도 이런 자유를 누릴 수 있기를 바랐다.

사우디아라비아로 돌아간 마날은 2011년 5월 시민불복종이라는 용감한 행동으로 온 세계의 주목을 받았다. 운전하

"여러분의 권리를 행사하세요. 절대로 당연하게 주어질 거라고 생각하면 안 돼요. 그렇게 생각하는 날 바로 빼앗겨버릴 거예요. 민주주의국가에서 사는 것은 특권이 아니에요. 민주주의국가에서 사는 것은 엄청난 책임이 따라와요. 여러분에게 목소리가 있다면 감사히 여기고 사용하세요."

- 마날 알샤리프

는 자신의 모습을 촬영해 유튜브와 페이스북에 올린 것이다. 24시간 만에 비디오는 70만 뷰를 달성했다. 하지만 다섯 살짜리 아들이 곤히 잠들어 있던 새벽 2시에 비밀경찰이 마날의 집에 들이닥쳤다. 경찰들은 마날을 체포했고, '여성 운전'으로 기소했다. 마날은 바퀴벌레가 들끓는 감옥에 9일 동안 갇혀 있었다. 사우디아라비아와 전 세계에서 대규모로 비난이 쇄도하자 마날은 운전은 물론 언론과의 인터뷰를 자제한다는 조건으로 석방되었다. 그러나 그 대신 아랍의 봄 시위가 한창일 때, 마날은 '워먼투드라이브 Women2Drive' 캠페인을 시작했고, 다른 사람들이 함께 행동할 수 있도록 준비했다.

마날은 활동을 하며 비난을 받았다. 일부 사람들은 마날이 외국 스파이라고 주장하기도 했다. 마날이 운전하는 모습을 촬영하는 동안 조수석에 앉아 있던 남동생은 너무 심한 괴롭힘을 당해서 마날의 가족은 어쩔수 없이 나라를 떠나야 했다. 마날은 직장을 나가라는 압력을 받았다. 결국 마날은 아들의 양육권마저 빼앗기고 사우디아라비아를 떠났다. 하지만 침묵하지 않았다.

국무장관이었던 나는 마날의 용기와 그녀와 함께한 다른 여성들의 용기에 감명을 받았다. 2011년 6월에 열린 한 기자회견에서, 나는 미국이 사우디아라비아의 여성 운전 금지 해제를 지지한다고 공개적으로 선언했다. "이 여성들의 행동은 용감하고, 그들이 추구하는 것은 옳습니다. 우리는 사우디 정부의 최고위급에 이 문제를 제기했습니다. 우리는 사우디아라비아 여성들을 포함해 전 세계의 모든 여성이 자신의 삶과 미래에 대한 결정을 내릴 권리가 있다는 우리의 견해를 분명히 했습니다." 2013년 10월 26일 또다른 여성 단체들이 운전 금지에 항의하는 시위를 벌이자, 반대파에서는 그 시위가 미국에 의해 조직되었다는 증거로 그날이 마침내 생일이었다는 사실을 들었다. 물론 그것은 사실이 아니었다. 이 문제는 미국이 아니라 사우디아라비아 여성들의 문제다.

2017년, 마날은 자칭 '우연한 운동가accidental activist'가 된 과정을 『위민 투 드라이브Daring to Drive: A Saudi Woman's Awakening』라는 책으로 펴냈다. 2018년 마날의 집요함에 힘입어 사우디아라비아는 여성 운전자들에 대한 '비공식적인' 금지령을 해제했다. 마날은 그 소식을 듣고 기쁨의 눈물을 흘렸다. "사우디아라비아의 여성들은 자신의 차만 운전하는 게 아니라 자신의 삶도 자유롭게 조종할 수 있게 될 것입니다." 그러나 승리를 축하하기 위해 고국으로 갈 수 없다는 것을 알게 되었다. 여성 운동가들은 거의 아무런 설명도 없이 구금되고 투옥되었기 때문이다. 마날은 〈워싱턴 포스트〉에 이렇게 썼다. "최근 운동가들이 체포되면서 여성 운전 금지를 해제하며 이루어낸 발전이 퇴색되고 있다. 이 운동가들은 사우디아라비아를 사랑함에도 불구하고 체포되었다. 절대군주제에서는 반체제 인사들이 진정한 애국자이다."

아직 갈 길은 멀지만 자유와 기회를 요구하기 위해 기꺼이 많은 위험을 무릅쓴 마날을 보며 전 세계의 여성들이 영감을 얻기를 바란다.

나디아 무라드
Nadia Murad

힐러리

    청소년 시절 나디아 무라드의 장래희망은 선생님이나 미용사였다. 이라크 코초에서 가족과 함께 살면서 나디아는 마음에 드는 머리 모양과 화장법이 나온 사진들을 모아둔 사진첩을 집에 보관했다. 학교에 있지 않거나 미래에 대한 꿈을 꾸지 않을 때면 농장에서 가족을 돕고 마을의 다른 여성들과 시간을 보냈다.

    그러나 나디아의 삶은 2014년 8월 이슬람국가IS가 마을을 공격한 순간 송두리째 바뀌었다. 수백 명이나 되는 사람이 단순히 자신들의 종교인

야지디즘을 믿는다는 이유로 살해당했다. 나디아의 어머니는 다른 80여 명의 나이든 여성들과 함께 처형당해 묘비석도 없는 무덤에 묻혔다. 그 날 살해된 600명의 야지디족 가운데에는 나디아의 남자 형제 여섯 명도 포함되어 있었다. 나디아는 가족과 떨어져 포로로 잡혔다. IS는 나디아를 성노예로 팔았다. 나디아는 그곳에서 잔인하게 강간과 구타를 당하고, 또 다시 팔려갔다.

악몽 속에서 3개월을 버틴 뒤 탈출을 시도했지만 실패했고 다시 붙잡 힌 나디아는 끔찍한 벌을 받았다. 그러던 중 갇혀 있던 집에 자물쇠가 채 워지지 않은 문을 발견했다. 붙잡히면 어떤 고문을 받을지 알면서도 나 디아는 목숨을 걸고 도망쳤다. 그리고 가까스로 한 가족을 만나서 도움 을 받아 난민 캠프에 갈 수 있었다. 자신을 해방시킨 것이다.

2015년 나디아는 소수민족 문제에 대해 UN 포럼에서 연설했다. 청중들 앞에서 자신의 이야기를 한 것은 처음이었다. 같은 해, 나디아는 인신매매에 대해 유엔 안전보장이사회에서 연설해달라는 요청을 받았다. "나는 모든 것에 대해 말하고 싶었어요. 아이들은 IS에서 탈출하다 탈수증으로 숨지고 가족들은 여전히 산 위에 발이 묶여 있었죠. 감금된 수천 명의 여자들과 아이들, 내 형제들이 대학살의 현장에서 목격한 것을 모두 말하고 싶었어요." 그리고 나디아는 실제로 모든 것을 이야기했다. "솔직하기로 결정한 것이 제가 지

"나는 [하지 아마르가] 문을 잠그지 않고 간수들도 없는 집에 나를 혼자 놔둔 게 깜빡해서라고 생각하지 않아요. 그는 멍청하지 않았거든요. 그가 그렇게 한 건 내가 오랫동안 학대를 받아왔고, 질병과 배고픔으로 너무 약해진 상태여서 도망칠 생각을 하지 못할 거라고 여겼기 때문이에요. 나를 영원히 데리고 있을 거라고 생각한 거죠. 그들은 틀렸어요."

- 나디아 무라드

금까지 내린 결정 중 가장 어려우면서도 가장 중요한 결정이었습니다."

2016년, 나디아는 인신매매 생존자들의 존엄성을 위한 유엔 친선대사로 임명되었다. 현재 인권변호사 아말 클루니와 함께 ISIS를 국제형사재판소에 회부하기 위해 협력하고 있다. 유엔안전보장이사회가 만장일치로 ISIS를 수사하는 조사단을 만들겠다는 결의안을 채택했을 때 아말과 나디아는 방청석에 나란히 앉아 있었다. 2017년 나디아는 용기 있게 회고록 『마지막 소녀The Last Girl』를 펴냈다.

회고록의 헌정 페이지에는 이렇게 쓰여 있다. '이 책은 모든 야지디인들을 위해 쓰였다.' 나디아는 자신은 탈출할 수 있었지만 다른 사람들은 그렇지 못했다는 사실을 알고 있었다. 그래서 포로로 남아 있는 사람들을 대신해 싸우는 데 일생을 바쳤다. 나디아가 하는 일은 특히나 내게는 소중했다. 왜냐하면 내가 수십 년간 인신매매와 싸워왔기 때문이다. 처음에는 영부인으로 그리고 미국 상원의원으로, 국무장관으로 그리고 이제는 한 명의 시민으로서 싸우고 있다. 나디아의 이야기는 범죄자들을 단죄하고 전 세계의 나디아들에게 의지할 곳이 되어줄 역할을 하는 데 있어서 인권, 법치, 적법한 절차, 사법제도, 그리고 국제기구의 중요성을 강조한다.

탈출한 순간부터 나디아는 수치스러워하거나 얼굴을 감추려 하지 않았다. 대신, 야지디족에게 저질러진 잔학 행위와 전쟁의 무기인 성폭력의 공포를 온 세계에 알렸다. 2018년 나디아가 전시 성폭력 생존자들을 치료해온 콩고 산부인과 의사 드니 무퀘게와 함께 노벨평화상을 수상했

"잔인한 폭력으로 그녀를 침묵시킬 수 있다고 생각한 이들은 틀렸다. 나디아 무라드의 영혼은 부서지지 않았고 그녀의 목소리 역시 꺼지지 않을 것이다."

– 아말 클루니

을 때 나는 열광했다. 그래도 어쩌면 나디아에게는 자신의 메시지가 여성인권이 위협받고 있는 어느 곳에서든 행동으로 옮겨져 가해자들이 법의 심판을 받는 모습을 보게 되는 일이 노벨상 수상보다 고대하는 소식일 것이다.

에필로그

　　뉴스를 보다보면 세계 곳곳에 살고 있는, 고난을 극복한 용감한 여성들에게 절로 감사한 마음이 든다. 과거에도 그랬지만 오늘날에는 특히 더 그렇다.

　　올림픽에 출전했던 알리시아 몬타노, 카라 고우처, 앨리슨 펠릭스 선수가 후원사인 나이키와의 비공개 합의를 깨고 자신들이 출산 후에 전보다 적은 후원금을 받게 됐다고 〈뉴욕 타임스〉를 통해 폭로했을 때 우리는 폭로 내용에 경악하는 한편 선수들의 용기에 커다란 박수를 보냈다. 그리고 앨라배마주를 포함한 여러 주의 백인 남성 의원들이 사실상 낙태를 금지하는 내용의 낙태금지법을 통과시켰을 때는 그저 경악할 수밖에 없었다. 수천 명의 여성이 나서서 공개적으로 자신의 임신중절 경험을 공유했다. 하지만 이 여성들이 이미 45년 이상 가지고 있던 권리를 지키기 위해 왜 굳이 가장 사적인 이야기를 털어놓아야 했을까? 그리고 왜 국회의원들은 임산부가 겪고 있는 진짜 골칫거리를 해결하는 대신 출산과 관련한 여성들의 선택권에 초점을 맞추고 있는 걸까? 오늘날 평균적으로 미국 여성들은 임신, 출산 또는 관련 합병증으로 사망할 확률이 이전 세대보다 50퍼센트 높고, 흑인 여성은 백인 여성에 비해 그 확률이 3~4배 더 높다. 왜 의원들은 여성의 생명을 지키는 데는 관심이 없는 것일까?

　　한편, 전 세계적으로 여성의 옷차림을 통제하려는 시도는 끊이지 않고 있다. 탄자니아 국회의장은 여성 의원들이 손톱이나 속눈썹을 붙이는 것을 금지했다. 일본 보건 노동부 장관은 여성들에게 하이힐을 신도록 강요하는 고용주들을 옹호하면서 이 관행이 "필요하고 적절하다"고 말했다. 최근 꽤 많은 나라들이 공공장소에서 여성들의 종교적 복장을 제한하거나 아니면 반대로 꼭 입도록 강제하고 있다. 각국의 정부만 그러는 게 아니다. 2018년 US 오픈 테니스 대회에서는 프로 테니스선수 알리즈 코넷이 경기 도중 휴식시간에 셔츠를 갈아입었다고 경고를 받았다. 세리나 윌리엄스는 목숨을 위협하는 혈전 예방을 위해 검은색 캣슈트를 입었지만 프랑스 오픈 관계자는 이후 캣슈트 착용을 금지했다.

서론에서 말했듯이, 모든 여성의 권익 신장과 기회균등, 참정권 보장은 아직까지 멀기만 하고 우리의 예상보다 더 멀리 보일 때가 있다. 지난 수십 년 동안 미국의 대학 졸업생 숫자는 여성이 남성들을 앞서왔지만, 안타깝게도 여전히 정치와 정부에서는 물론이고 과학과 기술, 경영과 교육 분야에서 고위직 여성의 수는 한참 부족하다. 현 미국 행정부에서 여성의 비율은 30년 만에 가장 낮은 수준이며, 미국 내 컴퓨터 관련 종사자 가운데 여성의 비율은 전체의 4분의 1밖에 되지 않는다. 이 비율은 1980년대 중반 이후 증가하기는커녕 감소해왔다.

너무 많은 여성들, 특히 저소득 노동자들에게 적정 수준의 임금, 예측 가능한 작업 일정, 합리적인 보육 비용은 여전히 꿈같은 이야기다. 미국 노동자들 중 20퍼센트 미만이 유급휴가를 받을 수 있고, 그러한 혜택들은 고소득 노동자들에게 집중되어 있다. 전 세계의 여성 3명 중 1명은 신체적 폭력 또는 성폭력을 경험한 적이 있다. 세계적으로 매년 14세 이하의 200만 명 이상의 소녀들이 출산을 한다.

그러나 우리는 진전을 이루었다. 전 세계적으로 아동 결혼 비율이 감소하고 있다. 10대들의 임신도 마찬가지다. 인도, 캐나다, 한국, 미국 등지의 용감한 여성들이 성폭행과 성희롱 문제 해결에 더 많은 노력을 쏟고 있다. 비록 미국에서는 후퇴하고 있지만, 더 많은 여성들이 더 많은 곳에서 생식에 대한 자기결정권을 누리고 있다. 많은 여성 지도자들이 국가와 도시를 이끌고 있다. 또한 여성들도 〈포춘〉이 선정한 500대 기업을 이끌고 자신들의 기업을 설립하고 있다. 영화제 수상작과 극장을 만들고 스포츠의 기록을 깨뜨리고, 혁명적인 기술을 발명하는 여성들도 많다.

미국 의회에는 처음으로 100명 이상의 여성 의원이 등장했다. 역사상 가장 많고 가장 다양한 계층의 여성들로 구성되어 있다. 여성 최초의 하원의장 낸시 펠로시는 여성혐오를 상징하는 대통령과 대결했다. 100년 전까지만 해도 미국 여성들은 대부분 투표를 할 수 없었지만, 오늘날은 농구팀을 결성할 수 있을 정도로 많은 여성이 대통령에 출마하고 있다.

이 책을 쓰는 동안, 첼시와 나는 우리에게 영감을 주고, 우리를 가르쳐주고, 우리에게 도전 의식을 북돋아주던 여성들을 기억하기 위해 각자의 삶을 되돌아볼 수 있어서 정말 행복했다. 그중에는 우리가 아는 사람도 있고, 만난 적이 없는 사람도 있었다. 일부는 정치인이거나 공직에 있지만 그렇지 않은 사람들이 더 많았다. 공직에 출마하는 것은 변화를 만드는 좋은 방법 중 하나지만 유일한 방법은 절대 아니다. 유명한 이름들도 있지만 알려지지 않은 사람들도 있다. 우리에게 그 여성들은 모두 배짱이 두둑한 여성들이며, 현재 상태에 안주하지 않고 문제를 지적하고 해결해내는 용기를 가진 지도자이다. 많은 이들이 용감한 일을 해냈지만 그들은 슈퍼히어로가 아니다. 복잡하고 결점도 있고 완벽하지 않은 인간들이다. 하지만 그들은 모두 더 나은 세상을 만들었다. 우리는 그 여성들로부터 힘을 얻었고, 여러분도 힘을 얻기를 바란다. 역사가 가르쳐준 교훈이 하나 있다면 바로 세상은 항상 배짱 좋은 여성들을 필요로 한다는 사실이다. 그리고 늘 그런 여성들이 있을 것이라고 우리는 알고 있다.

감사의 글

이 책을 구상하고, 자료 조사를 하고, 쓰고 펴내는 데 도움을 준 많은 분들께 감사드린다. 여러분과 함께 일한 시간들은 우리에게 모험이 자 즐거운 경험이었다.

무엇보다 우리의 용감무쌍한 공동저자 로렌 피터슨이 없었다면 이 책은 세상에 나올 수 없었을 것이다. 로렌의 글솜씨와 이 책에 대한 애정 은 단연 최고였다. 무려 200편이 넘는 글 가운데 105편을 추려내는 고통 스러운 과정을 도와주고 서로 다른 작업 방식(우리 중 한 명은 여전히 손으로 글을 쓴다)으로 일하는 우리 사이에서 늘 유쾌하게 일해줘서 특히 감사하 다. 또한 오랜 세월 동안 우리의 생각하고 글 쓰는 능력을 발전시켜주고 이 끌어준 선생님들, 역사학자들, 작가들, 사서 여러분들께 감사드린다.

오펄 바단은 힐러리의 손글씨를 해독하고 끝없이 많은 난해한 질문 들을 연구하는 데 엄청난 공헌을 했다. 오펄은 우리에게 이루 다 헤아릴 수 없을 정도로 큰 도움이 됐다. 오펄과 함께 일한 하르실 밴살, 니나 에 밀리 베흐만, 찰스 버튼칼레가리, 제시카 그루비식, 올리비아 하트먼, 사 라 후세인, 알라나 제니스, 애슐리 카와카미, 안나 마테피, 발리아 미사키 스, 딜런 모트, 마리아 줄리아 피에라시오니, 매디슨 시드웰, 에쿰 소할, 밀리 토드, 올리비아 웨더스, 아이자 자머스에게도 감사를 전한다.

전에 함께 작업한 적이 있는 작가 루비 샤미르가 이 책의 사실 확인

작업을 담당하고, 포기를 모르는 조이 세큐번이 필요한 모든 사진을 찾아내고 허가까지 받는 어마어마한 일을 맡아줘서 정말 다행이었다. 루비와 조이의 노력 덕분에 이 책이 더 막강하고 다채로워졌다.

늘 그렇듯 이 책을 만드는 동안 조언을 아끼지 않은 우리 팀과 친구들 후마 아베딘, 알리다 블랙, 크리스티나 코스타, 바리 루리, 닉 메릴, 로라 올린, 메간 루니, 로버트 루소, 댄 슈베린, 엘라 세라노, 로나 발모로, 멜라니 버비어, 섀나 웨더스비, 에밀리 영, 리즈 자렛스키에게 감사한다. 그리고 훌륭한 남편이자 사위이며 훌륭한 독자가 되어준 마크에게 특별한 감사를 표한다. 그리고 언제나처럼 의견을 나눠준 빌/아빠께 감사한다.

이 책을 믿어주고 모든 우여곡절을 함께해준 조나단 카프, 프리실라 페인튼, 엘리자베스 브리든, 애니 크레이그, 아마 데올, 폴 디폴리토, 리사 어윈, 조너선 에반스, 엘리자베스 게이, 캐리 골드스타인, 킴벌리 골드스타인, 이벳 그랜트, 케일리 호프먼, 메건 호건, 아이린 케라디, 사라 키친, 루스 리무이, 리처드 로러, 엘리스 링고, 사이먼 앤드 슈스터의 재키 서우에게 진심 어린 감사를 전한다. 그리고 우리의 변호사 밥 바넷과 타라 콜의 한결같은 지지 역시 큰 힘이 되었다.

우리는 이 책의 수익금 중 일부를 이 책에 등장하는 여성들의 업적과 유산을 지켜가고 있는 단체들과 나누려고 한다.

마지막으로 그간 하루도 빠짐없이 우리에게 끝없는 기쁨과 웃음을 선사해준 샬롯과 에이든에게 감사를 전한다.

사진 정보

Foundation; © Everytown for Gun Safety Action Fund, 2019; Cindy Ord/Getty Images for Teen Vogue; Paul Morigi/Getty Images for March For Our Lives

424	Photograph by Bill Bernstein
431	Patrick Fraser/Corbis via Getty Images
435	Manuel Vazquez/Contour by Getty Images
439	GDA via AP Images
442	STEPHANE DE SAKUTIN/AFP/Getty Image
446	Emily Berl/Contour by Getty Images
451	Theo Wargo/Getty Images for Tony Awards Productions
454	Noam Galai/WireImage
461	Bettmann via Getty Images
467	Bob Peterson/The LIFE Images Collection via Getty Images/Getty Images
472	Photograph by Ave Bonar
479	Bettmann via Getty Images
484	Dev O'Neill/CQ Roll Call via Getty Images
489	Chip Somodevilla/Getty Images
495	ISSOUF SANOGO/AFP/Getty Images
500	Peter Turnley/Corbis/VCG via Getty Images
505	Sebastián Vivallo Oñate/Agencia Makro/Getty Images
510	Jahi Chikwendiu/The Washington Post via Getty Images
517	Bettmann via Getty Images
524	Marion S. Trikosko/U.S. News & World Report Magazine Photograph Collection/Library of Congress
528	Bettmann via Getty Images
533	JEWEL SAMAD/AFP/Getty Images
539	Kate Brooks/The Elders via Getty Images
543	© Rosalie Winard
547	Mary Rozzi/Contour by Getty Images
553	Michael Lewis/Corbis via Getty Images
557	Evelyn Hockstein/For The Washington Post via Getty Images
563	(좌) Wes Bruer/Bloomberg via Getty Images; (우) Carey Wagner on behalf of Girls Who Code
571	Image provided by the London School of Economics and Political Science
575	American Press Association/Library of Congress
588	The British Library
593	Unchained At Last
599	MARWAN NAAMANI/AFP/Getty Images
602	FREDERICK FLORIN/AFP/Getty Images

지은이

힐러리 로댐 클린턴 Hillary Diane Rodham Clinton

미국 역사상 주요 정당의 대통령 후보가 된 최초이자 유일한 여성이다. 변호사, 영부인, 미국 상원의원으로서 거의 40년 동안 공직생활을 한 후 67대 국무장관을 지냈다. 아내이자 엄마, 할머니이다.

첼시 클린턴 Chelsea Victoria Clinton

모든 여성을 위해 변호하고, 글쓰고, 클린턴 재단에서 활약한다. 컬럼비아대학교 공중보건대학원 부교수이다. 남편과 아이들, 개와 함께 뉴욕에서 살고 있다.

옮긴이

최인하

이화여자대학교 국어국문학과와 성균관대학교 번역대학원 번역학과를 졸업하고 영국 런던의 킹스칼리지에서 미디어를 공부했다. 국내 언론사에서 보도사진 번역 등 오랜 직장생활을 한 뒤 프리랜서 번역가로 활동중이다. 옮긴 책으로는 『제인 에어』 『나이 드는 맛』 『인간은 야하다』 등이 있다.

배짱 좋은 여성들 용기와 극복에 관한 가슴 떨리는 이야기들

초판 1쇄 인쇄 2022년 6월 24일
초판 1쇄 발행 2022년 7월 4일

지은이 힐러리 로댐 클린턴·첼시 클린턴 | **옮긴이** 최인하

편집 김윤하 황도옥 이원주 이희연 | **디자인** 신선아 | **마케팅** 김선진 배희주
저작권 박지영 형소진 이영은 김하림
브랜딩 함유지 함근아 김희숙 안나연 박민재 박진희 정승민
제작 강신은 김동욱 임현식 | **제작처** 천광인쇄사(인쇄) 경일제책사(제본)

펴낸곳 ㈜교유당 | **펴낸이** 신정민
출판등록 2019년 5월 24일 제406-2019-000052호

주소 10881 경기도 파주시 회동길 210
전화 031.955.8891(마케팅) | 031.955.2680(편집) | 031.955.8855(팩스)
전자우편 gyoyudang@munhak.com

인스타그램 @gyoyu_books | **트위터** @gyoyu_books | **페이스북** @gyoyubooks

ISBN 979-11-92247-22-9 03330